원측의 소에 의한

해심밀경

한산 김윤수

1951년 경남 하동에서 태어나
부산에서 초·중·고등학교를 졸업하고
1975년 서울대학교 법과대학을 졸업하였다.
1976년 사법시험(제18회)에 합격하여
1981년부터 10년간 판사로,
1990년부터 10여 년간 변호사로,
2001년부터 10년간 다시 판사로 일하다가
2011년 퇴직하였다.
2003년에 《육조단경 읽기》 (2008년 개정판)
2005년에 《반야심경·금강경》 (2009년 개정판)
2006년에 《주석 성유식론》
2007년에 《불교는 무엇을 말하는가》 (2014년 개정판)
2008년에 《여래장 경전모음》
2008년에 《설무구칭경·유마경》
2009년에 《묘법연화경》
2011년에 《대방광불화엄경》 (전7권)
2012년에 《대승입능가경》
2012년에 《해심밀경》
2013년에 한문대역 《잡아함경》 (전5권)
2013년에 《인류의 스승 붓다께서는 이렇게 말씀하셨다》를 냈다.

해심밀경

옮긴이 | 김윤수

1판 1쇄 펴낸 날 | 2012년 1월 10일
1판 2쇄 펴낸 날 | 2017년 10월 25일
펴낸이 | 노혜영
펴낸곳 | 한산암
등록 | 2006. 07. 28 제319-2006-31호
주소 | 경기도 양평군 양동면 황거길324번길 27
전화 | 0505-2288-555
이메일 | yuskim51@naver.com

ⓒ김윤수, 2012
ISBN 978-89-966406-6-0 93220

이 책은 저작권법에 의해 보호를 받는 저작물이므로
무단 전재와 무단 복제를 금합니다.

값 20,000원
총판 | 운주사(전화 02-3672-7181~4)

원측의 소에 의한

해심밀경

김윤수 역주

한산암

글머리에

해심밀경은 3세기 경 대승불교 중기에 성립된 경전으로서, 유식사상의 근본이 되는 경전이다. 유식사상은 관련 논서들이 비교적 잘 정비되어 있는 관계로 관련 경전의 중요성이 크게 부각되지 못하고 있지만, 그 근본 되는 경전이 매우 희소하기 때문에―이 경전이 거의 유일한 것이라고 말할 수 있을 정도이다― 이 경전은 그 어느 것보다 중요하게 다루어져야 할 경전이다.

이 경전의 범어명은 'Saṃdhinirmocana-sūtra'라고 알려져 있으나, 범본은 현재 전해지지 않고 있다. 이 경전은 여러 번 한역되었지만, 완역은 원위元魏의 보리유지가 번역한 《심밀深密해탈경》 5권과 당의 현장이 번역한 《해심밀경》의 두 종류 뿐이고, 유송劉宋의 구나발다라가 번역한 《상속해탈지바라밀地波羅蜜요의경》 1권과 《상속해탈여래소작수순처所作隨順處요의경》 1권―이 2권을 합쳐서 《상속해탈경》이라고 부른다― 및 양의 진제가 번역한 《불설해절解節경》 1권은 각각 이 경전 일부의 초역이다. 이 한역 경전들의 제목은, 위 범어 제목 중 'Saṃdhi'에 있는 심밀, 관절, 상속의 뜻과 'nirmocana'에 있는 해탈, 해석의 뜻을 조합한 것이고, 구나발다라 역본의 제목은 여기에 품의 이름을 더한 것이다.

이 책에서 저본을 삼은 것은 위 번역본 중 현재 가장 널리 유통되고 있는 현장의 번역본이다. 이 경전에 대한 주석은 몇 가지가 있었던 것으로 알려져 있지만, 현재 전해지고 있는 주석은 이 책이 의지한 원측圓測스님(613~696)의 『해심밀경소』(전10권)가 거의 유일한 것이다. 스님은 신라의 왕손으로서 15세의 어린 나이에 중국으로 건너가 교학을 익혀서, 현장 문하에서 자은사의 규기와 함께 유식학의 쌍벽으로 평가받는 등 불교학에 일가를 이루었던 분으로 널리 알려져 있다.

　이 경전에 대한 주석으로 의지할 만한 것이 스님의 소 한 종류뿐이지만, 더 이상의 주석이 아쉽지 않을 정도로 스님의 소는 완벽하다. 아쉬운 것은 스님의 소가 완전한 모습으로 남아 있는 것이 아니라, 제8권의 서두 일부와 마지막 제10권이 산일되고 없다는 점이다. 다만 이 소의 티베트어역본이 남아 있고, 이 중 위 소의 산일된 부분을 일본의 도엽정취稻葉正就박사가 1972년 경 다시 한문으로 옮긴 것이 한국불교전서 제1책에 수록되어 있어서, 의지할 수 있었던 것은 큰 다행이었다. 그렇지만 원본이 아니었다는 점은 여전히 아쉬움으로 남는다.

그런데 스님의 소는 대단히 자세하고 그래서 분량이 방대하다. 이 소를 완전히 공부한다면 유식사상의 전 체계를 거의 이해할 수 정도이다. 그래서 지금 이 책과 같은 방식으로 그 내용을 전부 번역해 수록하였다면, 그 분량이 이 책의 배를 초과하지 않았을까 짐작한다.

그러므로 이번에도 과제는 방대한 스님의 소를 어떻게 발췌하여 수록하는가라는 점이었다. 이 책의 목적이 스님의 유식사상을 이해하고자 하는 것이 아니라, 이 경전의 내용을 이해하고자 하는 것이라는 점을 기준으로 삼을 수밖에 없었다. 그러다 보니 우선 서두의 총론부분에 관한 것은 거의 전부를 제외하였다. 경전 본문의 해석에 관한 부분에서도 유식학의 이론에 관한 것, 해석을 뒷받침하기 위해 인용한 관련 경론의 내용 등은, 이해에 긴요한 것이 아닌 한 원칙적으로 배제하는 방법을 택하였다.

그러면서 특히 아쉬웠던 점은 유식에 특유한 용어의 해석에 관한 부분마저도, 역자가 이미 펴낸 『주석 성유식론』 등에 등장하는 것은 중복을 피해 제외할 수밖에 없었다는 점이다.

공부의 순서에 의한다면 위 논서보다는 이 경전이 앞일 것이므로 의당 수록하는 것이 옳았을 것이다. 그렇지만 용어의 해석을 책마다 거듭할 수는 없는 일이다. 독자 여러분의 깊은 이해를 바란다. 그렇지만 경전의 이해에 필수적인 부분은 빠뜨리지 않도록 최대한 노력하였다.

 아무튼 이 졸작이 부디 후학들의 공부에 조금이라도 보탬이 되기를 바라는 마음 간절하다.

2011년 세모를 앞두고 한산암에서
한산 김윤수

차 례

글머리에 … 5
차례 … 9
일러두기 … 10

제1권	제1 서품 … 15	
	제2 승의제상품 … 21	
	제3 심의식상품 … 67	
제2권	제4 일체법상품 … 81	
	제5 무자성상품 … 94	
제3권	제6 분별유가품 … 163	
제4권	제7 지바라밀다품 … 283	
제5권	제8 여래성소작사품 … 377	

찾아보기 … 445

일러두기

1. 이 책에 번역된 《해심밀경》의 원문은 대정신수대장경 제16책에 수록된 것이고, 각주에서 소개한 원측의 『소』(전10권)는 卍속장경 제21책에 수록된 것이며, 후자 중 산일된 부분을 재한역한 부분은 한국불교전서 제1권에 수록된 것이다.

   다만 구두점은 모두 한글 번역에 맞추어 역자가 임의로 삽입한 것이고, 오·탈의 의심이 있어 다른 판본을 참고하여 고쳐 읽은 부분은, 해당 부분에 [ ]와 < >를 써서 표시하였다. 예컨대 [A]<B>로 표시된 것은 A를 B의 오자인 것으로 보았고, [A]<AB>로 표시된 것은 A 다음에 B가 빠진 것으로 보았으며, [AB]<B>로 표시된 것은 B 앞에 A가 잘못 추가된 것으로 보았다는 등이다.

2. 책은 다음과 같은 방식으로 편성되어 있다.
   (1) 본문 좌측에 우리말 번역문을, 우측에는 한역문을 각각 배치하고, 각주에는 본문의 해당 부분에 대한 『소』의 글을 수록하하였다. 다만 『소』 중 산일된 부분의 재한역을 번역한 것은 【 】 안에 따로 표시하였다.
   (2) 본문의 우리말 번역문에 대응되는 한문이 없는 제목과 부호 등은 모두 역자가 삽입한 것이고, 각주의 내용 중 '*' 표시와 '=' 표시가 있는 부분도 이해를 돕기 위한 역자의 메모로서, 원 『소』의 내용이 아니다.

3. 권말의 찾아보기에는 본문과 각주에 등장하는 중요용어들을 모아서 쪽수와 함께 수록하였다.

4. 각주에 자주 등장하는 경론의 이름은 생략된 것을 그대로 옮긴 경우가 많다. 우선 '《섭론》'은 무착의 《섭대승론》을 가리키는 약자인데, 여기에서는 '무착의 《섭론》'이라고 표기되는 경우도 있다. 그리고 그 해석을 포함한 소위 《섭대승론석》도 '《섭론》'이라고 표기되는데, 인용되는 《섭대승론석》에는 세 종류가 있다. 무성의 해석본과 세친의 해석본이 있어, 전자는 '무성의 《섭론》'(현장 역)이라고 표시되고, 후자에는 양나라 시대 진제의 번역본과 당나라 시대 현장의 번역본이 있어, 전자는 '《양섭론》'이라고 표기되며, 후자는 '세친의 《섭론》'이라고 표시되고 있다.

그 외 자주 등장하는 경론의 본래 명칭은 다음과 같다.(흔히 약칭되는 대반야경, 법화경, 화엄경, 열반경, 유마경, 능가경, 구사론 등은 생략)

대비바사론 : 아비달마대비바사론
대품경 : 마하반야바라밀경
범망경 : 범망경노사나불설보살심지계품제십
상속경·상속해탈경·심밀경 : 글머리에 설명된 이 경전의 이역본
유가론 : 유가사지론　　　　　유가론석 : 유가사지론석
잡집론(집론) : 대승아비달마잡집론(대승아비달마집론)
장엄론 : 대승장엄경론　　　　중변론 : 변중변론
지지론 : 보살지지론　　　　　현양론 : 현양성교론

解深密經
해심밀경

卷第一
제1권

大唐 三藏法師 玄奘 奉詔譯
대당 삼장법사 현장 봉조역

해심밀경　　　　　　　　　解深密經
제1권　　　　　　　　　　　卷第一

제1　　　　　　　　　　　序品
서품1　　　　　　　　　　第一

1.1

⑴ ① 이와 같이 나는 들었다.2　　如是我聞.

② 한 때 박가범께서3 가장 뛰어나게　一時 薄伽梵住 最勝光
빛나는 칠보의 장엄에 머무시면서 큰　曜 七寶莊嚴 放大光明
광명을 놓아 널리 일체 끝없는 세계를　普照一切 無邊世界,
비추시니, 한량없는 방소에 묘한 장식이　無量方所 妙飾間列
사이사이 널리고 두루한 원만함이 끝이　周圓無際
없어 그 분량을 헤아리기 어려운 것이　其量難測
삼계에 형성된 곳을 초월하였다. 뛰어난　超過三界 所行之處. 勝
출세간의 선근이 일으킨 바라 가장 극　出世閒 善根所起 最極

---

1 이 경전에는 세 부분이 있다. 처음 제1품은 가르침이 일어난 인연의 부분[教起因緣分]이고, 다음 나머지 7품은 성스러운 가르침을 바로 설하는 부분[聖教正說分]이며, 셋째 가르침에 의해 받들어 지니는 부분[依教奉持分]은 4품의 끝에서 설하니, 무자성상품(=2.2.9(6))·분별유가품(=3.19(3))·지바라밀다품(=4.4(3)) 및 여래성소작사품(=5.4)이다. 이는 전통적으로 말하는 서분·정종분·유통분에 해당한다.
2 ①이 통서通序, ② 이하가 별서別序에 해당한다.
3 ②는 가르침이 있었던 시기(='한 때'), 교주教主(='박가범')와 함께, 교주께서 계신 곳의 장엄을 밝히는 것이다.

히 자재하고 청정한 의식[淨識]을 모양으로 삼았고, 여래께서 맡으신 곳이라 모든 대보살들이 운집한 바였으며, 한량없는 천·용·야차·건달바·아수라·가루라·긴나라·마후라가·인비인人非人 등이 항상 모시고 따르는 바였다. 광대한 법맛[法味]의 기쁨과 즐거움으로 유지되는 바로서 모든 중생의 일체 의리義利4를 지었고, 모든 번뇌와 재앙·횡액·얽힘·때를 멸했으며, 온갖 마를 멀리 떠나서 모든 장엄을 뛰어넘는 여래의 장엄이 의지하는 곳이었다. 큰 새김·지혜·수행을 노니는 길로 삼고, 큰 적정[大止]과 묘한 관찰[妙觀]을 탈 것[所乘]으로 삼으며, 큰 공·무상·무원의 해탈을 들어가는 문으로 삼았으니, 한량없는 공덕의 무리로 장엄되고 큰 보배꽃왕의 무리로 건립된 큰 궁전 안이었다.

⑵ 이 박가범께서는 가장 청정한 깨달음이시라5 둘이 현행하지 않으시고,6 무

自在 淨識爲相,
如來所都
諸大菩薩衆 所雲集, 無量天龍 藥叉 健達縛阿素洛 揭路茶 緊捺洛牟呼洛伽 人非人等 常所翼從. 廣大法味 喜樂所持 作諸衆生 一切義利, 滅諸煩惱 災橫纏垢遠離衆魔
過諸莊嚴 如來莊嚴之所依處. 大念慧行以爲遊路 大止妙觀以爲所乘,
大空無相 無願解脫 爲所入門, 無量功德衆所莊嚴 大寶花王衆所建立 大宮殿中.

是薄伽梵 最淸淨覺
不二現行 趣無相法

---

4 친광親光(=호법의 문인)은, 현재의 이익을 의義, 미래의 이익을 리利라고 하고, 세간을 의, 출세간을 리라고 하며, 악을 떠나는 것을 의, 선을 거두는 것을 리라고 하고, 복덕을 의, 지혜를 리라고 해석한다.
5 ⑵는 여래의 총·별의 공덕을 밝히는 것으로, 이 첫 문장은 총체적 공덕, 그

상법無相法에 나아가시며, 붓다의 머묾[佛住]에 머무시고, 일체 붓다의 평등한 성품을 얻으셨다. 장애 없는 곳에 이르셔서 바꿀 수 없는 법으로써 소행에 걸림이 없고, 그 이루어 세운 바는 불가사의하며, 삼세의 평등한 법성에 노니시니, 그의 몸은 일체 세계에 유포되고, 일체의 법에 지혜에 의심과 막힘이 없으며, 일체의 행에서 큰 깨달음을 성취하셨고, 모든 법에서 지혜에 의혹이 없으셨다.7 무릇 나투신 몸은 분별할 수 없으니, 일체 보살이 바로 구하는 지혜이고, 붓다의 둘 없음[佛無二]을 얻어 뛰어난 피안에 머무시며, 서로 뒤섞이지 않는 여래의 해탈과 묘지가 구경이시고,

住於佛住 逮得一切 佛平等性. 到無障處 不可轉法 所行無礙 其所成立 不可思議 遊於三世 平等法性, 其身流布 一切世界 於一切法 智無疑滯 於一切行 成就大覺 於諸法智 無有疑惑. 凡所現身 不可分別, 一切菩薩 正所求智 得佛無二 住勝彼岸, 不相間雜 如來解脫 妙智究竟,

---

아래 '둘이 현행하지 않고' 이하는 개별적 공덕을 해석하는 것이다. 무성無性에 의하면, 개별적 공덕 중 처음 4구(='평등한 성품을 얻으셨다'까지)는 자리의 덕, 그 아래는 이타의 덕을 밝힌 것이다. * 이는 소위 여래의 21공덕을 밝히는 것인데, 그 표현과 해석은 졸역『대방광불화엄경』제Ⅲ권 p.47 이하와 제Ⅵ권 p.16 이하를 참조.

6 (지혜에) 장애가 있고 없음을 둘의 현행이라 하고, (이 삼천세계의) 안팎 두 곳에 지혜가 없음을 둘의 현행이라 하며, 생사와 열반에 즐겨 집착함을 둘의 현행이라 한다.

7 친광에 의하면, 앞에서 '일체의 법에 지혜에 의심과 막힘이 없다'는 것은, 모든 법에 대하여 일체의 의혹을 없앤 결정적 지혜를 얻으셨다는 것이고, 뒤에서 '모든 법에서 지혜에 의혹이 없다'는 것은, 모든 법을 깨달아 보아 지혜로 잘 결정하시고는 근기에 맞추어 뒤바뀌지 않게 가르침을 주시되 쉬거나 그만두시지 않는다는 것이다.

중간과 끝이 없는 불지佛地의 평등을 증득하시어, 법계를 다하고 허공의 성품을 다하며 미래제를 다하셨다.	證無中邊 佛地平等, 極於法界 盡虛空性 窮未來際.
⑶ ① 한량없는 대 성문대중과 함께 하셨으니,8 일체가 조순하며 모두가 불자라, 마음으로 잘 해탈하고 지혜로 잘 해탈하였으며, 계는 선하고 청정하며, 법의 즐거움으로 나아가 구하여 많이 듣고 들은 것을 지녀서 그 들은 것이 쌓여 모였고, 생각할 바는 잘 생각하며, 말할 바는 잘 말하고, 지을 바는 잘 지었다.	與無量大 聲聞衆俱, 一切調順 皆是佛子 心善解脫 慧善解脫, 戒善淸淨 趣求法樂 多聞聞持 其聞積集, 善思所思 善說所說 善作所作.
빠른 지혜, 신속한 지혜, 날카로운 지혜, 벗어나는 지혜, 뛰어나게 결택하는 지혜, 큰 지혜, 넓은 지혜 및 같은 것 없는 지혜들의 지혜 보배가 성취되었고, 삼명三明9을 구족하며, 제일의 현법락주現法樂住10를 얻어서 크게 청정한 복전이었	捷慧 速慧 利慧 出慧 勝決擇慧 大慧 廣慧 及無等慧 慧寶成就, 具足三明 逮得第一 現法樂住 大淨福田.

---

8 다음 ⑶은 가르침의 근기[教機], 즉 청중을 밝히는 것인데, ①은 성문대중, 뒤의 ②는 보살대중이다.
9 숙명통·천안통·누진통의 셋을 말한다.
10 그런데 이 낙주는 살바다종에 의하면 《대비바사론》 제81권에서, "(문) 세존께서는 무엇 때문에 네 가지 정려[四靜慮]를 낙주라고 설하셨는가? (답) 오직 정려 중에서만 두 가지 즐거움을 갖추기 때문이니, 첫째는 낙수樂受(=즐거운 감수)의 즐거움이고, 둘째는 경안의 즐거움이다. 앞의 3정려는 모두 두 가지 즐거움을 갖추지만, 제4의 정려에는 낙수를 감수하는 것은 없

다. 위의의 적정함은 원만치 아니함이 없고, 큰 인욕과 유화가 성취되어 모자람이 없었으며, 여래의 성스러운 가르침을 이미 훌륭히 봉행하였다.

威儀寂靜 無不圓滿
大忍柔和 成就無減
已善奉行 如來聖敎.

② 또한 한량없는 보살마하살들이 갖가지 불국토로부터 와 모였으니, 모두 대승에 머물러서 대승의 법에서 노닐고, 모든 중생들에게 그 마음이 평등하며, 모든 분별 및 분별 않음의 갖가지 분별11을 여의었고, 일체의 온갖 마와 원

復有無量　菩薩摩訶薩
從種種佛土　而來集會,
皆住大乘　遊大乘法
於諸衆生　其心平等,
離諸分別　及不分別　種
種分別　摧伏一切　衆魔

....

으나, 경안의 즐거움은 세력과 작용이 광대해서 앞의 2지의 즐거움보다 뛰어나다. 근분정과 무색정에도 비록 경안은 있지만, 광대하지 않기 때문에 즐거움이라 이름하지 않는다. 또 다음 근본정려가 앞에 나타나 있을 때에는 대종大種을 장양하여 두루 온 몸 중에 나서 기쁨을 충만케 하기 때문에 낙주라로 이름하지만, 근분정 등이 앞에 나타나 있을 때에는 대종을 장양하는 것이 오직 마음의 끝에만 나서 지극히 기쁨을 충만케 하는 것이 아니기 때문에 낙주가 아니다."라고 하니, 자세하게 말한다면 그 논과 같다.

또 《유가론》 제55권에서는, "또 다음 이 모든 정려의 이름이 차별되는 것은, 혹은 증상심이라고 이름하니, 말하자면 마음 청정의 증상한 힘으로 말미암아 바르게 살피고 사려하기 때문이다. 혹은 낙주라고 이름하니, 말하자면 이 중에서 지극한 즐거움을 감수하기 때문이니, 까닭이 무엇인가 하면 모든 정려에서는 기쁨의 즐거움[喜樂], 편안한 즐거움[安樂], 평등의 즐거움[捨樂], 신심의 즐거움[身心樂]을 받아들이기 때문이다. 또 선정을 얻은 자가 모든 정려를 자주자주 출입하면서 현법의 안락을 받아들여서 머물기 때문에 여기에서 일어나고 나서 말하기를, 나는 이미 이와 같은 낙주를 받아들였지만, 무색정에는 이와 같은 감수가 없으니, 이 때문에 그것은 낙주라고 말하지 않는다고 말한다."라고 하니, 자세하게 말한다면 그 논과 같다.

11 친광에 의하면, '분별'은 유위의 법으로 시겁時劫에 속하는 것이고, '분별 않음'은 무위의 법으로 시겁에 속하지 않는 것으로서, 이 두 가지는 반연대상인 경계이고, '갖가지 분별'이라 함은 분별하는 마음이니, 앞의 분별과 분별 않음의 경계를 반여하기 때문에 갖가지 분별이라 한다고 해석한다.

제1 서품　19

적을 꺾어 눌렀으며, 일체의 성문 독각이 갖는 작의作意를 멀리 여의어서, 광대한 법맛[法味]의 기쁨과 즐거움으로 유지되고, 다섯 가지 두려움[五怖畏]12을 뛰어 넘어, 한결같이 퇴전하지 않는 지위[不退轉地]로 향하여 들며, 일체 중생이 일체 고뇌로써 핍박받는 것을 쉬게 하는 지위가 앞에 나타나 있었다.13

그 이름은 해심심의밀의解甚深義密意보살마하살菩薩摩訶薩, 여리청문如理請問보살마하살菩薩摩訶薩, 법용法涌보살마하살菩薩摩訶薩, 선청정혜善淸淨慧보살마하살菩薩摩訶薩, 광혜廣慧보살마하살菩薩摩訶薩, 덕본德本보살마하살菩薩摩訶薩, 승의생勝義生보살마하살菩薩摩訶薩, 관자재觀自在보살마하살, 자씨慈氏보살마하살, 만수실리曼殊室利보살마하살 등이라고 불렀는데, 이들이 우두머리[上首]가 되었다.

怨敵 遠離一切 聲聞獨覺 所有作意 廣大法味 喜樂所持

超五怖畏

一向趣入 不退轉地

息一切衆生

一切苦惱 所逼迫地

而現在前.

其名曰 解甚深義密意菩薩摩訶薩 如理請問菩薩摩訶薩 法涌菩薩摩訶薩 善淸淨慧菩薩摩訶薩 廣慧菩薩摩訶薩 德本菩薩摩訶薩 勝義生菩薩摩訶薩 觀自在菩薩摩訶薩 慈氏菩薩摩訶薩 曼殊室利菩薩摩訶薩等 而爲上首.

---

12 초학初學의 보살이 갖는 다섯 가지 두려움, 즉 ① 잘 살지 못함에 대한 두려움[不活畏], ② 악명에 대한 두려움[惡名畏], ③ 죽음에 대한 두려움[死畏], ④ 악취에 대한 두려움[惡趣畏], ⑤ 대중의 위덕에 대한 두려움[大衆威德畏]을 말한다.

13 친광이 해석해 이르기를, "모든 보살에게 일체 유정의 안팎의 고뇌와 핍박을 쉬게 할 수 있는 지위가 현전하였음을 말하는 것이다. 이 지위 중에는 대비와 대자가 있으므로, 이 두 가지로 말미암아 일체 안의 병 등의 괴로움과 밖의 탐욕 등의 괴로움이 핍박하는 것을 쉬게 할 수 있다."라고 하였다.

제2   勝義諦相品
승의제상품14   第二

1.2[15]

....
14 '승의제상품'이라고 말한 것은 '제諦' 중의 뛰어난 것[勝]이라는 이름이다. '제'에는 두 가지가 있으니, 첫째는 세속이고, 둘째는 승의이다. '세속'이라고 말함에서 '세'는 숨기고 덮는다[隱覆]는 뜻이고, '속'은 거칠게 드러난다[麤顯]는 뜻이니, 말하자면 병·옷 등 세간의 거칠게 드러나는 물건이 승의를 숨기고 덮기 때문에 세속이라고 이름한다. '승의'라고 이름함에서 '승'은 뛰어난 지혜[勝智]를 말하고, '의'는 곧 경계의 뜻[境義]이다. 말하자면 진여의 이치가 뛰어난 지혜의 경계의 뜻이기 때문에 승의라고 이름하니, 곧 6석 중의 의주석이다. 혹은 다시 뜻이란 곧 의리義利이기도 하다. 말하자면 열반의 과보는 곧 뛰어난 의리[勝義利]이므로 승의라고 이름하니, 곧 6석 중의 지업석이다. 혹은 다시 성도의 작용이 뛰어난 것을 뜻으로 하기 때문에 승의라고 이름하기도 하니, 이는 유재석이다. 지금 여기에서는 우선 처음의 뜻에 의한다. '제'에는 두 가지 뜻이 있으니, 《유가론》 제55권에서 말하기를, "첫째 말한 바와 같은 모습을 버려 떠나지 않는다는 뜻이고, 둘째 이를 관찰함으로 말미암아 구경에 이르기 때문에 제라고 이름한다."라고 한 것과 같다.
  '상'은 체상體相을 말하는데, 혹은 상상相狀이기도 하니, 이언離言 등의 다섯(=뒤의 각주에 나오는 다섯 가지 모습)이 다 진여 자체의 모습이기 때문이며, 혹은 하나의 진여에 이언 등 다섯 가지 모습이 있기 때문이기도 하다. 이 품 안에서 승의제의 다섯 가지 모습의 뜻을 밝히기 때문에 '승의제상품'이라고 말한 것이다.
15 이하 정종분의 7품은 세 부분으로 구분된다. 제2~제5의 4개 품에서는 관찰하는 경계를 밝히고, 다음 제6·제7의 2개품은 관찰하는 행을 분별하며, 마지막 제8품은 얻은 결과를 나타낸다. 이렇게 세 부분으로 말하는 것은, 무릇 관행하는 사람은 경계에 의지하여 행을 일으키고, 행으로 말미암아 결과를 얻기 때문이다. 관찰하는 경계를 다시 두 부분으로 나누면, 처음 2품은 진리와 세속의 경계[眞俗境]를 밝힌 것(제2 승의제상품은 진제, 제3 심의식상품은 속제)이고, 뒤의 2품은 있고 없음의 성품의 경계[有無性境]를 밝힌 것(제4 일체법상품은 삼성경, 제5 무자성상품은 삼무성경)이다. * 이상 설명된 이 경전 전체의 구조를 도표로써 요약해 보이면 다음과 같다.

1.2.1[16]

(1) 그 때 여리청문보살마하살이 곧 붓다 앞에서 해심심의밀의보살에게 물었다.

"최승자最勝子[17]여, 일체법에는 둘이 없다고 말하는데, 일체법에는 둘이 없다

爾時 如理請問菩薩摩訶薩 卽於佛前 問解甚深義密意菩薩言.

"最勝子, 言一切法 無二, 一切法無二者

서분				제1품(1.1)
정종분	관찰하는 경계	진·속의 경계	진제	제2품(1.2)
			속제	제3품(1.3)
		유·무 성품의 경계	삼성	제4품(2.1)
			삼무성	제5품(2.2)
	관찰하는 행			제6~7품(제3~4권)
	얻는 결과			제8품(제5권)
유통분				2.2.9(6)+3.19(3)+4.4(3)+5.4

《유가론》제75권에서, "승의제에 다섯 가지 모습이 있다. 첫째 명언을 떠난 모습[離名言相], 둘째 둘이 없는 모습[無二相], 셋째 심구·사찰로 행하는 바를 초과한 모습[超過尋思所行相], 넷째 모든 법의 같고 다름의 성품을 초과한 모습[超過諸法 一異性相], 다섯째 일체에 두루한 한 맛의 모습[遍一切一味相]이다."라고 하였다. 지금 이 경전에 의하면 거두어서 네 단락으로 한다. 처음 1.2.1은 명언을 떠나고 둘이 없는 모습을 밝히고, 둘째 1.2.2는 심구·사찰로 행하는 바를 초과한 모습을 밝히며, 셋째 1.2.3은 하나와 다름이 아닌 모습을 분별하고, 넷째 1.2.4는 일체에 두루한 한 맛의 모습을 해석한다. 다섯 가지 중 명언을 떠남은 네 단락에 공통되므로 네 가지 모습에 모두 명언을 떠난 모습이 있기 때문이고, 둘이 없음의 한 곳에서 합쳐 말했으므로 미루어 알 수 있기 때문에, 나머지 세 단락에서는 생략하고 말하지 않았다.

16 앞의 두 가지 모습에 대한 글에는 둘이 있으니, 처음은 장행으로 자세히 해석하는 것이고, 뒤의 (8)의 ②는 게송으로 간략히 해석하는 것이다. 앞의 장행의 글에는 여섯 단락이 있다. (1)은 청하여 묻는 것이고, (2)는 간략히 답하는 것, (3)은 따져서 묻는 것, (4)는 널리 해석하는 것, (5)는 거듭 묻는 것, (6) 이하는 비유로 말하는 것이다. * 여기에서 승의제의 모습을 밝히는 제2품 경문 1.2의 구조를, 그 제1단의 세부 항목과 더불어 도표로써 보이면 다음과 같다.

고 함에서 어떤 것이 일체법이고, 어떻게 둘이 없음이 됩니까?"

何等 一切法, 云何 爲無二?"

(2) 해심심의밀의보살이 여리청문보살에게 말하였다.

"선남자여, 일체법에는 간략히 두 가지가 있으니, 첫째는 유위이고, 둘째는 무위입니다. 이 가운데에서 유위는 유위가 아니고 무위가 아니며, 무위도 또한 무위가 아니고 유위가 아닙니다."18

解甚深義密意菩薩 告如理請問菩薩曰.
"善男子, 一切法者 略有二種, 一者 有爲 二者 無爲. 是中有爲 非有爲非無爲, 無爲亦非無爲非有爲."

명언을 떠나고 둘이 없는 모습	장행	청문함		1.2.1(1)
		간략히 답함		(2)
		따져서 물음		(3)
		널리 해석함		(4)
		거듭 물음		(5)
		비유로 말함	비유를 들어 거듭 말함	(6)
			법을 들어서 비유와 같게 함	(7)
			맺어 외인의 힐난을 회통함	(8)①
	게송			②
심구·사찰로 행하는 바를 초과한 모습				1.2.2
하나와 다름이 아닌 모습				1.2.3
일체에 두루한 한 맛의 모습				1.2.4

17 '최승자'에는 두 가지 해석이 있다. 첫째 '최승'이 보살의 이름이라는 것이니, 삼승의 아들[子] 중 가장 뛰어나기 때문이다. 둘째 '최승'이 세존의 명호라는 것이니, 가장 뛰어난 이의 아들이므로 최승자라고 이름했다는 것이다.
18 둘이 없는 모습을 해석한다. 이것은 곧 다섯 가지 중 말할 수 없는 모습 및 둘이 없는 모습이다. 왜냐 하면 유위나 무위라고 말할 수 없기 때문이고, 또한 유위와 무위의 두 가지 모습이 아니기 때문이다.

(3) 여리청문보살이 다시 해심심의밀의 보살에게 물었다.

"최승자여, 어째서 유위는 유위가 아니고 무위가 아니며, 무위도 또한 무위가 아니고 유위가 아니라는 것입니까?"

如理請問菩薩 復問 解甚深義密意菩薩言.
"最勝子, 如何有爲 非有爲非無爲, 無爲亦非無爲非有爲?"

(4) 해심심의밀의보살이 여리청문보살에게 말하였다.[19]

"① 선남자여, 유위라고 말한 것은 곧 본사本師[20]께서 임시로 시설하신 문구[假施設句]입니다. 만약 이것이 본사께서 임시로 시설하신 문구라면 곧 이는 변계소집의 언사로써 말씀하신 것이고, 만약 이것이 변계소집의 언사로써 말씀하신 것이라면 곧 이는 곧 궁극적으로 갖가지 두루 계탁하는 언사로써 말씀하신 것이어서 진실을 이루지 못하기 때문에 유위가 아닙니다.

선남자여, 무위라고 말한 것도 또한 언사로써 시설한 것에 떨어집니다. 유위와 무위를 떠나 조금이라도 말씀하신 것

解甚深義密意菩薩　謂如理請問菩薩曰.
"善男子, 言有爲者 乃是本師 假施設句.
若是本師 假施設句
卽是遍計所執
言辭所說, 若是遍計所執 言辭所說
卽是究竟 種種遍計
言辭所說
不成實故
非是有爲.
善男子, 言無爲者 亦墮言辭施設. 離有爲無爲 少有所說

....
19 (4)의 널리 해석하는 것에는 둘이 있다. ①은 유위의 둘이 없는 모습을 해석하는 것이고, ②는 무위의 둘이 없는 모습을 해석하는 것이다.
20 여래를 '본사'라고 한다.

이 있다면 그 모습도 역시 그렇습니다. 其相亦爾.

그러나 일 없이 말씀하신 바가 있었던 것은 아닙니다. 어떤 것이 일일까요? 말하자면 모든 성자는 성지聖智와 성견聖見으로써 명언名言을 떠났기 때문에 현등정각現等正覺[21]하셨으므로, 곧 이와 같이 말을 떠난 법성[離言法性]에서 남들로 하여금 현등정각케 하고자 임시로 이름[名想]을 세우셨으니, 이를 일러서 유위라고 합니다. 然非無事 而有所說. 何等 爲事? 謂諸聖者 以聖智聖見 離名言故 現等正覺, 卽於如是 離言法性 爲欲令他 現等覺故 假立名想, 謂之有爲.

② 선남자여, 무위라고 말한 것도 또한 본사께서 임시로 시설하신 문구입니다. 만약 이것이 본사께서 임시로 시설하신 문구라면 곧 이는 변계소집의 언사로써 말씀하신 것이고, 만약 이것이 변계소집의 언사로써 말씀하신 것이라면 곧 이는 궁극적으로 갖가지 두루 계탁하는 언사로써 말씀하신 것이어서 진실을 이루지 못하기 때문에 무위가 아닙니다. 善男子, 言無爲者 亦是本師 假施設句. 若是本師 假施設句 卽是遍計所執 言辭所說, 若是遍計所執 言辭所說 卽是究竟 種種遍計 言辭所說 不成實故 非是無爲.

선남자여, 유위라고 말한 것도 또한 善男子, 言有爲者 亦墮

---

21 * 정각을 이룬다는 뜻의 산스크리트어 'abhisaṃbodhi'의 번역어. 뒤의 '현등각'도 같으며, 현정등각, 성정각, 성등정각, 현성정각, 현증보리 등으로도 번역됨.

언사에 떨어집니다. 설령 무위와 유위를 떠나 조금이라도 말씀하신 것이 있다면 그 모습도 역시 그렇습니다.

그러나 일 없이 말씀하신 바가 있었던 것은 아닙니다. 어떤 것이 일일까요? 말하자면 모든 성자는 성지와 성견으로써 명언을 떠났기 때문에 현등정각하셨으므로, 곧 이와 같이 말을 떠난 법성에서 남들로 하여금 현등정각케 하고자 임시로 이름을 세우셨으니, 이를 일러서 무위라고 합니다."

言辭. 設離無爲有爲
少有所說
其相亦爾.
然非無事 而有所說.
何等 爲事?
謂諸聖者 以聖智聖見
離名言故 現等正覺,
卽於如是 離言法性
爲欲令他 現等覺故
假立名想, 謂之無爲."

(5) 그 때 여리청문如理請問보살마하살이 다시 해심심의밀解甚深義密意보살마하살에게 물었다.

"최승자여, 어떻게 이 일이, 그 모든 성자들은 성지와 성견으로써 명언을 떠났기 때문에 현등정각하셨으므로 곧 이와 같이 말을 떠난 법성에서 남들로 하여금 현등정각케 하고자 임시로 이름을 세우셔서, 혹은 일러서 유위라 하고 혹은 일러 무위라 하였다는 것입니까?"[22]

爾時 如理請問 菩薩摩
訶薩 復問 解甚深義密
意 菩薩摩訶薩言.
"最勝子, 如何 此事 彼
諸聖者 以聖智聖見 離
名言故 現等正覺 卽於
如是 離言法性 爲欲令
他 現等覺故 假立名想,
或謂有爲 或謂
無爲?"

---

22 이는 비록 자세히 설명하였어도 아직 알지 못하였으니, 비유하자면 어떤 것입니까라는 취지이다.

⑹ 해심심의밀의보살이 여리청문보살에게 말하였다.23

"① 선남자여, 마치 능숙한 환술사나 혹은 그의 제자가 네거리에 머물면서 기와·조약돌·풀·나뭇잎·나무 등을 모아서 갖가지 환화幻化의 사업, 이른바 코끼리의 몸, 말의 몸, 수레의 몸, 보병의 몸과 마니·진주·유리·나패·벽옥·산호와 갖가지 재물·곡식의 창고 등의 무리를 만드는 것을 나타내는 것과 같습니다.

② 만약 중생들이 어리석고 우둔하며 나쁜 지혜의 종류여서 밝게 아는 바가 없다면, 기와·조약돌·풀·나뭇잎·나무 등 위의 여러 환화의 일을 보고 나서 듣고 나서 생각하기를, '여기에 보인 것들에 실제로 코끼리의 몸이 있고, 실제로 말의 몸, 수레의 몸, 보병의 몸과 마니·진주·유리·나패·벽옥·산호와 갖가지 재물·곡식의 창고 등의 무리가 있다'라고 하고, 그 본 바와 같고 그 들은 바와 같

解甚深義密意菩薩 謂
如理請問菩薩曰.
"善男子, 如善幻師
或彼弟子 住四衢道
集瓦礫草葉木等
現作種種 幻化事業, 所
謂 象身馬身 車身步身
末尼眞珠 琉璃螺貝 璧
玉珊瑚 種種財穀 庫藏
等身.
若諸衆生 愚癡頑鈍
惡慧種類 無所曉知,
於瓦礫草 葉木等上
諸幻化事 見已聞已
作如是念, '此所見者
實有象身 實有馬身
車身步身 末尼眞珠
琉璃螺貝 璧玉珊瑚 種
種財穀 庫藏等身',
如其所見 如其所聞

---

23 이하 비유를 들어 거듭 말하는 것에 셋이 있다. 처음 ⑹은 비유를 들어 거듭 말하는 것이고, 다음 ⑺은 법을 들어서 비유와 같게 하는 것이며, 마지막 ⑻의 ①은 맺어 외인의 힐난을 통하게 하는 것이다. 그 중 처음에 셋이 있다. ①은 환술사의 환상의 일의 비유이고, ②는 어리석은 자가 실제라고 집착하는 비유이며, ③은 깨달은 이가 허망함을 깨닫는 비유이다.

이 견고하게 집착하여 따라서 언설 일으키기를, '오직 이것만이 진실이고 다른 것은 다 허망하다'라고 할 것이니, 그들은 뒤에 다시 관찰하여야 합니다.

③ 만약 어떤 중생이 어리석지 않고 우둔하지 않으며 능숙한 지혜의 종류라서 밝게 아는 바가 있다면, 기와·조약돌·풀·나뭇잎·나무 등 위의 여러 환화의 일을 보고 나서 듣고 나서 생각하기를, '여기 보인 것들에 실제로는 코끼리의 몸이 없고, 실제로는 말의 몸, 수레의 몸, 보병의 몸과 마니·진주·유리·나패·벽옥·산호와 갖가지 재물·곡식의 창고 등의 무리가 없다. 그렇지만 환상이 있어 눈의 일을 미혹하므로 그 가운데서 큰 코끼리 몸이라는 지각, 혹은 큰 코끼리의 몸이 차별된다는 지각을 일으키거나, 나아가 갖가지 재물·곡식의 창고 등의 지각 혹은 그들 종류가 차별된다는 지각을 일으키는 것이다'라고 하고, 본 바와 같고 들은 바와 같이 견고하게 집착하여 '오직 이것만이 진실이고 다른 것은 다 허망하다'라고 따라서 언설을 일으키지 않지만, 이와 같은 뜻을 나타

堅固執著 隨起言說
'唯此諦實 餘皆愚妄',
彼於後時
應更觀察.
若有衆生 非愚非鈍
善慧種類
有所曉知, 於瓦礫草
葉木等上 諸幻化事
見已聞已　作如是念,
'此所見者 無實象身
無實馬身 車身步身
末尼眞珠 琉璃螺貝
璧玉珊瑚 種種財穀 庫
藏等身. 然有幻狀
迷惑眼事 於中發起
大象身想 或大象身
差別之想,
乃至發起 種種財穀 庫
藏等想 或彼種類 差別
之想', 不如所見
不如所聞 堅固執著
隨起言說 '唯此諦實 餘
皆愚妄',
爲欲表知 如是義故

내어 알리고자 하기 때문에 역시 그에 대해 따라서 언설을 일으키니, 그는 뒤에 관찰함을 필요로 하지 않습니다.

亦於此中
隨起言說, 彼於後時
不須觀察.

(7) ① 이와 같이 만약 어떤 중생이 우부의 부류이고 범부의 부류여서 아직 성자들의 출세간의 지혜를 얻지 못하여 일체법의 말을 떠난 법성을 능히 요지하지 못한다면, 그는 일체의 유위와 무위를 보고 나서 듣고 나서 생각하기를, '여기서 얻은 것에는 결정코 실제로 유위와 무위가 있다'라고 하고, 그 본 바와 같고 그 들은 바와 같이 견고하게 집착하여 따라서 언설 일으키기를, '오직 이것만이 진실이고 다른 것은 다 어리석고 허망하다'라고 할 것이니, 그는 뒤에 다시 관찰하여야 합니다.24

② 만약 어떤 중생이 우부의 부류가 아니어서 이미 성제聖諦를 보고 이미 성자들의 출세간의 지혜를 얻어서 일체법의 말을 떠난 법성을 여실하게 요지한

如是 若有衆生 是愚夫類 是異生類 未得諸聖出世閒慧
於一切法 離言法性 不能了知, 彼於一切 有爲無爲 見已聞已 作如是念, '此所得者 決定實有 有爲無爲', 如其所見 如其所聞 堅固執著 隨起言說 '唯此諦實 餘皆癡妄',
彼於後時
應更觀察.

若有衆生 非愚夫類
已見聖諦 已得諸聖
出世閒慧 於一切法
離言法性 如實了知,

---

24 (7)의 법을 들어서 비유와 같게 하는 것에는 둘이 있다. ①은 미혹한 자가 진실이라고 집착하는 것을 밝히는 것이고, ②는 깨달은 이가 허망함을 깨닫는 것을 분별하는 것이다.

다면, 그는 일체의 유위와 무위를 보고 나서 들고 나서 생각하기를, '여기서 얻은 것에는 결정코 실제의 유위와 무위가 없다. 그렇지만 분별로 일어난 행상行相25이 있어서 마치 환상의 일이 깨달음의 지혜를 미혹하는 것과 같이, 그 가운데서 유위와 무위의 지각이나 혹은 유위와 무위가 차별된다는 지각을 일으키는 것이다'라고 하고, 본 바와 같고 들은 바와 같이 견고하게 집착하여 '오직 이것만이 진실하고 다른 것은 다 어리석고 허망하다'고 따라서 언설을 일으키지 않지만, 이와 같은 뜻을 나타내어 알리고자 하기 때문에 역시 그에 대해 따라서 언설을 일으키니, 그는 뒤에 관찰할 필요가 없습니다.

彼於一切 有爲無爲 見已聞已 作如是念, '此所得者 決定無實 有爲無爲. 然有分別 所起行相 猶如幻事 迷惑覺慧 於中發起 爲無爲想 或爲無爲
差別之想',
不如所見 不如所聞 堅固執著 隨起言說 '唯此諦實 餘皆癡妄',

爲欲表知 如是義故 亦於此中 隨起言說, 彼於後時 不須觀察.

⑻ ① 이와 같이 선남자여, 그 모든 성자들은 이 일 중에서 성지와 성견으로써 명언을 떠났기 때문에 현등정각하셨으므로, 곧 이와 같이 말을 떠난 법성에서 남들로 하여금 현등정각케 하고자

如是 善男子, 彼諸聖者 於此事中 以聖智聖見 離名言故 現等正覺, 卽於如是 離言法性 爲欲令他 現等覺故

---
25 '행상'이라고 함에서 '행'은 견분이니, 능히 반연하는 행해行解이고, '상'은 상분이니, 유위와 무위이다.

임시로 이름을 세우셨으니, 이를 일러서 　假立名想, 謂之有爲
유위라고 하고 이를 일러서 무위라고 　謂之無爲."
한 것입니다."26

② 그 때 해심심의밀의解甚深義密意보 　爾時 解甚深義密意菩
살은 이 뜻을 거듭 펴고자 게송으로 말 　薩 欲重宣此義 而說頌
하였다.27 　曰.

① 붓다 설한 말 떠나고 둘 없는 뜻은 　佛說離言無二義
　 매우 깊어 우부의 소행 아니니 　甚深非愚之所行
　 우부 예서 어리석음 미혹되어서 　愚夫於此癡所惑
　 두 의지28에 낙착해 희론 말하네 　樂著二依言戲論

② 그들은 부정취나 혹 사정취라 　彼或不定或邪定
　 극히 오랜 생사고에 유전했으니 　流轉極長生死苦

....
26 (8)은 셋째 맺어 외인의 힐난을 통하게 하는 것인데, 힐난 및 통하게 하는
　 뜻은 위에서 찾으면 알 수 있을 것이다.
27 둘이 없는 모습에 나아가면 글에 둘의 차별이 있다. 처음은 장행으로 널리
　 해석함이고, 뒤는 게송으로 간략히 말함인데, 널리 해석함은 마쳤고, 이하
　 는 둘째 게송으로 간략히 말하는 것이다. 그 2게송이 있는데, 처음 반 게송
　 은 이치가 매우 깊음을 찬탄한 것이고, 나머지 1게송 반은 집착의 과실을
　 나타내는 것이다. 과실에 셋이 있으니, 처음 2구는 희론을 내는 과실이고,
　 다음 2구는 생사에 유전하는 과실이며, 뒤의 2구는 장차 악취에 태어나는
　 과실이다.
28 '두 의지'란 곧 유위와 무위이니, 여덟 가지 희론이 의지하는 곳이기 때문
　 이다. 여덟 가지 희론은 《유가론》 제36권에서 말하는 여덟 가지 분별과 같
　 다. 여덟 가지 분별이라 함은, ① 자성과 ② 차별의 분별, ③ (①·②에 대
　 한) 총체적 집착[總執], ④ '나'와 ⑤ '내 것'의 분별, ⑥ 사랑스러운 것[愛]과
　 ⑦ 사랑스러운 것 아님[非愛] 및 ⑧ 둘 다와 상위한 것[俱相違]의 분별이다.

| 이런 바른 지혜 말씀 다시 어기면 | 復違如是正智論 |
| 소·양 등의 부류 중에 태어나리라 | 當生牛羊等類中 |

1.2.2[29]

⑴ 그 때 법용보살이 붓다께 말하였다. "세존이시여, 여기에서 동쪽으로 72 항하의 모래와 같은 세계를 지나서 구대명칭具大名稱이라 이름하는 세계가 있는데, 이 중의 여래 명호는 광대명칭廣大名稱입니다. 저는 지난 날 그 불국토에서 떠나 여기로 왔습니다. 제가 그 불국토에서 일찍이 한 곳을 보았더니, 칠만칠천의 외도와 아울러 그들의 스승들이

爾時 法涌菩薩 白佛言.
"世尊, 從此東方 過七十二 殑伽河沙等 世界
有世界名 具大名稱,
是中如來號 廣大名稱.
我於先日 從彼佛土
發來至此. 我於彼佛土
曾見一處, 有七萬七千
外道 幷其師首

---

[29] 이하 둘째 심구·사찰로 행하는 바를 초과한 모습[超過尋思所行相]을 해석함에 둘이 있으니, 처음은 장행으로 널리 해석함이고, 뒤의 ⑷의 ②는 게송으로 간략히 설함이다. 장행 중에서 다시 나누면 여섯이 된다. 처음 ⑴은 보살의 물음, 둘째 ⑵의 ①은 세존의 간략한 답, 셋째 ②는 보살에게 물음, 넷째 ③은 여래의 자세한 설명, 다섯째 ⑶은 비유로 설함, 여섯째 ⑷의 ①은 법을 들어서 비유와 같게 함, 혹은 맺어서 답함이다. * 여기에서 심구·사찰로 행하는 바를 초과한 모습을 밝히는 경문 1.2.2의 구조를 도표로써 보이면 다음과 같다.

	보살의 물음	⑴
장행으로 널리 해석함	세존의 간략한 답	⑵①
	보살에게 물음	②
	여래의 자세한 설명	③
	비유로 설함	⑶
	법을 들어서 비유와 같게 함	⑷①
게송으로 간략히 설함		②

있어서 모든 법의 승의제의 모습을 사유하기 위해 한자리에 같이 모여 앉았습니다. 그들이 함께 생각하고 헤아리며 관찰하고 두루 추구할 때에 일체법의 승의제의 모습은 끝내 얻을 수 없었고, 오직 갖가지 의해[種種意解]와 별이한 의해[別異意解]와 변이하는 의해[變異意解]30를 제외한다면, 서로 어기고 등지며 함께 쟁론을 일으켜서 입에서 창처럼 날카로운 말을 내어 다시 서로 찌르고 베며 괴롭히고 무너뜨리고는 각각 흩어졌습니다.

세존이시여, 제가 그 때에 속으로 생각하기를, '여래께서 세상에 출현하심은 심히 기이하고 희유하구나. 세상에 출현하셨기 때문에 마침내 이와 같이 일체의 심구·사찰로 행하는 바를 초과하는

同一會坐 爲思諸法 勝義諦相. 彼共思議 稱量觀察 遍推求時 於一切法 勝義諦相 竟不能得, 唯除 種種意解 別異意解 變異意解, 互相違背 共興諍論 口出矛矟 更相矟已刺已 惱已壞已 各各離散.

世尊, 我於爾時 竊作是念, '如來出世 甚奇希有. 由出世故 乃於如是 超過一切 尋思所行

---

30 세 가지 의해에 대하여 여러 설이 같지 않다. 제1설은, 「갖가지 의해란 갖가지 제법을 써서 승의로 삼고 따로 진여가 없기 때문에 '갖가지'라고 이름하고, 별이한 의해란 제법을 떠난 밖에 따로 승의가 있어 일체법과 결정적으로 별다르기 때문에 '별이'라고 말한 것이며, 변이하는 의해란 이치상 실제로 승의는 변하여 달라짐이 없는데도 변하여 달라진다고 말하여 상주常住를 말함이 아니기 때문에 '변이'라고 한 것」이라고 하고, 제2설은, 「세 가지는 뜻에 차이가 없다. 온갖 헤아림이 하나가 아니기 때문에 '갖가지'라고 말하고, 뜻의 취지[意趣]가 각각 다르기 때문에 '별이'라고 말하며, 전전해서 달리 헤아려서 결정된 모습이 없기 때문에 '변이'라고 말한 것」이라고 한다.

승의제의 모습에 대하여 역시 통달하여 증득 지음이 있을 수 있었구나.'라고 하였습니다."

勝義諦相 亦有通達 作證可得.'"

⑵ ① 이 말을 마치자 그 때 세존께서 법용 보살에게 말씀하셨다.

"선남자여, 그러하고 그러하다. 그대가 말한 것처럼 나는 일체의 심구·사찰을 초과하는 승의제의 모습에서 현등정각하였고, 현등정각하고 나서 남을 위해 펴 설하고 드러내며 이해를 열고 시설하며 환히 비추었다.

② 어째서였겠는가?

③ 내가 말하는 승의는 모든 성자들이 내적으로 스스로 증득하는 것[內自所證]이지만, 심구·사찰로 행하는 바는 모든 범부들이 전전하여 증득하는 것[展轉所證]이다. 그러므로 법용이여, 이 도리에 의해 승의는 일체 심구·사찰의 경계의 모습을 초과한다고 알아야 한다.31

說是語已 爾時 世尊 告法涌菩薩曰.

"善男子, 如是如是. 如汝所說 我於超過 一切 尋思 勝義諦相 現等正覺, 現等覺已 爲他宣說 顯現開解 施設 照了.

何以故?

我說勝義 是諸聖者 內自所證,

尋思所行 是諸異生 展轉所證.

是故 法涌, 由此道理 當知勝義 超過一切 尋思境相.

---

31 (③의 여래의 자세한 설명은) 다섯 가지 모습으로 심구·사찰의 경계를 초과함을 해석한다. 첫째 내적으로 스스로 증득하는 것[自內所證], 둘째 상 없이 행하는 것[無相所行], 셋째 언설할 수 없음[不可言說], 넷째 모든 표시를 끊었음[絶諸表示], 다섯째 모든 쟁론을 그침[息諸諍論]이다. (첫째에서) 심구·사찰로 행하는 것은, 곧 범부들이 남의 말에 의지하는 것이고 안으로 증득

또 다음 법용이여, 내가 말하는 승의는 상 없이[無相] 행하는 것이지만, 심구·사찰은 단지 상이 있는 경계에서만 행하는 것이다. 그러므로 법용이여, 이 도리에 의해 승의는 일체 심구·사찰의 경계의 모습을 초과한다고 알아야 한다.

또 다음 법용이여, 내가 말하는 승의는 언설할 수 없지만, 심구·사찰은 단지 언설의 경계에서만 행하는 것이다. 그러므로 법용이여, 이 도리에 의해 승의는 일체 심구·사찰의 경계의 모습을 초과한다고 알아야 한다.

또 다음 법용이여, 내가 말하는 승의는 모든 표시表示32를 끊은 것이지만, 심구·사찰은 단지 표시의 경계에서만 행하는 것이다. 그러므로 법용이여, 이 도리에 의해 승의는 일체 심구·사찰의 경계의 모습을 초과한다고 알아야 한다.

또 다음 법용이여, 내가 말하는 승의는 모든 쟁론諍論을 끊었지만, 심구·사찰은 단지 쟁론의 경계에서만 행하는

復次 法涌, 我說勝義
無相所行, 尋思但行
有相境界.
是故 法涌, 由此道理
當知勝義 超過一切 尋
思境相.

復次 法涌, 我說勝義
不可言說, 尋思但行
言說境界. 是故 法涌,
由此道理 當知勝義
超過一切 尋思境相.

復次 法涌, 我說勝義
絕諸表示, 尋思但行
表示境界.
是故 法涌, 由此道理
當知勝義 超過一切 尋
思境相.

復次 法涌, 我說勝義
絕諸諍論, 尋思但行
諍論境界.

....
하는 것이 아니므로 '전전하여'라고 말한 것이다.
32 (문) 언설과 표시는 어떤 차이가 있는가? (답) 말로써 설명되는 것이 아니라는 것과, 견문 등으로 표시되는 경계가 아니라는 것이기 때문에 차이가 있다.

것이다. 그러므로 법용이여, 이 도리에 의해 승의는 일체 심구·사찰의 경계의 모습을 초과한다고 알아야 한다.

是故 法涌, 由此道理 當知勝義 超過一切 尋思境相.

(3) ① 법용이여, 응당 이와 같이 알아야 한다.33 비유하면 어떤 사람이 그의 수명이 다할 때까지 맵고 쓴 맛을 익혀서, 꿀과 사탕의 가장 묘하고 아름다운 맛을 생각할 수도 없고 헤아릴 수도 없으며 믿고 이해할 수도 없는 것과 같다.

② 혹은 긴 밤 동안 욕탐의 승해勝解34로 말미암아 여러 욕망의 치성한 불로 태워진 까닭에 안으로 일체 색·성·향·

法涌, 當知 譬如有人 盡其壽量 習辛苦味, 於蜜石蜜 上妙美味 不能尋思 不能比度 不能信解.

或於長夜 由欲貪勝解 諸欲熾火 所燒然故 於內除滅 一切色聲 香

....
33 이하 다섯째 비유를 들어서 거듭 해석하는 것에는 그 다섯 가지 비유가 있어 위의 다섯 가지 법에 비유하는데, 진제 삼장은 다섯 가지 즐거움에 배분해서 다섯 가지 비유로써 다섯 가지 법을 해석하였다. 다섯 가지 즐거움이라고 말한 것은, 첫째 출가의 즐거움, 둘째 멀리 떠남의 즐거움, 셋째 적정의 즐거움, 넷째 정각의 즐거움, 다섯째 열반의 즐거움이다. 이제 글의 해석에 나아가면 다섯 가지 즐거움에 의해 위의 다섯 가지 모습을 비유하므로 곧 나누어 다섯이 된다. 첫째 ①은 출가의 가장 맛난[上味] 뛰어난 즐거움[勝樂]의 비유이고, 둘째 ②는 오욕五欲을 멀리 떠난 묘한 즐거움[妙樂]의 비유이며, 셋째 ③은 현성賢聖이 침묵하는 고요한 즐거움[靜樂]의 비유이고, 넷째 ④는 모든 표시를 멸한 적정寂靜의 비유이며, 다섯째 ⑤는 모든 쟁론을 떠난 깨달음의 즐거움[覺樂]의 비유이다.
34 '욕탐'이라고 말한 것은 곧 10번뇌 중 탐욕을 성품으로 하는 것이고, '승해'라고 말한 것은 곧 별경심소 중의 승해(=《성유식론》 제5권에서 "결정된 경계를 인가해 지니는 것[印持]을 체성으로 한다"라고 함)를 자체로 삼는 것이다. 여기에서는 '욕망'을 들어서 뜻으로 승해를 취한 것이다.

미·촉의 모습을 제멸한, 묘한 멀리 떠남의 즐거움[妙遠離樂]을 생각할 수도 없고 헤아릴 수도 없으며 믿고 이해할 수도 없는 것과 같다.

味觸相 妙遠離樂
不能尋思
不能比度 不能信解.

③ 혹은 긴 밤 동안 언설의 승해로 말미암아 세간의 비단 같은 언설을 즐겨 집착한 까닭에, 안으로 적정한 성스러운 침묵의 즐거움[聖默然樂]을 생각할 수도 없고 헤아릴 수도 없으며 믿고 이해할 수도 없는 것과 같다.

或於長夜 由言說勝解
樂著世閒 綺言說故,
於內寂靜 聖默然樂
不能尋思
不能比度 不能信解.

④ 혹은 긴 밤 동안 견·문·각·지하는 표시의 승해로 말미암아 세간의 모든 표시를 즐겨 집착한 까닭에, 영원히 일체의 표시를 제거해 끊고 살가야[薩迦耶]35가 소멸한 구경열반을 생각할 수도 없고 헤아릴 수도 없으며 믿고 이해할 수도 없는 것과 같다.

或於長夜 由見聞覺知
表示勝解 樂著世閒 諸
表示故, 於永除斷 一切
表示 薩迦耶滅
究竟涅槃 不能尋思
不能比度 不能信解.

⑤ 법용이여, 비유하면 어떤 사람이 그 긴 밤 동안 갖가지 내 것[我所]을 섭수하는 쟁론의 승해36가 있음으로 말미

法涌, 當知 譬如有人
於其長夜 由有種種 我
所攝受 諍論勝解

---

35 '살가야ⓢsatkāya'라고 한 이것은 범어인데, 살바다에 의하면 '살'은 유有라고 이름하고, '가야'는 신身이라고 이름하니, 그 오온의 무리[身]가 존재[有]의 진실한 체이기 때문이다. 경량부에 의하면 '살'은 허위라고 이름하고, '가야'는 신이라고 이름하니, 그 종지에서는 오온이 허위이기 때문이다. 이제 대승에 의하면 무성의 《섭론》은 경량부의 설과 같다.

암아 세간의 모든 쟁론을 즐겨 집착한 까닭에, 북구로주에서의 내 것 없고 섭수함 없어서 쟁론 여읜 것을 생각할 수도 없고 헤아릴 수도 없으며 믿고 이해할 수도 없는 것과 같다라고.	樂著世間 諸諍論故, 於北拘盧洲 無我所無 攝受 離諍論 不能尋思 不能比度 不能信解.
⑷ ① 이와 같이 법용이여, 심구·사찰하는 모든 자는 일체 심구·사찰로 행하는 바를 초월한 승의제의 모습을 생각할 수도 없고 헤아릴 수도 없으며 믿고 이해할 수도 없는 것이다."	如是 法涌, 諸尋思者 於超一切 尋思所行 勝義諦相 不能尋思 不能比度 不能信解."
② 그 때 세존께서 이 뜻을 거듭 펴시고자 게송으로 말씀하셨다.	爾時 世尊 欲重宣此義 而說頌曰.
내증과 무상으로 행하는 바요 언설할 수 없으며 표시를 끊고 모든 쟁론 그쳐서 쉰 승의제는 일체 심·사 모습을 초과한다네	內證無相之所行 不可言說絕表示 息諸諍論勝義諦 超過一切尋思相

1.2.3[37]

---

36 '쟁론의 온갖 승해가 있다'라고 함은, 세간에서 자신에게 섭수되는 부모·처자·형제·친구 및 창고 등을 섭수하는 일에 즐겨 집착하기 때문에, 북구로주의 중생들에게 처자 등을 섭수하는 쟁론이 없는 것을 알지 못한다는 것이다.
37 이하 모든 법의 하나와 다름의 성품을 초과한 모습[超過諸法 一異性相]을 해

(1) 그 때 선청정혜보살이 붓다께 말하였다.[38]

"① 세존이시여, 심히 기이합니다. 나아가 세존이시여, 잘 말씀하셨습니다. 세존께서 말씀하신 바와 같이 승의제의 모습은 미세하고 매우 깊으며 모든 법의 하나와 다름의 성품을 초과한 모습이어서 가히 통달하기 어렵습니다.

② 세존이시여, 제가 곧 여기에서 일

爾時 善淸淨慧菩薩 白佛言.

"世尊, 甚奇. 乃至 世尊, 善說. 如世尊言 勝義諦相 微細甚深 超過諸法 一異性相 難可通達.

世尊, 我卽於此 曾見一

석함에 둘이 있으니, 처음은 장행으로 자세히 설명함이고, 뒤의 (7)의 ②는 게송으로 간략히 설함이다. 장행 중에 다섯이 있다. 처음 (1)은 보살의 물음, 둘째 (2) 내지 (5)는 여래의 바른 답, 셋째 (6)의 ①은 비유, 넷째 ②는 합함, 다섯째 (7)의 ①은 맺음이다. * 여기에서 모든 법의 일·이의 성품을 초과한 모습을 해석하는 경문 1.2.3의 구조를 도표로써 보이면 다음과 같다.

장행	보살의 물음			(1)
	여래의 바른 답	여래의 인가		(2)①
		보살에게 물음		②
		여래의 간략한 답		③
		보살에게 거듭 물음		④
		자세한 해석	3·5과실에 의해	반대 해석	⑤
			일·이의 집착을 파함	수순 해석	(3)
			청정한 공상에 의해 집착을 파함		(4)
			행의 무차별·무아 등에 의해 파함		(5)
	비유			(6)①
	합함			②
	맺음			(7)①
게송				②

38 첫째 보살의 물음에는 셋이 있다. 처음 ①은 잘 말씀하셨음을 찬탄하는 것, 다음 ②는 여러 쟁론을 드러내는 것, 뒤의 ③은 자기의 의문을 나타내는 것이다.

찍이 한 곳을 보았더니, 뭇 보살 등이 있어 바로 승해행지39를 수행하면서 같이 한 곳에 모여 앉아, 모두 함께 승의제의 모습이 모든 행의 모습과 더불어 일一·이異의 성품인 모습을 생각하였습니다. 이 모임 중 한 부류의 보살은 말하기를, '승의제의 모습은 모든 행의 모습과 더불어 전혀 다름이 없다.'라고 하였고, 한 부류의 보살은 또 말하기를, '승의제의 모습은 제행의 모습과 더불어 전혀 다름이 없는 것이 아니다. 그러므로 승의제의 모습은 제행의 모습과는 다르다.'라고 하니, 다른 보살들이 있다가 의혹하고 유예해서 다시 말하기를, '이 모든 보살에서 누구의 말이 진실이고 누구의 말이 허망한가? 누구가 이치와 같이 행하고 누구가 이치와 같지 않는가?'라고 하며, 혹은 외쳐 말하기를, '승의제의 모습은 제행의 모습과 더불어 전혀 다름이 없다.'라고 하고, 혹은 외쳐 말하기를, '승의제의 모습은 제행의 모습과는 다르다.'라고 하였습니다.

處, 有衆菩薩等 正修行勝解行地 同一會坐, 皆共思議 勝義諦相 與諸行相 一異性相.
於此會中 一類菩薩 作如是言, '勝義諦相 與諸行相 都無有異',
一類菩薩 復作是言, '非勝義諦相 與諸行相 都無有異. 然勝義諦相 異諸行相',
有餘菩薩 疑惑猶豫 復作是言, '是諸菩薩 誰言諦實 誰言虛妄? 誰如理行, 誰不如理?',
或唱是言, '勝義諦相 與諸行相 都無有異', 或唱是言, '勝義諦相 異諸行相'.

---

39 승해행지는 여러 보살들이 보이는 곳이기 때문이니, 승해행지는 곧 지전地前의 첫 아승기의 지위이다.

③ 세존이시여, 제가 그것을 보고 나서 속으로 생각하기를, '이 모든 선남자들은 어리석고 우둔해서 밝지 못하며 능숙하지 못하고 이치대로 행하지 못하여, 승의제가 미세하고 매우 깊어서 제행과의 일·이의 성품을 초과한 모습임을 능히 이해해 알지 못하는구나.'라고 하였습니다."

世尊, 我見彼已
竊作是念, '此諸善男子
愚癡頑鈍 不明不善
不如理行,
於勝義諦 微細甚深 超過諸行 一異性相
不能解了.'"

(2) 이 말을 마치자 그 때 세존께서 선청정혜보살에게 말씀하셨다.40

"① 선남자여, 그러하고 그러하다. 그대가 말한 바와 같이 그 모든 선남자들은 어리석고 우둔해서 밝지 못하며 능숙하지 못하고 이치대로 행하지 못하여, 승의제가 미세하고 매우 깊어서 제행과의 일·이의 성품을 초과한 모습임을 능히 이해해 알지 못한다.

② 어째서이겠는가?

③ 선청정혜여, 제행에 대해서 이와 같이 행할 때에는 승의제의 모습을 능

說是語已 爾時 世尊
告 善淸淨慧菩薩曰.
"善男子, 如是如是. 如汝所說 彼諸善男子
愚癡頑鈍 不明不善
不如理行,
於勝義諦 微細甚深
超過諸行 一異性相
不能解了.
何以故?

善淸淨慧, 非於諸行 如是行時 名能通達 勝義

---

40 이하 둘째 여래의 바른 답에는 다섯이 있다. 처음 ①은 여래의 인가이고, 둘째 ②는 보살에게 물음이며, 셋째 ③은 여래의 간략한 답이고, 넷째 ④는 보살에게 거듭 물음이고, 다섯째 ⑤ 이하는 여래의 자세한 해석이다.

히 통달하였다거나 혹은 승의제에 작증함을 얻었다고 이름하는 것이 아니기 때문이다.41

④ 어째서이겠는가?

⑤ 선청정혜여, 만약 승의제의 모습이 제행의 모습과 더불어 전혀 다름이 없다고 한다면, 응당 지금 일체 범부도 다 이미 진리를 보았어야 할 것이고, 또 모든 범부도 다 응당 위없는 방편과 안온한 열반을 이미 얻었거나, 혹은 응당 아뇩다라삼먁삼보리를 이미 증득했어야 할 것이기 때문이다.42

諦相 或於勝義諦 而得作證.

何以故?

善淸淨慧, 若勝義諦相 與諸行相 都無異者, 應於今時 一切異生 皆已見諦, 又諸異生 皆應已得 無上方便 安隱涅槃, 或應已證 阿耨多羅三藐三菩提.

....
41 이는 셋째 여래께서 간략히 답하시는 것이다. 이 답의 뜻은 모든 행에 대해서 승의제와 더불어 혹은 하나라거나 혹은 다르다고 이와 같이 집착하는 것은, 능히 통달함이나 혹은 작증을 얻음이 아니니, 많은 과실이 있기 때문에 모습을 잃는 것이 뒤에서 말하는 것과 같다는 것이다. 그런데 여기에서 통달과 작증을 요별한다면 승의를 아는 것을 통달이라 이름하고, 능히 열반 및 보리의 과보 얻는 것을 작증이라 이름한다. 또 무간도는 통달이라 이름하고, 그 해탈도는 통달이라고도 이름하며 또한 작증이라고도 이름한다. 또 후득지는 통달이라 이름하고, 그 정체지는 작증이라 이름한다.
42 자세한 해석에 셋이 있다. 처음 ⑤와 다음 ⑶은 세 가지와 다섯 가지의 과실에 의하여 일·이의 집착을 깨뜨리는 것이고, 다음 ⑷는 청정한 공상[淨共相]에 의하여 일·이의 집착을 깨뜨리는 것이며, 뒤의 ⑸는 행의 차별 없음과 무아 등에 의해 일·이의 집착을 깨뜨리는 것이다.
　처음에 나아가면 다시 둘이 있으니, 처음 ⑤는 반대로 해석하여 집착을 깨뜨리는 것이고, 다음 ⑶은 수순하여 해석해서 집착을 깨뜨리는 것이다. 또 처음의 깨뜨림에 둘이 있으니, 처음 여기까지는 세 가지 과실에 의하여 하나라는 집착을 깨뜨리고, 그 뒤는 다섯 가지 과실에 의하여 다르다는 집착을 깨뜨리는 것이다.

만약 승의제의 모습이 제행의 모습과 더불어 한결같이 다르다고 한다면, 이미 진리를 본 이도 제행의 모습을 제거하지 못할 것이고, 만약 제행의 모습을 제거하지 못한다면 응당 상의 속박[相縛]에서 해탈을 얻지 못할 것이며,43 이 진리를 본 이가 모든 상의 속박에서 해탈하지 못하기 때문에 추중의 속박[麤重縛]에서도 또한 응당 해탈하지 못할 것이고,44 두 가지 속박에서 해탈하지 못하기 때문에 이미 진리를 본 이도 응당 위없는 방편과 안온한 열반을 능히 얻지 못하며, 혹은 아뇩다라삼먁삼보리를 응

若勝義諦相　與諸行相
一向異者, 已見諦者
於諸行相 應不除遣,
若不除遣 諸行相者
應於相縛
不得解脫, 此見諦者
於諸相縛 不解脫故
於麤重縛
亦應不脫,
由於二縛 不解脫故
已見諦者 應不能得　無
上方便 安隱涅槃,
或不應證　阿耨多羅三

처음에서 '세 가지 과실'이라 함은 첫째는 범부도 이미 진리를 보았어야 한다는 과실이고, 둘째는 이미 열반을 얻었어야 한다는 과실이며, 셋째는 이미 보리를 얻었어야 한다는 과실이다. '위없는 방편'은 곧 도제이니, 무루의 성도聖道이다.

43 '다섯 가지 과실'이라고 말한 것은, 첫째는 이미 진리를 본 이가 행의 모습을 버리지 못하는 과실이고, 둘째는 상의 속박에서 해탈하지 못하는 과실이며, 셋째는 추중의 속박에서 해탈하지 못하는 과실이고, 넷째는 열반을 증득치 못하는 과실이며, 다섯째는 보리를 증득치 못하는 과실이다. (둘째는) 말하자면 환상과 같은 일임을 요지하지 못하기 때문에 모든 심·심소가 소연의 모습에서 자재를 얻지 못하니, 그래서 상분을 말하여 '상의 속박'이라고 이름한 것이다.

44 '추중의 속박'이라고 말하는 것에는 스스로 두 가지가 있다. 첫째는 6식 중의 번뇌를 추중이라고 이름하는 것이고, 둘째 번뇌·소지의 2장의 세력이 모든 유루의 5온 등 법으로 하여금 감당하는 바가 없게 하는 것이니, 곧 이를 말하여 추중의 속박이라고 한다. 지금 여기에서는 앞을 말한 것이고, 뒤의 것이 아니다.

당 증득하지 못할 것이기 때문이다.

貌三菩提.

⑶ ① 선청정혜여, 지금 모든 범부가 다 이미 진리를 본 것이 아니고, 모든 범부가 이미 능히 위없는 방편과 안온한 열반을 획득한 것이 아니며, 또한 이미 아뇩다라삼먁삼보리를 증득한 것도 아니기 때문에, 승의제의 모습이 제행의 모습과 더불어 전혀 다른 모습이 없다 함은 도리에 맞지 않는다. 만약 이런 가운데에서 '승의제의 모습은 제행의 모습과 더불어 전혀 다름이 없다'라고 말한다면, 이 도리에 의해 응당 일체는 이치와 같은 행이 아니고 바른 이치와 같지 않다고 알아야 한다.45

善淸淨慧, 由於今時 非諸異生 皆已見諦, 非諸異生 已能獲得 無上方便 安隱涅槃, 亦非已證 阿耨多羅三貌三菩提是故, 勝義諦相 與諸行相 都無異相
不應道理. 若於此中
作如是言'勝義諦相 與諸行相 都無異者',
由此道理 當知一切 非如理行 不如正理.

② 선청정혜여, 지금 진리를 본 이가 모든 행의 모습을 능히 제거하지 못하는 것이 아니라 능히 제거하고, 진리를 본 이가 모든 상의 속박에서 능히 해탈하지 못하는 것이 아니라 능히 해탈하며, 진리를 본 이가 추중의 속박에서 능

善淸淨慧, 由於今時 非見諦者 於諸行相 不能除遣 然能除遣, 非見諦者 於諸相縛 不能解脫 然能解脫,
非見諦者 於麤重縛 不

---

45 둘째 도리에 수순하여 해석해서 일·이의 집착을 깨뜨림에는 둘이 있다. 처음 ①은 세 가지 과실이 없음을 들어서 그 하나라는 집착을 깨뜨리는 것, 뒤의 ②는 다섯 가지 과실이 없음을 들어서 그 다르다는 집착을 깨뜨리는 것이다. 이 두 가지 뜻은 위를 뒤집으면 알 수 있다.

히 해탈하지 못하는 것이 아니라 능히 해탈하고, 두 가지 장애에서 능히 해탈하는 까닭에 또한 능히 위없는 방편과 안온한 열반을 획득하며, 혹은 능히 아뇩다라삼막삼보리를 증득함이 있기 때문에, 승의제의 모습이 모든 행의 모습과 더불어 한결같이 다른 모습이라 함은 도리에 맞지 않는다. 만약 이런 가운데에서 '승의제의 모습은 제행의 모습과 더불어 한결같이 다르다'라고 말한다면, 이 도리에 의해 응당 일체는 이치와 같은 행이 아니고 바른 이치와 같지 않다고 알아야 한다.

能解脫 然能解脫, 以於二障 能解脫故 亦能獲得 無上方便 安隱涅槃, 或有能證 阿耨多羅三藐三菩提 是故, 勝義諦相 與諸行相 一向異相
不應道理. 若於此中 作如是言 '勝義諦相 與諸行相 一向異者', 由此道理 當知一切 非如理行 不如正理.

⑷ ① 또 다음 선청정혜여, 만약 승의제의 모습이 모든 행의 모습과 더불어 전혀 다름이 없다고 한다면, 모든 행의 모습이 잡염된 모습[雜染相]에 떨어지는 것처럼, 이 승의제의 모습도 또한 응당 이와 같이 잡염된 모습에 떨어져야 할 것이다.46

復次 善清淨慧, 若勝義諦相 與諸行相 都無異者, 如諸行相 墮雜染相,
此勝義諦相 亦應如是 墮雜染相.

....
46 둘째 ⑷의 청정한 공상에 의거해 일·이를 깨뜨림에는 둘이 있다. 처음은 해석이고, 뒤의 ④는 결론이다. 해석 중에도 둘이 있으니, 처음은 반대로 해석함이고, 뒤의 ③은 수순하여 해석함이다. 전자 중에도 둘이 있으니, 처음 ①은 잡염된 모습에 떨어지는 것에 의거해 그 하나라는 집착을 깨뜨리

② 선청정혜여, 만약 승의제의 모습이 모든 행의 모습과 더불어 한결같이 다르다고 한다면, 응당 일체 행의 모습의 공상은 승의제의 모습이라 이름하는 것이 아니어야 것이다.47

③ 선청정혜여, 지금 승의제의 모습은 잡염된 모습에 떨어지는 것이 아니며, 모든 행의 공상을 승의제의 모습이라고 이름하니, ④ 그러므로 승의제의 모습이 모든 행의 모습과 더불어 전혀 다른 모습이 없다고 하는 것은 도리에 맞지 않고, 승의제의 모습이 제행의 모습과 더불어 한결같이 다른 모습이라 하는 것도 도리에 맞지 않는다. 만약 이런 가운데에서 '승의제의 모습은 모든 행의 모습과 더불어 전혀 다름이 없다'라고 하거나, 혹은 '승의제의 모습은 모든 행의 모습과 한결같이 다르다'라고 말한다면,

善淸淨慧, 若勝義諦相
與諸行相 一向異者,
應非一切 行相共相
名勝義諦相.

善淸淨慧, 由於今時 勝
義諦相 非墮雜染相,
諸行共相 名勝義諦相,
是故 勝義諦相
與諸行相 都無異相
不應道理,
勝義諦相 與諸行相
一向異相
不應道理. 若於此中
作如是言'勝義諦相 與
諸行相 都無有異',
或'勝義諦相 與諸行相
一向異者',

는 것이고, 뒤의 ②는 공상에 의거해 그 다르다는 집착을 깨뜨리는 것이다.
47 말하자면 일체법에는 다 두 가지 모습이 있다. 첫째는 자상이니, 마치 색은 질애를 모습으로 하고, 식은 요별을 모습으로 하는 것과 같다. 두루하지 못하기 때문에 자상이라고 이름한다. 둘째는 공상이니, 일체법의 무아의 성품 등을 말한다. 진여의 승의는 모든 법에 두루하기 때문에 공상이라고 이름한다. 이제 다르다는 집착을 깨뜨려서, 만약 승의제가 모든 행과 다르다고 한다면 응당 모든 행의 공상이 아니어야 한다고 한다. 그 모든 행과 더불어 한결같이 다르기 때문이다.

이 도리에 의해 응당 일체는 이치와 같   由此道理 當知一切 非
은 행이 아니고 바른 이치와 같지 않다   如理行 不如正理.
고 알아야 한다.

(5) ㈎ ① 또 다음 선청정혜여, 만약 승   復次 善淸淨慧, 若勝義
의제의 모습이 제행의 모습과 더불어   諦相 與諸行相
전혀 다름이 없다고 한다면, 승의제의   都無異者, 如勝義諦相
모습이 모든 행의 모습에서 차별이 없   於諸行相 無有差別,
는 것처럼, 일체 행의 모습도 또한 응당   一切行相 亦應如是
이와 같이 차별이 없을 것이니,48 관행   無有差別, 修觀行者
을 닦는 자는 모든 행 중에서 그 보는   於諸行中 如其所見
바와 같고, 그 듣는 바와 같으며, 그 지   如其所聞 如其所覺
각하는 바와 같고, 그 아는 바와 같을   如其所知
것이므로 응당 뒤의 시기에 다시 승의   不應後時 更求勝義.
를 구하지 않아야 할 것이다.49

---

48 셋째 행의 차별 없음과 무아 등에 의해 일·이의 집착을 깨뜨리는 것에는 둘이 있다. 처음은 깨뜨리는 것이고, 뒤의 ㈐는 맺는 것이다. 처음 중에도 둘이 있으니, 앞의 ㈎는 반대 해석으로 과실을 드러내는 것이고, 뒤의 ㈏는 수순하는 해석으로 과실을 드러내는 것이다. 전자에도 둘이 있으니, 처음 ①은 두 가지 모습에 의거해 다름이 없다고 함의 과실을 깨뜨리는 것이고, 뒤의 ②는 두 가지 모습에 의거해 한결같이 다르다고 함을 깨뜨리는 것이다. 전자 중에도 둘이 있으니, 처음 여기까지는 모든 행이 차별됨에 의거해 다름이 없다고 함의 과실을 깨뜨리는 것이고, 뒤의 그 아래는 다시 승의를 구함에 의거해 다름이 없다는 집착을 깨뜨리는 것이다.
  여기까지의 처음은 말하자면 만약 승의가 온·처 등과 더불어 별다름이 없다고 한다면 온 등에도 응당 온·처 등의 차이가 없을 것이라는 것이다.
49 이는 둘째 다시 승의를 구하는 것으로써 다름이 없다는 집착을 깨뜨리는 것이다. 말하자면 만약 승의가 모든 행의 모습과 더불어 전혀 다름이 없다

② 만약 승의제의 모습이 모든 행의 모습과 더불어 한결같이 다르다고 한다면, 응당 제행의 오직 무아의 성품과 오직 자성 없음이 나타난 바가 승의제의 모습인 것이 아니어야 하며,50 또 응당 동시에 별개의 모습이 성립되어야 할 것이니, 잡염된 모습 및 청정한 모습을 말한다.51

若勝義諦相　與諸行相一向異者, 應非諸行 唯無我性 唯無自性 之所顯現 是勝義相, 又應俱時 別相成立, 謂雜染相 及淸淨相.

고 한다면, 보는 바 등의 경계는 그 보는 바와 같아서 그 뜻을 이미 알았을 것이므로, 뒤의 시기에 다시 승의를 구하지 않아야 할 것인데도, 이미 승의를 구하니, 따라서 하나가 아니라고 알아야 한다는 것이다.

50 ②는 둘째 오직 무아 등에 의거해 한결같이 다르다고 함을 깨뜨리는 것인데, 그 중에 둘이 있다. 처음 여기까지는 오직 무아일 뿐인 등에 의거해 한결같이 다르다고 함을 깨뜨리는 것이고, 뒤의 그 아래는 별상이 성립되는 것이 아님에 의거해 한결같이 다르다고 함을 깨뜨리는 것이다.

　여기까지의 처음은 말하자면 세존께서는 일체의 모든 법은 다 오직 무아일 뿐이라고 말씀하시고, 혹은 모든 법은 다 자성이 없다고 말씀하셨기 때문에 승의는 일체의 행과 더불어 한결같이 다른 것은 아니라고 알아야 한다는 것이다. 한결같이 다르다고 한다면 응당 모든 행은 오직 무아의 성품과 오직 무자성으로 나타나는 바가 아니어야 할 것이다.

51 이는 곧 둘째 별상이 성립되는 것이 아님으로써 한결같이 다르다고 함을 깨뜨리는 것이다. 그런데 이 경문을 해석함에는 여러 설이 있다. 제1설은, 「또 응당 동시에 별개의 모습이 성립되는 등이라고 한 것은, 이름 등 5사의 영상을 제거하고 무상無相의 진여를 증득한다는 것이니, 그러므로 무상을 증득할 때에는 모든 상이 현현하지 않고, 만약 모든 상이 현현할 때라면 무상은 현현하지 않는다는 것이다. 그러므로 동시에 성립되어서는 안된다. 만약 그대의 말과 같이 한결같이 다르다고 한다면 곧 응당 동시에 별개의 모습이 성립될 것이니, 색·성 등과 같이 각각 별개의 체일 것이기 때문이다.」라고 한다. 제2설은, 「또 응당 동시에 염·정의 2법이 별상으로서 성립될 것이라는 것이다. 까닭이 무엇인가 하면 승의는 행과 더불어 전연 다르다고 하기 때문이다. 이는 곧 청정을 볼 때에도 응당 잡염을 제거하지 않고, 잡염을 볼 때에도 응당 청정을 장애하지 않는 것이다.」라고 한다. 제3

(나) ① 선청정혜여, 지금 일체 행의 모습에는 다 차별이 있고 차별이 없는 것이 아니므로,52 관행을 닦는 자는 모든 행 중에서 그 보는 바와 같고, 그 듣는 바와 같으며, 그 지각하는 바와 같고, 그 아는 바와 같다고 해도 다시 뒤의 시기에 다시 승의를 구하는 것이다.

② 또 곧 제행의 오직 무아의 성품과 오직 자성 없음이 나타난 바를 승의제의 모습이라 이름하고,53 또 동시에 잡염·청정의 두 가지 모습이 별개의 모습

善淸淨慧, 由於今時 一切行相 皆有差別 非無差別, 修觀行者 於諸行中 如其所見 如其所聞 如其所覺 如其所知 復於後時 更求勝義.

又卽諸行 唯無我性 唯無自性 之所顯現 名勝義相, 又非俱時 染淨二相 別相成立.

설은, 「승의가 모든 행과 더불어 한결같이 다르다고 한다면 곧 응당 동시에 별상으로서 성립되어야 하므로, 일체의 모든 법은 본래 잡염이면서 본래 청정할 것이다. 그렇지만 경전에서는 단지 그 성품이 본래 청정하다고만 말하니, 따라서 모든 행은 승의제와 더불어 한결같이 다른 것이 아니라고 알아야 한다.」라고 한다. 혹은 세속이 곧 진실이고 진실이 곧 세속이라고 말해서는 안된다는 것일 수도 있으니, 전연 다르다고 하기 때문이다.

52 (나)는 둘째 도리에 수순하는 해석으로 그 하나와 다름을 깨뜨리는 것인데, 그 중에는 둘이 있다. 처음 ①은 두 가지 모습에 의거해 그 다르지 않다고 함을 깨뜨리는 것이고, 뒤의 ②는 두 가지 모습에 의거해 한결같이 다르다고 함을 깨뜨리는 것이다. 전자 중에는 두 가지 모습이므로 곧 둘로 나누어진다. 여기까지는 곧 첫째 차별되는 체에 의거해 그 다름 없다고 함을 깨뜨리는 것이고, 뒤의 그 아래는 둘째 다시 승의를 구하는 것으로써 그 다르지 않다고 함을 깨뜨리는 것이다.

53 ②는 둘째 두 가지 모습에 의거해 한결같이 다르다고 함을 깨뜨리는 것인데, 여기까지는 첫째 오직 무아의 성품으로 나타난 바의 뜻일 뿐이기 때문으로써 한결같이 다르다고 함을 깨뜨리는 것이고, 그 아래는 곧 둘째 별상이 성립되는 것이 아님으로써 한결같이 다르다고 함을 깨뜨리는 것이다. 경전에서 이르기를, 일체의 모든 법은 다 오직 본래 청정할 뿐이기 때문이라고 함과 같다.

으로 성립하는 것이 아니다.

㈐ 그러므로 승의제의 모습이 모든 행의 모습과 더불어 전혀 다름이 없다고 하거나, 혹은 한결같이 다르다고 한다면 도리에 맞지 않는다. 만약 이런 가운데에서 '승의제의 모습은 모든 행의 모습과 더불어 전혀 다름이 없다'라고 하거나, 혹은 '한결같이 다르다'라고 말한다면, 이 도리에 의해 응당 일체는 이치와 같은 행이 아니고 바른 이치와 같지 않다고 알아야 한다.

是故 勝義諦相 與諸行相 都無有異,
或一向異
不應道理. 若於此中 作如是言 '勝義諦相 與諸行相 都無有異',
或 '一向異者',
由此道理 當知一切 非如理行 不如正理.

⑹ ① 선청정혜여, 마치 나패 위의 선명한 흰색의 성품은 그 나패와 더불어 하나의 모습인가 다른 모습인가 시설하기 쉽지 않은 것과 같고, 나패 위의 선명한 흰색의 성품과 같이, 금 위의 황색도 또한 다시 이와 같다.54

善淸淨慧, 如螺貝上 鮮白色性 不易施設 與彼螺貝 一相異相,
如螺貝上 鮮白色性,
金上黃色 亦復如是.

마치 공후 소리 위의 아름답고 묘한 곡조의 성품은 공후의 소리와 더불어 하나의 모습인가 다른 모습인가 시설하

如箜篌聲上 美妙曲性 不易施設 與箜篌聲 一相異相,

---

54 셋째 ⑹의 ①은 비유를 들어 거듭 해석하는 것인데, 열 가지 비유가 있어 곧 10단이 된다. 비록 열 가지 뜻이 있지만 그 순서대로 6경에 의거해 말하면, 처음의 둘은 색경, 다음의 하나는 성경, 그 다음의 하나는 향경, 그 다음의 둘은 미경, 그 다음의 둘은 촉경, 뒤의 둘은 법경에 의거한 것이다.

기 쉽지 않은 것과 같다.

 마치 흑침 위에 있는 묘한 향기의 성품은 그 흑침과 더불어 하나의 모습인가 다른 모습인가 시설하기 쉽지 않은 것과 같다.

 마치 후추 위의 아주 매운 맛의 성품은 그 후추와 더불어 하나의 모습인가 다른 모습인가 시설하기 쉽지 않은 것과 같고, 후추 위의 아주 매운 맛의 성품과 같이, 하리訶梨의 싱거운 성품도 또한 다시 이와 같다.

 마치 도라솜 위에 있는 부드러운 성품은 도라솜과 더불어 하나의 모습인가 다른 모습인가 시설하기 쉽지 않은 것과 같고, 숙소 위에 있는 제호55는 그 숙소와 더불어 하나의 모습인가 다른 모습인가 시설하기 쉽지 않은 것과 같다.

 또 마치 일체행 위의 무상한 성품, 일체 유루법 위의 괴로움의 성품, 일체법 위의 보특가라무아의 성품은 그 행 등과 더불어 하나의 모습인가 다른 모습

如黑沈上 有妙香性 不易施設 與彼黑沈 一相異相,

如胡椒上 辛猛利性 不易施設 與彼胡椒 一相異相,
如胡椒上 辛猛利性, 訶梨淡性 亦復如是.

如蠹羅緜上 有柔軟性 不易施設 與蠹羅緜 一相異相,
如熟酥上 所有醍醐 不易施設 與彼熟酥 一相異相.

又如一切行上 無常性 一切有漏法上 苦性 一切法上 補特伽羅無我性 不易施設 與彼行等

---

55 비록 제호를 들었어도 뜻으로는 (맛이 아니라) 매끄러운 감촉을 취한 것이다.

인가 시설하기 쉽지 않은 것과 같고, 또 탐욕 위의 적정하지 못한 모습 및 잡염된 모습은 이것이 저 탐욕과 더불어 하나의 모습인가 다른 모습인가 시설하기 쉽지 않음과 같은 것과 같으며, 탐욕 위에서와 같이 진에·우치 위에서도 응당 또한 그러하다고 알아야 한다.

② 이와 같이 선청정혜여, 승의제의 모습은 모든 행의 모습과 더불어 하나의 모습인가 다른 모습인가를 시설할 수 없는 것이다.56

(7) ① 선청정혜여, 나는 이렇게 미세하고 극히 미세하며 심오하고 극히 심오하며 통달하기 어렵고 극히 통달하기 어려운, 모든 법과의 일一·이異의 성품과 모습을 초과하는 승의제의 모습에서 현정등각하였고, 현정등각하고 나서 남을 위해 펴 설하고 드러내어 보이며 이해를 열고 시설해서 환히 비추는 것이다."57

一相異相, 又如貪上 不寂靜相 及雜染相 不易施設 此與彼貪 一相異相, 如於貪上 於瞋癡上 當知亦爾.

如是 善淸淨慧, 勝義諦相 不可施設 與諸行相 一相異相.

善淸淨慧, 我於如是 微細 極微細 甚深 極甚深 難通達 極難通達, 超過諸法 一異性相 勝義諦相 現正等覺, 現等覺已 爲他宣說 顯示開解 施設照了."

....
56 이는 곧 넷째 법을 들어서 비유와 같게 하는 것이다.
57 이는 곧 다섯째 맺고 외인의 의심을 통하게 하는 것이니, 말하자면 붓다께서 말씀하시는 매우 깊은 승의를 어떻게 요지해야 하는가라는 것이다.

② 그 때 세존께서는 거듭 이 뜻을 펴시고자 게송으로 말씀하셨다.58 爾時 世尊 欲重宣此義 而說頌曰

1 행계行界의 승의의 모습은　　　行界勝義相
　일·이의 성·상을 떠났으니　　　離一異性相
　만약 일·이를 분별한다면　　　若分別一異
　이치와 같은 행 아니라네　　　彼非如理行

2 중생은 상에 속박되고　　　衆生爲相縛
　또 그 추중에 속박됐으니　　　及彼麤重縛
　부지런히 지관을 닦아야　　　要勤修止觀
　이에 해탈을 얻으리라　　　爾乃得解脫

1.2.4 59
(1) 그 때 세존께서 장로 선현善現에게　爾時 世尊 告長老善現

---

58 이하는 둘째 게송을 들어서 간략히 설하는 것이다. 그 중에 셋이 있으니, 처음 2구는 이치의 매우 깊음을 찬탄하는 것이고, 다음에 있는 4구는 집착에 허물 있음을 드러낸 것이며, 뒤의 2구는 닦아서 과보 얻는 것을 밝히는 것이다. '행계'라고 말한 것에서, 행은 천류하는 유위의 모든 행을 말하고, 계는 성품의 뜻인데, 두 가지 설이 있다. 첫째는 유위의 자성을 '계'라고 이름했다는 것이고, 둘째는 모든 행은 다 진여를 자성으로 하기 때문에 '행계'라고 이름했다는 것이니, 곧 행계를 승의로 삼는 것이다.
59 이하의 넷째 일체에 두루한 한 맛의 모습을 해석하는 것에 둘이 있으니, 처음은 장행으로 널리 해석하는 것이고, 뒤의 (4)는 게송을 들어 간략히 설하는 것이다. 장행 중에는 셋이 있으니, 처음 (1)은 여래께서 물으시는 것이고, 다음 (2)는 선현이 대답하는 것이며, 뒤의 (3)은 세존께서 바로 설하시는 것이다.

말씀하셨다.

"선현이여, 그대는 유정계 중 얼마나 되는 유정들이 증상만을 품고 증상만에 집지되기 때문에 아는 바를 기별記別하는 것으로 알며, 그대는 유정계 중 얼마나 되는 유정들이 증상만을 여의고서 아는 바를 기별하는 것으로 아는가?"60

⑵ 장로 선현이 붓다께 말하였다.

"① 세존이시여, 저는 유정계 중 적은 수의 유정들이 증상만을 여의고서 아는 바를 기별하는 것으로 압니다.61

② 세존이시여, 저는 유정계 중 한량없고 수없으며 말할 수 없는 유정들이 증상만을 품고 증상만에 집지되기 때문에 아는 바를 기별하는 것으로 압니다.62

③ 세존이시여, 제가 한 때 큰 숲 속

曰.

"善現, 汝於有情界中 知幾有情 懷增上慢 爲增上慢 所執持故 記別所解, 汝於有情界中 知幾有情 離增上慢 記別所解?"

長老善現 白佛言.

"世尊, 我知 有情界中 少分有情 離增上慢 記別所解.

世尊, 我知 有情界中 有無量無數 不可說有情 懷增上慢 爲增上慢 所執持故 記別所解.

世尊, 我於一時 住阿練

....

60 여기에서 말한 '증상만'은, 《법화경》에서 아직 얻지 못하고도 얻었다고 하고, 아직 증득하지 못하고도 증득했다고 하는 것을 증상만이라 이름한다고 한 것과 같다. 지금 여기에서는 증상만이 있고 없음에 의거해 두 가지 물음을 일으킨 것이다. * 여기에서 '기별'은 가려서 분별한다는 뜻.
61 선현의 답에 둘이 있으니, 처음 ①은 뒷 물음을 푸는 것[釋後問]이고, 뒤의 ② 이하는 앞 물음에 답하는 것이다. 소위 오직 초지 이상의 보살만이 두루 한 한 맛의 모습인 법공의 승의를 여실히 알아서, 이 때문에 법의 증상만을 일으키지 않는다. * 여기에서 일체에 두루한 한 맛의 모습을 해석하는 경문 1.2.4의 구조를 도표로써 보이면 다음과 같다.

의 아란야[阿練若]에 머물렀는데, 그 때 많은 비구들이 있어 또한 이 숲에서 저의 부근에 의지해 머물렀습니다.63 저가 보니, 그 모든 비구들이 해질 무렵에 차츰차츰 함께 모여, 얻는 바 있는 현관[有所得現觀]에 의해 각각 갖가지 모습의 법을 말하여 아는 바를 기별하였습니다.64

若 大樹林中, 時有衆多 苾芻 亦於此林 依近我住. 我見

彼諸苾芻 於日後分 展轉聚集, 依有所得現觀 各說 種種相法 記別所解.

장행	여래의 물음				(1)
	선현의 답	앞 물음에 답함			(2)①
		뒷 물음에 답함	간략한 답		②
			자신이 본 것		③~④
			자신이 생각한 것		⑤
	여래의 바로 설하심	찬탄받는 공덕			(3)①
		해석함	물음		②
			해석	법	청정한 소연에 의하여 한 맛의 모습을 드러냄	③~⑤
					셋이 두루한 뜻에 의해 한 맛을 분별함	(4)
					세 가지 허물을 떠났음으로써 한 맛의 모습을 해석함	(5)
				비유		(6)①
				합함		②
게송					(7)

62 앞 물음에 답하는 것에 셋이 있다. 처음 ②는 간략한 답, 다음 ③과 ④는 자기가 본 것을 말하는 것, 뒤의 ⑤는 자기가 생각한 것을 말하는 것이다.
63 자기가 본 것을 말한 것에 둘이 있으니, 처음 여기까지는 자타의 머문 곳을 밝힘이고, 뒤의 그 아래는 남이 기별한 것을 서술함이다.
64 뒤의 기별한 것에도 둘이 있으니, 처음 여기까지는 모든 계탁을 총체적으로 서술하는 것이고, 그 뒤는 모든 계탁을 개별적으로 서술하는 것이다.
이는 곧 첫째 총체적 서술이다. 뒤에서 말하는 바와 같이 오온 등에 의해 갖가지 이해를 지어서 승의로 삼고, 한 맛의 법공의 도리를 승의제라고 말

그 가운데 한 부류는 온蘊을 얻었기 때문이니, 온의 모습을 얻었기 때문이고, 온의 일어남을 얻었기 때문이며, 온의 다함을 얻었기 때문이고, 온의 소멸을 얻었기 때문이며, 온 소멸의 작증을 얻었기 때문에 아는 바를 기별하였습니다.65	於中一類 由得蘊故, 得蘊相故, 得蘊起故, 得蘊盡故, 得蘊滅故, 得蘊滅作證故 記別所解.

....
하지 않으며, 이와 같이 나아가 8성도 중의 자성과 차별 및 대치 등을 승의라고 계탁하여 증상만을 이루기 때문에 지금 이를 서술하는 것이다. '현관'이란 《유가론》 제53권에 의하면, 뜻을 결정함이 현관의 뜻이라고 말하고, 《구사론》 제23권에 의하면, 모든 진리의 경계를 현견함이 분명한 것을 견현관見現觀이라 이름한다고 하였다. 그렇지만 이 현관은 여러 교가 같지 않은데, 지금 말한 '얻는 바 있는 현관'이란 말하자면 여러 비구가 첫 법륜法輪에서 말한 13법문法門(=바로 뒤에서 말함)에 의지하여 말과 같이 경계에 집착해서, 얻는 바가 없는 한 맛인 법구法句의 승의를 알지 못해서 증상만을 일으켜, 문득 궁극의 승의를 증득하였다고 말하는 것이다.

65 이하 둘째 개별적으로 서술함 중에 둘이 있으니, 처음은 여섯 가지 선교로써 관찰되는 경계에 의거해 아는 바를 기별하는 것이고, 뒤의 ④는 조도품 중 일곱 가지 관문觀門에 의거해 아는 바를 기별하는 것이다.
　지금 처음에서 '여섯 가지 선교'라고 함은 온·처·연생·4식·4제와 아울러 18계를 말한다. 이치의 실제로는 처·계가 법을 두루 다 거두지만 여러 중생의 의요가 차별되기 때문에 온 등에 의거해 6문으로 나눈 것이다. 만약 진현관이라면 반드시 한 맛인 승의제의 이치를 증득해야 바야흐로 현관이라고 이름하지만, 모두 비구들이 증상만을 품고 온 등의 모습을 얻고는 진현관이라고 말하기 때문에 지금 여기에서 여섯 가지 계탁을 서술한 것이다.
　'온을 얻었다'고 말한 것은 증득 대상인 오온의 법문을 총체적으로 나타내는 것이니, 곧 총체적 문구이다. '온의 모습을 얻었다'고 말한 것은 온의 자성·차별상을 얻은 것이니, 이 2구는 총체적인 것으로서 아래의 여러 구에 통하는 것이다. '자성상'이라고 말한 것은 자신의 법 자체를 자성이라고 이름하고, 자성 위에서 차별되는 뜻을 분별한 것을 '차별상'이라고 이름한다. '온의 일어남을 얻었기 때문이며, 온의 다함을 얻었기 때문'이라고 말한 이 2구는 생멸이 무상함을 본 것을 나타낸 것이다. '온의 소멸을 얻었기 때이 한 부류가 온을 얻었기 때문인 것과 같이, 다시 어떤 한 부류는 처處를 얻었기 때문에, 다시 어떤 한 부류는 연기를 얻었기 때문에 또한 그러하였다고 알아야 합니다.

다시 어떤 한 부류는 자양분[食]을 얻었기 때문이니, 자양분의 모습을 얻었기 때문이고, 자양분의 일어남을 얻었기 때문이며, 자양분의 다함을 얻었기 때문이고, 자양분의 소멸을 얻었기 때문이며, 자양분 소멸의 작증을 얻었기 때문에 아는 바를 기별하였습니다.

다시 어떤 한 부류는 진리[諦]를 얻었기 때문이니, 진리의 모습을 얻었기 때문이고, 진리의 두루 앎을 얻었기 때문이며, 진리의 영원히 끊음을 얻었기 때문이고, 진리의 작증을 얻었기 때문이며, 진리의 수습을 얻었기 때문에 아는 바를 기별하였습니다.66

如此一類 由得蘊故,
復有一類 由得處故,
復有一類 得緣起故
當知亦爾.

復有一類 由得食故,
得食相故,
得食起故,
得食盡故,
得食滅故,
得食滅作證故
記別所解.

復有一類 由得諦故,
得諦相故,
得諦遍知故,
得諦永斷故,
得諦作證故,
得諦修習故 記別所解.

....
문이며, 온 소멸의 작증을 얻었기 때문'이라고 말한 이 2구는 차례대로 멸·도 2제를 나타내어 보이는 것이니, 고·집제를 끊어서 멸제를 얻기 때문이고, 도로 말미암아 온을 끊어서 멸을 작증하기 때문이다. 12처 등도 다 이에 준해 해석할 것이다.
66 이는 4제문에 의거해 아는 바를 기별하는 것이다. 6구 중 처음 둘은 총체적인 것이니, 위와 같이 알아야 한다. 뒤의 4구는 차례대로, 고는 두루 알아야 하고, 집은 영원히 끊어야 하며, 멸은 작증하여야 하고, 도는 수습해야

다시 어떤 한 부류는 계界를 얻었기 때문이니, 계의 모습을 얻었기 때문이고, 계의 갖가지 성품을 얻었기 때문이며, 계의 하나가 아닌 성품을 얻었기 때문이고, 계의 소멸을 얻었기 때문이며, 계 소멸의 작증을 얻었기 때문에 아는 바를 기별하였습니다.67

復有一類 由得界故, 得界相故, 得界種種性故, 得界非一性故, 得界滅故, 得界滅作證故 記別所解.

④ 다시 어떤 한 부류는 염주念住를 얻었기 때문이니, 염주의 모습을 얻었기 때문이고, 염주의 능치와 소치를 얻었기 때문이며, 염주의 닦음을 얻었기 때문이고, 염주가 아직 나지 않은 것을 나게 함을 얻었기 때문이며, 염주가 이미 난 것에 굳게 머물러 잊지 않고 배로 닦아 증광함을 얻었기 때문에 아는 바를 기별하였습니다.68

復有一類 由得念住故, 得念住相故, 得念住 能治所治故, 得念住修故, 得念住 未生令生故, 得念住生已 堅住不忘 倍修增廣故 記別所解.

....
한다는 것이다.
67 이는 18계에 의거해 아는 바를 기별하는 것이다. 6구 중 처음 2구와 뒤의 2구는 앞에 준해서 알아야 한다. 중간의 2구는 해석에 차별이 있으니, 종류가 중다한 것을 '갖가지'라고 이름하고, 수가 하나를 넘기 때문에 '하나가 아님'이라고 이름한 것이다.
68 이하는 둘째 조도품의 37법에 의거해 아는 바를 기별하는 것인데, 여기에 두 가지 해석이 있다. 첫째는 앞의 온 등의 법은 증득대상인 경계에 의거한 것이고, 뒤의 염주 등은 능증의 행에 의거한 것이라고 함이다. 둘째는 그 모든 비구들은 비단 온 등 중의 여섯 가지 모습을 반연해서 승의의 현관경계로 삼을 뿐만 아니라, 또한 염주·정단 등 법의 여섯 가지 개별적인 모습을 반연함도 진실한 현관의 경계가 된다고 계탁하기 때문에 진실한 승의

어떤 한 부류가 염주를 얻었기 때문인 것과 같이, 다시 어떤 한 부류는 정단正斷을 얻었기 때문이고, 신족神足을 얻었기 때문이며, 모든 근根을 얻었기 때문이고, 모든 힘[力]을 얻었기 때문이며, 각지覺支를 얻었기 때문에 또한 그러하였다고 알아야 합니다.

다시 어떤 한 부류는 팔지성도를 얻었기 때문이니, 팔지성도의 모습을 얻었기 때문이고, 팔지성도의 능치와 소치를 얻었기 때문이며, 팔지성도의 닦음을 얻었기 때문이고, 팔지성도가 아직 나지 않은 것을 나게 함을 얻었기 때문이며, 팔지성도가 이미 난 것에 굳게 머물러 잊지 않고 배로 닦아 증광함을 얻었기 때문에 아는 바를 기별하였습니다.

⑤ 세존이시여, 저는 그것을 보고 나서 속으로 생각하기를, '이 모든 장로들은 얻은 바 있는 현관에 의지해 각각 갖

如有一類 得念住故,
復有一類 得正斷故,
得神足故,
得諸根故,
得諸力故,
得覺支故 當知亦爾.

復有一類 得八支聖道故, 得八支聖道相故, 得八支聖道 能治所治故, 得八支聖道修故, 得八支聖道 未生令生故,
得八支聖道 生已堅住 不忘 倍修增廣故
記別所解.

世尊, 我見彼已
竊作是念, '此諸長老 依有所得現觀 各說種

중의 한 맛의 모습을 능히 알지 못한다는 것이다.
  그 중에는 셋이 있으니, 처음 염주에 의거해 아는 바를 기별하는 것이고, 다음은 4정단·4신족·5근·5력·7각지에 의거해 아는 바를 기별함을 유추해석하는 것이며, 뒤는 8지성도에 의거해 아는 바를 기별하는 것이다. 이는 곧 첫째 4념주에 의거해 아는 바를 기별하는 것이니, '염주'라고 말한 것은 곧 신身·수受·심心·법法이다.

가지 모습의 법을 말하여 아는 바를 기별하니,69 저 모든 장로들 일체는 다 증상만을 품고 증상만에 집지되기 때문에 승의제의 일체에 두루한 한 맛의 모습을 능히 이해해 알지 못한다고 알아야 겠구나'라고 하였습니다.

 그러므로 세존이시여, 심히 기이합니다. 나아가 세존이시여, 잘 말씀하셨습니다. 세존께서 말씀하신 것처럼 승의제의 모습은 미세하고 가장 미세하며 심오하고 가장 심오하며 통달하기 어렵고 가장 통달하기 어려운, 일체에 두루한 한 맛의 모습입니다.

 세존이시여, 이 성스러운 가르침 중에서 수행하는 비구들도 승의제의 일체에 두루한 한 맛의 모습을 오히려 통달하기 어렵거늘, 하물며 모든 외도들이겠습니까?"

(3) 그 때 세존께서 장로 선현에게 말씀하셨다.

種相法 記別所解, 當知 彼諸長老 一切皆懷 增上慢 爲增上慢所執持故 於勝義諦 遍一切一味相 不能解了'.

是故 世尊, 甚奇.
乃至 世尊, 善說.
如世尊言 勝義諦相
微細 最微細 甚深
最甚深 難通達
最難通達 遍一切
一味相.
世尊, 此聖教中
修行苾芻 於勝義諦 遍一切一味相 尚難通達, 況諸外道."

爾時 世尊 告長老善現曰.

---
69 ⑤는 셋째 자기가 생각한 바를 서술하는 것인데, 그 중에 셋이 있다. 처음 여기까지는 자기의 생각을 간략히 서술하는 것, 다음 그 아래는 자기의 생각을 거듭 서술하는 것, 뒤의 '그러므로 세존이시여' 이하는 세존의 공덕을 찬탄하는 것이다.

"① 그러하고 그러하다, 선현이여, 나는 미세하고 가장 미세하며 심오하고 가장 심오하며 통달하기 어렵고 가장 통달하기 어려운, 일체에 두루한 한 맛의 모습의 승의제에서 현정등각하였고, 현정등각하고 나서 남을 위해 펴 설하고 드러내어 보이며 이해를 열고 시설하여 환히 비추었다.70

② 어째서였겠는가?71

③ 선현이여, 나는 이미 일체 온蘊 중의 청정한 소연이 승의제임을 드러내어 보였고,72 나는 이미 일체 처處·연기緣

"如是如是, 善現, 我於微細 最微細 甚深 最甚深 難通達 最難通達 遍一切一味相 勝義諦 現正等覺, 現等覺已 爲他宣說 顯示開解 施設照了.

何以故?

善現, 我已顯示 於一切蘊中 淸淨所緣 是勝義諦, 我已顯示 於一切處

---

70 셋째 (3) 이하의 세존께서 바로 설하시는 것에는 둘이 있으니, 처음 ①은 찬탄받는 공덕이고, 뒤의 ② 이하는 물음에 의해 널리 해석하는 것이다.
71 물음에 의해 널리 해석하는 것에도 둘이 있으니, 처음 이 문장은 묻는 것이고, ③ 이하는 해석하는 것이다. 해석하는 것에는 다시 셋이 있으니, 처음은 법이고, 다음 (6)의 ①은 비유이며, 뒤의 ②는 합하는 것이다. 그리고 법에도 셋이 있다. 처음 ③ 이하는 청정한 소연에 의하여 한 맛의 모습을 드러내는 것이고, 다음 ⑷는 셋이 두루한 뜻에 의하여 한 맛을 분별하는 것이며, 뒤의 ⑸는 세 가지 허물을 떠났음으로써 한 맛의 모습을 해석하는 것이다.
72 첫 단락 중에 나아가면 먼저 해석하고, 뒤의 ⑤에서 맺는다. 해석 중에도 다시 둘이니, 처음은 청정한 소연에 의거해 승의제를 드러내는 것이고, 뒤의 ④는 청정한 소연으로써 한 맛의 모습을 드러내는 것이다. 전자 중에도 둘이 있으니, 처음 여기까지는 온 위의 청정한 소연에 의거해 승의제를 드러내는 것이고, 뒤의 그 아래는 처 등의 청정한 소연이 승의제임에 견주는 것이다.
'일체의 온'이란 오온은 하나가 아니기 때문에 일체라고 말한 것이다. 혹은 유루와 무루 등은 하나가 아니기 때문에 일체라고 말한 것일 수도 있다.

起·자양분[食]·진리[諦]·계界·염주念住· | 緣起食諦 界念住正斷
정단正斷·신족神足·근根·힘[力]·각지覺支· | 神足根力 覺支道支中
도지道支 중의 청정한 소연이 승의제임 | 淸淨所緣 是勝義諦.
을 드러내어 보였다.

④ 이 청정한 소연은 일체의 온 중에서 한 맛의 모습이라 따로 다른 모습이 없고,73 온 중에서와 같이 이와 같이 일체의 처 중에서와 나아가 일체의 도지 중에서도 한 맛의 모습이라 따로 다른 모습이 없다.

此淸淨所緣 於一切蘊中 是一味相 無別異相, 如於蘊中 如是 於一切處中 乃至 一切道支中 是一味相 無別異相.

⑤ 그러므로 선현이여, 이 도리에 의해 승의제는 일체에 두루한 한 맛의 모습임을 알아야 한다.

是故 善現, 由此道理 當知 勝義諦是 遍一切 一味相.

⑷ ① 또 다음 선현이여, 관행을 닦는 비구는 하나의 온의 진여·승의·법무아의 성품을 통달하고 나면, 다시 각각 다

復次 善現, 修觀行苾芻 通達一蘊 眞如勝義 法無我性已, 更不尋求 各

여기에서의 뜻이 말하는 것은, 오온 등 위에도 승의제가 있어서 또한 '청정한 소연'이라고 이름하니, 이 경계를 반연함에 의해 마음의 청정을 얻기 때문이다.

73 ④는 둘째 청정한 소연에 의거해 한 맛의 모습을 드러내는 것인데, 그 중에 둘이 있으니, 처음은 모든 온에 의거해 한 맛의 모습을 해석하는 것이고, 뒤의 그 아래는 처 등에 유추해서 한 맛의 모습을 해석하는 것이다.
　이는 곧 첫째 온 위의 청정한 소연에 의거해 한 맛의 모습을 드러내는 것이다. 모든 온 위의 청정한 소연은 따로 다른 모습이 없으니, 곧 한 맛이라는 것이다.

른 나머지 온과 모든 처·연기·자양분·진리·계·염주·정단·신족·근·힘·각지·도지의 진여·승의·법무아의 성품을 찾아 구하지 않더라도,74 ② 오직 곧 이것의 진여·승의를 따르는 둘 없는 지혜가 의지로 되기 때문에 일체에 두루한 한 맛의 모습인 승의제를 자세히 살피고 나아가 증득한다.75

③ 그러므로 선현이여, 이 도리에 의해 승의제는 일체에 두루한 한 맛의 모습임을 알아야 한다.

⑸ ① 또 다음 선현이여, 그 모든 온이 전전하여 다른 모습인 것과 같고, 그 모든 처·연기·자양분·진리·계·염주·정단·신족·근·힘·각지·도지가 전전하여 다른 모습인 것과 같이,76 ② 만약 일체법의

別餘蘊 諸處緣起 食諦界 念住正斷 神足根力 覺支道支 眞如勝義 法無我性, 唯卽隨此 眞如勝義 無二智 爲依止故 於遍一切 一味相 勝義諦 審察趣證.

是故 善現, 由此道理 當知 勝義諦是 遍一切 一味相.

復次 善現, 如彼諸蘊 展轉異相, 如彼諸處 緣起食諦 界念住正斷 神足根力 覺支道支 展轉異相, 若一切法 眞如

---

74 ⑷는 둘째 셋이 두루한 뜻에 의거해 한 맛을 해석하는 것이다. '셋이 두루하다'고 말한 것은 진여·승의·법무아를 말하는 것이니, 이 셋이 온 등의 법 중에 다 두루하기 때문에 이 셋을 말하여 한 맛이라고 이름한 것이다. 그 중에 둘이 있으니, 먼저 해석하고, 뒤의 ③에서 맺는다. 해석 중에도 둘이 있으니, 먼저 ①은 반대 해석이고, 뒤의 ②는 수순하는 해석이다.
75 이는 곧 둘째 한 맛을 수순하여 해석하는 것이다. 총체적으로 해석하는 뜻이 말하는 것은, 앞 글은 다른 법의 승의 구하는 것을 막기 때문에 반대 해석이라고 이름하였고, 이 글은 오직 하나의 온에서만 구하는 것을 성립시키기 때문에 수순하는 해석이라고 이름하였다는 것이다.
76 ⑸는 셋째 세 가지 허물을 떠났음으로써 한 맛의 모습을 해석하는 것이니,

진여·승의·법무아의 성품도 역시 다른 모습이라고 한다면, 이는 곧 진여·승의·법무아의 성품도 역시 응당 원인이 있어서 원인에서 난 것일 것인데, 만약 원인에서 난다면 응당 이는 유위일 것이고, 만약 이것이 유위라면 응당 승의가 아닐 것이며, 만약 승의가 아니라면 응당 다시 다른 승의제를 찾아 구해야 할 것이다.77

勝義 法無我性 亦異相者, 是則 眞如勝義 法無我性 亦應有因 從因所生, 若從因生 應是有爲,
若是有爲 應非勝義,
若非勝義 應更尋求 餘勝義諦.

③ 선현이여, 이로 말미암아 진여·승의·법무아의 성품은 원인이 있다고 이름하지 못하니, 원인에서 나는 것이 아니며, 또한 유위가 아니니, 이것이 승의

善現, 由此 眞如勝義 法無我性 不名有因, 非因所生,
亦非有爲, 是勝義諦.

곧 진여 등은 원인 있음 등의 세 가지 과실을 떠났기 때문에 한 맛을 이루는 것이다. 그 중에 둘이 있으니, 먼저 해석하고, 뒤의 ④에서 맺는다. 해석함 중에도 둘이 있으니, 처음은 온 등이 전전하여 다른 모습임을 밝히는 것이고, 뒤의 ② 이하는 진여는 따로 다른 모습이 없음을 분별하는 것이다.
  이는 곧 처음인데, 글에 두 마디가 있다. 처음은 모든 온이 전전하여 다른 모습임을 밝히는 것이고, 뒤는 처 등이 전전하여 모습이 다름에 견주는 것이다. 이 온 등은 모습이 따로 다르기 때문에 세 가지 과실이 있다. 첫째는 원인이 있음이니, 원인에서 나는 것이기 때문이고, 둘째는 유위니, 모습이 변천하는 것이기 때문이며, 셋째는 승의가 아니어서 다시 찾아 구해야 하니, 구경이 아니기 때문이다.

77 ② 이하는 둘째 승의제는 따로 다른 모습이 없음을 드러내는 것인데, 그 중에 둘이 있다. 처음 ②는 반대로 승의에 3과실이 있게 됨을 드러내는 것이고, 뒤의 ③은 수순하여 승의는 3과실을 떠났음을 해석하는 것이다. 3과실이라고 말한 것은 앞에서 이미 해석한 것과 같다. 혹은 5과실일 수도 있으니, 첫째 원인이 있어야 함, 둘째 원인에서 남, 셋째 응당 유위이어야 함, 넷째 승의가 아님, 다섯째 응당 승의를 구해야 함이다.

제이다. 이 승의를 얻으면 다시 다른 승의제를 찾아 구하지 않는다.78 오로지 상상시常常時와 항항시恒恒時에 있어서 여래가 출세하든 출세하지 않든 모든 법의 법성으로서 안립되고 법계로서 안주한다.79

④ 그러므로 선현이여, 이 도리에 의해 승의제는 일체에 두루한 한 맛의 모습임을 알아야 한다.

⑹ ① 선현이여, 비유하면 갖가지 하나의 품류 아닌 다른 모습의 색법 중에서 허공은 모습 없고 분별 없으며 변하여 달라짐 없이, 일체에 두루한 한 맛의 모습인 것과 같이,80 ② 이와 같이 다른

得此勝義 更不尋求 餘勝義諦. 唯有常常時 恒恒時

如來出世 若不出世 諸法法性安立 法界安住.

是故 善現, 由此道理 當知 勝義諦是 遍一切一味相.

善現, 譬如種種 非一品類 異相色中

虛空無相 無分別 無變異, 遍一切一味相,

如是異性異相

---

78 ③은 둘째 수순해서 승의는 3과실을 떠났음을 해석하는 것인데, 그 중에 둘이 있다. 처음 여기까지는 승의는 3과실 떠났음을 바로 해석하는 것이고, 뒤의 그 아래는 이치로써 거듭 이루는 것이다.
79 이는 곧 둘째 이치로써 거듭 이루는 것이니, 말하자면 그 승의의 한 맛의 진여는 오직 상항시常恒時에 여래가 출세하든 출세하지 않든 일체 모든 법의 법성으로서 안립되고 법계로서 안주하여, 다시 갖가지 다른 모습으로 변이함이 없다는 것이다. 이제 이 본에서 '상상시와 항항시'라고 말한 것을 해석해 말하자면, 한 맛의 진여는 본래부터 앞 시간[前時]이 하나가 아님을 '상상시'라고 이름하고, 뒷 시간[後時]이 하나가 아님을 '항항시'라고 이름한 것이니, 이와 같은 때에 모든 법의 법성으로서 안립되고 법계로서 안주한다는 것이다. '안주'는 곧 '안립'의 다른 이름이다.
80 이는 둘째 비유를 들어서 거듭 말하는 것이고, 뒤의 ②는 법을 들어서 비유와 같게 하는 것이다. 그런데 허공에는 능조·소조의 모습이 없기 때문에

성품과 다른 모습인 일체법 중에서 승의제가 일체에 두루한 한 맛의 모습임도 또한 그러하다고 알아야 한다."	一切法中 勝義諦 遍一切 一味相 當知亦然."
(7) 그 때 세존께서는 거듭 이 뜻을 펴시고자 게송으로 말씀하셨다.81	爾時 世尊 欲重宣此義 而說頌曰.
이 일체에 두루한 한 맛 모습의 승의제는 다름 없다 제불 설하니 누군가 그 중 달리 분별한다면 어리석어 증상만 의지함이네	此遍一切一味相 勝義諸佛說無異 若有於中異分別 彼定愚癡依上慢

....

모습이 없다고 이름하고, 유견유대색 중에 갖가지 차별이 없기 때문에 분별 없다고 이름하니, 분별은 곧 차별의 다른 이름이며, 차별이 없기 때문에 변하여 달라짐이 없는 것을 변하여 달라짐 없다고 이름한다. 이 세 가지 뜻을 갖추기 때문에 한 맛의 모습이라고 이름한다.

81 (7)은 둘째 게송을 들어서 간략히 말하는 것이다. 그 중에 둘이 있는데, 처음에 있는 반게송은 붓다께서 한 맛의 모습을 같이 찬탄하셨음을 드는 것이고, 뒤의 반게송은 우부가 다르다고 집착함을 분별해서 이치의 매우 깊음을 드러내는 것이다. * 운율을 무시하고 제4구를 번역한다면, "그는 결정코 어리석어 증상만에 의지함이네"라고 할 수 있다.

제3									心意識相品
심의식상품82							第三

1.3[83]

(1) 그 때 광혜보살마하살이 붓다께 말하였다.

"세존이시여, 예컨대 세존께서는 심·의·식의 비밀에 선교한 보살을 말씀하셨습니다. '심·의·식의 비밀에 선교한 보살'이란 어디까지를 심·의·식의 비밀에 선교한 보살이라고 이름하며,[84] 여래

爾時　廣慧菩薩摩訶薩白佛言.

"世尊, 如世尊說 於心意識秘密 善巧菩薩. 於心意識秘密　善巧菩薩者 齊何名爲 於心意識秘密 善巧菩薩, 如來

---

82 '심의식상품'이라고 말함에서 '심의식'의 이름에는 공통적인 것이 있고 개별적인 것이 있으니, 마치 《성유식론》 제5권에서 이르기를, "말하자면 박가범께서 곳곳의 경전 중에서 심·의·식 세 가지의 차별되는 뜻을 말씀하셨다. 집기集起하는 것을 '심'이라고 이름하고, 사량하는 것을 '의'라고 이름하며, 요별하는 것을 '식'이라고 이름하니, 이것이 세 가지의 차별되는 뜻이다."라고 한 것과 같다. 비록 8식에 공통되기는 하지만 뛰어나게 드러남을 따라서 제8을 '심'이라고 이름하니, 모든 법의 종자를 모아서[集] 모든 법을 일으키기[起] 때문이고, 제7을 '의'라고 이름하니, 제8식을 반연하여 항상 살피며 사량하여 '나' 등으로 삼기 때문이며, 나머지 여섯을 '식'이라고 이름하니, 여섯의 차별되는 경계에서 거칠게 움직임을 중단 없이 하면서 요별해 전전하기 때문이다. '상'은 체상인데, 혹은 상상相狀이기도 하다.
83 둘째 세속제를 분별하는 이 품의 경문 1.3에는 둘이 있다. 처음은 장행으로 널리 해석하는 것이고, 뒤의 (5)는 게송으로 간략히 설하는 것이다. 처음 장행의 해석에 둘이 있으니, (1)은 묻는 것이고, (2) 이하는 답하시는 것이다.
84 글에는 두 마디가 있으니, 처음은 묻는 바의 가르침을 인용하는 것이고, 뒤는 바로 묻는 말을 시설하는 것이다. 물음에는 두 가지 뜻이 있다. 처음이 문장은, 보살의 지위가 곧 가르침에서 말씀하신 뜻인가라는 것이고, 뒤의 다음 문장은, 여래께서는 어떤 보살에 의거하여 그 가르침을 시설하였는가라는 것이다. '시설'은 곧 펴 설한다[宣說]는 뜻이다.

께서는 어디까지를 시설하여 그를 심·의·식의 비밀에 선교한 보살이라고 하십니까?"

(2) 이 말을 마치자 그 때 세존께서 광혜보살마하살에게 말씀하셨다.85

"① 훌륭하고 훌륭하구나, 광혜여. 그대는 이제 이에 여래에게 이와 같이 깊은 뜻을 청해 물을 수 있구나. 그대는 지금 한량없는 중생을 이익하고 안락하게 하고자 하고, 세간 및 모든 천·인·아수라 등을 연민하여, 의리와 안락을 획득하게 하려고 이러한 물음을 일으켰구나. 그대는 잘 들으라, 내 그대를 위해 심·의·식의 비밀한 뜻을 설하리라.

② 광혜여, 응당 다음과 같이 알아야 한다.86 육취의 생사에서 그러그러한 유

齊何施設 彼爲 於心意識秘密 善巧菩薩?"

說是語已 爾時 世尊告廣慧菩薩摩訶薩曰.

"善哉善哉, 廣慧. 汝今乃能 請問如來 如是深義. 汝今爲欲
利益安樂 無量衆生,
哀愍世間 及諸天人 阿素洛等, 爲令獲得 義利安樂 故發斯問.
汝應諦聽, 吾當爲汝說心意識 秘密之義.
廣慧, 當知.
於六趣生死 彼彼有情

---

85 물음에 대해 답하시는 것에는 둘이 있다. 처음 ①은 물음을 칭찬하고 승낙함을 말씀하시는 것이고, 뒤의 ② 이하는 물음에 대해 바로 답하시는 것이다.
86 물음에 대해 바로 답하시는 것에 둘이 있으니, 처음 ② 이하에서는 심·의·식의 비밀한 뜻을 분별하고, 뒤의 ⑷에서는 비밀에 선교함을 분별하여 앞의 두 가지 물음에 답한다. 처음에도 둘이 있으니, 앞의 ② 이하는 제8식의 여러 명칭의 차별을 밝히고, 뒤의 (3)은 여러 식이 함께 구르는 차별을 밝힌다. 앞에는 넷이 있으니, 처음 ②는 종자식을 해석하는 것, 둘째 ③은 아타나를 분별하는 것, 셋째 ④는 아뢰야를 밝히는 것, 넷째 ⑤는 '심'이라는 명칭을 나타내는 것이다. * 여기에서 이 품 경문의 큰 구조를 도표로써 보이면 다음

정들은 그그러한 유정의 무리 가운데	墮彼彼 有情衆中
떨어져 혹은 난생에 있고, 혹은 태생에	或在卵生 或在胎生
있으며, 혹은 습생에 있고, 혹은 화생에	或在濕生 或在化生
있으면서 신체가 일어나면,87 그 중에서	身分生起, 於中最初
최초로 일체종자의 심식이 성숙하고 전	一切種子 心識成熟 展
전하여 화합하며 넓고 크게 증장해서88	轉和合 增長廣大

과 같다.

장행			물음	(1)
	답함		칭찬과 승낙	(2)①
		바로 답함	심·의·식의 비밀한 뜻	제8식의 명칭의 차별	②~⑤
				여러 식이 함께 구르는 차별	(3)
			비밀에 선교함	(4)
게송				(5)

87 이 ②는 곧 첫째 일체종자식을 해석하는 것이다. '일체 종자'는 곧 세 가지 습기(=명언습기·아집습기·유지습기)이니, 여기에서의 뜻이 말하는 것은, 제8식이 세 가지 습기를 거두어 지님으로 말미암아 결생結生을 상속케 한다는 것이다. 그 종자식에는 본래 두 가지가 있다. 첫째는 식이 지니는 종자를 종자식이라고 이름하는 것이고, 둘째는 종자를 능히 지니는 식을 종자식이라고 이름하는 것이다. 비록 두 가지가 있지만 지금 여기에서는 능히 종자를 지니는 식(=둘째)을 바로 밝히는 것이니, 신체가 태어날 때 의지처 및 종자를 집지하기 때문이다.

　글에는 둘이 있으니, 처음 여기까지는 취·생에 의거해 간략히 신체가 생기함을 밝히는 것이고, 뒤의 그 아래는 종자식에 의해 수생의 차별을 널리 분별하는 것이다. '6취'라고 말한 것은 아래의 경전에서 말하는 것과 같이 지옥·축생·아귀·천·아수라·사람이다. '난·태·습·화생'이라고 말한 것은 곧 4생이다.

88 이하는 둘째 종자식에 의거해 널리 수생의 차별을 분별하는 것인데, 그 중에 둘이 있다. 처음 여기까지는 수생하는 분위의 차별을 밝히는 것이고, 뒤의 그 아래는 다시 종자식이 두 가지 집수에 의지함을 밝히는 것이다. 글에는 세 마디가 있으니, 처음은 종자식이 성숙하는 것은 밝히고, 다음은 전전하여 화합하는 것이며, 셋째는 넓고 크게 증장하는 것이다.

두 가지 집수執受에 의지하니,89 첫째는 유색의 여러 근 및 의지처[所依]의 집수이고, 둘째는 모습[相]·이름[名]·분별을 언설로 희론하는 습기의 집수이다.90

유색계 중에서는 두 가지 집수를 갖추지만, 무색계 중에서는 두 가지를 갖추지는 않는다.91

③ 광혜여, 이 식은 또한 아타나식이라고도 이름한다. 왜냐하면 이 식은 몸을 따라서 쫓으며 집지하기 때문이다.92

依二執受, 一者 有色諸根 及所依執受, 二者 相名分別 言說戲論 習氣執受.

有色界中 具二執受, 無色界中 不具二種.

廣慧, 此識亦名 阿陁那識. 何以故 由此識 於身隨逐 執持故.

---

89 이하는 둘째 종자식이 두 가지 집수에 의지하는 것인데, 그 중에 셋이 있다. 처음은 글을 표방하고 수를 드는 것이고, 다음은 수에 의해 이름을 열거하는 것이며, 뒤는 계에 의거해 분별하는 것이다.
90 이는 둘째 수에 의해 이름을 열거하는 것이니, 말하자면 수생하는 단계에서 이숙식의 집수에 두 가지가 있어서 소연의 경계가 된다. 첫째는 5근 및 그것이 의지하는 색·향·미·촉(=5근의 의지처인 부진근)을 집수하여 의지처로 하는 것이고, 둘째는 모습·이름·분별 3법의 습기를 집지하여 소연의 경계로 하는 것이다. 무루종자는 제외하니, 소연이 아니기 때문이다.
그런데 이 집수에 대하여는 여러 교가 같지 않지만, 지금 이 경전 중에서 말하는 집수는, 우선 두 가지 뜻에 의하니, 첫째는 아뢰야가 집지하는 근과 의지처를 자신의 의지하는 바[所依]로 삼는 것이고, 둘째는 종자를 집지해서 자신의 거두는 바[所攝]로 삼는 것이다.
91 이는 곧 셋째 계에 의거해 분별하는 것이다. 곧 이 경문에 준해서 대승의 종지에 의하면, 무색계 중에는 안·이 등의 열 가지 색계가 없다. 《마하승기율》에서 10색 및 5식신을 갖춘다고 하고, 《보살본업경》에서 무색의 여러 하늘이 회중에 들어 왔다고 하며, 《법화경》에서 중간에 정향頂香이 있다고 한 것과 같지 않으니, 이와 같은 등의 글은 모두 법처소섭색에 의해 말한 것이다.
92 이는 둘째 아타나식을 해석하는 것이다. 범어로 '아타나ādāna'라고 하는 것을 여기에서는 번역하여 '집지執持'라고 한다. 말하자면 이 식은 몸을 따라서 쫓으며 색근을 집수하여 실괴失壞하지 않게 하기 때문에, 이 식을 말하여

④ 또한 아뢰야식이라고도 이름한다. 왜냐 하면 이 식은 몸을 섭수하고 장은 藏隱되어 안위安危를 같이 하는 뜻이기 때문이다.93

亦名阿賴耶識. 何以故 由此識於身 攝受藏隱 同安危義故.

⑤ 또한 심심이라고도 이름한다. 왜냐 하면 이 식은 색·성·향·미·촉 등을 적집 해서 기르기 때문이다.94

亦名爲心. 何以故 由此識 色聲香味觸等 積集滋長故.

....

'집지'라고 이름한다.
93 이는 곧 셋째 아뢰야를 해석하는 것이다. 범어로 '아뢰야Ⓢalaya'라고 하는 것을 여기에서는 번역하여 '장藏'이라고 한다. 장에는 세 가지 뜻이 있으니, 능장能藏·소장所藏·집장執藏이다. 《성유식론》 제2권에서, "이 식은 능장·소장·집장의 뜻을 갖추고 있다"라고 하였고, 《섭론》 제1권에서도 역시 세 가지 뜻으로 분별하였다. 해석해 말한다면 장의 뜻이 세 가지로 차별되는 것에서 제1의 능장, 이것은 곧 과법이 원인 중에 간직됨이니, 말하자면 식 중의 종자가 내는 현행의 7식의 염과染果는 능생의 원인을 여의지 않기 때문이다. 제2의 소장, 이것은 곧 원인 종자가 결과 중에 간직됨이니, 말하자면 훈습되는 종자가 능훈의 7현식 중에 간직되어 있어서 원인의 성품을 이루기 때문이다. 제3의 아애의 집착대상인 장[我愛所執藏]의 뜻, 이것은 곧 경계가 집착주체[能執] 중에 간직되었다는 것이다.
  지금 이 경전에 의하면 여러 논서와는 같지 않다. 말하자면 이 식은 유근신에 대하여, 그것을 능히 섭수하여 의지처로 삼고, 그것에 장은藏隱(=은밀히 간직됨 또는 간직되어 숨음)되어서 의지대상인 몸과 더불어 안위를 같이 한다고 말하기 때문이다. 이는 곧 현재의 식이 의지처 중에 간직되어 있기 때문에 '장'이라고 이름한다는 것이어서, 소장所藏 중 일부분의 뜻이기 때문이다.
94 이는 곧 넷째 그 '심'의 뜻을 해석하는 것이다. 범어로 '질다質多Ⓢcitta'라고 하는 것을 여기에서는 번역하여 '심'이라고 한다. 그 많은 뜻이 있다. 첫째는 집기함을 이름하는 것이니, 모든 법의 종자를 모아서 모든 법을 일으키기 때문이다. 둘째는 적집함을 이름하는 것인데, 그 두 가지 뜻이 있다. 하나는 모든 법의 종자가 적집되기 때문이고, 다른 하나는 밖의 6경계를 적집해서 기르기 때문이다. 셋째는 채집採集함을 이름하는 것이니, 갖가지 소연의 경계를 채집하기 때문이다.

⑶ ① 광혜여, 아타나식이 의지가 되고 건립이 되기 때문에 육식의 무리가 구르니, 이른바 안식과 이·비·설·신·의식이다.95

廣慧, 阿陁那識 爲依止 爲建立故 六識身轉, 謂眼識 耳鼻舌身意識.

이 중에서 식이 있는 눈[有識眼] 및 형색이 연이 되어 안식을 내면, 안식과 함께 하면서 따라 작용하여[隨行], 시간을 같이 하고 경계를 같이 하는 분별의식이 있어 구르며,96 식이 있는 귀·코·혀·

此中 有識眼 及色爲緣 生眼識, 與眼識俱 隨行 同時同境 有分別意識轉, 有識耳鼻舌身

....

지금 이 경전에 의하면 제2의 뜻에 의하기 때문에 '심'이라고 이름하는 것인데, 여기에 두 가지 뜻이 있다. 첫째는 적집하는 것이고, 둘째는 기르는 것이니, 색 등의 경계가 적집되고 길러지기 때문이다.

95 ⑶은 둘째 여러 식이 함께 구르는 차별을 밝히는 것인데, 그 중에 셋이 있다. 처음은 법, 다음 ③은 비유, 뒤의 ④는 합하는 것이다. 처음에 다시 둘이 있으니, 처음 ①은 아타나식이 6식과 더불어 함께 구르는 것이고, 뒤의 ②는 의식이 5식을 상대해서 함께 구르는 것의 다소를 밝히는 것이다. 처음에서는 근본과 지말을 들어서 함께 구르는 것을 분별하는 것이고, 뒤에서는 뜻으로써 다섯을 상대해 그 함께 구르는 것을 밝히는 것이다. 여기에서 말나식이 함께 구르는 것도 말해야 하지만, 말하지 않은 것은 처음과 뒤를 들면 준해서 알 수 있기 때문이다.

전자 중에는 둘이 있으니, 처음 여기까지는 함께 구르는 것을 총체적으로 표방하는 것이고, 뒤의 그 아래는 힐난을 좇아서 거듭 해석하는 것이다.

96 이하는 둘째 힐난을 좇아 거듭 해석하는 것인데, 그 중에 둘이 있다. 처음 여기까지는 안식이 반드시 의식과 함께 함을 밝히는 것이고, 뒤의 그 아래는 4식이 의식과 함께 함을 밝히는 것이다.

'식이 있는 눈'이라고 말한 것은, 눈에 두 가지가 있음을 말하는 것이다. 첫째는 '식이 있는 눈'이니, 동분同分의 눈이라고 이름하고, 둘째는 식이 없는 눈[無識眼]이니, 피동분彼同分이라고 이름한다. 피동분을 가려내므로 '식이 있는 눈'이라고 이름하였다. '안식과 함께 하면서 따라 작용'하는 등이라고 한 이것은, 안식이 일어날 때 반드시 분별의식이 있어 동시에 따라서 작용하고 하나의 경계를 같이 반연함을 밝힌 것이다.

몸 및 소리·냄새·맛·감촉이 연이 되어 이·비·설·신식을 내면 이·비·설·신식과 함께 하면서 따라 작용하여, 시간을 같이 하고 경계를 같이 하는 분별의식이 있어 구른다.

及聲香味觸爲緣 生耳鼻舌身識, 與耳鼻舌身識俱 隨行 同時同境 有分別意識轉.

② 광혜여, 만약 그 때 하나의 안식이 구르면, 곧 이 때에는 오직 하나의 분별의식만이 있어 안식과 대상[所行]을 같이 하여 구르며,97 만약 그 때 둘·셋·넷·다섯의 여러 식의 무리가 구르면, 곧 이 때에도 오직 하나의 분별의식만이 있어 5식의 무리와 대상을 같이 하여 구른다.98

廣慧, 若於爾時 一眼識轉, 卽於此時 唯有一分別意識 與眼識 同所行轉. 若於爾時 二三四五 諸識身轉, 卽於此時 唯有一分別意識 與五識身 同所行轉.

③ 광혜여, 비유하면 큰 폭류가 흐를 때 만약 한 물결이 생길 연의 현전함이 있으면 오직 한 물결만이 구르고, 둘이나 많은 물결이 생길 연이 현전하면 많

廣慧, 譬如 大瀑水流 若有一浪 生緣現前 唯一浪轉, 若二 若多浪 生緣現前 有多

---

97 이하는 둘째 함께 구르는 것의 다소를 따로 해석하는 것이다. 그 중에 둘이 있으니, 처음 여기까지는 의식이 안식과 더불어 함께 구르는 것을 밝히는 것이고, 뒤의 그 아래는 의식이 안식 등 2·3·4·5식과 더불어 함께 구르는 것을 밝히는 것이다.
  이는 곧 첫째 의식이 안식과 더불어 함께 구르는 것을 밝히는 것이니, 하나의 연과 화합하기 때문이다.
98 이는 곧 둘째 소연의 경계 등 연을 따라서 화합함의 다소가, 하나의 의식이 안식 등 5식과 더불어 함께 구르는 다소이므로 그 수가 일정치 않음을 밝히는 것이다.

은 물결의 구름이 있지만, 그렇지만 이 폭류의 물은 자기 부류로 늘 흐르면서 끊어짐 없고 다함 없는 것과 같다.99

浪轉, 然此瀑水
自類恒流
無斷無盡.

　또 매우 맑은 거울의 면은 만약 한 영상이 생길 연의 현전함이 있으면 오직 한 영상만 일어나고, 둘이나 많은 영상이 생길 연이 현전하면 많은 영상의 일어남이 있지만, 이 거울의 면이 전변하여 영상이 되는 것이 아니며, 또한 수용함이 멸하여 다하는 것을 얻을 수 있음도 없다.100

又如 善淨鏡面 若有一影 生緣現前 唯一影起,
若二若多影
生緣現前 有多影起,
非此鏡面 轉變爲影,
亦無受用
滅盡可得.

　④ 이와 같이 광혜여, 폭류와 비슷한 아타나식이 의지가 되고 건립이 되기 때문에, 만약 그 때 하나의 안식이 생길 연의 현전함이 있으면 곧 이 때 하나의 안식이 구르고, 만약 그 때 나아가 5식

如是　廣慧, 由似瀑流
阿陁那識 爲依止 爲建
立故, 若於爾時 有一眼
識 生緣現前 卽於此時
一眼識轉, 若於爾時 乃

----

99 ③은 곧 둘째 비유를 들어서 거듭 해석하는 것이다. 그 중에 둘이 있으니, 처음 여기까지는 물결의 다소의 비유이고, 뒤의 그 아래는 둘째 거울 영상의 다소의 비유이다.
100 '거울의 면이 전변하여 영상이 되는 것이 아니다'라는 등이라고 함을 이제 해석하자면, 전변에는 스스로 두 가지 뜻이 있다. 첫째는 인전변[因變]이니, 종자의 아뢰야가 변하여 7식을 이루는 것이다. 둘째는 과전변[果變]이니, 현행의 제8식이 자신의 상분을 변현하는 것인데, 그렇지만 안식 등의 7식을 변현할 수는 없다. 지금 이 경전 중에서는 과전변의 뜻에 의거했기 때문에 '거울의 면이 전변하여 영상이 되는 것이 아니다'라고 하였다. 또 이 거울면의 영상 나타냄에 멸함이 없다는 것은, 뜻으로 제8식이 결과를 냄에 다함이 없음을 나타낸 것이다.

의 무리가 생길 연의 현전함이 있으면 곧 이 때 5식의 무리가 구른다.101

至 有五識身 生緣現前 卽於此時 五識身轉.

⑷ ① 광혜여, 이와 같이 보살은 비록 법주지法住智가 의지가 되고 건립이 되기 때문에 심·의·식의 비밀에 선교하다고 하더라도, 그러나 모든 여래께서는 여기까지를 시설해서 그를 심·의·식의 일체 비밀에 선교한 보살이라고 하지 않는다.102

廣慧, 如是菩薩 雖由法住智 爲依止 爲建立故 於心意識 秘密善巧, 然諸如來 不齊於此 施設彼爲 於心意識 一切秘密 善巧菩薩.

② 광혜여, 만약 모든 보살이 안으로 각각 따로 여실하게 아타나를 보지 않

廣慧, 若諸菩薩 於內各別 如實不見阿陁那

---

101 이는 셋째 법을 들어서 비유와 같게 하는 것이다.
102 ⑷는 둘째 비밀에 선교함을 분별하여 앞의 두 가지 물음에 답하는 것인데, 그 중에 둘이 있다. 처음은 물음에 의해 바로 해석하는 것이고, 뒤의 ③은 앞의 물음에 맺어 답하는 것이다. 전자 중에 둘이 있으니, 첫째 ①은 지전은 붓다가 말하는 것이 아님을 밝히는 것이고, 둘째 ②는 지상이 붓다가 말하는 것임을 밝히는 것이다.
 '법주지'라고 함은 살바다종에 의하면 과법이 머무는 안을 알기 때문에 법주지라고 이름한다. 경량부종에 의하면 법이 상주함을 알기 때문에 법주지라고 이름한다. 이제 대승에 의해《현양론》에 의하면, 제15권에서 "법주지란 경전 등에 의해 안립된 법문의 지혜를 말한다"라고 하였는데, 《유가론》도 《현양론》과 같으니, 그래서 제10권에서, "무엇을 법주지라고 하는가? 말하자면 여래께서 시설하고 열어 보이신 것처럼 전도됨 없이 아는 것이다."라고 하였다. 지금 여기에서 말하는 바의 뜻은 《현양론》·《유가론》과 같다. 지금 이 뜻이 말하는 것은, 지전의 보살은 비록 법주지의 힘에 의하여 심·의·식 중 세속의 차별은 요지하지만, 아직 심·의·식의 비밀한 승의는 증득해 알지 못하니, 이 때문에 세존께서 여기까지를 시설해서 그를 선교한 보살이라고 하지 않는다는 것이다.

고 아타나식을 보지 않으며, 아뢰야를 보지 않고 아뢰야식을 보지 않으며, 적집을 보지 않고 심心을 보지 않으며, 눈과 형색 및 안식을 보지 않고, 귀와 소리 및 이식을 보지 않으며, 코와 냄새 및 비식을 보지 않고, 혀와 맛 및 설식을 보지 않으며, 몸과 감촉 및 신식을 보지 않고, 의와 법 및 의식을 보지 않는다면103 이를 승의에 선교한 보살이

不見阿陀那識, 不見阿賴耶 不見阿賴耶識, 不見積集 不見心, 不見眼色及眼識, 不見耳聲及耳識, 不見鼻香及鼻識, 不見舌味 及舌識, 不見身觸 及身識, 不見意法 及意識 是名 勝義善巧菩薩,

---

103 ②는 둘째 지상이 붓다께서 설하시는 것임을 바로 밝히는 것인데, 그 중에 둘이 있다. 처음 여기까지는 양 물음에 총체적으로 답하는 것이고, 뒤의 그 아래는 양 물음에 개별적으로 답하는 것이니, 말하자면 앞의 답 중에 두 가지 뜻을 포함하고 있어서이다. 첫째는 가르침이 나타내는 뜻으로써 첫 물음에 답하는 것이고, 둘째는 뜻에 의해 가르침을 시설함으로써 곧 뒤의 물음에 답하는 것이다. 그 (처음) 중에도 둘이 있으니, 처음은 제8식의 3이름에 의거해 여실하게 앎을 분별하는 것이고, 뒤의 '눈과 형색' 이하는 18계에 의거해 여실하게 앎을 분별하는 것이다.

그런데 이 글을 해석하는 것은 여러 설이 같지 않다. 진제眞諦의 『기記』에서는 이르기를, "보살이 만약 앞에서와 같이 식과 색 등을 본다면, 이는 세속적 이해에 의한 것이라 붓다께서 이 사람이 심·의·식의 비밀한 뜻을 이해한다고 기별해 설하지 않았을 것이다. 앞에서 밝힌 식의 뜻을 여실하게 보지 않기 때문에 붓다께서 바야흐로 이 사람이 심·의·식의 비밀한 뜻을 이해한다고 설하신 것이다."라고 하였으니, 이는 식은 허망하고, 있는 바 없음[無所有]이 곧 진실임을 밝힌 것이다. 근본의 비밀을 요달함으로 말미암아 허망의 지말을 비로소 밝게 아는 것이다.

또 해석해 이르자면 '안으로 각각 따로'라고 함에서 '안'은 진여의 모든 법 자체를 말하기 때문에 '안'이라고 이름하고, '각각 따로'란 표현을 따라서 진실을 드러내는 것을 '각각 따로'라고 이름한 것이다. 이 뜻이 말하는 것은 지상의 보살은 승의제에 의지하므로 근본지로 말미암아 '안으로 각각 따로', 진여를 증득함으로 말미암은 경계 위에서 여실하게 아타나의 작용을 보지 않고 여실하게 아타나의 체를 보지 않는다는 것이니, 아뢰야 및 심의

라 이름하고, 여래는 그를 시설해서 승의에 선교한 보살이라고 한다.104

③ 광혜여, 여기까지를 이름해서 심·의·식의 일체 비밀에 선교한 보살이라 하고, 여래는 여기까지를 시설해서 그를 심·의·식의 일체 비밀에 선교한 보살이라고 한다."105

如來施設 彼爲 勝義善巧菩薩.

廣慧, 齊此名爲 於心意識一切秘密 善巧菩薩, 如來齊此 施設彼爲 於心意識 一切秘密 善巧菩薩."

⑸ 그 때 세존께서는 거듭 이 뜻을 펴시고자 게송으로 말씀하셨다.106

爾時 世尊 欲重宣此義 而說頌曰.

아타나식 매우 깊고 미세하며
일체종자 사나운 물 흐름 같아

阿陁那識甚深細
一切種子如瀑流

체·용에 대해서도 이에 준해서 알 것이다.
 또 해석해 이르자면, 아타나 등 모든 법의 체 위에는 다 자상·공상의 도리가 있는데, 그 중 자상은 현량의 경계이기 때문에 '안'이라고 이름하고, 모든 법의 자상은 각각 자체에 붙어 있기 때문에 '각각 따로'라고 이름한 것이다. 만약 이 해석에 의한다면 정체지와 후득지는 다 현량이지만, 아타나의 자상을 여실하게 요지해서 모든 분별을 떠나기 때문에 보지 않는다고 이름한 것이지만, 분별이 없는 것도 아니라야 마침내 보지 않는다고 이름한다.

104 이는 곧 둘째 앞의 양 물음에 개별적으로 답하는 것인데, 글에 두 마디가 있다. 처음은 '승의에 선교한 보살이라고 이름한다'고 함은 위에서 증득한 뜻을 따라서 앞의 물음에 답하는 것이고, 뒤의 '여래는 그를 시설해서 승의에 선교한 보살이라고 한다'고 함은 위의 능전의 가르침을 따라서 뒤의 물음에 답하는 것이다.
105 이는 둘째 물은 바에 맺어 답하는 것이니, 글과 같아서 알 수 있다.
106 이는 곧 둘째 게송을 들어서 설하시는 것이다.

범우凡愚107엔 내가 열어 펴지 않으니 　　我於凡愚不開演
'나'라 분별 집착할까 두려워서네　　　恐彼分別執爲我

---

107 * 어리석은 범부라는 의미로도 쓰이고, '범'은 범부, '우'는 이승을 가리키는 뜻으로도 쓰인다.

解深密經
해심밀경

卷第二
제2권

大唐 三藏法師 玄奘 奉詔譯
대당 삼장법사 현장 봉조역

해심밀경　　　　　　　　解深密經
제2권　　　　　　　　　　卷第二

제4　　　　　　　　　　一切法相品
일체법상품1　　　　　　　　第四

2.1[2]

⑴ 그 때 덕본보살마하살이 붓다께 말하였다.

"세존이시여, 예컨대 세존께서는 모든 법의 모습에 선교한 보살을 말씀하셨는데, 모든 법의 모습에 선교한 보살이란 어디까지를 모든 법의 모습에 선교한 보살이라고 이름하며, 여래께서는 어디

爾時　德本菩薩摩訶薩白佛言.

"世尊, 如世尊說　於諸法相　善巧菩薩,
於諸法相　善巧菩薩者齊何名爲　於諸法相　善巧菩薩, 如來齊何

....
1 이 품은 일체법의 모습인 3성(=변계소집성·의타기성·원성실성)의 도리를 자세히 밝히기 때문에 일체법상품이라고 이름하였다.
2 관찰하는 경계에 나아가면 두 가지가 있으니, 첫째는 진·속의 경계이고, 둘째는 유·무 성품의 경계이다. 이상에서 이미 진·속의 2경계를 해석하였으므로, 이하에서는 유·무 성품의 경계를 분별한다. 처음은 있음의 성품을 밝히니, 곧 3성이고, 뒤는 없음의 성품을 밝히니, 곧 3무성이다. 2품 중에서는 있음에 의지해 없음을 세우니, 있음의 성품이 근본인 까닭에 먼저 밝히고, 없음의 성품이 지말이므로 뒤에 설함을 두었다. 이 이치가 있기 때문에 세친보살이 《유식삼십송》에서 이르기를, "곧 이 3성에 의지해 그 3무성을 세운다"라고 하였다.
　이 품 중에 나아가면 글에 둘이 있으니, 처음 ⑴은 보살이 청문하는 것이고, 뒤 ⑵ 이하는 여래께서 바로 답하시는 것이다.

까지를 시설하여 그를 모든 법의 모습에 선교한 보살이라고 하십니까?"3

施設彼爲 於諸法相 善巧菩薩?"

⑵ 이 말을 마치자 그 때 세존께서 덕본보살에게 말씀하셨다.4

說是語已 爾時 世尊告德本菩薩曰.

"① 훌륭하구나, 덕본이여. 그대는 지금 이에 여래에게 이와 같이 깊은 뜻을 청하여 물을 수 있구나. 그대는 지금 한량없는 중생을 이익하고 안락하게 하고자 하며, 세간 및 모든 천·인·아수라 등을 연민하여 의리와 안락을 획득하게 하기 위해 이 물음을 일으켰구나.

"善哉, 德本. 汝今乃能請問如來 如是深義. 汝今爲欲 利益安樂 無量衆生, 哀愍世間 及諸天人 阿素洛等 爲令獲得 義利安樂 故發斯問.

그대는 잘 들으라. 내가 그대를 위해 모든 법의 모습을 설하리라.

汝應諦聽, 吾當爲汝說諸法相.

② 말하자면 모든 법의 모습에는 대략 세 가지가 있다.5

謂諸法相 略有三種.

....
3 '모든 법의 모습에 선교한 보살'이란 묻는 바의 가르침을 드는 것이고, '모든 법의 모습'이란 관찰대상인 법을 분별하는 것이며, '선교한 보살'이란 관찰주체인 사람인데, 물음에는 두 가지 뜻이 있다. 처음은 보살의 선교는 어디까지의 분위分位인가라는 것이고, 뒤는 선교라는 이름을 시설한 것을 물은 것이다. 혹은 앞은 나타낸 뜻[所詮之義]을 밝히는 것이고, 뒤는 나타내는 가르침[能詮之敎]을 물은 것이라고 할 수도 있다.
4 이하 여래께서 바로 설하시는 것에는 둘이 있다. 처음 ①은 물음을 칭찬하고 말씀을 허락하심이고, 뒤의 ② 이하는 물음에 대해 바로 설하심이다.
5 물음에 대해 바로 설하심에 둘이 있다. 처음 ② 이하는 관찰대상에 의거해 모든 법의 모습을 분별하는 것이고, 뒤의 ⑷ 이하는 관찰주체인 사람에 의거해 선교한 보살을 밝히는 것이다. 앞에 둘이 있으니, 먼저 ② 이하는 법

어떤 것이 세 가지이겠는가?6 첫째는 변계소집의 모습이고, 둘째는 의타기의 모습이며, 셋째는 원성실의 모습이다.

③ 어떤 것이 모든 법의 변계소집의 모습인가? 말하자면 일체의 법에 이름으로써 자성과 차별을 임시로 안립하여, 나아가 따라서 언설을 일으키게 함이 되는 것이다.7

何等 爲三? 一者 遍計所執相, 二者 依他起相, 三者 圓成實相.
云何諸法 遍計所執相?
謂一切法 名假安立 自性差別,
乃至爲令 隨起言說.

이고, 뒤의 ⑶은 비유이다. * 여기에서 제4품 경문의 큰 구조를 도표로써 보이면 다음과 같다.

보살의 청문					(1)
여래의 답	칭찬과 허락				(2)①
	바로 설함	모든 법의 모습	법		②~⑤
			비유	눈의 비유	(3)①
				수정의 비유	②
				비유 합함	③
		선교한 보살	장행	관문을 분별함	(4)
				관을 따와 앞 물음에 답함	(5)
			게송		(6)

법 중에는 셋이 있다. 처음 여기까지는 글을 표방하고 수를 드는 것이고, 다음 그 아래는 문답하여 이름을 열거하는 것이며, 뒤의 ③ 이하는 차례로 개별적으로 해석하는 것이다. 이는 곧 처음이다.

6 이하는 둘째 문답하여 이름을 열거하는 것인데, 먼저 이는 묻는 것이고, 뒤의 그 아래는 이름을 열거하는 것이다.

7 이하는 셋째 차례로 개별적으로 해석하는 것인데, 3부분을 개별적으로 해석하므로 셋이 된다. 처음 ③은 변계소집의 모습이다. 말하자면 일체법에는 실제의 자성이 없는데도, 단지 망정妄情을 따라서 명언으로 나와 모든 자성을 임시로 세워서, 예컨대 나라고 말한다고 설하고, 혹은 색 등의 나와 법의 자성을 말하며, 혹은 가아라고 말하고, 혹은 실아, 혹은 가견색과 불가견 등 나와 법의 차별을 말하며, 이와 같이 자성과 차별을 임시로 세우고 나서 나아가 세간의 중생으로 하여금 따라서 언설을 일으키게 함이 되는 것이다.

④ 어떤 것이 모든 법의 의타기의 모습인가? 말하자면 일체의 법이 연으로 나는 자성이다.8 즉 이것이 있으므로 저것이 있고, 이것이 나므로 저것이 나는 것이니, 말하자면 무명을 연으로 행하고 나아가 순대고온純大苦蘊을 불러 모으기에 이르는 것이다.

⑤ 어떤 것이 모든 법의 원성실의 모습인가? 말하자면 일체법의 평등한 진여이다.9 이 진여를 모든 보살대중이 용맹정진함에서 인연으로 삼기 때문에 이치대로 작의하고, 전도됨 없이 사유함에서 인연으로 삼기 때문에 이에 능히 통달하며, 이 통달함에서 점점 닦고 모아서 나아가 무상정등보리를 바야흐로 증득하여 원만함에 이르는 것이다.10

云何諸法　依他起相?
謂一切法　緣生自性.
則此有故彼有,
此生故彼生,
謂無明緣行
乃至 招集 純大苦蘊.

云何諸法　圓成實相?
謂一切法　平等眞如.
於此眞如　諸菩薩衆
勇猛精進　爲因緣故　如
理作意, 無倒思惟
爲因緣故　乃能通達,
於此通達　漸漸修集
乃至 無上正等菩提　方
證圓滿.

....
8 이하는 둘째 의타기를 분별하는 것이다. 글에 두 마디가 있는데, 처음 여기까지는 총체적인 모습으로 체를 내는 것이다. 무릇 의타를 논함에는 두 가지가 있으니, 첫째는 잡염이고, 둘째는 청정이다. 그래서 《성유식론》 제8권에서 이르기를, 유루와 무루가 다 의타기이니, 다른 온갖 연에 의지해 일어날 수 있기 때문이라고 하였다. '즉 이것이 있으므로' 등이라고 말한 것은 (둘째) 현상을 가리켜서 따로 해석한 것이다.
9 이하는 셋째 원성실을 해석하는 것이다. 그 중에 둘이 있는데, 처음 여기까지는 바로 체를 내는 것이고, 뒤의 그 아래는 뛰어난 작용을 나타내는 것이다. 이는 곧 처음이니, 말하자면 앞에서 말한 바 일체법에 두루한 한 맛의 진여를 체성으로 삼는 것이다.
10 이는 뛰어난 작용을 나타내는 것이다. 말하자면 진여를, 모든 보살대중이

(3) ① 선남자여, 마치 눈흐림병[眩瞖]의 사람의 눈 중에 있는 눈흐림병의 허물과 같이, 변계소집의 모습도 또한 그러하다고 알아야 한다.11

善男子, 如眩瞖人 眼中所有 眩瞖過患, 遍計所執相 當知亦爾.

마치 눈흐림병의 사람에게 눈흐림병의 온갖 모습은 혹은 털의 모륜·벌·파리·거승이나 혹은 다시 청·황·적·백 등의 모습으로 차별되게 현전하는 것과 같이, 의타기의 모습도 또한 그러하다고 알아야 한다.12

如眩瞖人 眩瞖衆相 或髮毛輪 蜂蠅巨勝 或復靑黃 赤白等相 差別現前, 依他起相 當知亦爾.

자량위 중에서 용맹정진함과, 가행위에서 전도됨 없이 사유함은 이 인연으로 말미암으며, 견도위 중에서 이에 능히 통달하고, 수도위에 머물면서 점점 닦고 모아서, 구경위에서 바야흐로 증득하여 원만함에 이른다는 것이다.

11 이하는 둘째 비유를 들어 거듭 해석하는 것인데, 그 중에는 둘이 있다. 처음 ①은 병들고 청정한 눈의 경계를 밝혀서 셋의 모습에 비유하는 것이고, 뒤의 ② 이하는 수정의 네 가지 현상의 비유이다. 전자 중에서는 셋에 비유하므로 곧 셋으로 나누어지니, 처음은 눈흐림병의 허물[過患]의 비유이고, 다음은 눈흐림병의 온갖 모습의 비유이며, 뒤는 맑은 눈의 본래 경계의 비유이다.

이것은 곧 처음이다. 이 비유의 뜻은, 눈에 백내장[瞖]이 있음으로 말미암아 문득 안식 및 안식과 시간을 같이 하는 분별의식을 일으키고, 이 2식이 제2념 중의 분별의식을 이끌어 내어 모륜毛輪 등이라는 이해를 짓는다는 것이다. 그런데 모륜에는 두 가지가 있다. 하나는 분별의식이 실제라고 혜아리는 모륜 등이니, 곧 이것이 눈병의 허물이라고 말하고, 이 허물을 변계소집성에 비유하는 것이다. 다른 하나는 그 분별의식이 의지하고 의탁하는 모륜과 비슷한 모습이니, 곧 이것이 눈흐림병의 온갖 모습이라고 말하고, (이것을) 의타기에 비유함은 뒤에서 설하는 것과 같다.

12 이는 둘째 눈흐림병의 온갖 모습의 비유로써 의타기의 모습에 비유하여 또한 그러하다고 알아야 한다는 것이다. 말하자면 눈흐림병의 사람의 모륜 비슷한 모습은 진실이 아닌데도 진실과 비슷하기 때문에, 의타기의 있음 아니면서 있음과 비슷함도 또한 그러하다고 알아야 한다고 비유하였다.

마치 맑은 눈의 사람은 눈 중의 눈흐림병의 허물을 멀리 떠났으므로 곧 이 맑은 눈의 본성이 작용하는 것에는 어지러운 경계가 없는 것과 같이, 원성실의 모습도 또한 그러하다고 알아야 한다.13	如淨眼人 遠離眼中 眩瞖過患 卽此淨眼 本性所行 無亂境界, 圓成實相 當知亦爾.
② 선남자여, 비유하면 청정한 수정[頗胝迦寶]이 만약 파랗게 물든 물질과 합하여 곧 제청·대청의 마니보배 모습과 비슷하면, 삿되이 제청·대청의 마니보배를 집취함으로 말미암아 유정을 혹란하고,14 만약 붉게 물든 물질과 합하	善男子, 譬如淸淨 頗胝迦寶 若與靑染色合 則似帝靑大靑 末尼寶像, 由邪執取 帝靑大靑 末尼寶故 惑亂有情, 若與赤染色合

---

13 이는 셋째 맑은 눈의 본래 경계의 비유이다. 말하자면 그 맑은 눈이 본래 작용하는 경계의 청·황 등의 물질은 자성이 청정해서 모룬 따위의 눈흐림병의 허물이 없듯이, 원성실성도 또한 그래서 자성이 청정하여 의타기에 변계소집성이 없다고 알아야 한다는 것이다.
14 이하는 둘째 수정의 네 가지 색의 비유인데, 그 중에 둘이 있다. 처음 ②는 네 가지 비유를 자세히 분별하는 것이고, 뒤의 ③은 법을 들어서 비유와 같게 하는 것이다.
　전자 중에는 4비유이므로 곧 넷으로 나누어지는데, 여기까지는 곧 첫째 청색과 상응하는 비유이다. 글에는 다섯 마디가 있고, 뜻은 네 가지를 포함하며, 뜻으로는 3성을 비유한다. 글의 다섯 마디라 함은, 첫째 '청정한 수정'이란 의타기이고, 둘째 '만약 파랗게 물든 물질과 합한다'고 한 것은 언설의 습기를 비유한 것이니, 이는 의타기가 언설의 습기와 합하는 것을 밝힌 것이며, 셋째 '곧 제청 등과 비슷하다'는 것은 의타기가 나와 법을 분별하는 명언종자의 힘 때문에 안의 식에 있으면서도 밖인 듯이 나타나는 것을 비유한 것이고, 넷째 '삿되이 제청 등을 집취함으로 말미암아'라고 한 이것은 삿된 집착 때문에 실재라고 집착하는 것을 비유한 것이며, 다섯째 '유정을 혹란한다'고 한 이것은 삿된 스승이 자기가 집착하는 것을 가지고 유정을 혹여 곧 호박의 마니보배 모습과 비슷하면, 삿되이 호박의 마니보배를 집취함으로 말미암아 유정을 혹란하며, 만약 초록으로 물든 물질과 합하여 곧 말라갈다 마니보배 모습과 비슷하면, 삿되이 말라갈다 마니보배를 집취함으로 말미암아 유정을 혹란하고, 만약 노랗게 물든 물질과 합하여 곧 금의 모습과 비슷하면, 삿되이 진금의 모습을 집취함으로 말미암아 유정을 혹란하는 것과 같다.

③ 이와 같이 덕본이여, 그 청정한 수정 위에 있는 물든 물질과 상응하는 것과 같이, 의타기상 위의 변계소집상의 언설의 습기도 또한 그러하다고 알아야 한다.15

則似琥珀 末尼寶像, 由邪執取 琥珀末尼寶故 惑亂有情, 若與綠染色合 則似末羅羯多末尼寶像, 由邪執取末羅羯多 末尼寶故 惑亂有情, 若與黃染色合 則似金像, 由邪執取 眞金像故 惑亂有情.

如是 德本, 如彼淸淨頗胝迦上 所有染色相應, 依他起相上 遍計所執相 言說習氣 當知亦爾.

....

란해서 진실이라는 이해를 내게 하는 것을 비유한 것이다.

뜻이 넷을 포함한다는 것은 아래에서 합하는 글에 준하면 비유 중에 넷이 있다는 것이다. 첫째 '수정'은 의타기를 비유하고, 둘째 '파랗게 물든 물질과 합한다'는 것은 명언의 훈습이 의타기와 합하는 것을 비유하며, 셋째 '삿되이 집취함으로 말미암는' 등은 그 능히 집착함을 비유하고, 넷째 곧 그 집착된 것은 생각으로는 있으나 이치로는 없는 것은 원성실을 비유한 것이다.

뜻의 셋이라고 말한 것은 말하자면 파랗게 물든 물질과 합함에서 나아가 유정을 혹란하는 것은 변계소집성을 비유하고, 수정은 의타기를 비유하며, 실제로 제청이 없음은 원성실을 비유하는 것이라고 함이다.

그 아래의 세 가지 물질의 비유도 다 모든 뜻을 갖추는 것은 이에 준해서 알아야 한다.

15 이하는 둘째 법을 들어 비유와 같게 해서, 위의 네 가지 뜻에 합하므로 곧 넷으로 나누어진다. 처음은 종자와 합하는 것이고, 둘째는 모습에 대한 집

그 청정한 수정 위에 있는 제청·대청, 호박, 말라갈다, 금 등에 대한 삿된 집착과 같이, 의타기상 위의 변계소집상에 대한 집착도 또한 그러하다고 알아야 한다.16

그 청정한 수정과 같이 의타기상도 또한 그러하다고 알아야 한다.17

그 청정한 수정 위에 있는 제청·대청, 호박, 말라갈다, 진금 등의 모습은 상상시와 항항시에 진실이 없으며 자성이 없는 성품인 것[無有眞實 無自性性]과 같

如彼淸淨 頗胝迦上 所有帝靑 大靑琥珀 末羅羯多 金等邪執, 依他起相上 遍計所執相執 當知亦爾.

如彼淸淨 頗胝迦寶 依他起相 當知亦爾.

如彼淸淨 頗胝迦上 所有帝靑 大靑琥珀 末羅羯多 眞金等相 於常常時 於恒恒時 無有眞實

....
착[相執]과 합하는 것이며, 셋째는 의타기와 합하는 것이고, 넷째는 원성실과 합하는 것이다. 이 네 가지 뜻은, 앞의 비유 중에서 글에 비록 다섯이 있지만, 뜻이 포함하는 것에는 넷이 있다고 하였기 때문에, 네 가지 뜻으로써 위의 비유의 글과 합하는 것이다. 그런데 이 네 가지 뜻에는 양설이 있다. 제1설은 처음 하나는 집착하는 연이고, 다음 셋은 순서대로 그 3성을 비유한다는 것이며, 제2설은 처음 둘이 변계소집성을 비유하는 것이니, 종자와 현행의 집착으로 말미암아 변계소집을 이루기 때문이라고 한다.

여기까지는 곧 처음이다. 말하자면 수정 위에 있는 물든 물질의 모습과 상응하기 때문에 수정 위에 파란 물질의 모습과 비슷한 것이 나타나는 것처럼, 이와 같이 의타기 위의 망령되이 집착하는 종자가 인연이 되기 때문에 아뢰야 위에 형색·소리 등과 비슷한 의타기의 모습이 나타난다는 것이다.

16 이는 둘째 현행의 집착과 합하는 것이다. 말하자면 앞에서 말한 집착의 종자 때문에 능히 의타기의 물질 등과 비슷한 모습을 내고, 현행의 집착 때문에 그것을 집착하여 진실로 삼는다는 것이다. 이 뜻 때문에 이상의 2단락이 뜻으로 셋 중 변계소집을 나타내는 것이라고 하는 것이다.

17 이는 셋째 의타기와 합하는 것이다. 말하자면 수정이 곧 파란 등과 비슷한 것처럼, 이와 같이 의타기도 종자 때문에 형색·소리 등의 갖가지 모습과 비슷하게 나타난다는 것이다.

이,18 곧 의타기의 모습 위에서 변계소집의 모습이 상상시와 항항시에 진실이 없으며 자성이 없는 성품임으로 말미암은, 원성실의 모습도 또한 그러하다고 알아야 한다.19

無自性性, 卽依他起相上 由遍計所執相 於常常時 於恒恒時 無有眞實 無自性性, 圓成實相當知亦爾.

(4) ① 또 다음 덕본이여,20 모습과 이름이 상응하는 것이 연이 되기 때문에 변계소집상을 요지할 수 있다.21

復次 德本, 相名相應 以爲緣故 遍計所執相 而可了知.

---

18 이는 넷째 원성실과 합하는 것인데, 그 중에 둘이 있다. 처음 여기까지는 거듭 앞의 비유를 드는 것이고, 뒤의 그 아래는 법을 해석해 비유와 같게 하는 것이다.
　이는 곧 처음이니, 수정 위에 실제의 푸른 등이 없는 것을 진실이 없다고 이름하고, 또한 자성이 없는 성품이라고 이름하였다. 혹은 진실이 없다는 것은 푸른 등의 진실을 부정한 것이고, 자성이 없는 성품이란 비록 푸른 등의 진실은 없지만 수정의 성품은 있다는 것일 수도 있다.
19 의타기 위에는 집착하는 바 실제의 나 등의 성품이 없으니, 곧 이것을 자성이 없는 성품이라고 이름한 것인데, 혹은 의타기 위에 집착하는 바 진실은 없지만 자성이 없는 성품은 있다는 것일 수도 있다.
20 이하는 둘째 관찰주체의 문에 의해 선교한 보살을 밝히는 것인데, 그 중에 둘이 있다. 처음은 장행으로 자세히 해석하는 것이고, 뒤의 (6)은 게송으로 간략히 설하는 것이다. 전자 중에 둘이 있으니, 처음 (4)는 관문觀門을 바로 분별하는 것이고, 뒤의 (5)는 앞의 관을 거듭 따와서 앞의 물음에 답하는 것이다. 전자 중에는 셋이 있으니, 처음 ①은 보살이 3성을 요지하는 것을 밝히는 것이고, 다음 ②는 3성을 알기 때문에 3상을 요지하는 것이며, 뒤의 ③은 3상을 알기 때문에 잡염을 끊고 청정을 증득하는 것이다.
21 이는 곧 첫째 3성을 요지하는 것이니, 3성이 다르기 때문에 곧 셋으로 나누어진다. 이는 곧 처음이다. 말하자면 소전의 모습과 능전의 이름이 상호 매여 소속됨이 연이 되기 때문에 망령되이 집착된 모습이 변계소집상임을 알 수 있다는 것이다. 그래서 《유가론》 제73권에서 이르기를, "변계소집의 자성은 무엇을 반연한다고 알아야 하는가? (답) 모습과 이름이 서로 소속

의타기상 위의 변계소집상의 집착이 연이 되기 때문에 의타기상을 요지할 수 있다.22

의타기상 위의 변계소집상에 집착 없는 것이 연이 되기 때문에 원성실상을 요지할 수 있다.23

② 선남자여, 만약 모든 보살이 능히 모든 법의 의타기상 위에서 변계소집상을 여실하게 요지한다면, 곧 일체 무상無相의 법을 여실하게 요지할 수 있다.24

依他起相上 遍計所執相執 以爲緣故 依他起相 而可了知.

依他起相上 遍計所執相無執 以爲緣故 圓成實相 而可了知.

善男子, 若諸菩薩 能於諸法 依他起相上 如實了知 遍計所執相, 卽能如實了知 一切無相之法.

됨을 반연한다고 알아야 한다."라고 하였으니, 만약 자세히 분별한다면 《삼무성론》과 같다.

22 이는 의타기를 해석하는 것이니, 말하자면 변계소집상의 분별을 집착함이 연이 되기 때문에 의타기성이 생기함을 얻는다는 것이다. 그래서 《현양론》 제16권에서 이르기를, "의타기의 자성에서 처음의 자성(=변계소집자성)을 집착하기 때문에 훈습을 일으켜서 잡염을 이룬다."라고 하였고, 그래서 《불성론》 제2권에서 이르기를, "(문) 의타기성은 어떤 원인이 연이 되기 때문에 이룸을 얻는가? (답) 분별성을 반연하여 집착하기 때문에 나타남을 얻는다. (문) 의타기는 잡염 및 청정에 공통되는데, 어떻게 단지 소집상에 대한 집착이 연이 되기 때문에 의타기성을 요지할 수 있다고 말하는가?"라고 하고, 이 힐난을 회통하여 해석하는 것은 《유가론》 제74권에서 설하는 것과 같으니, 그래서 거기에서 이르기를, "(문) 만약 의타기자성도 역시 정지正智에 포섭되는 것이라면, 무엇 때문에 앞에서는 의타기자성은 변계소집자성에 대한 집착을 조건으로 해서 응당 요지할 수 있다고 말했는가? (답) 그 뜻은 오직 의타기자성의 잡염분을 설한 것일 뿐, 청정분은 아니니, 만약 청정분이라면 그 집착 없음을 조건으로 응당 요지할 수 있다."라고 하였다.

23 이는 원성실을 해석하는 것이니, 말하자면 의타기 위에서 변계소집상이 없음으로써 진실을 드러내기 때문에 '집착 없다'고 말한 것이다.

24 ②는 둘째 3성을 알기 때문에 3상을 요지하는 것인데, 3상이 같지 않으므

만약 모든 보살이 의타기상을 여실하게 요지한다면, 곧 일체 잡염된 모습의 법을 여실하게 요지할 수 있다.25

만약 모든 보살이 원성실상을 여실하게 요지한다면, 곧 일체 청정한 모습의 법을 여실하게 요지할 수 있다.26

③ 선남자여, 만약 모든 보살이 능히 의타기상 위에서 무상의 법을 여실하게 요지한다면 곧 잡염된 모습의 법을 단멸할 수 있고,27 만약 잡염된 모습의 법을 단멸할 수 있다면 곧 청정한 모습의 법을 증득할 수 있다.

若諸菩薩 如實了知 依他起相, 卽能如實了知 一切雜染相法.

若諸菩薩 如實了知 圓成實相, 卽能如實了知 一切淸淨相法.

善男子, 若諸菩薩 能於依他起相上 如實了知 無相之法 卽能斷滅 雜染相法, 若能斷滅 雜染相法 卽能證得 淸淨相法.

⑸ ① 이와 같이 덕본이여, 모든 보살은   如是 德本, 由諸菩薩

로 곧 셋으로 나누어진다. 여기까지는 곧 첫째 소집을 알기 때문에 무상無相을 요지하는 것이다. 말하자면 앞에서 말한 모습과 이름이 상응하는 것이 연이 되었기 때문인 것과 같이, 변계소집의 이름과 모습은 임시로 건립된 것으로서 실제의 자성이 없음을 여실하게 요지하면, 이로 말미암아 곧 능히 일체 소집은 무상의 법임을 여실하게 요지한다는 것이다.

25 이는 곧 둘째 의타기를 요지하기 때문에 잡염된 모습을 안다는 것이다. 말하자면 모습에서 집착이 일어난 것은 다 의타기임을 능히 안다면, 곧 잡염이 의타기임을 요지할 수 있다는 것이다.

26 이는 곧 셋째 원성실을 요지하므로 청정한 모습을 안다는 것이다. 말하자면 변계소집에 집착 없음이 연으로 되기 때문에 곧 모든 청정한 법은 다 원성실임을 요지할 수 있다는 것이다.

27 이는 셋째 3상을 알기 때문에 잡염을 끊고 청정을 증득하는 것인데, 그 중에 둘이 있다. 처음 여기까지는 무상을 요지하므로 잡염된 법을 끊는 것이고, 뒤의 그 아래는 잡염을 끊기 때문에 청정을 증득한다는 것이다.

변계소집상과 의타기상과 원성실상을 여실하게 요지하기 때문에 모든 무상의 법과 잡염된 모습의 법과 청정한 모습의 법을 여실하게 알고,28 무상의 법을 여실하게 요지하기 때문에 일체 잡염된 모습의 법을 단멸하며, 일체 잡염된 모습의 법을 단멸하기 때문에 일체 청정한 모습의 법을 증득하니, ② 여기까지를 모든 법의 모습에 선교한 보살이라 이름하고, 여래는 여기까지를 시설하여 그를 모든 법의 모습에 선교한 보살이라고 한다."29

如實了知　遍計所執相　依他起相　圓成實相故　如實了知　諸無相法　雜染相法　淸淨相法, 如實了知　無相法故　斷滅一切　雜染相法, 斷滅一切染相法故　證得一切　淸淨相法, 齊此名爲　於諸法相　善巧菩薩, 如來齊此　施設彼爲　於諸法相　善巧菩薩."

(6) 그 때 세존께서는 이 뜻을 거듭 펴시　爾時 世尊 欲重宣此義

---

28 (5)는 둘째 거듭 관문觀門을 따라서 두 가지 물음에 답하는 것인데, 그 중에 둘이 있다. 처음 ①은 거듭 관문을 따오는 것이고, 뒤의 ②는 바로 두 가지 물음에 답하는 것이다. 전자 중에도 둘이 있는데, 처음 여기까지는 3성을 알기 때문에 3상을 요지한다는 것을 따온 것이고, 뒤의 그 아래는 3상을 알기 때문에 곧 잡염을 끊고 청정을 증득한다는 것을 따온 것이다.
29 이는 곧 둘째 위의 관문에 의해 두 가지 물음에 답하는 것이다. 말하자면 붓다께서는 위의 3성을 요지하는 모든 보살대중에 의거해서 곧 선교한 보살이라고 이름하였고, 여래께서는 이 선교한 보살이 성스러운 가르침을 시설함에 의거해서 선교한 보살이라고 이름하였다는 것이다.
　그런데 이 보살의 선교한 분한은 여러 설이 같지 않다. 제1설은 십신 이상을 다 선교하다고 이름한다고 하고, 제2설은 십회향 중 제10회향을 가행도라고 하니, 곧 그 지위에 의지해 4심사四尋思와 여실한 지혜를 일으키기 때문이라고 하며, 제3설은 초지 이상이니, 청정한 진여 및 세속의 모습을 증득하기 때문이라고 한다.

고자 게송으로 말씀하셨다.30   而說頌曰.

① 무상의 법을 환히 알지 못하면   若不了知無相法
  잡염상의 법 능히 끊지 못하고   雜染相法不能斷
  잡염상의 법 끊지 못한 까닭에   不斷雜染相法故
  미묘정상 법 증득함 무너뜨리네31   壞證微妙淨相法

② 모든 행의 온갖 과실 보지 않으니   不觀諸行衆過失
  방일하는 과실이 중생 해치고   放逸過失害衆生
  주법住法과 동법動法 중에 해태하므로   懈怠住法動法中
  없고 있어 실괴하니 가련하구나32   無有失壞可憐愍

....
30 이는 둘째 게송으로 간략히 설하는 것이다. 위에서는 장행으로 3성을 요지하는 공덕을 수순하여 해석하였지만, 이 게송에서는 무상을 알지 못함의 과실을 반대로 나타낸다. 2게송 중 ①은 무상을 알지 못함의 과실을 바로 노래하는 것이고, 뒤의 ②는 온갖 행을 관찰하지 않음의 과실을 거듭 해석하는 것이다.
31 ① 중에도 둘이 있으니, 처음 2구는 요지하지 못함을 들어서 잡염 끊지 못하는 과실을 나타내는 것이고, 뒤의 2구는 잡염 끊지 못함에 의거해 원성실 증득치 못함을 나타내는 것이다. '괴壞'란 이른바 실괴失壞이니, 증득할 수 없다는 뜻이다. * 제4구의 '미묘정상'은 미묘하고 청정한 모습이라는 뜻.
32 ②의 해석에 나아가면 둘이 있으니, 처음 2구는 방일함의 과실을 밝히는 것이고, 뒤의 2구는 해태함의 과실을 밝히는 것이다. '모든 행의 온갖 과실 보지 않는다'는 등으로 말한 것은, 어리석어 모든 행의 과실을 능히 관찰하지 못함으로 말미암아 이윽고 방일함이 중생 상해함을 일으킨다는 것을 말함이고, '주법과 동법 중에 해태하여서'라는 등이라고 말한 것은, 둘째 해태의 과실을 밝히는 것이다. 말하자면 해태란 과실의 원인이며 공덕의 장애이다. '주법'(=머물 법)이라고 말한 것은, 곧 열반은 상주불멸하므로 '주'라고 이름하고, '동법'(=움직이는 법)이라고 말한 것은 생사의 법이니, 앞서 나고 뒤에 멸하여 삼유에 유전하므로 동법이라고 이름하였다. 또 해석하자면 '주법'은 곧 선정이고, '동법'은 곧 산란이다. '없고 있어 실괴하니 가련

제5 무자성상품[33]

無自性相品 第五

2.2[34]

2.2.1

(1) 그 때 승의생보살마하살이 붓다께 말하였다.[35]

"세존이시여, 저는 일찍이 고요한 곳에 홀로 있다가 마음으로 이와 같은 생각을 내었습니다.[36]

爾時 勝義生菩薩摩訶薩 白佛言.

"世尊, 我曾獨在 靜處 心生 如是尋思.

하구나'라고 말한 것은, 말하자면 해태하기 때문에 '주법'이 '없고', '동법'이 '있어', 이 없고 있음으로 말미암아 실괴함을 이루니, 그 실괴함 때문에 매우 가련하다는 것이다.

33 제목에서 '무자성상품'이라고 말한 것은, 말하자면 무자성에는 간략히 세 가지가 있으니, 첫째는 상相무자성의 성품, 둘째는 생生무자성의 성품, 셋째는 승의勝義무자성의 성품이다. 무자성이라는 말은 3무성을 나타내기 때문에 무자성이라고 말하였고, 상은 곧 체상, 혹은 상상相狀이니, 이 3무성은 그 차례대로 곧 3성을 써서 체상으로 삼는다. 이 품은 3무자성의 체상과 상상相狀을 자세히 밝히기 때문에 '무자성상품'이라고 말한 것이다.

34 경문의 해석에 나아가면 중생의 무성의 경계 중 앞에서 3성의 경계는 이미 해석해 마쳤으므로 이하에서 둘째로 3무성을 해석한다. 이 품 안에는 다섯 부분이 있으니, 첫째 2.2.1은 보살이 청문하는 부분[菩薩請問分], 둘째 2.2.2~2.2.7은 여래께서 바로 설하시는 부분[如來正說分], 셋째 2.2.8은 영해하여 수지하는 부분[領解受持分], 넷째 2.2.9의 (1) 이하는 비교하여 뛰어남을 찬탄하는 부분[校量數勝分], 다섯째 (6)은 가르침에 의해 받들어 행하는 부분[依敎奉行分]이다.

35 청문하는 부분 중에 나아가면 글에 셋이 있으니, 처음 이 부분은 문답하는 사람을 표방하는 것이고, 다음 그 아래는 묻는 일을 펴는 것이며, 뒤의 (2)는 가르침에 의해 물음을 일으키는 것이다.

36 이하 둘째 묻는 일을 펴는 것 중에는 둘이 있으니, 처음 여기까지는 자기

94 해심밀경 제2권

'① 세존께서는 한량없는 문으로써 일찍이 모든 온에 있는 자상과 생상·멸상, 영원히 끊음, 두루 앎을 설하였고,37 모든 온을 설하신 것처럼 모든 처, 연기, 모든 자양분에 대해서도 역시 그러하셨다.

'世尊 以無量門 曾說諸蘊 所有自相 生相滅相 永斷遍知, 如說諸蘊 諸處 緣起 諸食 亦爾.

② 한량없는 문으로써 일찍이 모든 진리에 있는 자상, 두루 앎, 영원히 끊

以無量門 曾說諸諦 所有自相 遍知永斷

의 의심하는 생각을 펴는 것이고, 뒤의 ① 이하는 묻는 바의 가르침을 드는 것이다. 이는 곧 처음이니, 말하자면 일찍이 내가 홀로 고요한 곳에 있으면서, 세존께서는 어째서 먼저 유성有性(=성품 있음)을 말씀하시고, 뒤에 무성無性(=성품 없음)을 말씀하셨을까라는 이러한 생각을 하였다는 것이다.
37 이하는 둘째 묻는 바의 가르침을 펴는 것인데, 그 중에 둘이 있으니, 처음은 유성교를 드는 것이고, 뒤의 ⑥은 무성교를 나타내는 것이다. 앞의 글 중에 나아가면 13문이 있는데, 거두면 5단락이 되니, ①은 온의 가르침을 밝히는 것, ②는 진리의 가르침을 밝히는 것, ③은 모든 계의 가르침을 밝히는 것, ④는 염주를 밝히는 것, ⑤는 8성도를 밝히는 것이다.
이 ①은 곧 첫째 온의 교문을 분별하는 것인데, 그 중에 둘이 있다. 처음 여기까지는 바로 온의 가르침을 밝히는 것이고, 뒤의 그 아래는 세 가지 가르침(=처·연기·자양분)을 견주어서 드러내는 것이다. 여기에서는 곧 다섯 가지 모습으로 온의 성교聖敎를 분별한다. '한량없는 문'이라고 한 이것에는 두 가지 해석이 있다. 하나는 온 중에 있는 자상·공상 등 여러 문이 하나가 아니기 때문에 한량없다고 이름했다는 것이고, 다른 하나는 가견·불가견, 유색·무색 등의 여러 문이 하나가 아니기 때문에 한량없다고 이름했다는 것이다. '있는 자상'은 곧 별상이니, 색은 질애이고, 식은 요별이라고 말하는 것과 같으며, '생상·멸상'은 곧 통상이니, 색 등에는 다 생·멸 등의 모습이 있기 때문이다. '영원히 끊음'과 '두루 앎'은 곧 고·집의 모습이니, 집제의 괴로움과 번뇌를 영원히 끊기 때문이고, 고제의 생사의 과보를 두루 알기 때문이다. 혹은 '있는 자상'이란 곧 자상과 차별상일 수도 있으니, 이와 같은 두 가지 상이 생·멸에 두루함과 영원히 끊고 두루 앎은 아래의 영해함 중에서 말하는 것과 같다.

음, 증득 지음, 닦고 익힘을 설하셨고,38 ③ 한량없는 문으로써 일찍이 모든 계에 있는 자상, 갖가지 계의 성품, 하나가 아닌 계의 성품, 영원히 끊음, 두루 앎을 설하셨으며,39 ④ 한량없는 문으로써 일찍이 염주에 있는 자상, 능치와 소치 및 닦고 익혀서 아직 나지 않은 것은 나게 하고, 난 것은 굳게 머물게 하며 잊지 않고 배로 닦아서 넓고 크게 증장케 함을 설하셨고,40 염주를 설하신 것처럼

作證修習,
以無量門 曾說諸界 所有自相 種種界性 非一界性 永斷遍知,
以無量門 曾說念住 所有自相 能治所治 及以修習 未生令生,
生已堅住 不忘倍修 增長廣大,
如說念住

---

38 ②의 둘째 사제의 가르침을 분별함에는 5구가 있는데, '있는 자상'에 양설이 있음은 위에 준해서 알아야 하니, 말하자면 핍박하는 것을 고라고 이름하고, 불러 모으는 것을 집이라고 이름하며, 멸하여 다하는 것을 멸이라고 이름하고, 능히 통하게 하는 것을 도라고 이름한다. '두루 앎' 등의 넷은 개별적으로 4제를 나타내는 것이니, '두루 앎'은 고제이고, '영원히 끊음'은 집제이며, '증득 지음'은 멸제이고, '닦고 익힘'은 도제이다.

39 셋째 ③의 모든 계를 분별하는 문에서, '있는 자상'은 위에 준해서 알아야 한다. 다음 2구는 말하자면 18계가 전전하여 달라지는 모습을 '갖가지 계'라고 이름하고, 곧 18계에 한량없는 중생들이 의지하는 바의 차별을 '하나가 아닌 계'라고 이름한 것이다. '영원히 끊음'과 '두루 앎'은 위에 준해서 알아야 한다.

40 넷째 ④는 염주의 가르침을 분별하는 것인데, 그 중에 둘이 있다. 처음 여기까지는 염주를 해석하는 것이고, 뒤의 그 아래는 5문(=정단·신족·근·힘·각지)에 견주는 것이다. 전자 중의 5구에서 '있는 자상'에 두 가지 해석이 있음은 온에 준해서 알아야 한다. 이 4념주는 지혜를 체로 해서 몸 등의 경계에 머무는 것이므로 응당 '혜주慧住'라고 말해야 할 것인데도 염주라고 말한 것은 염念과 더불어 상응해서 몸 등의 경계에 머물기 때문에 염주라고 이름한 것이니, 이는 6석 중 인근석이다. 뒤의 4구에서 첫째(='능치와 소치')는 4전도를 능히 다스리는 것이고, 둘째 '아직 나지 않은 것은 나게 함', 셋째 '난 것은 굳게 머물게 함', 넷째 '잊지 않고 배로 닦아서 넓고 크게 증장케 함'은 제1권에서 설한 것과 같다.

정단·신족·근·힘·각지에 대해서도 또한 다시 이와 같으셨다.

⑤ 한량없는 문으로써 팔지성도에 있는 자상, 능치와 소치 및 닦고 익혀서 아직 나지 않은 것은 나게 하고 난 것은 굳게 머물게 하며 잊지 않고 배로 닦아서 넓고 크게 증장케 함을 설하셨다.41

⑥ 세존께서는 다시 일체의 모든 법은 다 자성이 없고 남이 없으며 멸함이 없고 본래 적정하여 자성이 열반이라고 말씀하셨다.42

正斷神足 根力覺支 亦復如是.
以無量門曾說 八支聖道 所有自相 能治所治 及以修習 未生令生 生已堅住 不忘倍修 增長廣大.
世尊復說 一切諸法 皆無自性 無生無滅 本來寂靜 自性涅槃.

⑵ ① 아직 알지 못하겠구나, 세존께서는 어떤 밀의에 의하여 이와 같이, 일체의 모든 법은 다 자성이 없고 남이 없으며 멸함이 없고 본래 적정하여 자성이 열반이라고 말씀하셨을까?'43

未審, 世尊 依何密意 作如是說, 一切諸法 皆無自性 無生無滅 本來寂靜 自性涅槃?'

....
41 ⑤는 다섯째 8지성도인데, 그에 있는 5구는 위에 준해서 알아야 한다. 이 뒤의 7문은 곧 37조도품관이다.
42 ⑥은 둘째 무성교를 나타내는 것이다. 말하자면 아래 경전의 삼시법륜三時法輪에 의하면 제1시에는 4제교를 설하셨고, 제2시에는 무상교無相教를 설하셨으며, 제3시 중에서 요의교了義教를 설하셨다고 한다. '일체법은 다 자성이 없고 남이 없으며 멸함이 없고 본래 적정하여 자성이 열반이라고 말씀'하신 것은 자성이 없는 성품이라는 것이므로, 지금 여기에서는 제2시의 관점에서 제1시를 상대해서 물음을 일으키는 의지처로 삼은 것이다. 앞에서는 유상을 설하시고, 뒤에 무상을 설하셨으니, 이 무상의 말씀은 앞의 유상과 상위하기 때문에, 무상을 물음이 의지하는 바로 삼은 것이다.

제5 무자성상품

② 제가 이제 여래께 이 뜻을 청문하니, 오직 여래께서 연민하시어 ③ 일체법은 다 자성이 없고 남이 없으며 멸함이 없고 본래 적정하여 자성이 열반이라고 말씀하신 것에 있는 밀의를 해석해 주시기 바랍니다."

我今請問 如來斯義, 惟願如來 哀愍解釋 說一切法 皆無自性 無生無滅 本來寂靜 自性涅槃 所有密意."

2.2.244
(1) 그 때 세존께서 승의생보살에게 말씀하셨다.45

"① 훌륭하고 훌륭하도다. 승의생이여, 그대가 생각한 것은 매우 이치에 맞다. ② 훌륭하고 훌륭하도다. 선남자여, 그대는 이제 마침내 여래에게 이와 같이 깊은 뜻을 능히 묻는구나. ③ 그대는

爾時 世尊 告勝義生菩薩曰.

"善哉善哉. 勝義生, 汝所尋思 甚爲如理. 善哉善哉. 善男子, 汝今乃能 請問如來 如是深義. 汝今爲欲

---

43 이하는 셋째 가르침에 의해 물음을 일으키는 것인데, 그 중에 셋이 있다. 처음 ①은 자기의 의심하는 마음을 펴는 것이고, 다음 ②는 해석을 청원하는 것이며, 뒤의 ③은 해석할 경문을 펴는 것이다.
44 이하는 둘째 여래께서 바로 설하시는 것이다. 그 중에 둘이 있으니, 처음 (1)은 물음을 칭찬하고 설할 것을 허락하는 것이고, 뒤의 (2) 이하는 물음에 의해 바로 설하시는 것이다.
45 전자 중에도 둘이 있으니, 처음은 물음에 이익이 있음을 칭찬하는 것이고, 뒤의 ④는 들으라고 명하고 설할 것을 허락하는 것이다. 전자 중에는 넷이 있으니, 처음 여기까지는 설하는 주체를 말하는 것이고, 둘째 ①은 물음이 이치와 맞음을 칭찬하는 것이며, 셋째 ②는 물음의 깊은 뜻을 칭찬하는 것이고, 넷째 ③은 물음에 이익이 있음을 칭찬하는 것이다. * 여기에서 이 품 경문의 큰 구조를 도표로써 보이면 다음과 같다.

이제 한량없는 중생을 이익하고 안락하게 하고자 하며, 세간 및 모든 천·인·아수라 등을 연민하여 의리와 안락을 획득하게 하기 위하여 이 물음을 일으켰으니, ④ 그대는 잘 들으라. 내가 그대를 위해 일체의 모든 법은 다 자성이 없고 남이 없으며 멸함이 없고 본래 적정하여 자성이 열반이라고 말한 바에 있는 밀의를 해석하여 주리라.

利益安樂 無量衆生, 哀愍世間 及諸天人 阿素洛等 爲令獲得 義利安樂 故發斯問,
汝應諦聽. 吾當爲汝解釋所說 一切諸法 皆無自性 無生無滅 本來寂靜 自性涅槃 所有密意.

(2) 승의생이여, 나는 세 가지 무자성의 성품에 의해 밀의로써 말하여 일체의 모든 법은 다 자성이 없다고 하였음을 알아야 하니,46 이른바 상무자성의 성

勝義生, 當知 我依三種無自性性 密意說言 一切諸法 皆無自性, 所謂 相無自性性

보살청문분				2.2.1
여래정설분	칭찬하고 허락함			2.2.2(1)
	물음에 의해 바로 설함	장행의 해석	3무성에 의해 경문을 해석함	(2)~(8)
			3성관에 의거한 3무성의 뜻	2.2.3
			지위에 의거한 3무성의 뜻	2.2.4
			3무성관에 의거한 일승의 뜻	2.2.5
			무성교에 의거한 취해의 부동	2.2.6
		게송으로 거듭 설함		2.2.7
영해수지분				2.2.8
교량탄승분				2.2.9(1)~(5)
의교봉행분				(6)

46 이하는 둘째 물음에 의해 바로 설하는 것인데, 그 중에 둘이 있다. 처음은 장행으로 자세히 해석하는 것이고, 뒤의 2.2.7은 게송을 들어 거듭 설하는 것이다. 전자 중에는 다섯이 있다. 첫째는 3무성에 의거해 경전의 여러 문

품, 생무자성의 성품, 승의무자성의 성 | 生無自性性　勝義無自
품이다. | 性性.

(3) ① 선남자여, 어떤 것이 모든 법의 | 善男子, 云何諸法 相無
상무자성의 성품인가?47 | 自性性?
　② 모든 법의 변계소집상을 말하는 | 謂諸法 遍計所執相.
것이다. ③ 어째서이겠는가? ④ 이것은 | 何以故? 此由假名
가명으로 말미암아 상으로 안립된 것이 | 安立爲相,

> 구를 해석하는 것이고, 둘째 2.2.3은 3성관에 의거해 3무성을 세운 뜻을 분별하는 것이며, 셋째 2.2.4는 지위에 의거해 3무성을 세운 뜻을 분별하는 것이고, 넷째 2.2.5는 3무성관에 의거해 일승의 뜻을 분별하는 것이며, 다섯째 2.2.6은 무성교에 의거해 이해를 취함[取解]이 같지 않음을 분별하는 것이다.
> 　첫째 3무성에 의거해 경전의 여러 문구를 해석함 중에는 둘이 있다. 처음은 3무성에 의거해 여러 경전 중 일체법은 다 자성이 없다고 설한 것을 해석하는 것이고, 뒤의 (7) 이하는 처음과 뒤의 무성에 의거해 일체법은 생멸이 없다고 한 등을 해석하는 것이다. 전자 중에는 셋이 있는데, 처음은 글을 표방하여 간략히 설하는 것이고, 다음 (3) 이하는 문답하여 자세히 해석하는 것이며, 뒤의 (6)의 ④는 해석하고 나서 총결하는 것이다. 전자 중에는 둘이 있으니, 처음 여기까지는 3무성에 의해 경전의 밀의를 드러내는 것이고, 뒤의 그 아래는 수에 의지해 3무성의 이름을 열거하는 것이다.
> 　여기까지는 곧 처음이다. 말하자면 세존께서 일체의 모든 법은 다 자성이 없다고 말씀하셨다고 하였는데, 나는 이제 구체적으로 3무자성에 의하여 일체법은 다 자성이 없다고 말한 것이라고 하니, 일체의 모든 법은 곧 3성이므로, 곧 3성으로 3무성을 세웠다는 것이다. 이 때문에 《유식삼십송》에서도 "이 3성에 의지해 그 3무자성을 세우니, 그래서 붓다께서는 밀의로써 일체법은 자성이 없다고 말씀하셨다"(=제23송)라고 하였다.
> 47 (3) 이하는 둘째 문답하여 자세히 해석하는 것이다. 그 중에 둘이 있으니, 처음은 법에 의해 바로 말하는 것이고, 뒤의 (6)은 비유를 들어 거듭 해석하는 것이다. 앞의 법으로 말하는 것 중에는 세 가지 무성이므로 곧 셋으로 나누어진다. 이는 곧 처음인데, 그 중에 다섯이 있으니, ①의 물음, ②의 답, ③의 따짐, ④의 해석, ⑤의 맺음이다.

지, 자상으로 말미암아 상으로 안립된 것이 아니니,48 ⑤ 이 때문에 설하여 상무자성의 성품이라고 이름하는 것이다.

非由自相 安立爲相, 是故說名 相無自性性.

⑷ ① 어떤 것이 모든 법의 생무자성의 성품인가?49

② 모든 법의 의타기상을 말하는 것이다. ③ 어째서이겠는가? ④ 이것은 다른 연의 힘에 의지하기 때문에 있는 것이지, 자연히 있는 것이 아니니,50 ⑤ 이 때문에 설하여 생무자성의 성품이라고 이름하는 것이다.

云何諸法 生無自性性?
謂諸法 依他起相.
何以故? 此由依他
緣力故有,
非自然有, 是故說名
生無自性性.

⑸ ① 어떤 것이 모든 법의 승의무자성

云何諸法　勝義無自性

------

48 '이것은 가명으로 말미암아 상으로 안립된 것'이라고 한 이것은 '상'을 해석하는 말이니, 말하자면 명언에 의지해 세워진 상이기 때문이라는 것이고, '자상으로 말미암아 상으로 안립된 것이 아니다'라고 함은 무성을 해석하는 말이다. 총체적으로 해석하는 뜻이 말하는 것은, 변계소집은 정유情有(=생각으로 있음)의 상이지 이치로는 없기 때문에 무성이라고 말하니, 이 때문에 곧 그 변계소집상을 자성으로 한다고 말한 것이다.
49 이는 둘째 생무자성을 해석하는 것인데, 글에 5단락이 있는 것은 위에 준하여 알 수 있다.
50 '이것은 다른 연의 힘에 의지하기 때문에 있는 것'이라고 한 이것은 '생'을 해석하는 말이니, 말하자면 다른 연의 힘에 의지하기 때문에 있으므로 생이라고 말한다는 것이고, '자연히 있는 것이 아니다'라고 함은 무성을 해석하는 것이다. 총체적으로 해석하는 뜻이 말하는 것은, 다른 여러 법에 의지하고 인연에 의지하기 때문에 생이라고 말하고, 자연이나 자재천 등의 삿된 원인에서 난 것이 아니므로 설하여 무생이라고 이름한다는 것이다.

의 성품인가?51

② 말하자면 모든 법은 생무자성의 성품 때문에 말하여 무자성의 성품이라고 이름하니, 곧 연생법은 또한 승의무자성의 성품이라고도 이름한다.52 ③ 어째서이겠는가? ④ 모든 법 중 만약 이것이 청정한 소연의 경계라면 나는 그것을 승의무자성의 성품으로써 현시하겠지만, 의타기상은 청정한 소연의 경계가 아니니,53 ⑤ 이 때문에 또한 말하여 승의무자성의 성품이라고 이름하는 것이

性?
謂諸法 由生無自性性故 說名無自性性,
即緣生法 亦名勝義無自性性. 何以故?
於諸法中 若是淸淨 所緣境界 我顯示彼 以爲勝義無自性性,
依他起相 非是淸淨 所緣境界, 是故 亦說名爲 勝義無自性性.

---

51 이하는 셋째 승의무자성을 해석하는 것인데, 그 중에 둘이 있다. 처음은 의타기에 의거해 승의무자성을 해석하는 것이고, 뒤의 ⑥ 이하는 원성실에 의거해 승의무자성을 해석하는 것이다. 전자 중에 다섯이 있음은 위에 준해서 알아야 한다.
52 둘째 물음에 의해 바로 답하는 글에는 두 마디가 있다. 처음은 장차 제3의 무자성을 해석하려고 앞의 제2를 따오는 것인데, 뜻을 해석하는 것은 앞에서와 같다. 뒤의 '곧 연생법' 등이라고 한 것은 제2의 성품에 의지해 제3의 무자성을 세우는 것이니, 말하자면 의타기 위에는 원성실이 없기 때문에 연생법은 단지 생무자성의 성품이라고 이름할 뿐만 아니라, 또한 승의무자성의 성품이라고 이름한다는 것이다. 그래서 《현양론》에서 이르기를, "의타기성은 달라지는 모습 때문에 또한 승의무성으로 건립함을 얻으니, 왜냐하면 승의의 성품이 없기 때문이다."라고 하였다.
53 이는 넷째 따짐에 의해 따로 해석하는 것인데, 글에 두 마디가 있다. 처음은 없는 것인 청정한 승의를 해석하는 것이고, 뒤는 의타기에는 그 청정한 승의가 없음을 밝히는 것이다. 이는 진여의 청정한 지혜의 소연을 청정한 승의라고 이름한다는 것을 해석하는 것이니, 그래서 《현양론》에서 이르기를, "승의는 곧 청정한 소연의 성품이라고 알아야 한다. 왜냐하면 이 경계를 반연함으로 말미암아 마음의 청정을 얻기 때문이다."라고 하였다.

다.

⑥ 다시 모든 법의 원성실상을 또한 승의무자성의 성품이라고 이름함도 있다.54 ⑦ 어째서이겠는가? ⑧ 일체 모든 법의 법무아의 성품을 승의라고 이름하고, 또한 무자성의 성품이라고 이름함도 얻으니, 이는 일체법의 승의제이기 때문이며, 무자성의 성품이 드러난 것이기 때문이다.55 ⑨ 이 인연 때문에 승의무자성의 성품이라고 이름하는 것이다.56

復有諸法 圓成實相 亦名勝義無自性性. 何以故? 一切諸法 法無我性 名爲勝義, 亦得名爲 無自性性, 是一切法 勝義諦故, 無自性性 之所顯故. 由此因緣 名爲勝義無自性性.

(6) ① 선남자여, 비유하면 허공의 꽃과 같이, 상무자성의 성품도 또한 그러하다

善男子, 譬如空花, 相無自性性 當知亦爾.

....
54 이하는 둘째 원성실에 의거해 제3의 무성을 해석하는 것인데, 그 중에는 넷이 있으니, ⑥의 표방함, ⑦의 물음, ⑧의 해석함, ⑨의 맺음이다. 이는 곧 표방하는 것이니, 말하자면 3성 중 원성실성을 (제3의 무자성의) 자성으로 한다는 것이다.
55 이는 셋째 물음에 의해 바로 해석하는 것인데, 글에 두 마디가 있으니, 처음은 표방하는 것이고, 뒤는 해석하는 것이다. 말하자면 법무아의 성품에는 그 두 가지 뜻이 있으니, 첫째는 승의라고 이름하고, 둘째는 무자성의 성품이라고 이름하는데, 이것이 모든 법 중의 승의제이기 때문이고, 모든 법의 성품 없음이 드러내는 이치이기 때문이라는 것이다.
56 이는 곧 넷째 맺는 글이다. (문) 만약 이 경전에 의한다면 승의무자성에는 두 가지가 있으니, 첫째는 의타기요, 둘째는 원성실이다. 어째서 《유식삼십송》(=제25송)에서는 뒤를 말하고, 앞의 것은 말하지 않았는가? (답) 진실에 의거하면 두 가지 뜻을 갖추고 있으니, 그래서 이 경문 및 《현양론》에서는 다 이렇게 설한다. 그런데도 여러 논 중에서 전자를 밝히지 않은 것은 《성유식론》 제9권에서 호법이 해석해서 말하기를, "두 번째의 것과 혼동되기 때문에 여기에서는 말하지 않는다."(=졸역 p.847)라고 하였다.

고 알아야 한다.57

② 비유하면 환상과 같이, 생무자성의 성품도 또한 그러하다고 알아야 하고, 일부분 승의무자성의 성품도 또한 그러하다고 알아야 한다.58

譬如幻像, 生無自性性 當知亦爾,
一分勝義無自性性　當知亦爾.

③ 비유하면 허공은 오직 온갖 물질의 성품 없음으로 드러난 바로서 일체처에 두루한 것과 같이, 일부분 승의무자성의 성품도 또한 그러하다고 알아야 한다. 법무아의 성품이 나타난 바이기 때문이며 일체에 두루하기 때문이다.59

譬如虛空 惟是衆色 無性所顯 遍一切處,
一分勝義無自性性 當知亦爾.
法無我性 之所顯故 遍一切故.

④ 선남자여, 나는 이와 같은 세 가지 무자성의 성품에 의하여 밀의로써 말하여 일체의 모든 법은 다 자성이 없다고 하였던 것이다.60

善男子, 我依如是 三種無自性性 密意說言
一切諸法 皆無自性.

---

57 이하는 둘째 비유를 들어서 거듭 해석하는 것인데, 3무성을 해석하므로 곧 셋으로 나누어진다. 이는 곧 첫째 상무자성의 성품을 해석하는 것이다. 비유하면 허공의 꽃은 백내장 때문에 허공 중에 꽃과 비슷한 모습이 나타나지만, 진실에 의거하면 공중에는 본래 꽃이 없는 것과 같이, 변계소집도 또한 다시 이와 같은 것이다. 곧 변계소집을 써서 처음의 무자성으로 삼기 때문에 상무자성의 성품도 또한 그러하다고 알아야 한다고 말한 것이다.
58 이는 둘째 생무자성 및 일부분 승의무자성을 해석한 것이다.
59 이는 곧 셋째 제3의 일부분 승의무자성을 해석한 것이다. 비유하면 허공에 그 두 가지 뜻이 있는 것과 같으니, 첫째는 물질 없음으로 드러나는 것, 둘째는 일체처에 두루한 것이다. 진여의 승의무자성의 성품도 또한 그러하다고 알아야 하니, 첫째는 법무아의 성품이 나타난 것이기 때문이며, 둘째는 일체의 법에 두루하기 때문이다.
60 이는 곧 셋째 해석하고 나서 총결하는 것이다.

(7) ① 승의생이여, 나는 상무자성의 성품에 의하여 밀의로써 말하여, 일체의 모든 법은 남이 없고 멸함이 없으며 본래 적정하여 자성이 열반이라고 하였음을 알아야 한다.61

② 어째서이겠는가? ③ 만약 법의 자상이 전혀 있는 바 없다면 곧 남이 없을 것이고, 만약 남이 없다면 곧 멸함도 없을 것이며, 만약 남도 없고 멸함도 없다면 곧 본래 적정할 것이고, 만약 본래 적정하다면 곧 자성이 열반일 것이니, 그 중에는 전혀 조금이라도 다시 그로 하여금 가히 반열반케 할 것이 있는 바

勝義生, 當知 我依相無自性性 密意說言, 一切諸法 無生無滅 本來寂靜 自性涅槃.

何以故? 若法自相 都無所有 則無有生, 若無有生 則無有滅, 若無生無滅 則本來寂靜, 若本來寂靜 則自性涅槃, 於中都無 少分所有 更可令其 般涅槃故.

---

61 이하는 둘째 처음과 뒤의 무자성에 의거해 일체법의 무생 등의 문구를 해석하는 것인데, 그 중에 둘이 있다. 처음 (7)은 상무자성의 성품에 의거해 무생 등의 문구를 해석하는 것이고, 뒤의 (8)은 승의무자성의 성품에 의거해 무생 등의 문구를 해석하는 것이다. 전자 중에는 넷이 있으니, ①의 표방함, ②의 물음, ③의 해석함, ④의 맺음이다. 이 ①은 곧 첫째 이치로써 주장을 표방하는 것이다. * 여기에서 3무성에 의거해 경전의 여러 문구를 해석하는 제1단 경문의 큰 구조를 도표로써 보이면 다음과 같다.

3무성에 의거해 무자성을 해석함	표방하고 간략히 설함			(2)
	문답하여 자세히 해석함	법설	상무자성성	(3)
			생무자성성	(4)
			승의무자성성	(5)
		비유설		(6)①~③
	맺음			④
1·3무성에 의해 무생멸을 해석함	상무자성성에 의해 무생멸을 해석함			(7)
	승의무자성성에 의해 무생멸을 해석함			(8)

없기 때문이다.62

④ 이 때문에 나는 상무자성의 성품에 의하여 밀의로써, 일체의 모든 법은 남이 없고 멸함이 없으며 본래 적정하여 자성이 열반이라고 말한 것이다.

是故 我依相無自性性 密意說言, 一切諸法 無生無滅 本來寂靜 自性涅槃.

(8) ① 선남자여, 나는 또한 법무아의 성품으로 드러나는 승의무자성의 성품에 의해서도 밀의로써 말하여, 일체의 모든 법은 남이 없고 멸함이 없으며 본래 적정하여 자성이 열반이라 하였다.63

善男子, 我亦 依法無我性所顯 勝義無自性性 密意說言, 一切諸法 無生無滅 本來寂靜 自性涅槃.

② 어째서이겠는가? ③ 법무아의 성품으로 드러나는 승의무자성의 성품은 상상시와 항항시에 모든 법의 법성으로서 안주하는 무위여서 일체의 잡염과 상응하지 않기 때문이니,64 상상시와 항

何以故? 法無我性所顯 勝義無自性性 於常常 時 於恒恒時 諸法法性 安住無爲 一切雜染 不相應故, 於常常時 於

----

62 이는 셋째 해석하는 것인데, 글에 네 마디가 있다. 첫째는 무생을 해석하는 것이고, 둘째는 무멸을 해석하는 것이며, 셋째는 본래 적정함을 해석하는 것이고, 넷째는 자성이 열반임을 해석하는 것이다. 경문과 같아서 알 수 있으므로 번거롭게 해석치 않겠다.

63 (8)은 둘째 승의무자성의 성품에 의거해 무생 등의 문구를 해석하는 것이다. 그 중에도 넷이 있으니, ①의 표방함, ②의 물음, ③의 해석함, ④의 맺음이다.

64 이하 둘째 물음에 의해 바로 해석하는 것에는 글에 둘이 있다. 처음 여기까지는 세 가지 원인을 총체적으로 표방하여 물어 따짐에 답하는 것이고, 뒤의 그 아래는 세 가지 원인을 들어서 무생 등을 해석하는 것이다.

이는 곧 처음인데, 글에 두 마디가 있다. 처음은 승의무자성의 체를 내는

항시에 모든 법의 법성으로서 안주하기 때문에 무위이고, 무위이기 때문에 남이 없으며 멸함이 없고,65 일체 잡염과 상응하지 않기 때문에 본래 적정하여 자성이 열반인 것이다.

恒恒時 諸法法性 安住故無爲, 由無爲故 無生無滅, 一切雜染 不相應故 本來寂靜 自性涅槃.

④ 이 때문에 나는 법무아의 성품으로 드러나는 승의무자성의 성품에 의하여 밀의로써, 일체의 모든 법은 남이 없고 멸함이 없으며 본래 적정하여 자성이 열반이라고 말한 것이다.

是故 我依 法無我性所顯 勝義無自性性 密意說言, 一切諸法 無生無滅 本來寂靜 自性涅槃.

2.2.3 66

(1) 또 다음 승의생이여, 유정계 중에서

復次 勝義生, 非由有情

것인데, 그것에 의타기와 원성실의 두 가지가 있지만, 뒤를 취하고 앞은 취하지 않는 것이다. 뒤의 '상상시' 등이라고 한 것은 바로 세 가지 원인을 밝히는 것이다. 첫째 상상시와 항항시에 모든 법의 법성으로서 안주하기 때문에 '무위'라는 것이고, 둘째는 무위이기 때문에 남이 없고 멸함이 없다는 것이니, 이는 곧 '안주'하기 때문이며 또 '무위'이기 때문이라는 두 가지 원인으로 남이 없고 멸함이 없다는 두 가지 뜻을 이루는 것이다. '일체 잡염과 상응하지 않기 때문'이라고 한 것은 제3의 원인으로써 경전 중의 '본래 적정함' 및 '자성이 열반'이라는 두 가지 뜻을 성립시킨다. '때문'이라고 말한 한 글자가 세 가지 뜻을 포함하고 있기 때문에 세 가지 원인을 이룬다.

65 이하는 둘째 세 가지 원인을 거듭 해석하는 것인데, 그 중에 둘이 있다. 처음 여기까지는 두 가지 원인으로써 무생 등을 해석하는 것이고, 뒤의 그 아래는 일체 잡염과 상응하지 않는다는 원인으로써 본래 정정함 및 자성이 열반임을 해석해 이루는 것이다.

66 이하는 셋째 3성문에 의거해 3무성을 세운 뜻이다. 그 중에 둘이 있는데, 처음 (1)은 반대로 해석하는 것이고, 뒤의 (2)는 수순하여 해석하는 것이다.

모든 유정의 부류들이 따로 변계소집자성을 관찰하여 자성으로 삼기 때문이며, 또한 그들이 따로 의타기자성 및 원성실자성을 관찰하여 자성으로 삼기 때문에 내가 세 가지 무자성의 성품을 세운 것이 아니다.67

界中 諸有情類 別觀遍計所執自性 爲自性故, 亦非由彼 別觀依他起自性 及圓成實自性 爲自性故 我立 三種無自性性.

⑵ ① 그렇지만 유정들이 의타기자성 및 원성실자성 위에서 변계소집자성을 증익하기 때문에 내가 세 가지 무자성의 성품을 세운 것이다.68

然由有情 於依他起自性 及圓成實自性上 增益遍計所執自性故 我立 三種無自性性.

② 변계소집자성의 모습으로 말미암아 그 모든 유정들이 의타기자성 및 원

由遍計所執自性相故 彼諸有情 於依他起自

---

67 이는 곧 처음이다. '관觀'은 관대觀待함을 말하는데, 혹은 관찰한다는 뜻이기도 하다. 여기에서 셋을 세운 뜻은, 중생들이 집착하는 과환을 제거하기 위해 3무성을 세운 것이라고 함이니, 그 중생들이 3무성 중에서 하나하나를 따로 집착해서 3자성이 있다고 하므로 그것을 제거하기 위해 3무성을 세운 것이 아니라, 단지 모든 중생들이 의타기 및 원성실을 알지 못해서 두 가지 성품 위에서 증익하는 집착을 일으키므로, 이 때문에 세 가지 3무성을 건립했다는 것이다.
68 이하는 둘째 수순하여 해석하는 것인데, 그 중에는 둘이 있으니, 먼저 ①은 표방하는 것이고, 뒤의 ② 이하는 해석하는 것이다.
　이 ①은 표방하는 것인데, 이 뜻이 말하는 것은, 두 가지 성품 위의 변계소집상은 자상으로 말미암아 상으로 안립된 것이 아니며, 의타기 위에는 자연히 남이 없는데도 증익하기 때문에 생무자성의 성품을 세우고, 원성실 위에는 이 변계소집성이 없기 때문에 승의무자성의 성품을 세운 것이므로, 세 가지 자성을 따로 관찰하여 자성으로 삼기 때문에 세 가지 무자성의 성품을 말한 것이 아니라는 것이다.

성실자성 중에서 따라서 언설을 일으키니,69 ③ 여여如如에서 따라서 언설을 일으켜 이와 같고 이와 같다고 해서, 언설이 마음을 훈습하기 때문이고, 언설이 지각을 따르기 때문이며, 언설이 수면[眠]을 따르기 때문에,70 ④ 의타기자성

性 及圓成實自性中 隨起言說, 如如 隨起言說 如是如是, 由言說 熏習心故, 由言說 隨覺故, 由言說 隨眠故, 於依他起自性

---

69 이하는 곧 해석하는 것인데 총체적으로 말하는 뜻은, 변계소집상 때문에 능히 언설을 일으키고, 언설 때문에 세 가지 원인을 이루며, 세 가지 원인 때문에 모든 집착을 일으키고, 집착 때문에 의타기의 세 가지(=번뇌·업·생) 잡염에 의해 육취의 생사에서 유전하는 과실을 내므로, 이 때문에 이 중에서 소집상에 의거해 3무성을 세웠다는 것이다. 그 중에는 둘이 있으니, 처음은 소집상으로 말미암아 능히 집착을 낸다는 것이고, 뒤의 ⑤ 이하는 집착 때문에 유전하는 법을 낸다는 것이다. 전자 중에도 둘이 있으니, 처음 ②는 소집상으로 말미암아 능히 언설을 일으키는 것이고, 뒤의 ③ 이하는 언설 때문에 능히 집착을 내는 것이다.

　이는 곧 처음이다. 이치의 실제로는 2성은 다 명언을 떠났지만, 변계소집상으로 말미암기 때문에 2상 중에서 언설을 일으킴이 있다.

70 이하는 곧 둘째 언설 때문에 능히 집착을 낸다는 것인데, 그 중에 둘이 있다. 처음 ③은 언설 때문에 세 가지 원인을 이루는 것이고, 뒤의 ④는 세 가지 원인 때문에 능히 집착을 내는 것이다.

　이는 곧 처음이다. '여여'라고 말한 것은, 말하는 대상인 법을 나타내는 것이니, 말하는 대상이 하나가 아니기 때문에 '여여'라고 말하였다. 그 여여를 따라서 여러 언설을 일으키니, 이 때문에 '이와 같고 이와 같다'고 거듭 말한 것이다. 모든 언설로 말미암아 세 가지 원인을 이룬다. 첫째 '언설이 마음을 훈습하기 때문'이라고 한 이것은 3훈습(=명언훈습·아집훈습·유지훈습) 중 명언훈습을 밝힌 것이다. 둘째 '언설이 지각을 따르기 때문'이라고 한 이것은 명언을 이해하고 지각을 따라 분별하는 것이니, 마치 인·천 등이 언설을 이해하는 것과 같다. 셋째 '언설이 수면을 따르기 때문'이라고 한 이것은 명언을 이해하지 못하고 수면을 따라 분별하는 것이니, 마치 소·양 등이 언설을 이해하지 못하지만 단지 수면을 따라서 분별을 일으키는 것과 같다. 이는 곧 언설을 일으키기 때문에 세 가지 원인을 이룬다는 것을 나타내는 것이다.

및 원성실자성 중에서 변계소집자성의 모습을 집착한다.71

⑤ 여여에서 이와 같고 이와 같다고 집착하여 의타기자성 및 원성실자성 위에서 변계소집자성을 집착하므로,72 ⑥ 이 인연으로 말미암아 미래세의 의타기자성을 내고,73 ⑦ 이 인연으로 말미암아 혹은 번뇌의 잡염에 물들기도 하며, 혹은 업의 잡염에 물들기도 하고, 혹은 생의 잡염에 물들기도 해서, 생사 중에서 오랜 시간 치달리며 오랜 시간 유전하면서 휴식함이 없으니,74 ⑧ 혹은 지

及圓成實自性中　執著遍計所執自性相.

如如執著　如是如是 於依他起自性　及圓成實自性上　執著遍計所執自性, 由是因緣　生當來世　依他起自性, 由此因緣　或爲煩惱　雜染所染, 或爲業　雜染所染, 或爲生　雜染所染, 於生死中　長時馳騁　長時流轉　無有休息, 或在那落

---

71 이는 세 가지 원인으로 말미암아 능히 집착을 일으킨다는 것을 밝힌 것이다. 세 가지 원인 중 앞의 한 원인은 집착의 인연을 나타내는 것이고, 뒤의 두 원인은 증상연을 나타내는 것이다.
72 이하는 둘째 집착 때문에 유전하는 법을 내는 것이다. 그 중에 둘이 있으니, 처음 ⑤는 앞의 능히 집착함을 따와서 유전하는 원인을 나타내는 것이고, 뒤의 ⑥ 이하는 바로 능히 집착함이 유전하는 결과를 낸다는 것을 밝힌다. 이는 곧 처음인데, '여여'라고 말한 것은 집착대상인 경계를 나타내는 것이니, 집착대상인 경계가 하나가 아니기 때문에 '여여'라고 말하고, 그 여여를 따라서 여러 집착을 일으키기 때문에 '이와 같고 이와 같다'고 거듭 말한 것이다. 이 집착으로 말미암아 2성 중에서 변계소집자성을 집착하므로, 이 집착이 유전의 원인이 되는 것이다.
73 이하는 둘째 유전의 결과를 나타내는 것이다. 그 중에 둘이 있으니, 처음 ⑥은 의타기를 내는 것이고, 뒤의 ⑦ 이하는 3잡염을 내는 것이다. (문) 의타기와 잡염은 어떤 차별이 있는가? (답) 총·별로 차이가 있고, 혹은 넓고 좁음이 같지 않을 수도 있다. 의타기는 넓으니, 연에서 나는 것은 다 의타기이기 때문이고, 3잡염 중에서는 5근 등을 거두어 기르지 않기 때문이다.
74 이하는 둘째 3잡염을 내는 것이다. 그 중에 둘이 있으니, 처음 ⑦은 3잡염

옥에 있으며, 혹은 축생에 있고, 혹은 아 　迦, 或在傍生, 或在餓
귀에 있으며, 혹은 천상에 있고, 혹은 아 　鬼, 或在天上, 或在阿
수라에 있으며, 혹은 사람 중에 있으면 　素洛, 或在人中
서 모든 고뇌를 받는다. 　　受諸苦惱.

2.2.4[75]

....

으로 말미암아 생사에 유전하는 것이고, 뒤의 ⑧은 3잡염으로 말미암아 6취에 유전하는 것이다. * 여기에서 3성문에 의거해 3무성을 세운 뜻을 밝히는 경문 2.2.3의 큰 구조를 도표로써 요약해 보이면 다음과 같다.

반대 해석				(1)
수순 하는 해석	해석함	표방함		(2)①
		소집상이 집착을 냄	소집상이 언설을 일으킴	②
			언설이 집착을 냄	③~④
		집착이 유전법을 냄	유전의 원인을 나타냄	⑤
			집착이 유전의 의타기를 냄	⑥
			결과를 냄 3잡염을 냄	⑦~⑧

[75] 이하는 셋째 지위에 의거해 3무성을 세운 뜻을 분별하는 것이다. 그 중에 둘이 있으니, 처음 ⑴은 5위에 의거해 생무자성의 성품을 말하는 것이고, 뒤의 ⑵ 이하는 가행 등의 지위에 의거해 뒤의 두 가지 무자성의 성품을 말하는 것이다.
　대저 관문觀門을 논한다면 그에 5위가 있으니, 《성유식론》 제9권에서, "무엇을 유식에 깨달아 들어가는 다섯 가지 지위라고 말하는가? 첫째는 자량위이니, 대승의 순해탈분順解脫分을 닦는 것을 말한다.(해석하자면 십신에서 십회향에 이르기까지이다) 둘째는 가행위이니, 대승의 순결택분順決擇分을 닦는 것을 말한다.(해석하자면 십회향 제10이 끝나는 마음에 있는 것이다) 셋째는 통달위이니, 모든 보살이 머무는 견도를 말한다. 넷째는 수습위이니, 모든 보살이 머무는 수도를 말한다. 다섯째는 구경위이니, 무상정등보리에 머무는 것을 말한다."(=졸역 p.853)라고 말한 것과 같다. 지금 이 경전에 의하면 나누어서 양 단락으로 했는데, 처음 5위에 의거해 생무자성의 성품을 분별하는 것은 곧 논의 처음 자량위 및 십신 앞의 해탈분의 선근을 심는 지위에 해당하고, 뒤의 가행 등의 지위에 의거해 뒤의 2무자성을 분별하는 것은 곧 논의 중간의 3지위에 해당한다. 무학위(=구경위)를 제외하는 것은 위할 바가

⑴ 또 다음 승의생이여, 만약 모든 유정들이 본래부터 아직 선근을 심지 못했고 아직 장애를 청정케 하지 못했으며 아직 상속을 성숙시키지 못했고 아직 승해를 많이 닦지 못했으며 아직 복덕·지혜의 두 가지 자량을 능히 적집하지 못했다면,76 ② 나는 그들을 위하는 까닭에 생무자성의 성품에 의하여 모든 법을 펴 설한다.77

③ 그들은 이를 듣고 나서 능히 일체 연생의 행 중에서 분수를 따라서 무상

復次 勝義生, 若諸有情 從本已來 未種善根 未淸淨障 未成熟相續 未多修勝解 未能積集 福德智慧 二種資糧, 我爲彼故 依生無自性性 宣說諸法.

彼聞是已 能於一切 緣生行中 隨分解了 無

....
아니기 때문이다.
76 이는 곧 처음인데, 그 중에 셋이 있다. 처음 ①은 가르침을 설함이 위하는 대상을 밝히는 것이고, 다음 ②는 근기를 상대해 바로 설하는 것이며, 뒤의 ③ 이하는 가르침의 뛰어난 이익을 분별하는 것이다.
 그런데 그 위하는 대상에는 그 5위가 있다. 첫째는 선근을 심는 지위[種善根位]이니, 십신 전의 해탈분의 선근을 심는 지위이다. 해탈분의 선근을 심는 법은 《우바새계경優婆塞戒經》 중에서 설하는 것과 같다. 둘째는 청정케 하는 지위[淸淨位]이니, 곧 십신을 말한다. 말하자면 능히 분수를 따라서 죄업을 청정케 하기 때문이다. 셋째는 상속을 성숙시키는 지위[成熟相續位]이니, 곧 십해十解(=십주)를 말한다. 능히 믿음 등으로 하여금 상속됨이 성취되게 하기 때문이다. 넷째는 승해를 많이 닦는 지위[多修勝解位]이니, 곧 십행을 말한다. 결정된 승해가 많이 현전하기 때문이다. 다섯째는 복덕·지혜의 자량을 적집하는 지위[積集福智資粮位]이니, 곧 십회향이다. 복덕·지혜의 2자량을 구족하기 때문이다.
77 이는 곧 둘째 근기를 상대해 바로 설하는 것이다. 말하자면 모든 유정들은 본래부터 모든 법의 연생의 도리를 깨닫지 못해서, 망령되이 원인 없이 자연히 난다고 집착하니, 이 때문에 세존께서는 생무자성의 성품에 의해 일체법은 다 인연에서 나는 것이지, 자연으로 말미암지 않음을 설하신다.

하며 무항한 것은 안온치 못하며 변괴하는 법임을 이해해 알고,78 ④ 일체의 행에 대해 마음으로 두려워함을 내며 깊이 염환함을 일으킨다. ⑤ 마음으로 두려워함을 내며 깊이 염환하고 나서는 모든 악을 막고 그치며, 모든 악법을 능히 만들어 짓지 않고, 모든 선법을 능히 부지런히 닦고 익힌다. ⑥ 선한 원인을 익히기 때문에 아직 선근을 심지 못했으면 능히 선근을 심고, 아직 장애를 청정케 하지 못했으면 능히 청정케 하며, 아직 상속을 익히지 못했으면 능히 성숙케 하니, 이 인연으로 말미암아 승해를 많이 닦고, 또한 복덕·지혜의 두 가지 자량을 많이 적집한다.79

常無恒 是不安隱 變壞法已, 於一切行 心生怖畏 深起厭患. 心生怖畏 深厭患已 遮止諸惡, 於諸惡法 能不造作, 於諸善法 能勤修習. 習善因故 未種善根 能種善根, 未淸淨障 能令淸淨, 未熟相續 能令成熟, 由此因緣 多修勝解, 亦多積集 福德智慧 二種資糧.

....

78 이하는 곧 셋째 가르침을 듣는 뛰어난 이익인데, 네 가지 뛰어난 이익이므로 곧 넷으로 나누어진다. 첫째 ③은 무상을 이해해 아는 이익이고, 둘째 ④는 두려워하고 염환(=싫어하고 미워함)하는 이익이며, 셋째 ⑤는 악을 그치고 선을 닦는 이익이고, 넷째 ⑥은 다섯 가지 일을 구족하는 이익이다. 이는 곧 첫째이다. 말하자면 세존께서 무명을 조건으로 행하고 나아가 늙고 죽음에 이르는 것이지, 자재천 등에서 나는 것이 아니라고 설하시니, 이로 말미암아 유정은 분수를 따라서 일체의 모든 법은 무상하고 무항하며, 무상하기 때문에 안온치 못하여, 열반이 생멸을 떠났으므로 곧 안주할 것임과 같은 것이 아니며, 또 모든 유위는 앞이 멸하면 뒤가 나며 점차 쇠변하고 변괴하는 법임을 이해하여 안다.
79 이는 곧 넷째 다섯 가지 일을 구족하는 이익이다. 다섯 가지 일의 모습을 해석하는 것은 위에 준해서 알아야 한다.

⑵ ① 그들이 비록 이와 같이 모든 선근 을 심고 나아가 복덕·지혜의 두 가지 자 량을 적집하기에 이르렀더라도, 그러나 생무자성의 성품 중에서 아직 능히 상 무자성의 성품 및 두 가지 승의무자성 의 성품을 여실하게 요지하지 못한다 면,80 ② 일체의 행에서 아직 능히 바르 게 싫어하지 못하고, 아직 바르게 이욕 하지 못하며, 아직 바르게 해탈하지 못

彼雖如是 種諸善根 乃至積集 福德智慧 二 種資糧, 然於生無自性 性中 未能如實了知 相 無自性性 及二種勝義 無自性性, 於一切行 未能正厭 未正離欲 未正解脫

---

80 이는 둘째 가행 등의 지위에 의거해 뒤의 두 가지 무자성의 성품을 설하는 것이다. 그 중에 셋이 있으니, 처음은 가르침을 설함이 위하는 대상을 밝히 는 것이고, 다음 ③ 이하는 근기를 상대해 바로 설하는 것이며, 뒤의 ⑶은 가르침의 뛰어난 이익을 분별하는 것이다.

처음 중에도 둘이 있는데, 처음 ①은 아직 두 가지 무자성을 알지 못하는 것을 밝히는 것이고, 뒤의 ②는 무자성의 성품을 알지 못하는 것을 분별하 는 것이다. 말하자면 모든 중생이 모든 법은 연에서 나고 자재천 등에서 나 는 것이 아니라고 설함을 듣고, 이로 말미암아 무상 등의 뜻을 이해해 알고 복덕·지혜의 2자량 등을 적집한다고 하더라도, 아직 모든 유위의 행은 모 두 환상 등과 같아서 실제로 성품이 있는 것이 아님을 능히 알지 못하므로 문득 모든 법에 결정코 실제의 성품이 있다고 집착하니, 이들은 대부분 상 무자성의 성품을 알지 못하고, 혹은 다시 위에서 말한 것과 같은 두 가지 승의무자성의 성품을 알지 못하는 것이다. * 여기에서 지위에 의거해 3무 성을 세운 뜻을 분별하는 경문 2.2.4의 큰 구조를 도표로써 보이면 다음과 같다.

5위에 의거해 생무자성성을 말함	가르침이 위하는 대상	⑴①
	근기를 상대해 바로 설함	②
	가르침의 이익	③~⑥
가행위 등에 의거해 뒤의 2무자성성을 말함	가르침이 위하는 대상	⑵①~②
	근기를 상대해 바로 설함	③~④
	가르침의 이익	⑶

하여, 아직 번뇌의 잡염에서 두루 해탈 　未遍解脫 煩惱雜染
하지 못하고, 아직 모든 업의 잡염에서 　未遍解脫 諸業雜染
두루 해탈하지 못하며, 아직 모든 생의 　未遍解脫 諸生雜染.
잡염에서 두루 해탈하지 못하므로,81 ③
여래는 그들을 위해 다시 법요를 말하 　如來爲彼 更說法要,
니, 말하자면 상무자성의 성품 및 승의 　謂相無自性性　及勝義
무자성의 성품이다.82 ④ 그들로 하여금 　無自性性. 爲欲令其
일체의 행에서 능히 바르게 싫어하게 　於一切行 能正厭故
하려는 때문이고, 바르게 이욕케 하려는 　正離欲故
때문이며, 바르게 해탈케 하려는 때문이 　正解脫故
고, 일체 번뇌의 잡염을 초과하게 하려 　超過一切 煩惱雜染故
는 때문이며, 일체 업의 잡염을 초과하 　超過一切 業雜染故
게 하려는 때문이고, 일체 생의 잡염을 　超過一切 生雜染故.
초과하게 하려는 때문이다.

⑶ ① 그들은 이와 같이 설하는 법을 듣 　彼聞如是 所說法已
고 나면 생무자성의 성품 중에서 능히 　於生無自性性中　能正
상무자성의 성품 및 승의무자성의 성품 　信解 相無自性性 及勝
을 바르게 신해해서 간택하고 사유하여 　義無自性性　簡擇思惟

---

81 이는 곧 알지 못함의 과실을 밝히는 것이다. '바르게 싫어한다'고 말한 것은 가행도이고, '바르게 이욕한다'는 것은 무간도이며, '바르게 해탈한다'는 것은 해탈도 및 승진도이다. 번뇌·업·생의 세 가지 잡염은 《섭론》 및 《성유식론》 등에서와 같다.
82 이하는 둘째 근기를 상대해 바로 설하는 것인데, 그 중에 둘이 있다. 처음 ③은 바로 가르침을 설하는 것이고, 뒤의 ④는 가르침을 설하는 뜻을 밝히는 것이다.

여실하게 통달해서,[83] ② 의타기자성 중에서 변계소집자성의 모습을 능히 집착하지 않고,[84] ③ 언설이 훈습하지 못하는 지혜 때문이며, 언설이 지각을 따르지 않는 지혜 때문이고, 언설이 수면을 떠난 지혜 때문에 ④ 능히 의타기의 모습을 멸하며, ⑤ 현재의 법 중에서 지혜의 힘으로 유지되어 능히 미래세의 원인을 영원히 단멸한다.

⑥ 이 인연으로 말미암아 일체의 행에서 능히 바르게 염환하고, 능히 바르게 이욕하며, 능히 바르게 해탈하고, ⑦ 능히 번뇌·업·생의 세 가지 잡염에서

如實通達, 於依他起自性中 能不執著 遍計所執自性相, 由言說 不熏習智故 由言說 不隨覺智故 由言說 離隨眠智故 能滅依他起相, 於現法中 智力所持 能永斷滅 當來世因.

由此因緣 於一切行 能正厭患 能正離欲 能正解脫 能遍解脫 煩惱業生 三

....

[83] 이하는 셋째 가르침의 뛰어난 이익을 분별하는 것인데, 그 중에 둘이 있다. 처음 ①은 가행위 중에서 얻는 뛰어난 이익을 밝히는 것이고, 뒤의 ② 이하는 지상의 2지에서 얻는 뛰어난 이익을 분별하는 것이다.
  이 지위 중에서는 뒤의 두 가지 무자성의 가르침을 듣기 때문에 4심사四尋思관과 4여실관을 지어서 능연의 식은 두고 소취의 공을 보내니, 곧 상무자성의 성품이고, 곧 그 무자성으로 드러나는 승의이므로 승의무자성의 성품이라고 이름한다. 만약 자세히 분별한다면 《성유식론》 제9권(=졸역 pp. 870-871)에서 설하는 것과 같다. 지금 두 가지 무자성을 '간택하고 사유한다'는 것은 곧 4심사이고, '여실하게 통달한다'는 것은 곧 4여실지이다. 또 해석하자면 '간택하고 사유한다'는 것은 4심사의 지위이고, '여실하게 통달한다'는 것은 초지 이상의 통달위이다.
[84] 이하는 둘째 지상의 2지위(=통달위·수습위)에서 얻는 뛰어난 이익을 분별하는 것이다. 여섯 가지 뛰어난 이익이 있으므로 곧 여섯으로 나누어진다. ②는 소집상을 보내는 것이고, ③은 세 가지 원인을 일으키지 않는 것, ④는 의타기상을 멸하는 것, ⑤는 미래의 괴로움의 원인을 끊는 것, ⑥은 능히 세 가지 도를 이끄는 것, ⑦은 3잡염을 떠나는 것이다.

두루 해탈하는 것이다. 種雜染.

2.2.5[85]

(1) ① 또 다음 승의생이여, 모든 성문승종성의 유정도 또한 이 도와 이 행적으로 말미암기 때문에 무상의 안온한 열반을 증득하며, 모든 독각승종성의 유정과 모든 여래승종성의 유정도 또한 이 도와 이 행적으로 말미암기 때문에 무상의 안온한 열반을 증득한다.[86]

復次 勝義生, 諸聲聞乘 種性有情 亦由此道 此行迹故 證得無上 安隱涅槃, 諸獨覺乘 種性有情 諸如來乘 種性有情 亦由此道 此行迹故 證得無上 安隱涅槃.

---

85 이하는 넷째 3무자성에 의거해 일승의 뜻을 분별하는 것인데, 그 중에 셋이 있다. 처음 (1)은 성도에 의거해 일승의 뜻을 분별하는 것, 다음 (2)는 취적성문은 결정코 성불치 못함을 밝히는 것, 뒤의 (3)은 회향성문은 결정코 성불할 수 있음을 밝히는 것이다. 총체적으로 뜻을 해석하여 말하면, 제1단 중에서는 3종성에 의거해 여래께서 방편으로 일승을 설하셨지만, 실제의 바른 이치에 나아가면 삼승을 갖추고 있어서 각각 무여의 구경열반을 증득한다는 것이고, 제2단의 뜻은 정성의 이승은 오직 이승의 무여열반만을 증득하고, 뒤의 시기에 성불을 얻는 뜻이 반드시 없다는 것이며, 제3단의 뜻은 부정종성의 회향성문은 반드시 장차 성불한다는 것이다.

86 첫 단 중에 나아가면 다시 셋으로 나누어지니, 처음 ①은 삼승은 각각 자기 승의 무여열반을 증득함을 밝히는 것이고, 다음 ②는 성도의 방편에 의거해 일승을 설했다는 것이며, 뒤의 ③은 이치의 실제로는 삼승이 차별됨을 밝히는 것이다.

　이는 곧 처음이니, 삼승의 종성은 각각 무자성의 묘청정한 도로써 무여의 묘열반계를 증득함을 말한다. 그런데 그 성도는 능히 통한다는 뜻이기 때문에 '도'라고 이름했고, 곧 그 성도에서 모든 성인들이 노닐었으므로 또한 '행적'이라고 이름했으며, 이 도와 행적으로 말미암아 모든 번뇌와 유루의 괴로움의 몸을 떠나서 상주 적멸의 즐거움을 증득하니, 이 때문에 '안온한 열반'이라고 말한 것이다. * 여기에서 3무자성에 의거해 일승의 뜻을 분별하는 경문 2.2.5의 큰 구조를 도표로써 보이면 다음과 같다.

② 일체의 성문·독각·보살은 모두 이 하나의 묘청정한 도를 함께 하며, 모두 이 하나의 구경청정을 같이 하고 다시 제2는 없으므로, 나는 이에 의거해서 밀의로써 말하여 오직 일승이 있을 뿐이라고 하였지만,87 ③ 일체 유정계 중에 갖가지 유정의 종성이 없는 것이 아니니, 혹은 둔근 성품, 혹은 중근 성품, 혹은 이근 성품의 유정이 차별된다.88

一切聲聞 獨覺菩薩 皆共此一 妙淸淨道, 皆同此一 究竟淸淨 更無第二, 我依此故 密意說言 唯有一乘,
非於一切 有情界中 無有種種 有情種性, 或鈍根性 或中根性 或利根性 有情差別.

성도에 의거해 일승의 뜻을 분별함	삼승은 자승의 열반을 증득함	(1)①
	성도방편에 의해 일승을 설함	②
	이치의 실제로는 삼승이 차별됨	③
취적성문은 결정코 성불치 못함		(2)
회향성문은 결정코 성불함		(3)

87 여기에서 총체적으로 말하는 뜻은, 말하자면 그 삼승은 모두 이 하나의 묘한 무자성의 도를 함께 하기 때문에 곧 이 도를 말하여 구경청정이라고 이름하며, 오직 이 도만이 있고 다시 제2는 없기 때문에 하나의 도에 의거해서 일승이라고 설했다는 것이다. 그래서 《심밀경》에서도 "오직 하나의 청정한 도만 있을 뿐, 다시 제2는 없으므로, 따로 구경청정을 말하지 않는다."라고 하였으니, 따라서 구경청정이 곧 묘청정한 도임을 알 수 있다. 또 이르기를, "하나에는 세 가지가 있다. 첫째는 도가 하나이기 때문에 하나라고 이름하고, 둘째는 과가 하나이기 때문에 하나라고 이름하며, 셋째는 이치가 하나이기 때문에 하나라고 이름한다."라고 하였는데, 지금 이 경문에 의하면 그에 두 가지가 있으니, 묘청정한 도는 곧 도의 하나이고, 구경청정은 곧 과의 하나이다. 이 두 가지 하나에 의하고, 다시 제2는 없다. 그런데 '일승'이라고 하는 것은 오직 하나의 불승이다.

88 이는 곧 셋째 삼승의 차별을 분별하는 것인데, 글에 두 마디가 있으니, 처음은 하나가 아님을 표방하는 것이고, 뒤는 근에 의거해 셋으로 나누는 것이다. '하나가 아니다'라고 말한 것은 일체 유정의 수 중에 다섯 가지 종성의 차별이 없는 것은 아니라는 것이니, '5종성'이라고 말하는 것은 소위 삼

⑵ ① 선남자여, 만약 한결같이 적멸을 취향하는 성문종성의 보특가라라면, 비록 제불께서 시설하신 갖가지 용맹한 가행의 방편으로 교화 인도함을 입을지라도, 끝내 장차 도량에 앉아서 아뇩다라삼먁샴보리를 증득케 할 수 없다.89

② 왜냐하면 ③ 그들은 본래 오직 하열한 종성만을 가졌기 때문이고, 한결같이 자비가 박약하기 때문이며, 한결같이 온갖 괴로움을 두려워하기 때문이다.90

④ 그들은 한결같이 자비가 박약해서 이 때문에 한결같이 모든 중생 이익하는 일을 버려 등지고, 그들은 한결같이

善男子, 若一向趣寂 聲聞種性 補特伽羅, 雖蒙諸佛 施設種種 勇猛加行 方便化導, 終不能令當坐道場 證得阿耨多羅三藐三菩提.

何以故 由彼本來 唯有下劣種性故 一向慈悲薄弱故 一向怖畏衆苦故.

由彼一向 慈悲薄弱是故一向 棄背利益 諸衆生事, 由彼一向

....
승·부정·무성이다.
89 ⑵는 둘째 취적성문은 결정코 성불하지 못함을 밝히는 것이다. 그 중에 넷이 있으니, ①의 표방함, ②의 물음, ③ 이하의 해석함, ⑥의 맺음이다.
　이는 곧 표방하는 것이니, 말하자면 그 취적성문은 결정된 성품이기 때문에 비록 제불께서 교화하시더라도 결정코 성불하지 못한다는 것이다.
90 이하는 셋째 해석하는 것인데, 그 중에 셋이 있다. 처음 ③은 세 가지 원인을 총체적으로 표방하는 것, 다음 ④는 앞의 두 가지 원인을 따라서 두 가지 과실을 드러내는 것, 뒤의 ⑤는 앞의 두 가지 과실을 들어서 성불하지 못함을 해석하는 것이다.
　이는 곧 처음이다. 말하자면 그 정성의 이승종성은 모두가 본래 하열한 종성이기 때문이라고 한 이것은 총체적인 원인이고, 한결같이 자비가 박약하기 때문이라고 한 것은 독각의 장애이며, 한결같이 온갖 괴로움을 두려워하기 때문이라고 한 이것은 성문의 장애이다. 이치의 실제로는 이승은 다 두 가지 장애를 갖추지만, 모습이 드러난 것에 의해 각각 하나의 장애를 말한 것이다. 뒤의 그 아래는 글과 같아서 다 알 수 있다.

온갖 괴로움을 두려워해서 이 때문에 한결같이 지을 바 모든 행 일으키는 것을 버려 등지니, ⑤ 나는 한결같이 중생 이익하는 일을 버려 등지는 자와 한결같이 지을 모든 행 일으키는 것을 버려 등지는 자는 장차 도량에 앉아서 아녹다라삼먁삼보리를 얻을 수 있다고 끝내 말하지 않는다. ⑥ 이 때문에 그들을 말하여 한결같이 적멸을 취향하는 성문이라고 이름하는 것이다.

怖畏衆苦 是故一向 棄背發起 諸行所作, 我終不說 一向棄背利益 衆生事者 一向棄背 發起 諸行所作者 當坐道場 能得阿耨多羅三藐三菩提. 是故 說彼名爲 一向趣寂聲聞.

(3) ① 만약 보리로 회향한 성문종성의 보특가라라면 나는 또한 다른 문으로써 보살이라고 말한다.[91]

② 왜냐하면 ③ 그는 이미 번뇌장에서 해탈하고 나서 만약 제불 등께서 깨우치심을 입을 때라면, 소지장에서도 그 마음이 또한 해탈을 얻을 수 있기 때문이다.[92] ④ 그가 최초에는 자신의 이익

若迴向菩提 聲聞種性 補特伽羅 我亦異門 說爲菩薩.

何以故 彼旣解脫 煩惱障已 若蒙諸佛等 覺悟時, 於所知障 其心亦可 當得解脫.

由彼最初 爲自利益

---

91 (3)은 셋째 회향성문은 결정코 성불을 얻는다는 것인데, 그 중에 넷이 있으니, ①의 표방함, ②의 물음, ③의 해석함, ④의 맺음이다.
　이는 곧 표방하는 것이다. 말하자면 회향성문은 곧 5종성 중의 부정종성인 자인데, 혹은 점·돈의 2보살 중에서는 점오보살에 포함되니, 그는 결정코 성불하기 때문이다.
92 말하자면 붓다의 교화인도로 소지장을 끊고 점차 무주열반을 증득하니, 이 이치로 말미암아 결정코 성불한다는 것이다.

을 위해 가행을 닦고 행하여 번뇌장에 서 해탈하므로, 이 때문에 여래는 그를 시설하여 성문종성이라 한 것이다.

修行加行 脫煩惱障, 是故如來 施設彼爲 聲聞種性.

2.2.6[93]

(1) 또 다음 승의생이여, 이와 같이 내가 잘 말하고 잘 지은 법과 비나야와, 가장 극히 청정한 의요로 말한 좋은 교법 중에서, 모든 유정의 부류는 의해가 갖가지로 차별될 수 있다.[94]

復次 勝義生, 如是於我 善說善制 法毘奈耶, 最極淸淨 意樂所說 善教法中, 諸有情類 意解種種 差別可得.

---

[93] 이하는 다섯째 밀의의 가르침에 의해意解가 차별됨을 해석하는 것인데, 그 중에 셋이 있다. 처음 (1)은 가르침에 의해 의해가 차별됨을 간략히 표방하는 것, 둘째 (2) 이하는 가르침에 의해 의해가 같지 않음을 자세히 분별하는 것, 뒤의 (6)은 가르침에 의해 의해가 차별됨을 총결하는 것이다.

[94] 이는 곧 처음이다. '잘 말하고 잘 지었다'고 말한 것은, 《유가론》 제83권에서 이르기를, "도리에 거두어지기 때문이고, 뛰어난 공덕을 임지하기 때문이며, 글의 뜻이 교묘하기 때문"이라고 말하였으니, 말하자면 문구가 매우 원만하기 때문에 '잘 말했다'고 이름하고, 일체 배워야 할 곳을 지어서 세우기 때문에 '잘 지었다'고 이름한다. '법과 비나야'라고 한 것은, 《유가론》 제98권에서 이르기를, "8성도지로써 바른 이치를 모으기 때문에 설하여 '법'이라고 이름하고, 능히 일체의 모든 번뇌를 멸하기 때문에 '비나야'라고 이름한다."라고 하였다. '가장 극히 청정한 의요로 말한'이라고 함은 말하는 주체의 설법하는 의요를 분별한 것이니, 심구·사찰 없이 설법하는 대중들 중에서는 여래가 가장 뛰어나기 때문에 '가장 극히 청정한 의요로 말한'이라고 하였다. '좋은 교법 중'이라고 말한 것은 설해진 가르침이다. '모든 유정의 부류는 의해가 갖가지로 차별될 수 있다'고 말한 이것은 곧 바로 의해가 같지 않음을 밝히는 것인데, 그에 네 가지가 있다. 첫째는 가르침과 뜻을 믿고 이해하는 것이고, 둘째는 오직 가르침과 뜻을 믿기만 하는 것이며, 셋째는 가르침은 믿지만, 뜻은 믿지 않는 것이고, 넷째 가르침과 뜻을 모두 믿지 않는 것이다. 그래서 '갖가지'라고 말한 것이니, 뒤에서 해석하는 것과 같다.

⑵ ① 선남자여, 여래는 다만 이와 같은 세 가지 무자성의 성품에 의하여,95 깊고 비밀한 뜻으로 말미암아 펴 설해진 불요의경에서 은밀한 모습으로 모든 법요를 말했으니, 말하자면 일체법은 다 자성이 없고 남이 없으며 멸함이 없고 본래 적정하여 자성이 열반이라고 한 것이다.96

善男子, 如來但依 如是 三種 無自性性, 由深密 意 於所宣說 不了義經 以隱密相 說 諸法要, 謂一切法 皆無 自性 無生無滅 本來寂靜 自性涅槃.

② 이 경전 중에서 만약 여러 유정들이 이미 상품의 선근을 심었고 이미 모

於是經中 若諸有情 已種上品善根 已淸淨

---

95 이하는 둘째 가르침에 의해 의해가 같지 않음을 자세히 분별하는 것인데, 그 중에 둘이 있다. 처음 ①은 의지하는 바를 드는 것이고, 뒤의 ② 이하는 바로 유정의 의해가 같지 않음을 해석하는 것이다. 전자 중에도 둘이 있으니, 처음 여기까지는 가르침이 의지하는 이치를 밝히는 것이고, 뒤의 그 아래는 이치에 의해 가르침을 설한 것을 밝히는 것이다.
　이는 곧 처음이니, 말하자면 설해진 3무자성에 의지하는 것을, 불요의의 은밀한 모습의 가르침에서 의지하는 바로 삼았다는 것이다.
96 이는 곧 둘째 이치에 의해 가르침을 설했다는 것인데, 글에 세 마디가 있으니, 처음은 가르침을 설한 뜻이고, 다음은 가르침의 은밀함을 말하는 것이며, 뒤는 바로 은밀한 가르침을 보이는 것이다.
　'깊고 비밀한 뜻으로 말미암아'라고 말한 것은 가르침을 설한 뜻이니, 말하자면 능히 세 가지 무자성의 매우 깊고 비밀한 뜻을 증지證知하는 것이다. '펴 설해진 불요의경에서 은밀한 모습으로 모든 법요를 말했다'고 말한 것은 가르침의 은밀함을 말하는 것이니, 말하자면 모든 성교는 은밀하고 드러남이 같지 않은데, 지금 이 중에서는 있는 것(=3성)을 숨기고 없다(=3무자성)고 말했기 때문에 '은밀하다'고 말한 것이다. '법요'라고 말한 것에서 '요'는 긴요한 것을 추린 것[要略]을 말하는데, 여기에서의 뜻은, 깊고 비밀한 뜻으로 말미암아 불요의경에서 3성에 의하면서 은밀한 모습으로, 일체법은 자성이 없다는 등의 모든 법요의 말을 설했다는 것이다. '말하자면' 이하는 셋째 바로 은밀한 가르침을 보이는 것이니, 앞에서 자세히 말한 것과 같다.

든 장애를 청정케 했으며 이미 상속을
성숙시켰고 이미 승해를 많이 닦았으며
이미 상품의 복덕·지혜의 자량을 능히
적집하였다면,97 ③ 그들은 이와 같은
법을 듣고 나면, 나의 매우 깊은 밀의의
언설을 여실하게 이해해 알고,98 ④ 이
와 같은 법에 깊이 신해를 내어서, 이와
같은 뜻을 전도됨 없는 지혜로써 여실
하게 통달하고, 이 통달에 의지해 잘 수
습하기 때문에 신속히 최극의 구경을
능히 증득하며,99 ⑤ 또한 나에 대해서

諸障 已成熟相續
已多修勝解
已能積集 上品福德 智
慧資糧, 彼若聽聞 如是
法已, 於我甚深 密意言
說 如實解了, 於如是法
深生信解, 於如是義
以無倒慧 如實通達,
依此通達 善修習故
速疾能證 最極究竟,
亦於我所

---

97 이하는 둘째 바로 유정들의 의해가 같지 않음을 밝히는 것인데, 그 중에 넷이 있다. 첫째는 5사五事가 구족하여 신해하는 사람, 둘째 (3)은 5사가 갖추어지지 못했지만 능히 믿는 사람, 셋째 (4)는 믿음을 내지만 말을 따라 집착하는 사람, 넷째 (5)는 5사가 전혀 없어 믿지 못하는 사람이다. 그런데 이 네 종류 사람은 선근을 심는 등의 5사의 많고 적음으로 나누면 6인이 되니, 첫째는 5사가 구족한 것, 둘째는 넷이 있고 하나가 결여된 것, 셋째는 셋이 있고 둘이 결여된 것, 넷째는 둘이 있고 셋이 결여된 것, 다섯째는 하나가 있고 넷이 결여된 것, 여섯째는 5사가 전혀 없는 것이다.
  이는 곧 처음인데, 그 중에 둘이 있다. 처음 ②는 5사를 성취한 것이고, 뒤의 ③ 이하는 가르침을 듣고 이해하여 깨닫는 것이다.
98 이하는 둘째 가르침을 듣고 이해해 아는 것이다. 그 중에 둘이니, 처음 ③은 가르침을 듣고 이해하는 것을 밝히는 것이고, 뒤의 ④ 이하는 이해해 앎의 뛰어난 이익이다.
99 이하의 둘째 이해해 앎의 뛰어난 이익 중에는 둘이 있으니, 처음 ④는 법과 뜻을 이해해 아는 뛰어난 이익을 밝히는 것이고, 뒤의 ⑤는 붓다를 믿는 뛰어난 이익이다.
  이는 곧 처음인데, 글에 두 마디가 있다. 처음은 법을 신해하는 것이고, 뒤는 뜻을 신해하는 것이다. 뜻을 신해함에 나아가면 글에 다시 세 마디가 있으니, 처음은 견도에서 여실하게 통달하는 것이고, 다음은 수습위에서 이도 청정한 믿음을 깊이 내어서, 여래 응정등각은 일체법에서 현정등각하였음을 알 것이다.

深生淨信, 知是如來 應正等覺 於一切法 現正等覺.

⑶ ① 만약 여러 유정들이 이미 상품의 선근을 심었고 이미 모든 장애를 청정케 했으며 이미 상속을 성숙시켰고 이미 승해를 많이 닦았지만, 아직 상품의 복덕·지혜의 자량을 능히 적집하지 못했으나100 ② 그 성품이 질직하면, 이 질직한 부류는 비록 능히 사유 간택하여 폐하고 세울 힘은 없더라도 자신의 견취 중에 안주하지 않으니,101 ③ 그들

若諸有情 已種上品善根 已清淨諸障 已成熟相續 已多修勝解, 未能積集 上品福德智慧資糧, 其性質直, 是質直類 雖無力能 思擇廢立 而不安住 自見取中, 彼若聽聞

통달에 의지해 능히 잘 수습하는 것이며, 뒤는 구경위에서 속히 보리와 열반을 능히 증득하는 것이다. * 여기에서 밀의의 가르침에 의해가 차별됨을 해석하는 경문 2.2.6의 큰 구조를 도표로써 보이면 다음과 같다.

가르침에 의해 의해가 차별됨을 간략히 표방함			(1)
의해가 같지 않음을 자세히 분별함	의지하는 바를 듦		(2)①
	바로 의해가 같지 않음을 해석함	5사 구족되어 신해하는 사람	②~⑤
		5사 구족치 못했으나 믿는 사람	(3)
		믿음 내나 말 따라 집착하는 사람	(4)
		5사가 전혀 없어 믿지 못하는 사람	(5)
가르침에 의해 의해가 차별됨을 총결함			(6)

100 이하는 둘째 5사를 갖추지 못했지만 능히 믿는 사람이다. 그 중에 둘이 있으니, 처음 ①은 5사를 갖추지 못했음을 밝히는 것이고, 뒤의 ② 이하는 능히 믿는 마음을 내는 것이다.
　이는 곧 처음인데, 이는 행하는 사람이 비록 다섯을 갖추지는 못했지만 네 가지 일을 이루었기 때문에 능히 믿음 낸다는 것을 밝힌 것이다.

은 이와 같은 법을 청문하고 나면 나의 매우 깊고 비밀한 언설에 대해 비록 능히 여실하게 이해하여 알 힘은 없더라도, 그러나 이 법에 대해 능히 뛰어난 이해를 내고 청정한 믿음을 일으켜서,102	如是法已 於我甚深 秘密言說 雖無力能 如實解了,
④ 이 경전은 여래가 설한 것으로서, 그 매우 깊음이 드러나고 매우 깊은 공성과 상응하는 것이어서 보기 어려우며 깨닫기 어렵고 심구·사찰할 수 없어서 모든 심구·사찰로 행할 경계가 아니라, 미세하고 상세히 살피는 총명한 지자들	然於此法 能生勝解 發淸淨信, 信此經典 是如來說, 是其甚深顯現 甚深空性 相應 難見難悟 不可尋思 非諸尋思 所行境界, 微細詳審 聰明智者

---

101 이하는 둘째 능히 믿는 마음을 내는 것을 밝히는 것인데, 그 중에 셋이 있다. 처음은 자신의 견해에 머물지 않고 능히 믿는 마음을 내는 것을 밝히는 것이고, 다음 ⑤는 믿는 마음을 내기 때문에 스스로 낮추어 머무는 것이며, 뒤의 ⑥ 이하는 스스로 낮추기 때문에 능히 복덕·지혜를 닦는 것이다. 전자 중에도 셋이 있으니, 처음 ②는 자신에 견해에 머물지 않음을 밝히는 것이고, 다음 ③은 가르침을 듣고 믿음을 내는 것을 분별하는 것이며, 뒤의 ④는 그 믿는 모습을 나타내는 것이다.

이는 곧 처음이다. '성품이 질직하다'는 것은 곧 이 믿음을 말한다. 그래서 《유마경》에서 이르기를, "곧은 마음[直心]이 도량"이라고 하였는데, 곧은 마음이라고 말한 것이 곧 이 믿는 마음이다. 《대지도론》에서 이르기를, "불법의 바다 중에서는 믿음으로 들어갈 수 있기 때문"이라고 하였으니, 따라서 질직이 곧 믿는 마음임을 알 수 있다. 여기에서의 뜻이 말하는 것은, 성품이 질직하기 때문에 비록 성교의 옳고 그른 도리를 간택할 지혜의 힘은 없어도, 자신의 견취 중에 안주하지 않고 다시 나아가 요의경을 구하기 때문에, 이와 같이 다른 불요의경에 대해 진실한 글과 같다고 집착을 내지 않는다는 것이다. * 경문 중 '견취'는 취한 견해 내지 견해를 취함의 뜻.

102 이하는 둘째 가르침을 듣고 믿음을 내는 것을 밝히는 것이다. 그들은 자신의 견취에 머물지 않기 때문에, 법을 듣고 나면 비록 능히 언설을 이해하여 알 힘은 없더라도, 그러나 이 가르침에 대해 신심을 일으킨다는 것이다.

이 이해하여 알 바라고 믿으며,103 ⑤
이 경전에서 설해진 뜻에 대하여 스스
로를 낮추어 머물면서 말하기를, '제불
의 보리는 가장 매우 깊고, 모든 법의
법성도 또한 가장 매우 깊어서, 오직 붓
다 여래께서만 잘 요달하실 수 있지, 우
리들이 이해하여 알 수 있는 바가 아니
다.104 제불 여래께서는 그 갖가지 승해
의 유정들을 위하여 바른 법의 가르침
을 굴리시니, 제불 여래께서는 무변한
지견이시지만, 우리들의 지견은 마치 소

之所解了,
於此經典 所說義中 自
輕而住 作如是言, '諸
佛菩提 爲最甚深, 諸法
法性 亦最甚深, 唯佛如
來 能善了達, 非是我等
所能解了.
諸佛如來 爲彼種種 勝
解有情 轉正法教,
諸佛如來 無邊智見,
我等智見 猶如牛迹',

---

103 이는 셋째 그 믿는 모습을 나타내는 것이니, 말하자면 이 경전은 여섯 가지 뜻을 갖추기 때문에 그 매우 깊음을 믿는 것이다. 첫째는 말하자면 이 경전은 불설이기 때문에 그 매우 깊음을 믿는다는 것이다. 둘째 '매우 깊음이 드러나'라고 함은 말하자면 이 경전은 매우 깊은 뜻을 분명히 나타내기 때문에 '매우 깊음이 드러나'라고 말한 것이다. 셋째 '공성과 상응한다'고 함은 말하자면 이 성교는 공성을 나타내기 때문에 공과 더불어 서로 칭합하므로 '공성과 상응한다'고 말한 것이다. 넷째 '보기 어려우며 깨닫기 어렵다'는 것은 말하자면 이 경전은 범부가 볼 수 없고 이승이 깨달을 수 없다는 것이다. 또 해석하자면 범부와 이승이 다 보고 깨달을 수 없기 때문이다. 다섯째 '심구·사찰할 수 없다'는 등이라고 함은 말하자면 이 성교는 심구·사찰의 경계를 초월하기 때문에 심구·사찰할 수 없다는 것이다. 심구·사찰은 곧 삼계의 유루의 심·심소법이고, 혹은 심구·사찰은 곧 부정심소 중의 심구·사찰의 2법이다. 여섯째 '미세하다'는 등이라고 말한 것은 말하자면 이 성교는 지상보살의 미세하고 상세히 살피는 총명한 지자들이 이해하여 알 바라는 것이다.
104 ⑤는 둘째 믿음을 내기 때문에 스스로 낮추어 머문다는 것이다. 그 중에 둘이 있는데, 처음 여기까지는 설해진 뜻[所說義]에 대해 스스로 낮추어 머문다는 것이고, 뒤의 그 아래는 능히 설한 가르침[能說教]에 대해 스스로 낮추어 머문다는 것이다.

발자국과 같구나'라고 하며,105 ⑥ 이 경전에 대하여 비록 능히 공경하고 남을 위해 펴 설하며 쓰고 베끼며 보호해 지니고 열어서 보며 퍼뜨리고 소중히 여기며 공양하고 받아서 외며 복습하기는 하지만, 그러나 여전히 아직 능히 그 닦는 모습으로써 가행을 일으키지 못하니,106 ⑦ 이 때문에 내가 매우 깊은 밀의로써 말한 언사를 통달할 수 없다.

⑧ 이 인연으로 말미암아 그 모든 유정들은 또한 능히 복덕·지혜의 두 가지 자량을 증장하고, 그 상속을 아직 성숙시키지 못한 자는 또한 능히 성숙케 하는 것이다.107

於此經典
雖能恭敬 爲他宣說
書寫護持
披閱流布 慇重供養
受誦溫習,
然猶未能 以其修相
發起加行,
是故 於我甚深密意
所說言辭 不能通達.
由此因緣 彼諸有情
亦能增長 福德智慧 二
種資糧, 於彼相續 未成
熟者 亦能成熟.

....
105 모든 여래께서는 섭수할 대상인 유정의 의요를 따라서 법의 가르침을 굴리시므로 능히 설하는 지혜가 무량·무변하지만, 우리들의 지견을 붓다의 지견에 비하면 마치 큰 바다에 대한 소발자국(안의 물)과 같다는 것이다. 《심밀경》에서는 "모든 여래께서 무변한 지혜로 아시는 바는 바다와 같지만, 우리의 지견은 마치 소발자국의 물[牛跡水]과 같구나."라고 하였다.
106 이하는 곧 셋째 스스로 낮추기 때문에 능히 복덕·지혜를 내는 것인데, 그 중에 둘이 있다. 처음은 스스로 낮추기 때문에 아직 능히 통달하지 못하는 것이고, 뒤의 ⑧은 아직 통달하지 못했기 때문에 다시 복덕·지혜를 닦는다는 것이다. 전자 중에도 둘이 있으니, 먼저 ⑥은 해석하는 것이고, 뒤의 ⑦은 맺는 것이다.
 이는 곧 처음이다. 말하자면 그 보살들은 스스로 낮추기 때문에 이 경전에 대해서 공경하는 등의 열 가지 법행을 일으키지만, 그러나 아직 그 닦는 모습으로써 복덕·지혜의 두 가지 가행을 일으킬 수 없다는 것이다. 10법행은 여러 교에서 같지 않다.(=이어서 그에 관한 자세한 설명이 있음)

⑷ ① 만약 여러 유정들이 널리 말해서 나아가 아직 능히 상품의 복덕·지혜의 자량을 적집하지 못했으며, 성품이 질직하지 않다면, 질직하지 않은 부류는 비록 사유 간택하여 폐하고 세울 힘은 있다고 하더라도, 다시 자신의 견취 중에 안주하니,108 ② 그들은 이와 같은 법을 듣고 나면 나의 매우 깊은 밀의의 언설

若諸有情 廣說乃至 未能積集 上品福德 智慧資糧, 性非質直, 非質直類 雖有力能 思擇廢立, 而復安住 自見取中, 彼若聽聞 如是法已 於我甚深 密意言說

---

107 이는 곧 둘째 아직 통달하지 못했기 때문에 다시 복덕·지혜를 닦는다는 것이다. 말하자면 이 보살들은 아직 능히 둘의 가행을 수습하지 못했기 때문에 밀의의 언사를 능히 통달할 수 없지만, 이 10법행의 인연의 힘 때문에 곧 능히 복덕·지혜의 두 가지 자량을 수습하며, 뒤의 몸 중에서 아직 성숙시키지 못한 것을 다 능히 성숙케 한다는 것이다. 지금 성숙을 말한 것은 낱낱 지위에서 닦을 바를 구족하는 것을 성숙케 한다고 이름한 것이지, 5사에서 상속을 성숙케 하는 것이 아니다. 혹은 이타로써 남을 성숙케 하는 것일 수는 있다.(=이 부류의 유정은 복덕·지혜의 2자량의 적집을 제외한 4사는 이미 갖추었다고 ⑶의 ①에서 전제했기 때문에 이렇게 해석한 것임)

108 이하 ⑷는 셋째 믿음을 내지만 말을 따라 집착하는 사람이다. 그 중에 둘이 있으니, 처음은 스승의 계탁을 밝히는 것이고, 뒤의 ⑭ 이하는 제자를 분별하는 것이다. 전자 중에도 둘이 있으니, 처음은 앞을 상대하여 차이를 말하는 것이고, 뒤의 ② 이하는 말과 같이 집착 일으키는 것을 밝히는 것이다.

이는 곧 처음인데, 글에 네 마디가 있으니, 첫째는 5사의 유무, 둘째는 질직함과 질직하지 않음, 셋째는 힘 있음과 힘 없음, 넷째는 자신의 견취 중에 안립함과 안립치 않음이다. '널리 말해서'라고 말한 것은, 이 중에 모두 다섯 종류의 사람이 있으니, 5사를 모두 결여한 사람, 처음 하나는 있으나 넷을 결여한 사람, 처음 둘은 있으나 셋을 결여한 사람, 처음 셋은 있으나 둘을 결여한 사람, 처음 넷은 있으나 하나를 결여한 사람인데, 둘째의 ⑶과 다른 것은 그 둘째의 사람은 성품이 질직하지만, 이 셋째의 사람은 성품이 질직하지 않은 것이다. '다시 자신의 견취 중에 안주한다'고 말한 것은 다시 나아가 요의의 대승을 구하지 않고, 늘 말과 같이 불요의의 가르침을 집착하기 때문이다.

을 능히 여실하게 이해하여 알지 못하므로,109 ③ 이와 같은 법에 비록 신해를 내지만, 그러나 그 뜻을 말을 따라 집착해서,110 ④ 일체법은 결정코 다 자성이 없고, 결정코 나지 않으며 멸하지 않고, 결정코 본래 적정하며, 결정코 자성이 열반이라고 말할 것이다.	不能如實解了, 於如是法 雖生信解, 然於其義 隨言執著, 謂一切法 決定皆無自性 決定不生不滅 決定本來寂靜 決定自性涅槃.
⑤ 이 인연으로 말미암아 일체법에서 없다는 견해 및 무상이라는 견해를 얻고,111 ⑥ 없다는 견해와 무상이라는 견	由此因緣 於一切法 獲得無見 及無相見, 由得無見 無相見故

....
109 이하는 둘째 말과 같이 집착을 일으키는 것인데, 그 중에 둘이 있으니, 처음은 말과 같이 집착함을 밝히는 것이고, 뒤의 ⑤ 이하는 집착의 과실을 나타내는 것이다. 전자 중에도 둘이 있으니, 처음 ②는 듣지만 알지 못하는 것이고, 뒤의 ③ 이하는 믿고서 집착하는 것이다.
　이는 곧 처음이니, 말하자면 그 보살들은 이 가르침을 듣고서도 성품이 질직하지 않아서 자신의 견해에 머물기 때문에, 나의 매우 깊은 밀의의 가르침 중에서 비밀의 언설을 능히 여실하게 이해해 알지 못한다는 것이다.
110 이는 둘째 믿고서 집착하는 것인데, 그 중에 둘이 있으니, 처음 ③은 집착함을 바로 밝히는 것이고, 뒤의 ④는 집착하는 모습을 나타내는 것이다.
111 이하는 둘째 집착의 과실을 나타내는 것인데, 그 중에 둘이 있으니, 처음은 바로 집착의 과실을 나타내는 것이고, 뒤의 ⑪ 이하는 숨은 힐난을 풀어서 통하게 하는 것이다. 전자 중에는 다섯이 있으니, 첫째 ⑤는 두 가지 과실을 간략히 표방하는 것, 둘째 ⑥은 두 가지 과실의 모습을 분별하는 것, 셋째 ⑦은 외인이 따져 묻는 것, 넷째 ⑧ 이하는 물음에 의해 자세히 해석하는 것, 다섯째 ⑩은 해석하고 나서 총결하는 것이다.
　이는 곧 처음이니, 이 집착이 인연이 됨으로 말미암아 일체법에서 2견을 얻으니, 첫째는 없다는 견해이고, 둘째는 무상이라는 견해이다. 여기에서는 행해行解에 나아가서 있는 것을 없다고 집착하는 것을 '없다는 견해'라고 이름하고, 3성의 모습을 없다고 부정하는 것에 의거해 '무상이라는 견해'라고 이름하였다.

해를 얻기 때문에 일체의 상은 모두 모습이 없는 것이라고 부정하여, 모든 법의 변계소집상·의타기상·원성실상을 비방하고 부정한다.

⑦ 어째서이겠는가?112 ⑧ 의타기상 및 원성실상이 있기 때문에 변계소집상을 바야흐로 시설할 수 있는데,113 ⑨ 만약 의타기상 및 원성실상에서 상이 없다고 보면, 그것은 또한 변계소집상도 비방하고 부정하는 것이니,114 ⑩ 이 때문에 그들이 3상을 비방하고 부정한다고 말하는 것이다.115

撥一切相 皆是無相,
誹撥諸法
遍計所執相 依他起相
圓成實相.
何以故? 由有依他起相
及圓成實相故 遍計所
執相 方可施設,
若於依他起相 及圓成
實相 見爲無相, 彼亦誹
撥 遍計所執相, 是故說
彼 誹撥三相.

112 이는 셋째 묻는 것인데, 묻는 것에는 두 가지 뜻이 있다. 하나는 어째서 먼저 의타기와 원성실이 없다고 하고 뒤에 변계소집이 없다고 하는가라는 것이고, 다른 하나는 앞의 2성은 있으므로 부정해서 없다고 말할 수 있겠지만, 뒤의 변계소집은 없는 것인데, 없다고 부정한들 무엇이 과실인가라는 것이다.
113 이하는 넷째 물음에 의해 자세히 해석하는 것인데, 그 중에 둘이 있다. 처음 ⑧은 먼저 3성이 시설된 차례를 믿는 것이고, 뒤의 ⑨는 차례에 의거해 외인의 물음에 답하는 것이다.
  이는 곧 처음이다. 위에서 말한 것과 같이 모든 유정들이 2성 위에서 변계소집을 증익하기 때문에 세 가지 무자성을 세웠는데, 이것도 역시 그 말한 바의 차례와 같다는 것이다.
114 이는 곧 둘째 앞의 차례에 의거해 외인의 물음에 답하는 것인데, 만약 위의 물음에 의한다면 글에 두 마디가 있다. 첫 부분은 2성에 의하기 때문에 비록 실제의 성품은 없지만 집착하는 생각을 따라서 임시로 시설해서 있다고 한 것임을 밝히는 것이고, 뒷 부분은 생각을 따라서 시설해서 있다고 하였기 때문에 그것을 없다고 집착한다면 또한 비방하여 부정함을 이룬다는 것을 밝히는 것이다.

⑪ 비록 나의 법에서 법이라는 생각을 일으키나, 뜻이 아님 중에서 뜻이라는 생각을 일으키니,116 ⑫ 나의 법에서 법이라는 생각을 일으키기 때문이고, 그리고 뜻 아님 중에서 뜻이라는 생각을 일으키기 때문에, 옳은 법 중에서 지녀서 옳은 법으로 삼지만, 그른 뜻 중에서 지녀서 옳은 뜻으로 삼는다.117 ⑬ 그들은 비록 법에 대해 신해를 일으키기 때문에 복덕이 증장하기는 하지만, 그러나 뜻 아닌 것에 집착을 일으키기 때문에 지혜에서 퇴실하고, 지혜에서 퇴실하기 때문에 광대하고 한량없는 선법에서 퇴

雖於我法 起於法想,
而非義中 起於義想,
由於我法
起法想故, 及非義中
起義想故,
於是法中 持爲是法,
於非義中
持爲是義. 彼雖於法
起信解故
福德增長, 然於非義
起執著故
退失智慧, 智慧退故
退失廣大 無量善法.

---

115 이는 다섯째 총결하는 것이니, 알 수 있을 것이다. 이 경전에서 말한 바 3상을 비방하고 부정한다는 것은 곧 여러 경전 등에서의 악취공惡取空이다.
116 이하는 둘째 숨은 힐난을 풀어서 통하게 하는 것이다. 두 가지 숨은 힐난을 풀므로 곧 둘로 나누어진다. 처음은 법을 믿으면 과실을 이루지 않아야 한다는 힐난을 통하게 하는 것이고, 뒤의 ⑬은 법을 믿으면 복덕·지혜를 갖추어야 한다는 힐난을 통하게 하는 것이다. 전자 중에도 둘이 있으니, 처음 ⑪은 숨은 힐난을 바로 통하게 하는 것이고, 뒤의 ⑫는 이유를 해석하는 것이다.
　이는 곧 처음이다. 말하자면 그 보살들은 비록 나의 가르침에 의지해 가르침이라는 생각을 낸다고 하더라도, 바른 뜻이 아님 중에서 바른 뜻이라는 생각을 내므로, 비록 능히 가르침을 믿는다고 해도 과실을 이룬다는 것이다.
117 이는 곧 둘째 그 이유를 해석하는 것이다. 나의 법에 법이라는 생각을 일으키기 때문에 옳은 법 중에서 믿어서 정법으로 삼지만, 뜻 아님에서 뜻이라는 생각을 일으키기 때문에 바른 뜻이 아닌 중에서 집착해서 바른 뜻으로 삼는다는 것이다.

실하는 것이다.118

⑭ 다시 어떤 유정이 남으로부터 법을 법이라고 하고 뜻 아님을 뜻이라고 말함을 듣고 만약 그 견해를 따른다면, 그는 곧 법에서 법이라는 생각을 일으키고 뜻 아님에서 뜻이라는 생각을 일으켜서, 집착해서 법을 법이라고 하고 뜻 아님을 뜻이라고 할 것이니,119 ⑮ 이 인연으로 말미암아 그들과 같이 선법에서 퇴실할 것이라고 알아야 한다.120

⑯ 만약 어떤 유정이 그 견해를 따르지 않지만, 남으로부터 홀연 일체의 모

復有有情 從他聽聞 謂
法爲法 非義爲義
若隨其見,
彼卽於法 起於法想
於非義中 起於義想,
執法爲法
非義爲義,
由此因緣 當知同彼 退
失善法.

若有有情 不隨其見,
從彼歘聞 一切諸法

---

118 이는 둘째 법을 믿으면 복덕과 지혜를 갖추어야 한다는 힐난을 통하게 하는 것이다.
119 이하는 둘째 제자의 계탁을 밝히는 것이다. 그 중에 둘이 있으니, 처음은 두 가지 계탁을 개별적으로 해석하는 것이고, 뒤의 ⑳ 이하는 두 가지 계탁을 총결하는 것이다. 전자 중에는 두 가지 계탁이 있으므로 곧 둘로 나누어진다. 처음은 들음에 의해 말을 따라 집착하는 사람이고, 뒤의 ⑯ 이하는 그 견해를 따르지 않지만 믿지 못하는 사람이다. 전자 중에도 둘이 있으니, 처음 ⑭는 말과 같이 집착 일으키는 것을 밝히는 것이고, 뒤의 ⑮는 집착의 과실을 나타내는 것이다.
　이는 곧 처음이다. 말하자면 이 중생은 제3의 스승(=앞의 '셋째 믿음을 내지만 말을 따라 집착하는 사람')으로부터 설하는 것을 듣고 그 스승의 견해를 따라 법을 법이라고 하고, 뜻 아닌 것을 뜻이라고 함으로써 그 본래 스승과 별다른 견해가 없는 것이다. 차별되는 것은 그 제3의 스승은 붓다의 가르침을 들었지만, 이 네 번째 사람은 남으로부터 전해 듣고 스승과 같이 계탁한다는 것이다.
120 이는 곧 둘째 집착의 과실을 나타내는 것인데, 앞의 제3의 스승과 같이 한량없는 선법을 잃는다는 것이다.

든 법은 다 자성이 없고 남이 없으며 멸함이 없고 본래 적정하여 자성이 열반이라 함을 듣고 문득 두려움을 내며,121 ⑰ 두려움을 내고 나서 말하기를, '이는 붓다의 말씀이 아니요, 마가 말한 것이다'라고 하고, ⑱ 이런 이해를 짓고 나서 이 경전을 비방하고 헐뜯으며 욕한다면, ⑲ 이 인연으로 말미암아 큰 쇠손을 얻고 큰 업장에 부딪칠 것이다.122

⑳ 이 인연 때문에 나는 '만약 누군가가 일체의 상에서 상이 없다는 견해를 일으키고, 뜻 아님 중에서 뜻이라고 펴

皆無自性 無生無滅
本來寂靜 自性涅槃
便生恐怖,
生恐怖已 作如是言,
'此非佛語, 是魔所說',
作此解已
於是經典 誹謗毀罵,
由此因緣 獲大衰損
觸大業障.
由是緣故 我說 '若有於
一切相 起無相見,
於非義中 宣說爲義,

---

121 이하는 둘째 그 견해를 따르지 않지만 믿지 못하는 사람인데, 그 중에 둘이 있다. 처음은 가르침을 듣고 믿지 못함을 밝히는 것이고, 뒤의 ⑲는 믿지 못함의 과실을 나타내는 것이다. 전자 중에는 셋이 있으니, 처음 ⑯은 가르침을 듣고 두려움을 내는 것이고, 다음 ⑰은 삿된 이해를 내는 것이며, 뒤의 ⑱은 이해로 인해 비방을 일으키는 것이다.

이는 곧 처음이다. 말하자면 이 유정은 제3의 스승으로부터 그가 말하는 것을 듣고 그 앞의 스승이 보고 말하는 바, 일체법은 결정코 다 자성이 없다는 등의 견해를 따르지 않지만, 그로부터 홀연 일체의 모든 법은 자성이 없다는 등의 말을 듣고는 마음으로 두려움을 내어서, 어째서 모든 법은 자성이 없는가라고 하여, 이로 인해 가르침에 또한 두려움을 낸다는 것이다. 세 종류의 사람이 있어서 가르침에 두려움은 내는 것은 《잡집론》 제12권에서 이르기를, "법성을 멀리 떠났기 때문이고, 아직 선근을 심지 못했기 때문이며, 나쁜 친구에게 포섭되었기 때문이니, '법성'이란 보살의 종성을 말한다."라고 한 것과 같다.

122 이는 곧 둘째 믿지 못함의 과실을 나타내는 것이니, 말하자면 앞서 말한 법을 비방한 인연으로 말미암아 큰 쇠손(=쇠퇴와 손실)을 얻고 큰 업장에 부딪친다는 것이다.

말한다면,123 ㉑ 이는 광대한 업장을 일   是起廣大 業障方便',
으키는 방편이다'라고 말하니, 그들은   由彼陷墜
한량없는 중생들을 구렁에 빠뜨려서 그   無量衆生 令其獲得
들로 하여금 큰 업장을 얻게 하기 때문   大業障故.
이다.124

(5) ① 선남자여, 만약 여러 유정들이 아   善男子, 若諸有情 未種
직 선근을 심지 못했고 아직 장애를 청   善根 未淸淨障
정케 하지 못했으며 아직 상속을 익히   未熟相續

....
123 이하는 둘째 두 가지 계탁을 총결하는 것인데, 그 중에 둘이 있다. 처음 ⑳은 앞의 계탁을 맺는 것이고, 뒤의 ㉑은 뒤의 계탁을 맺는 것이다.
    이는 곧 처음이다. 이렇게 남으로부터 법을 듣고 집착을 일으킴이 연으로 되기 때문에 세존께서 스스로 설하시기를, 3성의 모습에서 무상이라는 견해를 일으키고 뜻 아님 중에서 뜻이라고 펴 설한다면 곧 삿된 견해를 이룬다고 하셨다는 것이다.
124 이는 곧 둘째 뒤의 계탁을 맺는 것인데, 글과 같아서 알 수 있다. 혹은 말과 같이 집착을 일으키는 글을 구별하면 둘이 있으니, 처음은 말과 같이 집착 일으키는 것을 자세히 해석하는 것이고, 뒤의 ⑳ 이하는 총결하는 것이다. 비록 두 가지 해석이 있지만, 뒤의 해석이 낫다.(=뒤의 해석에 의하면 말과 같이 집착하는 글과 총결하는 글 사이에 다른 글이 있는 것이 되어서 처음부터 채택하지 못한듯) * 여기에서 믿음을 내지만 말을 따라 집착하는 셋째 사람을 밝히는 경문 (4)의 큰 구조를 도표로써 보이면 다음과 같다.

스승의 계탁	말과 같이 집착을 일으킴		앞 사람과의 차이	①
		말과 같이 집착함	듣지만 이해하여 알지 못함	②
			믿고서 집착함	③~④
		집착의 과실	집착의 과실을 나타냄	⑤~⑩
			숨은 힐난을 통하게 함	⑪~⑬
제자의 계탁	2계탁을 개별 해석함		듣고서 말을 따라 집착하는 사람	⑭~⑮
			견해 따르지 않지만 믿지 못하는 사람	⑯~⑲
	2계탁을 총결함			⑳~㉑

지 못했고 많은 승해가 없으며 아직 복덕·지혜의 자량을 적집하지 못했으면서125 성품도 질직하지 않으면, 질직하지 않은 부류는 비록 능히 사유 간택하여 폐하고 세울 힘은 있다고 해도 늘 자신의 견취 중에 안주하니, ② 그들은 이와 같은 법을 청문하고 나서도 능히 나의 매우 깊은 밀의의 언설을 여실하게 이해하지 못하고, 또한 이 법에 신해를 내지도 못하여,126 ③ 옳은 법 중에서 그른 법이라는 생각을 일으키며, 옳은 뜻 중에서 그른 뜻이라는 생각을 일으켜서, ④ 옳은 법 중에서 그른 법이라고 집착하고, 옳은 뜻 중에서 그른 뜻이라고 집착하여 ⑤ 외쳐 말하기를, '이는 붓다의 말씀이 아니요, 이는 마가 말한 것이다'라고 하고, ⑥ 이런 이해를 짓고

無多勝解 未集福德
智慧資糧
性非質直, 非質直類
雖有力能 思擇廢立
而常安住 自見取中,
彼若聽聞 如是法已
不能如實解
我甚深 密意言說,
亦於此法 不生信解,
於是法中
起非法想, 於是義中
起非義想,
於是法中 執爲非法,
於是義中 執爲非義
唱如是言, '此非佛語,
是魔所說',
作此解已

---

125 이하는 넷째 자신의 견해에 안주하여 믿지 못하는 사람인데, 그 중에 둘이 있다. 처음 ①은 5사를 갖추지 못했음을 밝히는 것이고, 뒤의 ② 이하는 그 믿지 못함을 나타내는 것이다.
   이는 곧 첫째인데, 글에 두 마디가 있다. 처음 여기까지는 5사를 갖추지 못했음을 밝히는 것이고, 뒤의 그 아래는 세 부류와의 차별을 말하는 것이니, 앞에 준해서 알 수 있을 것이다.
126 ② 이하는 둘째 그 믿지 못함을 나타내는 것인데, 그 중에 다섯이 있다. 첫째 ②는 경전을 듣고도 믿지 못하는 것, 둘째 ③은 두 가지 생각을 일으키는 것, 셋째 ④는 두 가지 집착을 내는 것, 넷째 ⑤는 인하여 삿된 이해를 내는 것, 다섯째 ⑥ 이하는 바로 비방 일으키는 것을 밝히는 것이다.

나서 이 경전을 비방하고 헐뜯으며 욕 하고 부정해서 허위라고 하여 한량없는 문으로써 이와 같은 경전을 헐뜯어 멸 하고 꺾어 누르며,127 ⑦ 이 경전을 신 해하는 모든 이들에게 원수의 집이라는 생각을 일으킬 것이다.

於是經典 誹謗毁罵 撥爲虛僞 以無量門 毁滅摧伏 如是經典, 於諸信解 此經典者 起怨家想.

⑧ 그들은 먼저 여러 업장으로 장애 받는 바 되었는데,128 이 인연으로 말미 암아 다시 이와 같은 업장으로 장애 받 는 바 되니, 이와 같은 업장은 처음 시 설하기는 쉬우나 나아가 백천 구지 나 유다 겁에 이를지라도 벗어날 기약이 없는 것이다.129

彼先爲諸 業障所障, 由此因緣 復爲如是 業障所障, 如是業障 初易施設 乃至齊於 百千俱胝 那 庾多劫 無有出期.

⑹ 선남자여, 이와 같이 내가 잘 말하고 잘 지은 법과 비나야와, 가장 극히 청정

善男子, 如是於我 善說 善制 法毘奈耶, 最極淸

....
127 이하는 다섯째 바로 비방 일으키는 것을 밝히는 것인데, 그 중에 셋이 있 다. 처음 ⑥은 바로 경전 비방하는 것을 밝히는 것, 다음 ⑦은 경전 믿는 자를 미워하는 것, 뒤의 ⑧은 법을 비방하는 연을 분별하는 것이다.
128 이는 곧 셋째 법을 비방하는 연을 분별하는 것이니, 말하자면 세 가지 장 애 중에서는 업장 때문에 이로써 법을 비방한다는 것이다.
129 이는 곧 둘째 비방의 과실을 나타내는 것이다.(=셋째 법을 비방하는 연 을 분별하는 글 중 처음은 바로 분별하는 것이고, 이 글은 그 둘째라는 취 지) 말하자면 선세의 업장으로 장애받음으로 말미암았는데, 다시 현재 법 을 비방하는 업장으로 덮이고 장애받는 바가 되니, 이와 같은 업장은 처음 만들 때는 비록 시설하기 쉽지만, 장차 괴로움의 과보를 받아 백천 구지 나 유다 업을 지난다고 하더라도 벗어날 기약이 없다는 것이다.

한 의요로 말한 좋은 교법 중에서, 이러한 등 여러 유정의 부류가 있어서 의해가 갖가지로 차별될 수 있는 것이다."130

淨 意樂所說 善教法中, 有如是等 諸有情類 意解種種 差別可得."

2.2.7[131]

그 때 세존께서는 이 뜻을 거듭 펴시고자 게송으로 말씀하셨다.

爾時 世尊 欲重宣此義 而說頌曰.

① 일체의 모든 법은 다 자성 없고
　 남 없으며 멸함 없고 본래 적멸해
　 모든 법의 자성은 늘 열반이니
　 지혜 있는 뉘가 밀의 없다 말하랴[132]

一切諸法皆無性
無生無滅本來寂
諸法自性恒涅槃
誰有智言無密意

② 상과 생과 승의의 자성 없음을

相生勝義無自性

---

130 이는 곧 셋째 총결하는 글이다.
131 이하는 둘째 게송으로 거듭 설하시는 것이다.
132 게송 중에는 둘이 있다. 처음 2게송은 위의 일체의 모든 법은 다 자성이 없음 등을 노래하며, 뒤의 밀의에 의한 가르침에 미·오가 같지 않음을 말한 것을 반대로 노래하는 것이고, 뒤의 ③ 이하에 있는 3게송은 비밀한 가르침에 의해 일승의 뜻을 말한 것을 노래하는 것이다. 혹은 둘로 나누되, 처음에 있는 2게송은 위의 일체의 모든 법은 자성이 없다는 등의 뜻을 노래하는 것이고, 뒤에 있는 3게송은 위 일승 이하 두 가지 또 다음[復次]의 경문(=2.2.5~2.2.6)을 노래하는 것이라고 할 수도 있다. 전자 중에도 둘이 있는데, 처음 ①은 경전의 4구의 밀의의 취지를 해석하는 것이고, 뒤의 ②는 3무자성에 의거해 바로 밀의를 나타내는 것이다. 말하자면 경전에서 말한 무자성 등의 말은 결코 자성 등이 없기 때문에 무자성이라고 이름한 것이 아니고, 단지 세 가지 무자성의 뜻에 의해서 무자성이라고 이름하였다는 것이니, 갖추어 분별한다면 위에서 자세히 말한 것과 같다.

이렇게 내 다 이미 현시했으니	如是我皆已顯示
붓다의 이 밀의 알지 못하면	若不知佛此密意
바른 길 실괴하여 갈 수 없으리	失壞正道不能往

③ 모든 맑은 도에 의해 청정한 이는   依諸淨道淸淨者
　 이 하나에 의할 뿐 제2 없으매   惟依此一無第二
　 그 가운데 일승을 건립했으나   故於其中立一乘
　 유정 성품 차별이 없지 않다네133   非有情性無差別

④ 중생계 중 무량한 중생은 오직   衆生界中無量生
　 한 몸만 제도하고 적멸 향하니   惟度一身趣寂滅
　 대비와 용맹으로 열반 증득코   大悲勇猛證涅槃
　 중생들 버리잖음 얻기 어렵네   不捨衆生甚難得

⑤ 미묘하여 난사의한 무루의 세계   微妙難思無漏界
　 그 중 해탈 평등해 차별이 없되   於中解脫等無差
　 일체의 뜻 이루고 혹·고 떠나니   一切義成離惑苦

---

133 이하 둘째에 있는 3게송은 무성관에 의거해 일승의 뜻을 해석하는 것인데, 그 중에는 넷이 있다. 처음 ③의 1게송은 삼승의 사람에 의거해 비밀로 일승을 말했다는 것이고, 둘째 ④의 앞 반 게송은 정성定姓인 사람은 오직 자신만 제도함을 노래하는 것이며, 셋째 그 다음 반 게송은 부정성不定姓은 대열반을 증득함을 노래하는 것이고, 넷째 ⑤의 1게송은 열반의 모습을 해석하는 것이다.
　이는 곧 첫째이다. 말하자면 삼승의 사람은 다 무자성의 무루의 성도에 의해 각각 열반을 증득하고, 제2의 도는 없기 때문에 일승을 말한 것이지, 그 삼승에 차별이 없다는 것은 아니다.

두 가지 달리 말해 상·락이라네134　　二種異說謂常樂

2.2.8135

....

134 이는 곧 넷째 열반의 모습을 해석하는 것이다. '미묘하여 난사의한 무루의 세계'란 열반의 체를 말하는 것이니, '세계[界]'란 체이다. 말하자면 열반의 체는 모든 모습을 떠났기 때문에 미묘하고 난사의하다.
　'그 중 해탈 평등해 차별이 없다'고 함은 열반의 과보는 평등하여 차별이 없음을 나타내는 것이다. 하나의 진여에는 두 가지 몸의 뜻이 있다. 첫째는 해탈신이니, 말하자면 진여에 의지해 번뇌장을 끊고 해탈을 증득한 것을 해탈신이라고 이름한다. 둘째는 법신이니, 말하자면 붓다의 법신은 힘·무소외 등 공덕의 의지처이기 때문에 법신이라고 이름한다. 그 중 법신은 오직 여래께만 있으나, 해탈신이라는 것은 삼승에 차별이 없기 때문에 '해탈은 평등해 차별이 없다'고 말한 것이니, 그래서 아래의 제5권 중(=5.1(3) 및 5.3.5)에서도 이 뜻을 말한다.
　'일체의 뜻 이루고' 등이라고 함에서 '뜻'은 뜻의 이익[義利]을 말하니, 말하자면 무여열반의 진여의 체 위에서는 일체 무위의 공덕의 뜻이 이루어져서 번뇌의 의지처인 괴로움의 몸[苦身]을 멀리 떠나므로, 유여열반에서 오직 번뇌만을 떠나는 것과는 같지 않다. 이 열반에 의해서 두 가지를 달리 말하니, 소위 상·락이다. 번뇌를 떠났기 때문에 '상'이라고 말하고, 괴로움을 떠났기 때문에 '락'이라고 말한다. 만약 《유가론》에 의한다면 세 가지 뜻이 있기 때문에 '상'이라고 말하고, 두 가지 뜻이 있기 때문에 '락'이라고 말한다. 그래서 제80권에서 이르기를, "(문) 무슨 인연 때문에 '상'이라고 말해야 하는가? (답) 청정한 진여가 나타난 것이기 때문이고, 연생이 아니기 때문이며, 생멸이 없기 때문이다. (문) 응당 '락'이라고 말해야 하는가, '락'이 아니라고 말해야 하는가? (답) 승의로 말미암는 즐거움이므로 응당 '락'이라고 말해야 하니, 즐거움을 받음에 의해 '락'이라고 말하는 것이 아니다. 왜냐 하면 일체의 번뇌 및 내는 바[所生]의 괴로움을 다 초월하기 때문이다."라고 하였다. 이 《유가론》에 준한다면 세 가지 '상'의 뜻에 의하고, 두 가지 '락'의 뜻에 의하니, 이 '상·락'의 두 가지 뜻의 차별 때문에 여기에서 '두 가지를 달리 말해'라는 말을 한 것이다.

135 이하는 셋째 보살이 영해領解(=깨달아 이해함 또는 받아들여 이해함)하여 수지하는 부분이다. 그 중에 둘이 있으니, 처음은 보살이 영해하는 것이고, 뒤의 (4)는 여래께서 지니기를 권하시는 것이다. 전자 중에는 셋이 있으니, 처음 (1)의 ①은 가르침이 매우 깊음을 찬탄하는 것, 다음 ② 이하는 자

(1) 그 때 승의생보살이 다시 붓다께 말하였다.

"① 세존이시여, 제불 여래의 밀의의 언어는 매우 기이하고 희유하며[136] 나아가 미묘하고 가장 미묘하며 매우 깊고 가장 매우 깊어서 통달하기 어렵고 가장 통달하기 어렵습니다.

② 이와 같지만 제가 지금 세존께서 설하신 뜻을 영해하기로는,[137] ③ 만약 분별로 형성된 변계소집상이 의지하는 행상 중에서, 가명으로 안립하여 색온

爾時 勝義生菩薩 復白佛言.

"世尊, 諸佛如來 密意語言 甚奇希有 乃至微妙 最微妙 甚深 最甚深 難通達 最難通達.

如是 我今領解 世尊所說義者, 若於分別所行遍計所執相 所依行相中, 假名安立 以爲色蘊

신이 영해한 것을 펴는 것, 뒤의 (3)은 비유를 들어 거듭 나타내는 것이다.
136 이는 곧 첫째인데, 글에 두 마디가 있다. 처음 여기까지는 공능이 희유함을 총체적으로 찬탄하는 것이고, 뒤의 그 아래는 개별적으로 찬탄하는 것이다. '미묘하고 매우 깊고 통달하기 어렵다'고 말한 것은 그 순서대로 범부·이승·보살을 초과하는 것이니, 셋의 지위가 차별되기 때문이다. 혹은 성문·연각·보살의 지위를 초과하기 때문일 수도 있고, 혹은 3아승기 지위의 보살의 경계를 초과하기 때문일 수도 있다.
137 ② 이하는 둘째 자신이 영해한 것인데, 그 중에 둘이 있다. 처음은 온 등의 5문으로 3무자성 설하신 것을 영해한 것이고, 뒤의 (2)는 진리 등의 2문으로 3무자성 설하신 것을 영해한 것이다. 전자 중에도 둘이 있으니, 처음은 색온에 의거해 3무자성을 설하신 것이고, 뒤의 ⑩ 이하는 다른 온 등에 견주는 것이다. 색온 중에 나아가면 다시 둘로 나누어지니, 처음은 앞의 2성을 영해한 것이고, 뒤의 ⑦ 이하는 제3성을 영해한 것이다. 전자 중에도 둘이 있으니, 처음 ②는 영해한 것을 총체적으로 표방하는 것이고, 뒤의 ③ 이하는 영해한 것을 개별적으로 해석하는 것이다. * 글 모두에 '이와 같지만'이라고 한 것은, '미묘하고 매우 깊고 통달하기 어려워서 단정해 말하기 어렵지만'의 뜻일 것이다. 여기에서 보살이 영해하여 수지함을 밝히는 경문 2.2.8의 큰 구조를 도표로써 보이면 다음과 같다.

의, 혹은 자성의 모습이며, 혹은 차별의 모습이라고 하고, 가명으로 안립하여 색온의 남과 색온의 멸함 및 색온을 영원히 끊음과 두루 앎의, 혹은 자성의 모습이며, 혹은 차별의 모습이라고 한다면 이를 변계소집상이라고 이름하며,138 ④	或自性相 或差別相, 假名安立 爲色蘊生 爲色蘊滅 及爲色蘊 永斷遍知 或自性相 或差別相 是名 遍計所執相,

보살의 영해함	가르침의 깊음을 찬탄함		(1)①
	영해한 것을 폄	온 등의 5문으로 설하신 것을 영해함	②~⑭
		진리 등의 2문으로 설하신 것을 영해함	(2)
	비유를 들어 거듭 나타냄		(3)
여래께서 지니도록 권하심			(4)

138 이하는 둘째 영해한 것을 개별적으로 해석하는 것인데, 그 중에 둘이 있으니, 처음은 소집상을 밝히는 것이고, 뒤의 ⑤ 이하는 의타기상을 밝히는 것이다. 소집상 중에 나아가면 글에 둘이 있으니, 처음 ③은 의타기에 의지해 소집성을 건립하셨다는 것이고, 뒤의 ④는 소집성에 의지해 상무자성을 설하셨다는 것이다.

　이는 곧 처음인데, 글에 세 마디가 있으니, 첫째는 분별로 형성된 것이 의지하는 행상을 밝히는 것이고, 둘째는 색온의 자성과 차별을 밝히는 것이며, 셋째는 색온의 생·멸, 영원히 끊음, 두루 앎을 분별하는 것이다. '분별로 형성된'이라고 함에서 '분별'은 곧 능히 두루 계탁하는 심왕 및 심소이고, '형성된 (것)'이라는 말은 그 소집성인 실제의 색온 등을 나타내니, 이는 그 분별로 형성된 경계이기 때문에 '형성된 (것)'이라고 이름한다. 또 해석하자면 '소행'은 의타기의 임시의 색온 등이니, 곧 그 분별의 소연연이기 때문에 '소행'이라고 이름한다. '변계소집상이 의지하는 행상 중'이라고 말한 것에서 말하는 바 '행상'은 곧 유위의 행상이니, 의타기를 모두 말해서 행상이라고 한다.

　'색온의 자성과 차별을 안립한다'고 한 것은, 총상으로서 체를 내어서 '자성'이라고 이름하고, 곧 자성 위의 유루·무루와 가견·불가견 등을 '차별'이라고 이름한다. '색온의 남과 멸함' 등이란 아직 있지 않다가 있는 것을 '남'이라고 이름하고, 이미 있던 것이 없음으로 돌아가는 것은 '멸함'이라고 이름하며, 나고 멸함을 총체적으로 분별하는 것을 자성이라고 이름하고, 찰나에 나고 멸함 및 일기一期(에 나고 멸함) 등을 차별이라고 이름한다.

세존께서는 이에 의지해 모든 법의 상무자성의 성품을 시설하셨고,139 ⑤ 만약 곧 분별로 형성된 변계소집상이 의지하는 행상이라면 이를 의타기상이라고 이름하며,140 ⑥ 세존께서는 이에 의지해 모든 법의 생무자성의 성품 및 일부분 승의무자성의 성품을 시설하셨습니다.

⑦ 이와 같지만 제가 지금 세존께서 설하신 뜻을 영해하기로는,141 ⑧ 만약 곧 이 분별로 형성된 변계소집상이 의지하는 행상 중에서, 변계소집상이 진실

世尊依此 施設諸法 相無自性性, 若卽分別所行 遍計所執相 所依行相 是名 依他起相, 世尊依此

施設諸法 生無自性性 及一分勝義 無自性性.

如是 我今領解 世尊所說義者, 若卽於此

分別所行 遍計所執相 所依行相中, 由遍計所

  색온에 오염되는 것을 '영원히 끊음'이라고 이름하고, 색온에 물들지 않는 것을 '두루 앎'이라고 이름한다. 혹은 집집의 뜻의 끝을 '영원히 끊음'이라고 이름하고, 고제의 뜻의 끝을 '두루 앎'이라고 이름한다. 이와 같은 영원히 끊음과 두루 앎을, 만약 영원히 끊음을 총체적으로 분별한다면 '영원히 끊음'의 자성이라고 이름하고, 만약 견도·수도 등으로 끊는 것이라면 '영원히 끊음'의 차별이라고 이름하며, 색온의 자성을 총체적으로 아는 것을 '두루 앎'의 자성이라고 이름하고, 색온의 차별을 개별적으로 아는 것을 두루 앎의 차별이라고 이름한다. 이와 같이 안립하는 것을 변계소집상이라고 이름한다.

139 이는 소집성에 의지해 상무자성을 설하셨다는 것인데, 글과 같아서 알 수 있을 것이다.
140 이하는 둘째 의타기를 개별적으로 나타내는 것인데, 그 중에 둘이 있으니, 처음 ⑤는 소집성이 의지하는 것이 의타기임을 밝히는 것이고, 뒤의 ⑥은 의타기에 의지해 2무자성을 시설하셨다는 것이다.
141 이하는 둘째 제3성을 영해한 것인데, 그 중에 둘이 있으니, 처음 ⑦은 영해한 것을 총체적으로 표방하는 것이고, 뒤의 ⑧ 이하는 영해한 것을 개별적으로 해석하는 것이다.

을 이루지 못함으로 말미암는 연고의, 곧 이 자성의 무자성의 성품과 법무아의 진여의 청정한 소연이라면 이를 원성실상이라고 이름하며,142 ⑨ 세존께서는 이에 의지해 일부분 승의무자성의 성품을 시설하셨습니다.

⑩ 색온에서처럼 이와 같이 다른 온에서도 다 응당 널리 말씀하셨고,143 ⑪ 모든 온에서처럼 이와 같이 십이처의 낱낱 처 중에서도 다 응당 널리 말씀하셨으며, ⑫ 십이유지의 낱낱 지 중에서도 다 응당 널리 말씀하셨고, ⑬ 네 가지 자양분의 낱낱 자양분 중에서도 다 응당 널리 말씀하셨으며, ⑭ 육계와 십팔계의 낱낱 계 중에서도 다 응당 널리 말씀하셨습니다.144

執相 不成實故
卽此自性 無自性性 法無我眞如 淸淨所緣 是名 圓成實相, 世尊依此施設一分 勝義無自性性.

如於色蘊 如是於餘蘊 皆應廣說,

如於諸蘊 如是 於十二處 一一處中 皆應廣說, 於十二有支 一一支中 皆應廣說, 於四種食 一一食中 皆應廣說, 於六界 十八界 一一界中 皆應廣說.

---

142 이하는 둘째 영해한 것을 개별적으로 해석하는 것인데, 그 중에는 둘이 있다. 처음 ⑧은 의타기에 의지해 원성실을 분별하는 것이고, 뒤의 ⑨는 원성실에 의지해 일부분 승의무자성을 설하셨다는 것이다. 이는 곧 처음이니, 말하자면 소집상이 의지하는 바 의타기성 위에서 소집을 보내기 때문에 무자성으로 나타나는 바 법무아의 성품을 원성실이라고 이름한다는 것이다.
143 이하는 둘째 다른 온 등에 견주는 것인데, 그 중에 다섯이 있다. 첫째 ⑩은 다른 온에 견주는 것, 둘째 ⑪은 12처에 견주는 것, 셋째 ⑫는 12인연에 견주는 것, 넷째 ⑬은 4식에 견주는 것, 다섯째 ⑭는 6계와 18계에 견주는 것이다.
144 '6계'는 곧 지·수·화·풍 및 공空·식識이다.

⑵ ① 이와 같지만 제가 지금 세존께서 설하신 뜻을 영해하기로는,145 ② 만약 분별로 형성된 변계소집상이 의지하는 행상 중에서, 가명으로 안립하여 고제와 고제를 두루 앎의, 혹은 자성의 모습이며, 혹은 차별의 모습이라고 한다면 이를 변계소집상이라고 이름하며,146 ③ 세존께서는 이에 의지해 모든 법의 상무자성의 성품을 시설하셨고,147 ④ 만약 곧 분별로 형성된 변계소집상이 의

如是 我今領解 世尊所說義者, 若於分別所行 遍計所執相 所依行相中, 假名安立 以爲苦諦 苦諦遍知 或自性相 或差別相 是名 遍計所執相, 世尊依此 施設諸法 相無自性性, 若卽分別所行 遍計所執相 所依行

---

145 이하는 둘째 진리 등의 2문에서 3무자성을 영해한 것인데, 그 중에 둘이 있으니, 처음은 고제에 의거해 무자성을 영해한 것이고, 뒤의 ⑨ 이하는 다른 제 등에서 무자성 영해한 것에 견주는 것이다. 전자 중에도 둘이 있으니, 처음은 2성에 의지해 2무자성을 영해한 것이고, 뒤의 ⑥ 이하는 원성실에 의지해 승의무자성을 영해한 것이다. 전자 중에도 둘이 있으니, 처음 ①은 총체적으로 영해한 것을 표방하는 것이고, 뒤의 ② 이하는 영해한 것을 개별적으로 해석하는 것이다.

146 이하는 둘째 영해한 것을 개별적으로 밝히는 것인데, 그 중에 둘이 있으니, 처음은 소집성에 의거해 상무자성의 성품을 영해한 것이고, 뒤의 ④ 이하는 의타기에 의거해 생무자성의 성품 및 일부분 승의무자성의 성품을 영해한 것이다. 전자 중에도 둘이 있으니, 처음 ②는 의타기에 의지해 소집을 안립하는 것이고, 뒤의 ③은 소집에 의지해 무자성을 시설하는 것이다.
　이는 곧 처음이다. 말하자면 변계소집이 의지하는 행상인 의타기 위에서 가명으로 고제를 안립하고, 혹은 고제를 두루 앎을 안립한다면 이를 변계소집상이라고 이름하는데, 이와 같은 두 가지에는 다 자성, 혹은 차별상이 있으니, 말하자면 핍박하는 것을 고라고 이름하며, 고제의 자성이라고 이름하고, 3고와 8고 등은 고제의 차별이라고 이름하며, 고제의 자상을 아는 것을 두루 앎의 자성이라고 이름하고, 고제의 차별을 아는 것이 두루 앎의 차별인 것이다.

147 이는 곧 둘째 소집성에 의지해 무자성을 시설하는 것인데, 위에 준해서 알아야 한다.(=이하 모두 같음)

지하는 행상이라면 이를 의타기상이라고 이름하며, ⑤ 세존께서는 이에 의지해 모든 법의 생무자성의 성품 및 일부분 승의무자성의 성품을 시설하셨습니다.

⑥ 이와 같지만 제가 지금 세존께서 설하신 뜻을 영해하기로는, ⑦ 만약 곧 이 분별로 형성된 변계소집상이 의지하는 행상 중에서, 변계소집상이 진실을 이루지 못함으로 말미암는 연고의, 곧 이 자성의 무자성의 성품과 법무아의 진여의 청정한 소연이라면 이를 원성실상이라고 이름하며, ⑧ 세존께서는 이에 의지해 일부분 승의무자성의 성품을 시설하셨습니다.

⑨ 고제에서처럼 이와 같이 다른 제에서도 다 응당 널리 말씀하셨고,148 ⑩ 성제에서처럼 이와 같이 모든 염주·정단·신족·근·힘·각지·도지 중에서도 낱낱을 다 응당 널리 말씀하셨습니다.149

相 是名 依他起相, 世尊依此 施設諸法 生無自性性 及一分勝義 無自性性.

如是 我今領解 世尊所 說義者, 若卽於此 分別所行 遍計所執相 所依行相中, 由遍計所 執相 不成實故, 卽此自 性 無自性性 法無我 眞如 淸淨所緣 是名 圓成實相, 世尊依此 施設一分 勝義無自性 性.

如於苦諦 如是於餘諦 皆應廣說,

如於聖諦 如是於諸 念 住正斷 神足根力 覺支 道支中 一一皆應廣說.

---

148 이하는 둘째 다른 제 등에 견주어 해석하는 것인데, 그 중에 둘이 있다. 처음 ⑨는 다른 제에 견주는 것이고, 뒤의 ⑩ 이하는 도품에 견주는 것이다. 이는 곧 처음이다. 말하자면 고제가 3성을 갖추고 있으며, 그 3성에 의지해 3무자성을 세우는 것과 같음을, 이 3제도 다 3성을 갖추며 그 3성에 의지해 3무자성을 세우는 것에 견주는 것이다.

⑪ 이와 같지만 제가 지금 세존께서 설하신 뜻을 영해하기로는,150 ⑫ 만약 분별로 형성된 변계소집상이 의지하는 행상 중에서, 가명으로 안립하여 바른 선정 및 바른 선정의 능치·소치와, 바르게 닦아서 아직 나지 않은 것은 나게 하고, 난 것은 굳게 머물며 잊지 않고 배로 닦아서 넓고 크게 증장케 함의, 혹은 자성의 모습이며, 혹은 차별의 모습이라고 한다면 이를 변계소집상이라고 이름하며,151 ⑬ 세존께서는 이에 의지해 모

如是 我今領解 世尊所說義者, 若於分別所行 遍計所執相 所依行相中, 假名安立 以爲正定 及爲正定 能治所治, 若正修 未生令生,
生已堅住 不忘倍修 增長廣大 或自性相 或差別相
是名 遍計所執相,
世尊依此 施設諸法

---

149 이하는 둘째 모든 도품에 의지해 무자성을 영해한 것이다. 그 중에 둘이 있으니, 처음 ⑩은 7문에 의거해 영해한 것을 총체적으로 밝히는 것이고, 뒤의 ⑪ 이하는 개별적으로 8도지에 의거해 그 영해한 것을 밝히는 것이다.
150 이하는 둘째 개별적으로 도지 중 제8의 바른 선정에 의거해 그 영해한 것을 밝힌 것이다. 그 중에 둘이 있으니, 처음은 2성에 의지해 2무자성을 영해한 것이고, 뒤의 ⑯ 이하는 원성실에 의지해 승의무자성을 영해한 것이다. 전자 중에도 둘이 있으니, 처음 ⑪은 총체적으로 영해한 것을 표방한 것이고, 뒤의 ⑫ 이하는 개별적으로 영해한 것을 해석한 것이다.
151 이하는 둘째 개별적으로 영해한 것을 해석하는 것인데, 그 중에 둘이 있으니, 처음은 소집에 의거해 상무자성을 영해한 것이고, 뒤의 ⑭ 이하는 의타기에 의지해 생무자성 및 일부분 승의무자성을 영해한 것이다. 전자 중에도 둘이 있으니, 처음 ⑫는 소집상을 세우는 것이고, 뒤의 ⑬은 무자성을 시설하는 것이다.
　이는 곧 처음인데, 8도지 중 제8의 바른 선정이다. 글에는 두 마디가 있다. '만약 분별로' 등이라고 함은 소집성이 의지하는 바 의타기를 말하는 것이고, 뒤의 '가명으로 안립'하는 등이라고 함은 의타기에 의지해 소집을 안립하는 것이다. 소집 중에 나아가면 다섯 가지 사항을 안립한다. 첫째는 바른 선정의 자성과 차별을 안립함이니, 말하자면 선정의 체를 총체적으로 내는 것을 선정의 자성이라고 이름하고, 미지정[未至]과 중간정[中間] 및 4

든 법의 상무자성의 성품을 시설하셨고,152 ⑭ 만약 곧 분별로 형성된 변계소집상이 의지하는 행상이라면 이를 의타기상이라고 이름하며, ⑮ 세존께서는 이에 의지해 모든 법의 생무자성의 성품 및 일부분 승의무자성의 성품을 시설하셨습니다.

⑯ 이와 같지만 제가 지금 세존께서 설하신 뜻을 영해하기로는, ⑰ 만약 곧 이 분별로 형성된 변계소집상이 의지하는 행상 중에서, 변계소집상이 진실을 이루지 못함으로 말미암는 연고의, 곧 이 자성의 무자성의 성품과 법무아의 진여의 청정한 소연이라면 이를 원성실상이라고 이름하며, ⑱ 세존께서는 이에 의지해 모든 법의 일부분 승의무자성의 성품을 시설하셨습니다.

相無自性性,
若卽分別所行 遍計所執相 所依行相 是名依他起相, 世尊依此 施設諸法 生無自性性 及一分勝義 無自性性.

如是 我今領解 世尊所說義者, 若卽於此
分別所行 遍計所執相 所依行相中, 由遍計所執相 不成實故, 卽此自性 無自性性 法無我 眞如 淸淨所緣 是名 圓成實相, 世尊依此 施設諸法 一分勝義 無自性性.

....
정려는 선정의 차별이라고 이름한다. 둘째는 바른 선정의 능치·소치의 자성과 차별을 안립함이니, 말하자면 8도지 중 제8의 바른 선정을 능치라고 이름하고, 8사八邪 중 제8의 삿된 선정[邪定]을 소치라고 이름하며, 자성과 차별은 위에 준해서 생각해야 한다. 셋째는 바르게 닦아서 아직 나지 않은 것은 나게 함을 안립하는 것이고, 넷째는 난 것은 굳게 머물게 하는 것이며, 다섯째는 잊지 않고 배로 닦아 넓고 크게 증장케 하는 것인데, 이상 3문에도 다 자성과 차별이 있으니, 찾으면 곧 알 수 있다. 이와 같은 다섯 가지 모습으로 바른 선정 안립한 것을 소집상이라고 이름한다는 것이다.
152 이는 곧 둘째 상무자성을 시설한 것이니, 위에 준해서 알아야 한다.(=이하 모두 같음)

(3) ① 세존이시여, 비유하면 비습박약은 일체 산약과 선약의 방문 중에 다 안처해야 하는 것처럼,153 이와 같이 세존이시여, 이 모든 법의 다 자성이 없고 남이 없으며 멸함이 없고 본래 적정하여 자성이 열반인, 무자성의 성품에 의한 요의의 언교도 두루 일체 불요의경전에 다 안처해야 합니다.154

② 세존이시여, 그림 그릴 바탕은 일체 그림 그리는 사업에 두루하고 다 같은 하나의 맛이어서, 청색이거나 황색이거나 적색이거나 백색이거나 다시 능히 그림 그리는 사업을 드러내는 것처럼,155

世尊, 譬如 毘濕縛藥 一切散藥 仙藥方中 皆應安處, 如是 世尊, 依此諸法 皆無自性 無生無滅 本來寂靜 自性涅槃 無自性性 了義言教 遍於一切 不了義經 皆應安處.

世尊, 如彩畫地 遍於一切 彩畫事業 皆同一味, 或靑或黃 或赤或白 復能顯發 彩畫事業,

....
153 이하는 셋째 비유를 들어서 거듭 나타내는 것인데, 그 중에 4비유이므로 곧 넷으로 나누어진다. 이는 곧 첫째 비습박약의 비유인데, 그 중에 둘이 있으니, 먼저 여기까지는 비유이고, 뒤의 그 아래는 합하는 것이다.
　이는 곧 비유를 드는 것이다. '비습박약'이란 단지 이 약에 많은 공능이 있다는 것만 알 뿐, 이 나라에서는 이름이 없기 때문에 번역하지 않았다. 만약 이 약을 여러 약 가운데 두거나 여러 약초와 화합하면 다 신통한 효험이 있다고 한다.
154 이는 둘째 법을 들어서 비유와 같게 하는 것이다. 말하자면 무자성 등의 말을 일체 불요의경 중에 안치하면 응당 다 그 경전의 밀의를 요지한다는 것이다.
155 이하는 둘째 그림 그릴 바탕과 같음의 비유인데, 그 중에도 둘이 있으니, 먼저 여기까지는 비유이고, 뒤의 그 아래는 법이다. 이는 곧 처음이다. 말하자면 청·황 등의 그림 그릴 바탕은 일체 온갖 모습의 사업에 두루해서 능히 사업으로 하여금 다 청색 등의 한 맛의 바탕으로 같게 하고, 다시 일체 모습을 그리는 사업을 드러낼 수 있는 것과 같다는 것이다.

이와 같이 세존이시여, 이 모든 법의 다 자성이 없음에서 널리 말하여 나아가 자성이 열반임에 이르는, 무자성의 성품에 의한 요의의 언교도 일체 불요의경전에 두루하며 다 같은 하나의 맛이어서, 다시 능히 그 모든 경전 중의 요의 아닌 바를 드러냅니다.156

③ 세존이시여, 비유하면 일체 잘 익고 좋은 음식인 여러 병과餅果 안에 숙소를 넣으면 더욱 뛰어난 맛을 내는 것처럼,157 이와 같이 세존이시여, 이 모든 법의 다 자성이 없음에서 널리 말하여 나아가 자성이 열반임에 이르는, 무자성의 성품에 의한 요의의 언교도 일체 불요의경전에 두면 뛰어난 환희를 냅니다.

④ 세존이시여, 비유하면 허공은 일체처에 두루하며 다 같은 하나의 맛이어서, 일체 짓는 바의 사업을 장애하지 않는 것처럼,158 이와 같이 세존이시여, 이 모든 법의 다 자성이 없음에서 널리 말하여 나아가 자성이 열반임에 이르는,

如是 世尊, 依此諸法
皆無自性 廣說乃至
自性涅槃 無自性性
了義言敎 遍於一切 不
了義經 皆同一味,
復能顯發 彼諸經中 所
不了義.

世尊, 譬如 一切成熟
珍羞 諸餅果內 投之熟
酥 更生勝味,
如是 世尊, 依此諸法
皆無自性 廣說乃至
自性涅槃 無自性性
了義言敎 置於一切 不
了義經 生勝歡喜.

世尊, 譬如虛空 遍一切
處 皆同一味,
不障一切 所作事業,
如是 世尊, 依此諸法
皆無自性 廣說乃至
自性涅槃

---

156 이는 둘째 법을 들어서 비유와 같게 하는 것인데, 글과 같아서 알 수 있을 것이다.
157 이는 셋째 숙소의 뛰어난 맛의 비유이다.
158 이는 넷째 허공의 한 맛의 비유이다.

무자성의 성품에 의한 요의의 언교도 일체 불요의경전에 두루하며 다 같은 하나의 맛이어서, 일체 성문·독각 및 모든 대승이 닦는 사업을 장애하지 않습니다."159

無自性性 了義言教 遍於一切 不了義經 皆同一味, 不障一切 聲聞 獨覺 及諸大乘 所修事業."

(4) 이 말을 마치자 그 때 세존께서 승의생보살을 찬탄하여 말씀하셨다.

"① 훌륭하고 훌륭하도다.160 ② 선남자여, 그대는 지금 능히 여래가 말한 매우 깊은 밀의의 말 뜻을 능히 잘 이해하고, ③ 다시 이 뜻에 대해 비유를 잘 지었으니, 이른바 세간의 비습박약, 여러 그림 그릴 바탕, 숙소와 허공이었다. ④ 승의생이여, 이와 같고 이와 같아서 다시 다름이 없으니, 이와 같고 이와 같이 그대는 받아 지녀야 한다."

說是語已 爾時 世尊歎勝義生菩薩曰.
"善哉善哉. 善男子, 汝今乃能 善解如來 所說甚深 密意言義, 復於此義 善作譬喩, 所謂 世間毘濕縛藥 雜彩畫地 熟酥虛空. 勝義生, 如是如是 更無有異, 如是如是 汝應受持."

2.2.9161

---

159 이는 곧 법을 들어서 비유와 같게 하는 것이다. 말하자면 무자성의 성품의 요의의 언교도 일체 불요의경전에 두루하며 모두 다 같이 이 하나의 무자성의 맛이어서, 일체 삼승의 사업을 장애하지 않는다는 것이다.
160 이하는 둘째 여래께서 지니도록 권하시는 것이다. 그 중에는 넷이 있으니, ①의 훌륭하다고 총체적으로 찬탄하시는 것, ②의 깊은 뜻 영해함을 찬탄하시는 것, ③의 능히 비유 들었음을 찬탄하시는 것, ④의 뛰어남을 찬탄하고 배우기를 권하시는 것이다.

⑴ 그 때 승의생보살이 다시 붓다께 말하였다.

"① 세존께서는 처음 한 때 바라니사의 선인들이 떨어진 곳인 시록림 중에 계시면서 오직 성문승으로 출발해 나아가는 자들만을 위해 사성제의 모습으로써 바른 법륜을 굴리셨습니다.162

爾時 勝義生菩薩 復白佛言.

"世尊 初於一時 在婆羅疿斯 仙人墮處 施鹿林中 惟爲發趣 聲聞乘者 以四諦相
轉正法輪.

....
161 이하는 넷째 교량하여 뛰어남을 찬탄하는 부분이다. 그 중에는 둘이 있는데, 처음은 보살이 청문하는 것이고, 뒤의 ⑸는 세존께서 바로 말씀하시는 것이다. 전자 중에도 둘이 있으니, 처음은 3전三轉이 뛰어나고 열등하여 같지 않음을 밝히는 것이고, 뒤의 ⑷는 바로 물음 일으키는 말을 일으켜서 복덕의 뛰어나고 열등함을 분별하는 것이다. 전자 중에는 3법륜이 있으므로 곧 ⑴ 내지 ⑶의 셋으로 나누어진다.
162 ⑴은 곧 첫째 사성제의 법륜인데, 그 중에 둘이 있으니, 처음 ①은 바로 법륜을 밝히는 것이고, 뒤의 ②는 가르침이 열등함을 나타내는 것이다.
　이는 곧 처음인데, 글에 5마디가 있다. 첫째는 문답하는 사람을 말하는 것, 둘째는 설한 때를 밝히는 것, 셋째는 설한 곳을 나타내는 것, 넷째는 위한 대상을 이해하는 것, 다섯째는 법륜을 해석하는 것이다.
　'처음 한 때'라고 말한 것은 경전을 설하신 때이니, 말하자면 3법륜 중 초전법륜을 설하신 때이다. '바라니사' 등이라고 말한 것은 경전을 설하신 곳인데,《심밀경》에서는, "바라나성婆羅奈城의 선인들이 모이는 곳이며 금수들이 노니는 곳"이라고 말하였다. 진제의『기기』에 의하면 "제1시는 바라나(=녹야원이 있는 바라나시)의 녹원鹿園으로 선인들이 모이는 곳에서였다."라고 하였다.《방광대장엄경》에 의하면 선인들이 떨어진 곳 및 시록림이라고 이름한다고 하였으니, 그 제1권에서 이르기를, "일생보처보살이 장차 하생하려고 함에 어떤 천자가 염부제에 내려와 벽지불들에게 알리기를, '그대들은 이 땅을 버려야 합니다. 왜냐 하면 12년 후에 어떤 보살이 강신하여 입태할 것이기 때문입니다'라고 하였다. 이 때 바라나국의 오백 벽지불들은 천자의 말을 듣고서 자리에서 일어나 허공의 7다라수 높이에 솟구쳐 있다가 불을 만들어 몸을 태우고 열반에 드니, 오직 사리만 있어 허공에서 내려왔다. 이 때문에 이 땅을 '선인들이 떨어진 곳'이라고 이름하였다. 또한 과거에 인자한 왕이 있어 뭇 사슴들에게 두려움 없는 곳을 베풀었으니, 이 때

②　비록 매우 기이하고 매우 희유한 것이어서 일체 세간의 모든 천·인 등에는 먼저 여법하게 굴릴 능력 있는 자가 없었지만, 그러나 그 때 굴리신 법륜은 위가 있고 수용할 것이 있어서 아직 요의이지 못했으니, 여러 쟁론이 발 붙일 곳이었습니다.163

雖是甚奇　甚爲希有　一切世間　諸天人等　先無有能　如法轉者, 而於彼時　所轉法輪　有上有容　是未了義, 是諸諍論　安足處所.

⑵　①　세존께서는 과거 제2시 중에 계시면서 오직 대승을 닦음으로 출발해 나아가는 자들만을 위해, 일체법은 다 자성이 없고 남이 없으며 멸함이 없고 본래 적정하여 자성이 열반임에 의지하여, 은밀한 모습으로써 바른 법륜을 굴리셨습니다.164

世尊　在昔第二時中　惟爲發趣　修大乘者, 依一切法　皆無自性　無生無滅　本來寂靜　自性涅槃, 以隱密相　轉正法輪.

문에 그 땅을 또한 선인들의 녹원이라고 이름하였다."라고 하였다.
　'오직 성문승으로 출발해 나아가는 자들만을 위해'라고 말한 것은 위하는 사람을 이해한 것이니, 삼승 중 오직 성문의 사람만을 위했다는 것이다. '사성제의 모습으로써 바른 법륜을 굴리셨다'고 말한 것은 바로 법륜을 해석한 것이니, 말하자면 세 번 12행상의 법륜을 바로 굴리셨다는 것이니, 《전법륜경》에서와 같다.
163　이는 곧 둘째 불요의임을 나타내는 것이니, 이 법륜은 공을 숨기고 유를 말했으므로 불요의임을 말한 것이다. 생사와 열반의 인과를 갖추어 나타내고 또 인공을 설하였지만, 아직 능히 법공의 도리는 나타내지 못했으니, 이 때문에 이 가르침은 위의 뛰어난 가르침이 있고, 수용할 뛰어난 가르침이 있는 것이어서, 다른 것의 깨뜨림을 용납함이 있으며, 20부파의 쟁론이 의지하는 곳이었다.
164　⑵는 둘째 무상無相의 법륜인데, 그 중에 둘이 있으니, 처음 ①은 법륜을

② 비록 더욱 매우 기이하고 매우 희유하였지만, 그 때 굴리신 법륜도 또한 위가 있고 수용할 것이 있어서 여전히 아직 요의이지 못했으니, 여러 쟁론이 발 붙일 곳이었습니다.165

雖更甚奇 甚爲希有,
而於彼時 所轉法輪 亦
是有上 有所容受 猶未
了義, 是諸諍論
安足處所.

(3) ① 세존께서는 이제 제3시 중에 널리 일체 승으로 출발해 나아가는 자들을 위해, 일체법은 다 자성이 없고 남이 없으며 멸함이 없고 본래 적정하여 자성이 열반인 무자성의 성품에 의하여 뚜렷이 드러나는 모습으로써 바른 법륜

世尊 於今第三時中 普
爲發趣 一切乘者,
依一切法 皆無自性 無
生無滅 本來寂靜 自性
涅槃 無自性性
以顯了相 轉正法輪,

바로 밝히는 것이고, 뒤의 ②는 불요의임을 나타내는 것이다.
　이는 곧 처음인데, 글에 3마디가 있으니, 처음은 설한 때를 밝히는 것, 다음은 위하는 대상을 분별하는 것, 뒤는 법륜을 나타내는 것이다. '세존께서는 과거 제2시 중에 계시면서'라고 말한 것은 설하신 때를 밝히는 것이니, 말하자면 3법륜 중의 제2시이다. '오직 위해'라고 말한 것은 가르침이 위하는 대상을 말한 것이니, 말하자면 삼승을 구하는 중에서 오직 대승으로 발취하는 자들만을 위해 설하셨다는 것이다.
　'일체법은 다 자성이 없음 등에 의지하여'라고 함은 바로 제2의 무상법륜을 나타낸 것이니, 모든 부의 반야종은 무상을 밝혀서, 일체법은 다 자성이 없고, 나아가 자성이 열반이라고 말한다는 것이다. 그런데 처음의 법륜은 공을 숨기고 유를 말하였지만, 이제 이 제2는 유를 숨기고 공을 말한다. 그래서 이 '은밀한 모습으로써 바른 법륜을 굴리셨다'는 말을 하였으니, 또한 비밀이라고도 이름한다. 그래서 《대반야경》 제572권에서도 이르기를, "남 없고 멸함이 없다는 등이 곧 제불의 비밀의 가르침이다"라고 하였다.
165 둘째 아직 불요의임을 나타내는 것이다. 말하자면 모든 반야는 무상 등을 말하지만 3무자성 및 3자성이 있고 없는 뜻을 분별하지 않기 때문에 《심밀경》 및 이 경전의 글에서 무위는 불요의가 된다고 말하는 것이다.

을 굴리시니,166 ② 제일 매우 기이하고 가장 희유합니다. 지금 세존께서 굴리신 법륜은 위가 없고 수용할 것이 없어서 진실한 요의이니, 모든 쟁론이 발 붙일 곳이 아닙니다.167

第一甚奇
最爲希有. 于今世尊 所轉法輪 無上無容 是眞了義, 非諸諍論 安足處所.

(4) 세존이시여, 만약 선남자나 혹은 선여인이 이 여래께서 일체법의 다 자성이 없고 남이 없으며 멸함이 없고 본래

世尊, 若善男子 或善女人 於此如來 依一切法 皆無自性 無生無滅 本

---

166 (3)은 셋째 요의의 대승이다. 그 중에 둘이 있으니, 처음 ①은 요의임을 바로 밝히는 것이고, 뒤의 ②는 요의의 모습을 나타내는 것이다.
　이는 곧 처음인데, 글에 3마디가 있으니, 처음은 설하신 때를 밝히는 것, 다음은 위하는 대상을 분별하는 것, 뒤는 법륜을 나타내는 것이다. '세존께서는 이제 제3시 중에'라고 말한 것은 가르치신 때를 말하는 것이니, 3법륜 중에서 제3시를 말하는 것이다. '널리 일체 승으로 출발해 나아가는 자들을 위해'라고 함은 가르침이 위하는 대상을 말하는 것이다. 지금 이 법륜은 요의교여서 이와 같이 2공과 3성 등의 뜻을 분별하니, 이 때문에 삼승이 각각 자신의 과보를 증득하는 것이다.
　'일체법은 다 자성이 없는 등에 의지하여'라고 한 뒤의 것은 법륜을 나타내는 것이다. 말하자면 '일체법은 자성이 없다'는 등은 앞에서 말한 것과 같이 은밀한 모습으로써 바른 법륜을 굴리는 것이지만, 지금 셋째 위의 여러 문구에서 낱낱이 다 무자성의 성품을 말한 것은, 무자성의 성품은 곧 세 가지 무자성의 성품임은 앞서 말한 것과 같으나, 이와 같은 세 가지 무자성의 성품은 곧 3성이므로, 이 도리로 말미암아 무자성의 성품이 있음의 성품과 없음의 성품을 구족히 드러내어 보인다는 것이다. 그래서 이 '뚜렷이 드러나는 모습으로써 바른 법륜을 굴리신다'는 말을 한 것이다.
167 이는 둘째 뚜렷이 드러나는 모습을 해석하는 것이다. 굴리신 법륜은 최상으로 희유해서 다시 초과하거나 뛰어난 것이 없으니, 그래서 '위가 없다'고 이름하고, 뒤에 뛰어남을 수용할 것이 없고, 뒤에 깨뜨림을 수용할 것이 없으니, 그래서 '수용할 것이 없다'고 이름하며, 있고 없음을 갖추어 나타내기 때문에 '진실한 요의'이고, 모든 쟁론이 의지할 것이 아니다.

적정하여 자성이 열반임에 의하여 설하신 매우 깊은 요의의 언교를168 듣고 나서, 신해하며 쓰고 베끼며 호지하고 공양하며 유포하고 받아 외우며 닦고 익히며 이치대로 사유하고 그 닦는 모습으로써 가행을 일으키면, 얼마나 복덕을 냅니까?"

來寂靜 自性涅槃 所說甚深 了義言敎 聞已, 信解 書寫護持 供養流布 受誦修習 如理思惟 以其修相 發起加行, 生幾所福?"

⑸ 이 말을 마치자 그 때 세존께서 승의생보살에게 말씀하셨다.

"① 승의생이여, 이 선남자 혹은 선여인은 그 내는 복덕이 한량없고 수없어서 가히 알기 어려우니, 내가 이제 그대를 위해 간략히 조금만 말하겠다.169

② 마치 손톱 위의 흙을 대지의 흙과 비교하면 백분의 일에도 미치지 못하고, 천분의 일에도 미치지 못하며, 백천분의 일에도 미치지 못하고, 수數·산算·계計·유喩와 오파니살담분의 일에도 또한 미

說是語已 爾時 世尊告勝義生菩薩曰.

"勝義生, 是善男子 或善女人 其所生福 無量無數 難可喩知, 吾今爲汝 略說少分.

如爪上土 比大地土百分不及一, 千分不及一, 百千分不及一, 數算計喩 鄔波尼殺曇分 亦不及

---

168 ⑷는 둘째 바로 복덕의 뛰어나고 열등함을 묻는 말을 일으키는 것이다. 그 중에 둘이 있으니, 처음 여기까지는 사람에 의거해 묻는 가르침을 드는 것이고, 뒤의 그 아래는 가르침에 의지해 10법행을 일으키면 복을 얼마나 내는지를 바로 묻는 것이다.

169 ⑸는 둘째 여래께서 바로 설하시는 것이다. 그 중에 둘이 있으니, 처음 ①은 뛰어남을 찬탄하고 설할 것을 허락하시는 것이고, 뒤의 ② 이하는 물음에 의해 바로 설하시는 것이다.

치지 못하는 것과 같으며,170 ③ 혹은 마치 소발자국 중의 물을 사대해의 물과 비교하면 백분의 일에도 미치지 못하고, 널리 말하여 나아가 오파니살담분의 일에도 또한 미치지 못하는 것과 같다.

一, 或如 牛迹中水 比四大海水 百分不及一 廣說乃至 鄔波尼殺曇分 亦不及一.

④ 이와 같이 모든 불요의경을 듣고 　如是 於諸不了義經 聞

---

170 이하는 둘째 여래께서 바로 설하시는 것인데, 그 중에 둘이 있다. 처음은 2비유를 들어서 그 우열을 분별하는 것이고, 뒤의 ④는 법을 들어서 비유와 같게 하여 복덕의 우열을 분별하는 것이다. 2비유 중에 나아가면 곧 둘로 나누어지니, 처음 ②는 손톱 위의 적은 흙의 비유이고, 뒤의 ③은 소발국의 적은 물의 비유이다.

　이는 곧 처음이다. 그런데 이 경전에 의하면 그 8분으로써 우열을 교량하니, 첫째는 백분, 둘째는 천분, 셋째는 백천분, 넷째는 수분, 다섯째는 산분, 여섯째는 계분, 일곱째는 유분, 여덟째는 오파니살담분이다.《최무비경最無比經》및《희유교량공덕경》에서도 다 8분을 말하므로, 곧 이 경전과 같다. 만약《보살장경》제12권에 의한다면 수는 같이 여덟이지만, 뒤의 5분은 다 범어로 안립하였으니, 그래서 그 경전에서는 "승거분僧佉分, 가라분迦羅分, 가나나분伽拏那分, 오파마분烏波摩分, 오파니살담분鄔波尼煞曇分"이라고 말하였다.

　'수분'이라고 말한 것은 범어로는 승거인데, 여기 말로는 '수'이다. 《금강선론金剛仙論》에 의하면 앞의 5분은 다 수분이라고 이름한다. '산분'이라고 말한 것은 범어로는 가나나인데, 여기 말로는 '산'이다. '계분'이라고 말한 것은 범어로는 가라인데, 여기 말로는 '계'이다. 만약《잡집론》에 의한다면 산·계의 2분도 또한 '수'라고 이름한다. '유분'이라고 말한 것은 범어로는 오파마인데, 여기 말로는 '유'이다. '오파니살담분'이라고 말한 것은 여기 말로는 '극極'이니, 곧 이는 수·산·계·유의 이 넷 중에서 최후의 극한이라고 말하기 때문에 수 등의 뒤에 오파니살담분이라고 말한 것이다. 또 해석하자면 오파니살담분이란 단지 수의 극이니, 이는 서방의 가장 극히 큰 수의 마지막 수의 이름인데, 여기의 재載라는 이름과 비슷하지만, 곧 재는 아니다. 여기의 수법은 적어서 단지 15수만 있지만, 서방에는 60수의 이름이 있기 때문이다.

나서, 신해함에서 널리 말하여 나아가 그 닦는 모습으로 가행을 일으킴으로써 얻는 공덕을, 여기에서 말한 요의경전의 가르침을 듣고 나서 신해하여 모으는 공덕에서, 널리 말하여 나아가 그 닦는 모습으로 가행을 일으킴으로써 모으는 공덕과 비교하면, 백분의 일에도 미치지 못하고, 널리 말하여 나아가 오파니살담분의 일에도 또한 미치지 못한다."171

已信解 廣說乃至 以其 修相 發起加行 所獲功 德, 比此所說 了義經教 聞已信解 所集功德, 廣說乃至 以其修相 發起加行 所集功德, 百分不及一 廣說乃至 鄔波尼殺曇 分 亦不及一."

⑹ ① 이 말씀을 마치자 그 때 승의생보살이 다시 붓다께 말하였다.

"세존이시여, 이 해심밀법문 중에서 이 가르침을 어떻게 이름해야 하고, 저가 어떻게 받들어 지녀야 합니까?"172

② 붓다께서 승의생보살에게 말씀하셨다.

"선남자여, 이는 승의 요의의 교라고 이름하니, 이 승의 요의의 교로 그대는

說是語已 爾時 勝義生 菩薩 復白佛言.

"世尊, 於是解深密法門 中 當何名此教, 我當 云何奉持?"

佛告 勝義生菩薩曰.

"善男子, 此名 勝義了 義之教. 於此勝義了義

---

171 이는 곧 둘째 법을 들어서 비유와 같게 함으로써 우열을 교량한 것이니, 말하자면 두 경전을 들음으로써 얻는 공덕을, 앞의 2비유에 의해 우열을 교량하는 것이다.
172 이하는 다섯째 가르침에 의지해 받들어 지니는 부분이다. 그 중에 둘이 있으니, 처음 ①은 보살이 청문하는 것이고, 뒤의 ② 이하는 여래께서 바로 답하시는 것이다. 이는 곧 처음인데, 두 가지를 청문하니, 첫째는 가르침의 이름을 묻는 것이고, 둘째는 받들어 지님을 묻는 것이다.

받들어 지녀야 한다."173

③ 이 승의 요의의 교를 말씀하실 때 큰 모임 중에 육십만의 중생들이 있다가 아뇩다라삼먁삼보리의 마음을 일으켰고,174 삼십만의 성문들은 티끌과 때를 멀리 떠나서 모든 법 중에 법안의 청정을 얻었으며,175 일십오만의 성문들은 모든 번뇌를 영원히 다하고 마음으로 해탈을 얻었고,176 칠만오천의 보살들은

之教 汝當奉持."
說此勝義 了義教時 於大會中 有六百千衆生 發阿耨多羅三藐三菩提心, 三百千聲聞 遠塵離垢 於諸法中 得法眼淨, 一百五十千聲聞 永盡諸漏 心得解脫, 七十五千菩薩 得無生

---

173 이하는 둘째 여래께서 바로 답하시는 것인데, 그 중에 둘이 있다. 처음 ②는 물음에 의해 바로 답하시는 것이고, 뒤의 ③은 가르침의 뛰어난 이익을 말하는 것이다.
　이는 곧 처음이다. 말하자면 이 가르침의 이름을 승의 요의의 교라고 이름하니, 이와 같은 이름에 의해 그대는 받들어 지녀야 한다는 것이다.
174 이하는 둘째 가르침의 뛰어난 이익을 말하는 것인데, 네 가지 뛰어난 이익이 있으므로 곧 넷으로 나누어진다. 이는 곧 처음의 이익이다.
　《유가론》 제46권에 의하면 다섯 가지 이익이 있다. 거기에서 이르기를, "제불 보살이 모든 유정을 위해 정법을 펴 설함에는 다섯 가지 큰 과보의 뛰어난 이익이 있다고 알아야 한다. 첫째 한 부류의 유정은 정법을 들을 때 티끌과 때를 멀리 떠나서 모든 법 중에 법안이 생긴다. 둘째 한 부류의 유정은 정법을 들을 때 모든 번뇌 다함을 얻는다. 셋째 한 부류의 유정은 정법을 들을 때 곧 무상정등보리에 대해 바로 원하는 마음을 일으킨다. 넷째 한 부류의 유정은 정법을 들을 때 보살의 가장 뛰어난 법인을 증득한다. 다섯째 한 부류의 유정은 정법을 듣고 나서 수지하며 독송하고 수습하며 바로 행하고 전전하여 방편으로써 바른 법안으로 하여금 오래 머물고 멸하지 않게 한다."라고 하였다. 지금 이 경전 중에는 네 가지 뛰어난 이익이 있으니, 뒤의 한 가지를 빠뜨렸다. 쉽게 알 수 있기 때문에 여러 경전에서도 대부분 말하지 않는다. 이는 곧 첫째 발심의 뛰어난 이익이다.
175 이는 곧 둘째 티끌과 때를 떠나는 등의 이익이다. 말하자면 이 가르침을 들으면 두 가지 이익을 얻으니, 첫째는 티끌과 때를 멀리 떠나는 이익이고, 둘째는 법안의 청정을 얻는 이익이다.

무생법인을 얻었다.177　　　　　　　法忍.

....
176 이는 곧 셋째 해탈을 얻는 이익이다.
177 이는 곧 넷째 무생법인을 얻는 이익이다. 그런데 이 무생에는 두 가지가 있다. 첫째는 초지보살이 무생인을 얻는 것이고, 둘째는 제8지 이상에서 모든 법의 무생인을 얻는 것이다. 만약 자세히 분별한다면 《십지경론》 제10권에서 말하는 것과 같다.

解深密經
해심밀경

卷第三
제3권

大唐 三藏法師 玄奘 奉詔譯
대당 삼장법사 현장 봉조역

해심밀경　　　　　　　　　　解深密經
제3권　　　　　　　　　　　卷第三

제6　　　　　　　　　　　　分別瑜伽品
분별유가품1　　　　　　　　　　第六

3.1[2]
....
1 범어 '유가'는 여기 말로는 상응相應이다. 그런데 이 유가는 《유가론》의 해석에 의하면 두 가지 해석이 같지 않다. 하나는 이르기를, "삼승의 경계[境]·수행[行]·과보[果] 등('등'이라는 말은 능전의 교법을 같이 취한다는 것이다)에 있는 모든 법을 통틀어 말해서 다 유가라고 이름하니, 일체에 모두 방편 선교와 상응하는 뜻이 있기 때문이다. 이와 같이 성스러운 가르침을 또한 유가라고 이름하니, 바른 이치에 칭합하기 때문이고, 바른 행에 수순하기 때문이고, 바른 과보를 이끌기 때문이다."라고 한다. 다른 하나는 이르기를, "삼승의 관행을 바로 취해서 유가라고 이름하니, 자주자주 나아가 닦아서 이치에 합하고, 수행에 수순하며, 뛰어난 과보를 얻기 때문이다. 경계와 과보의 성스러운 가르침도, 유가의 경계이기 때문이고, 유가의 과보이기 때문이며, 유가를 설명하기 때문에 또한 유가라고 이름하기도 하지만, 바른 유가는 아니다."라고 한다.
　해석해 말하자면 그 논서에 비록 양설이 있지만, 이 경전에서의 유가는 제2설에 해당한다. 모든 행 중 지·관을 체로 하니, 사마타와 비발사나를 평등히 운용하는 도를 말하여 유가라고 이름한다. 이 품 중에서 유가의 뜻을 널리 밝혀서 바르게 관찰하기 때문에 '분별유가'라고 이름하였다.
2 이상 4품에서는 관찰대상을 분별하였고, 다음에 있는 2품은 능관의 행을 해석하는 것이다. 그 중에 둘이 있으니, 처음 이 품은 지관 수행의 문을 밝히는 것이고, 뒤의 지바라밀다품은 십지와 십바라밀을 밝히는 것이다. 2품 중에서는 지관이 총체적인 까닭에 먼저 밝히고, 십바라밀은 개별적이기 때문에 뒤에 설함을 두었다. 지관 중에 나아가면 글에 둘이 있으니, 처음은 지관을 바로 해석하는 것이고, 뒤의 3.19의 (3)은 가르침에 의해 받들어 지니는 것이다. 전자 중에도 둘이 있으니, 처음은 장행으로 자세히 해석하는 것이고, 뒤의 3.19의 (2)는 게송을 들어서 거듭 설하는 것이다. 장행 중에

(1) 그 때 자씨보살마하살이 붓다께 말하였다.

"세존이시여, 보살은 무엇에 의지하고 무엇에 머물러 대승 중에서 사마타와

爾時 慈氏菩薩摩訶薩白佛言.

"世尊, 菩薩 何依何住 於大乘中 修奢摩

나아가면 다시 둘로 나누어지니, 처음은 지관의 모습을 자세히 분별하는 것이고, 뒤의 3.19의 (1)은 맺고 찬탄하여 배우기를 권하는 것이다.

자세히 분별함 중에 나아가면 18문이 있다. 3.1은 지관의 의지와 머묾을 분별하는 문[分別止觀依住門]이고, ⋯ 나아가 3.18은 무여의에서 감수를 멸하는 문[於無餘依滅受門]이다. * 이상 설명된 이 품 경문의 전체 구조를 도표로써 정리해 보이면 다음과 같다.

바로 해석함	장행	지관의 모습을 자세히 분별함	지관의 의지와 머묾을 분별함	3.1
			지관의 소연의 차별	3.2
			능히 지관 구함을 분별함	3.3
			지관을 수순하는 작의	3.4
			지관 2도의 같고 다름	3.5
			지관이 오직 식임을 분별함	3.6
			지관을 수습함의 단·복	3.7
			지관의 종류의 수의 차별	3.8
			법에 의지하고 의지하지 않는 지관	3.9
			심·사가 있는 등의 차별	3.10
			그침·듦·평등의 모습의 차별	3.11
			법을 앎과 뜻을 앎의 차별	3.12
			지관으로 능히 모든 선정을 거둠	3.13
			지관의 인과와 작업	3.14
			지관의 장애 다스림의 차별	3.15
			지관으로 능히 보리를 증득함	3.16
			광대한 위덕을 인발함	3.17
			무여의에서 감수를 멸함	3.18
		맺고 찬탄해 배우기를 권함		3.19(1)
	게송			(2)
가르침에 의해 받들어 지님				(3)

이 3.1은 곧 첫째 지관의 의지와 머묾을 분별하는 문[分別止觀依住門]인데, 그 중에 둘이 있으니, 먼저 (1)은 묻는 것이고, 뒤의 (2)는 답하시는 것이다.

비발사나를 닦습니까?"³   他 毘鉢舍那?"

⑵ 붓다께서 자씨보살에게 말씀하셨다.   佛告 慈氏菩薩曰.
"선남자여, 보살은 법을 임시로 안립한 것 및 아뇩다라삼먁삼보리에 대한 원을 버리지 않음을 의지로 삼고 머묾으로 삼아서 대승 중에서 사마타와 비발사나를 닦는다고 알아야 한다."⁴   "善男子, 當知 菩薩 法假安立 及不捨 阿耨多羅三藐三菩提願 爲依 爲住 於大乘中 修奢摩他 毘鉢舍那."

3.2⁵

⑴ 자씨보살이 다시 붓다께 말하였다.   慈氏菩薩 復白佛言.
"① 세존께서 설하신 것처럼 네 가지 소연경의 일이 있으니,⁶ ② 첫째는 분별   "如世尊說 四種所緣境事, 一者 有分別影像

---

3 이는 곧 첫째 보살이 청문하는 것인데, 물음에는 두 가지 뜻이 있다. 첫째는 무엇을 의지로 삼아서 지관을 닦는지 묻는 것이고, 둘째는 어떤 법에 머물러 지관을 닦는지 묻는 것이다. 범어로 사마타는 여기 말로 '지'이고, 비발사나는 여기 말로 '관'이니, 곧 선정과 지혜이다. 《대반야경》 제568권에서는 이르기를, "지는 일심이 어지럽지 않은 것을 말하고, 관은 여실하게 법을 보는 것을 말한다."라고 하였고, 무성의 《섭론》 제7권에서는 이르기를, "사마타란 모든 산란함 움직임을 능히 대치하는 선정을 말하고, 비발사나란 모든 전도를 능히 대치하는 지혜를 말한다."라고 하였다.
4 말하자면 모든 보살은 12부경의 임시로 안립된 법을 써서 의지할 바로 삼아 지관을 닦고, 또 보리에 대한 대원을 버리지 않음에 머물러서 지관을 닦는다는 것이다.
5 이하는 둘째 지관의 소연의 차별문[止觀所緣差別門]인데, 그 중에도 둘이 있으니, 먼저 ⑴은 묻는 것이고, 뒤의 ⑵는 답하시는 것이다.
6 물음 중에는 셋이 있으니, 처음 ①은 업을 표방하고 수를 드는 것이고, 다음 ②는 수에 의해 이름을 열거하는 것이며, 뒤의 ③은 바로 묻는 말을 일으키는 것이다.

있는 영상의 소연경의 일이고, 둘째는 분별 없는 영상의 소연경의 일이며, 셋째는 일의 궁극[事邊際]의 소연경의 일이고, 넷째는 지을 바를 성취한 소연경의 일입니다.[7]

③ 이 넷 중에서 몇이 사마타의 소연경의 일이고, 몇이 비발사나의 소연경의 일이며, 몇이 양자의 소연경의 일입니까?"[8]

所緣境事, 二者 無分別影像 所緣境事, 三者 事邊際 所緣境事, 四者 所作成辦 所緣境事.

於此四中 幾是 奢摩他 所緣境事, 幾是 毘鉢舍那 所緣境事, 幾是 俱 所緣境事?"

....

이는 곧 처음이다. '(소연)경의 일'이라고 말한 것에서, '경'은 경계를 말하고, '일'은 자체의 일[體事]을 말하니, 네 가지 소연경은 다 체성이 있기 때문에 '(소연)경의 일'이라고 말한 것이다.

[7] 이는 둘째 수에 의해 이름을 열거해서 소연경의 일을 맺는 것인데, 모두 네 가지가 있으니, 첫째는 두루 가득한 소연[遍滿所緣], 둘째는 청정한 행의 소연[淨行所緣], 셋째는 선교함의 소연[善巧所緣], 넷째는 청정한 계의 소연[淨戒所緣]이다. 이와 같은 네 가지는 여러 경전에서 같지 않은데, 이 경전에 의한다면 단지 두루 가득한 소연의 네 가지 소연만을 열거하고, 해석하지는 않았다. 만약 자세히 분별한다면 《잡집론》 제11권, 《현양론》 제16권, 《유가론》 제26·27권과 같다. 그런데 뒤의 3경계는 여러 논이 대체로 같지만, 두루 가득한 소연의 4경계는 여러 교에 차이가 있는데, 지금 이 경전 등은 뛰어난 것에 나아가 설하였다.

만약 《현양론》에 의한다면, '분별 있는 영상[유분별영상]'이란 알아야 할 일과 같은 분위[소지사동분所知事同分]의 삼매에서 행해지는 관찰의 경계[觀境]를 말하고, '분별 없는 영상[무분별영상]'이란 알아야 할 일과 같은 분위의 삼매에서 행해지는 마음의 경계[心境]를 말하며, '일의 궁극[사변제]'이란 진소유성 및 여소유성을 말하고, '지을 바를 성취한[소작성판]'이라는 것은 전의 및 이에 의한 무분별지를 말한다. 여러 설 중 《현양론》에서 설한 것이 경문에 수순한다. 지금 경전 중에서 말하는 넷을 해석하는 것은 뜻이 《현양론》과 같기 때문에 따로 해석하지 않겠다.

[8] 이는 셋째 바로 묻는 말을 일으키는 것이다.

(2) 붓다께서 자씨보살에게 말씀하셨다.

"선남자여, 하나는 사마타의 소연경의 일이니, 분별 없는 영상을 말하고, 하나는 비발사나의 소연경의 일이니, 분별 있는 영상을 말하며, 둘은 양자의 소연경의 일이니, 일의 궁극과 지을 바를 성취한 것을 말한다."9

佛告 慈氏菩薩曰.
"善男子, 一是 奢摩他 所緣境事, 謂無分別影像, 一是 毘鉢舍那 所緣境事, 謂有分別影像, 二是 俱所緣境事, 謂事邊際 所作成辦."

3.3 10

(1) 자씨보살이 다시 붓다께 말하였다.

"세존이시여, 어떻게 보살은 이 네 가지 사마타와 비발사나의 소연경의 일에 의지하여 능히 사마타를 구하고, 능히 비발사나를 잘합니까?"11

慈氏菩薩 復白佛言.
"世尊, 云何菩薩 依是 四種 奢摩他 毘鉢舍那 所緣境事 能求奢摩他, 能善毘鉢舍那?"

------

9 이는 둘째 여래께서 바로 답하시는 것이다. 넷 중 둘째는 그 사마타의 경계이니, 사마타는 분별이 없기 때문이고, 넷 중 첫째는 그 비발사나의 경계이니, 비말사나는 분별이 있기 때문이다. 넷 중 뒤의 둘은 지·관의 경계에 공통되니, 지·관이 두 가지 경계를 공통으로 반연하기 때문이다.

10 이하는 셋째 능히 지관 구함을 분별하는 문[分別能求止觀門]인데, 그 중에도 둘이 있으니, 먼저 (1)은 묻는 것이고, 뒤의 (2)는 답하시는 것이다.

11 물음에는 두 가지 뜻이 있다. 첫째는 어떻게 보살은 이 네 가지 지·관의 소연에 의지해 사마타를 구할 수 있는지 묻는 것이고, 둘째는 비발사나를 잘할 수 있는지 묻는 것이다.

'구하고 잘한다'고 말한 것을 해석하는 것에는 세 가지 견해가 있다. 제1설은, 「구하고 잘하는 것은 다 닦는다는 뜻인데, 지·관을 나누기 위해 구하고 잘한다는 말을 한 것이다.」라고 한다. 제2설은 「구하고 잘하는 것은 지 및 관에 공통되는 것이다.」라고 한다. 제3설은 「구하는 것은 닦는다는 뜻이니, 지에 나아가 닦기 때문에 오직 지만이고 관은 아니며, 잘하는 것은 잘

⑵ 붓다께서 자씨보살에게 말씀하셨다.

"① 선남자여, 내가 모든 보살들을 위해 말한 바와 같은 법을 임시로 안립한 것이, 이른바 경전[契經], 응송, 기별, 풍송, 자설自說, 인연, 비유, 본사本事, 본생本生, 방광方廣, 희유법[希法], 논의이니,12 ② 보살은 이들을 잘 듣고 잘 받아들여서 말에 잘 통하며 뜻을 잘 심사尋思하고 견해를 잘 통달하여,13 ③ 곧 잘 사유할 바와 같은 법을 홀로 공한처에 처해 작의하여 사유하며,14 ④ 다시 곧 이

佛告 慈氏菩薩曰.

"善男子, 如我爲 諸菩薩所說 法假安立, 所謂 契經 應誦 記別 諷誦 自說 因緣 譬喩 本事 本生 方廣 希法 論議, 菩薩於此 善聽善受 言善通利 意善尋思 見善通達, 卽於如所 善思惟法 獨處空閑 作意思惟, 復卽於此

아는 것을 말하니, 비발사나는 뜻을 잘 아는 것이기 때문에 오직 관만이고 지는 아니다. 그래서 이 경전에서도 능히 사마타를 구하고 능히 비발사나를 잘한다고 말한 것이다.」라고 한다.

12 이하는 둘째 여래께서 바로 답하시는 것인데, 그 중에 둘이 있으니, 처음 ①은 닦음이 의지할 가르침을 밝히는 것이고, 뒤의 ② 이하는 가르침에 의지해 바로 닦는 것을 나타내는 것이다. 이는 곧 처음이니, 붓다께서 자씨에게, 내가 보살을 위해 법을 임시로 12분교로 안립하였으니, 이른 바 경전 내지 논의라고 말씀하신다.

13 이하는 둘째 가르침에 의지해 바로 닦는 것인데, 그 중에 둘이 있으니, 처음은 지·관의 방편을 총체적으로 밝히는 것이고, ④ 이하는 지·관의 2문을 개별적으로 해석하는 것이다. 전자 중에도 둘이 있으니, 처음 ②는 문혜를 밝히는 것이고, 뒤의 ③은 사혜를 분별하는 것이다.

　이는 곧 처음이다. 그런데 이 문혜에는 그 다섯 가지 모습이 있으니, 첫째 잘 듣는 것, 둘째 잘 받아들이는 것, 셋째 말에 잘 통하는 것, 넷째 뜻을 잘 심구 사찰하는 것, 다섯째 견해를 잘 통달하는 것이다.

14 이는 곧 둘째 그 사혜를 분별하는 것이다. 곧 문혜에서 사유할 바의 법을 홀로 공한처에 처하여 들은 바 법·뜻 두 가지의 영상을 작의하여 사유하는 것이다.

능히 사유하는 마음에서 안의 마음이 상속하여 작의하여 사유한다. 이와 같은 바른 행이 많이 안주하기 때문에 몸의 경안 및 마음의 경안을 일으키니, 이를 사마타라고 이름한다.15 ⑤ 이와 같이 해서 보살은 사마타를 구할 수 있다.

能思惟心 內心相續 作意思惟. 如是正行 多安住故 起身輕安 及心輕安, 是名 奢摩他. 如是 菩薩 能求奢摩他.

---

15 이하는 둘째 지·관을 개별적으로 해석하는 것인데, 그 중에 둘이 있다. 앞은 지이고, 뒤의 ⑥ 이하는 관이다. 전자 중에도 둘이 있다. 처음 ④는 지의 문을 바로 해석하는 것이고, 뒤의 ⑤는 앞의 물음에 맺어 답하는 것이다.
　첫 문 중에 나아가면 글에 네 마디가 있으니, 첫째는 소연의 경계이고, 둘째는 능연의 마음이며, 셋째는 그 믿음을 나타내고, 넷째는 그 이름을 맺는 것이다. '다시 곧 이 능히 사유하는 마음에서'라고 말한 것은 소연의 경계이다. 이 중의 뜻이 말하는 것은, 사마타문은 마음과 마음이 하나의 경계에 머물게 하는 것이니, 이 때문에 반연하는 마음이 경계가 되고, 비발사나는 알 바의 뜻을 간택하고자 하기 위함이기 때문에 문·사의 2혜로 변현한 상분이 소연의 경계가 된다는 것이다.
　'안의 마음이 상속하여 작의하여 사유한다'는 것은 능연의 마음을 분별하는 것이다. '안의 마음'이라고 말한 것은 능연의 마음을 거두어서 선정 안에 두므로 '안의 마음'이라고 이름한다. 그래서 《유가론》 제63권에서 이르기를, "마음을 안의 소연의 경계에 매어서, 밖의 소연으로 흘러 흩어지지 않게 하기 때문이다"라고 하였다.
　'이와 같은 바른 행이 많이 안주하기 때문에 몸의 경안 및 마음의 경안을 일으킨다'라고 한 이것은 그 머묾을 나타내는 것이니, 말하자면 사마타가 안으로 머물게 함[內住] 등의 9정행正行을 갖추기 때문에 몸의 경안 및 마음의 경안을 일으킨다는 것이다. '몸의 경안'이란 사대로 만들어진 것의 가볍고 편안한 감촉이고, '마음의 경안'이란 11선심소 중 경안의 심소이다. 이와 같은 몸과 마음의 경안의 분위에 사마타를 세운다. 아홉 가지 마음의 머묾[9심주九心住](=안으로 마음을 거두어 머물게 함[內攝心令住], 평등히 머묾[等住], 편안히 머묾[安住], 가까이 머묾[近住], 조순調順, 적정寂靜, 최극적정最極寂靜, 전주일취專注一趣, 평등섭지平等攝持)은 《잡집론》 제10권에서 차례로 따와 해석하는데, 만약 자세히 분별한다면 《유가론》 제30권, 《장엄론》 제7권과 같다.
　'이를 사마타라고 이름한다'는 것은 그 이름을 맺는 것이다.

⑥ 그는 몸과 마음의 경안을 획득해서 의지할 바로 삼기 때문에16 곧 잘 사유한 법과 같은, 안의 삼매에서 행할 영상을 관찰하고 뛰어나게 이해하여 마음의 모습[心相]을 버려 떠난다. ⑦ 곧 이와 같은 삼매의 영상에 대해 알 바의 뜻 중에서, 능히 바르게 사유 간택하고 가장 지극히 사유 간택하며 널리 두루 심사하고 널리 두루 사찰하여, 인가하고 즐기며 간택하고 보며 관찰하니, 이를 비발사나라고 이름한다.17 ⑧ 이와 같이

彼由獲得 身心輕安 爲所依故 卽於如所 善思惟法 內三摩地 所行影像 觀察勝解 捨離心相. 卽於如是 三摩地影像 所知義中, 能正思擇 最極思擇 周遍尋思 周遍伺察, 若忍若樂 若慧若見若觀, 是名 毘鉢舍那. 如是菩薩

---

16 이하는 둘째 관의 문을 개별적으로 해석하는 것인데, 그 중에 둘이 있다. 처음은 바로 관의 문을 해석하는 것이고, 뒤의 ⑧은 앞의 물음에 맺어 답하는 것이다.
　앞의 문 중에 나아가면 양설이 있다. 제1설(=제2설은 ⑦의 각주 뒷 부분에 나옴)은 다음과 같이 말한다. 모두 선정의 지위에 의해 이 경문을 해석하는데, 그에 두 가지 해석이 있다. 제1해(=역시 제2해는 ⑦의 각주 뒷 부분에 나옴)는 오직 영상에 의거해서 이 경문을 해석하는 것이다. 그 중에 둘이 있으니, 처음 ⑥은 소연이 아닌 것을 가려내는 것이고, 뒤의 ⑦은 경계에 의해 관찰을 일으키는 것이다. 이는 곧 처음인데, 글에 두 마디가 있다. 처음 여기까지는 관찰이 의지하는 바를 분별하는 것이니, 말하자면 앞의 사마타로 획득한 경안이 의지할 바가 되기 때문에 능히 관찰을 일으킨다는 것이다. 뒤의 그 아래는 소연이 아닌 것을 가려내는 것이니, 말하자면 곧 문·사의 소연으로 사유한 것과 같은 법 위에서 안의 삼매를 일으키고, 같은 분위의 영상을 관찰하는 것이다. 이 영상에 대해 뛰어난 이해를 일으키고 사유하여 관찰함은, 비발사나를 생기生起시키고자 사마타의 소연인 마음의 모습을 버리기 위한 것이다. '마음의 모습'이라고 말한 것은 곧 모습[相]이니, 그래서 마음의 모습이라고 이름한 것이다.
17 이는 곧 둘째 경계에 의해 관찰을 일으키는 것인데, 글에 네 마디가 있다. 첫째 '곧 이와 같은' 등이라고 함은 관찰할 경계를 분별하는 것이니, 곧 이

해서 보살은 비발사나를 잘 할 수 있다."   能善毘鉢舍那."

앞에서 말한 안의 삼매에서 행할 영상이 알 바의 뜻이 되므로 이것이 관찰할 경계이다.

둘째 '능히 바르게'라고 한 등은 관찰하는 행상을 해석하는 것이니, 곧 여기에서 네 가지 지혜로 행하는 모습인데, 이 4행상은 《잡집론》 제10권에서 말하는 것과 같다. 그 논에서 이르기를, "모든 법을 간택한다는 것은 진소유성이기 때문이고, 가장 지극히 간택한다는 것은 여소유성이기 때문이다. 널리 두루 심사한다는 것은 분별 있는 작의와 함께 작용하는 지혜가 모든 법의 모습을 건립하기 때문이고, 널리 두루 관찰한다는 것은 자세히 갖추어 추구하기 때문이다."라고 하였는데, 《유가론》 제30권도 대체로 같다.

셋째 '인가하고' 이하는 관찰의 다른 이름을 말하는 것인데, 그에 다섯 가지가 있다. '인가함'은 인가하여 이해함을 말하고, '즐김'은 즐거움을 받는 것을 말하며, '간택함[慧]'(='혜'가 동사로 쓰였으므로, 지혜의 작용을 취하여 '간택'이라고 번역하였음)은 곧 분별하는 것이고, '봄'은 추구하는 것이며, '관찰함'은 관찰하는 것을 말한다. 이와 같은 다섯 가지는 뜻은 하나인데, 이름만 다르다.

넷째 '이를 비발사나라고 이름한다'는 것은 맺는 것이다.

제2해는 공통으로 본질과 영상에 의거해 이 경문을 해석하는 것이다. (⑥에서) '곧 잘 사유한' 등이라고 말한 것은 영상의 본질의 법이고, '안의 삼매' 등이라고 함은 본질에 의해 영상을 일으켜서 영상에 의탁해 관찰하는 것이며, (⑦에서) '곧 이와 같은' 등이라고 함은 영상을 관찰하기 때문에 알 바의 뜻인 본질의 경계를 아는 것이고, 나머지 문구의 뜻을 해석하는 것은 앞의 해석과 같다.

제2설은 다음과 같이 말한다. 선정과 산심에 공통으로 의거해서 이 경문을 해석하는데, 그 중에 둘이 있으니, 처음 ⑥은 관찰의 방편을 분별하는 것이고, 뒤의 ⑦은 근본 비발사나를 바로 밝히는 것이다. 전자 중에도 둘이 있으니, 처음은 관찰이 의지하는 바를 말하는 것이고, 뒤의 '곧' 이하는 바로 방편을 분별하는 것이다. 말하자면 몸과 마음의 경안을 획득함이 의지할 바로 되기 때문에 선정·산심에 의지해 관찰하는 것이니, 일으켜지는 대상은 반드시 문·사혜의 산심이 방편이 되기 때문이다. 이는 바로 문·사의 방편을 밝히는 것이다. 까닭이 무엇인가 하면 지·관 2문의 행상 앞이기 때문이다. 비록 이미 선정을 얻었다고 하더라도 다시 산심의 문·사 방편을 일으키는 것이다. '안의 삼매'라고 말한 것은 마음을 거두어 흩어지지 않게 하므로 '안'이라고 이름하고, 바로 선정에 있는 것이 아니기 때문에 '안'이라는 말을 한 것이다. 나머지는 앞의 해석과 같다.

3.4[18]

(1) ① 자씨보살이 다시 붓다께 말하였다. 慈氏菩薩 復白佛言.

"세존이시여, 만약 모든 보살이 마음을 반연하여 경계로 삼는 안의 사유하는 마음에서, 나아가 아직 몸과 마음의 경안을 얻지 못하기까지에 있는 작의는, 무엇이라고 이름해야 합니까?"[19]

"世尊, 若諸菩薩 緣心爲境 內思惟心, 乃至未得 身心輕安 所有作意, 當名何等?"

② 붓다께서 자씨보살에게 말하였다. 佛告 慈氏菩薩曰.

"선남자여, 사마타의 작의가 아니고, 이것은 사마타를 수순하는 승해와 상응하는 작의이다."[20]

"善男子, 非奢摩他作意, 是隨順奢摩他 勝解相應作意."

(2) ① "세존이시여, 만약 모든 보살이 나아가 아직 몸과 마음의 경안을 얻지 못하기까지, 사유한 바에 있는 모든 법과 같은, 안의 삼매의 소연인 영상에 대

"世尊, 若諸菩薩 乃至未得 身心輕安, 於如所思 所有諸法 內三摩地 所緣影像

----

18 이하는 넷째 지관을 수순하는 작의문인데, 그 중 둘이 있으니, 처음 (1)은 지를 수순하는 작의를 밝히는 것이고, 뒤의 (2)는 관을 수순하는 작의를 밝히는 것이다.
19 전자 중에도 둘이 있으니, 먼저 ①은 묻는 것이고, 뒤의 ②는 답하시는 것이다. 이는 곧 묻는 것이다. 말하자면 앞에서 말한 것과 같이, 뒤에 곧 이 능히 사유하는 마음에서 안의 마음이 상속하여 작의하여 사유하되, 이와 같이 작의하여 나아가 아직 경안을 얻지 못한 이전까지는, 응당 무엇이라고 이름해야 하는가라고 하는 것이다.
20 이는 사마타를 수순하는 작의이지, 바로 사마타는 아니니, 경안이 없기 때문이다.

해 작의하여 사유한다면, 이와 같은 작의는 무엇이라고 이름해야 합니까?"21

② "선남자여, 비발사나의 작의가 아니고, 이것은 비발사나를 수순하는 승해와 상응하는 작의이다."22

作意思惟, 如是作意 當名何等?"

"善男子, 非毘鉢舍那作意, 是隨順毘鉢舍那 勝解相應作意."

3.5 23

(1) 자씨보살이 다시 붓다께 말하였다.

"세존이시여, 사마타의 도는 비발사나의 도와 차이가 있다고 말해야 합니까, 차이가 없다고 말해야 합니까?"24

(2) 붓다께서 자씨보살에게 말하였다.

慈氏菩薩 復白佛言.

"世尊, 奢摩他道 與毘鉢舍那道 當言有異, 當言無異?"

佛告 慈氏菩薩曰.

....
21 이하는 둘째 관을 수순하는 작의인데, 그 중에도 둘이 있으니, 먼저 ①은 묻는 것이고, 뒤의 ②는 답하시는 것이다. 이는 곧 묻는 것이다. 말하자면 앞에서 말했듯이 곧 잘 사유한 법과 같은, 안의 삼매에서 행할 영상을 관찰하고 뛰어나게 이해하여 마음의 모습을 버리되, 나아가 아직 경안을 얻지 못하기까지는 무엇이라고 이름해야 하는가라는 것이다.
22 이는 비발사나를 수순하는 작의이지, 바로 비발사나는 아니니, 경안이 없기 때문이다. 곧 이 경문에 준하면 증지證知하는 지관은 오직 선정의 지위에만 있는 것이다. 또 이 경문에 의해서 앞 단락(=3.3(2)의 ④)에서 말한 '안의 마음이 상속하여 작의한다'는 등의 말은 그 방편을 바른 뜻으로 삼는다고 알아야 한다.
23 이하는 다섯째 지관 2도의 같고 다름의 문[止觀二道同異門]인데, 그 중에도 둘이 있으니, 먼저 (1)은 묻는 것이고, 뒤의 (2)는 답하시는 것이다.
24 이는 곧 묻는 것이다. 지·관 두 가지는 모든 수행자가 노니는 곳이며, 혹은 능히 모든 성도의 법을 이끌어 내는 것이므로 '도'라고 이름한다. 이와 같은 2도는 같은 것인가, 다른 것인가?

"① 선남자여, 차이가 있는 것도 아니고, 차이가 없는 것도 아니라고 말해야 한다.25

② 어째서 차이가 있는 것이 아닌가 하면, 비발사나의 소연경에 대한 마음을 소연으로 하기 때문이고, 어째서 차이가 없는 것이 아닌가 하면, 분별 있는 영상은 소연이 아니기 때문이다."26

"善男子, 當言 非有異 非無異.

何故 非有異, 以毘鉢舍那 所緣境心 爲所緣故, 何故 非無異, 有分別影像 非所緣故."

3.6^27

---

25 이하는 둘째 여래께서 바로 답하시는 것이다. 그 중에 둘이 있으니, 처음 ①은 물음에 의해 총체적으로 표방하는 것이고, 뒤의 ②는 문답하여 개별적으로 해석하는 것이다.
26 그런데 이 경문을 해석함에 양설이 있다. 제1설은, 「차이가 있는 것이 아니라고 함은 본질에 의거해 말한 것이다. 우선 지·관이 함께 구를 때와 같은 경우, 문·사의 소연인 상분의 경계 및 능연인 견분의 마음을 같이 반연하여 본질의 경계로 삼으니, 본질이 같기 때문에 차이가 있는 것이 아니라고 말한다. 차이가 없는 것이 아니라고 함은 영상에 의거해 말한 것이다. 그 지·관이 같이 반연할 때 변현된 영상은 각각 같지 않으니, 말하자면 분별 있는 영상과 분별 없는 영상은 차별이 있기 때문에 차이가 없는 것이 아니라고 말한다.」라고 한다. 제2설은, 「차이가 있는 것이 아니라고 함은, 사마타는 비록 비발사나의 소연인 문·사의 상분의 경계를 반연할 수는 없지만, 그 문·사 2혜의 소연경 위의 견분의 마음을 능히 반연하기 때문에 차이가 있는 것이 아니고, 차이가 없는 것이 아니라 함은 전설이 말한 것과 뜻이 같다.」라고 한다.
   2설 중에는 뒤의 설이 나으니, 앞의 경문에 수순하기 때문이다.
27 이하는 여섯째 지·관이 오직 식임을 분별하는 문[分別止觀唯識門]인데, 혹은 심경의 일·이를 분별하는 문[分別心境一異門]이라고 할 수도 있다. 그 중에 여섯이 있으니, (1)의 물음, (2)의 ①의 답함, ②의 따짐, ③ 이하의 해석, (3)의 힐난, (4) 이하의 통하게 함이다.

⑴ 자씨보살이 다시 붓다께 말하였다.

"세존이시여, 모든 비발사나의 삼매에서 행해지는 영상, 그것은 이 마음과 차이가 있다고 말해야 합니까, 차이가 없다고 말해야 합니까?"28

慈氏菩薩 復白佛言.

"世尊, 諸毘鉢舍那 三摩地 所行影像, 彼與此心 當言有異, 當言無異?"

⑵ ① 붓다께서 자씨보살에게 말씀하셨다.

"선남자여, 차이가 없다고 말해야 한다.29 ② 어째서인가 하면30 ③ 그 영상

佛告 慈氏菩薩曰.

"善男子, 當言無異. 何以故 由彼影像

---

28 그런데 이 물음에 뜻에 대해 세 가지 해석이 있었다. 제1설은 여기에서 관을 들어서 선정의 소연을 묻는 것이라고 하고, 제2설은 여기에서 선정을 들어서 관의 소연을 묻는 것이라고 하며, 제3설은 쌍으로 선정과 지혜의 소연인 영상을 묻는 것이라고 한다. 이 물음의 뜻이 말하는 것은, 비발사나의 삼매에서 행해지는 청색 등 그것은 이 마음과 하나인 것인가, 다른 것인가이다. 《심밀경》에 의하더라도 역시 이 경과 같다.
  '삼매에서 행해지는 영상'이란 무성의 《섭론》에서 말하기를, "삼매란 능히 마음으로 하여금 하나의 경계의 성품에 머물게 하는 것이니, 심법을 체로 한다. 이의 소연인 경계를 말하여 '행해지는 (바)'라고 이름하였다. 근본인 경계[本境]를 본질[質]이라고 이름하는데, 그것과 비슷하게 나타나는 것을 말하여 영상이라고 이름한다."라고 하였다. 그런데 이 영상은 《섭론》에 준하면 푸른 어혈 등의 영상이다.
  (문) 어째서 이 중에서는 오직 비발사나의 소연의 경계만을 말했는가? (답) 앞 단락 중에서 지는 오직 마음만을 반연하고, 관은 모든 경계를 반연한다고 말했으니, 앞에서 일으킨 물음을 탔기 때문에 지는 거론하지 않은 것이다.
29 이는 둘째 여래께서 간략히 답하시는 것이다. 경계는 마음을 떠나지 않기 때문에 차이가 없다고 말씀하신다. 이치의 실제로써 말한다면 하나인 것도 아니고 다른 것도 아니지만, 다르다는 집착을 깨뜨리기 위해 단지 차이가 없다고만 말한 것이다.
30 이는 셋째 보살이 거듭 따지는 것이다. 어째서 소연은 능연의 마음을 떠나

은 오직 식일 뿐이기 때문이다.31   唯是識故.
　④ 선남자여, 나는 식의 소연은 오직   善男子, 我說 識所緣
식이 나타난 것일 뿐이라고 말하기 때   唯識所現故."
문이다."32

(3) "세존이시여, 만약 그 행해지는 영상   "世尊, 若彼所行影像
이 곧 이 마음과 차이가 없는 것이라고   卽與此心 無有異者,
한다면, 어떻게 이 마음이 도리어 이 마   云何此心 還見此心?"
음을 봅니까?"33

(4) "① 선남자여, 이 중에는 조그만 법   "善男子, 此中 無有少
도 조그만 법을 볼 수 있는 것이 없지   法 能見少法,
만, 그러나 곧 이 마음이 이와 같이 날   然卽此心 如是生時
때에 곧 이와 같은 영상의 현현함이 있   卽有如是 影像顯現.

지 않는가?
31 이는 넷째 여래께서 바로 해석하시는 것인데, 그 중에 둘이 있다. 처음 ③은 근본을 표방하여 바로 설하시는 것이고, 뒤의 ④는 외인의 의심하는 생각을 보내는 것이다.
32 무성의 《섭론》에서 말하기를, "나는 밖에 있는 식의 소연의 경계는, 오직 내부 식이 현현한 것일 뿐이라고 말하니, 곧 이 소연의 경계는 식을 자성으로 한다는 뜻이다."라고 하였다. 이 뜻이 말하는 것은, 식의 소연인 경계는 오직 식 위에 나타난 영상일 뿐, 따로 체가 있는 것이 없다는 것이다.
33 이는 다섯째 보살이 힐난을 시설하는 것이다. 힐난해 말하기를, "마음은 반연하는 주체의 뜻이고, 경계는 짚는 대상[所杖]이라는 뜻이다. 세존께서 설하신 것과 같이 행해지는 대상인 영상이 마음과 다르지 않다고 한다면, 어떻게 이 마음이 도리어 이 마음을 보는가, 문득 세간에 위배될 것이다. 눈은 스스로를 보지 못하고, 손가락은 스스로를 가리키지 못하며, 칼은 스스로를 베지 못한다."라고 하는 것이다.

② 선남자여, 마치 잘 닦인 청정한 거울면에 의지해 본질이 연이 됨으로써 도리어 본질을 보고 이르기를, '내가 지금 영상을 본다'고 하고, 그리고 이르기를, '본질을 떠나서 따로 행해지는 영상의 현현함이 있다'고 하는 것과 같다.35

善男子, 如依善瑩 淸淨鏡面 以質爲緣 還見本質 而謂 '我今見於影像', 及謂 '離質 別有所行 影像顯現'.

---

34 이하는 여섯째 여래께서 해석해서 통하게 하시는 것인데, 그 중에 둘이 있다. 처음 ⑷는 경계는 마음을 떠나지 않음을 해석하는 것이고, 뒤의 ⑸는 문답하여 산심의 소연을 분별하는 것이다. 전자 중에는 셋이 있으니, ①의 법, ②의 비유, ③의 합함을 말한다.
　이는 곧 법을 말하는 것이다. 무성의 《섭론》에서 말하기를, "조그만 법도 조그만 법을 취할 수 있는 것이 없다고 한 이것은 앞의 힐난을 풀어주는 것이니, 작용이 없기 때문이다. 말하자면 일체의 법은 작용과 작용의 주체가 다 성립되지 않기 때문이다."라고 하였다. 해석해서 말하자면, '조그만 법도 없다'는 것은 작용의 주체가 없음을 나타내고, '조그만 법을 볼 수 있다'는 것은 작용이 없음을 나타낸다. 또 해석하자면 조그만 법도 조그만 법을 취할 수 있는 것이 없다고 함은 곧 의타기의 마음 위에는 그 마음을 떠나서 실제의 마음의 체가 없고 또한 실제의 작용도 없다는 것이다.
　다음 그 아래는 「이미 실제의 작용이 없다면 어떻게 능취·소취가 있을 수 있는가」라는 숨은 힐난이 있기 때문에 이 말을 한 것이다. 그러나 의타기가 마음과 비슷하게 날 때 곧 이와 같은 영상의 현현함이 있기 때문에 이 마음이 능히 경계를 취한다고 말하는 것이다. 무성의 《섭론》에서 말하기를, "'그러나 곧 이 마음이 이와 같이 날 때'라고 함은, 연기하는 모든 법은 위력이 크기 때문에 곧 하나의 체 위에 둘의 영상의 남이 있되, 다시 상호 서로 바라볼 때 즉하지도 않고 떠나지도 않으니, 모든 심·심소법은 연기하는 힘으로 말미암아 그 법성이 그러해서 이와 같이 난다."라고 하였다.
35 이는 곧 비유를 말하는 것이다. 그런데 이 거울의 영상은 그 모습을 알기 어려운데, 지금 대승에 의하면 두 가지 글이 있다. 첫째는 이 경전의 심의식상품에 의하면 거울 속에 영상이 있으니, 그래서 경전(=1.3⑶의 ③)에서 말하기를, "또 매우 맑은 거울의 면은 만약 하나의 영상이 생길 연의 현전함이 있으면 오직 하나의 영상만 일어나고, 둘이나 많은 영상이 생길 연이

현전하면 많은 영상의 일어남이 있다."라고 말한다. 또《불지경》에서는 이르기를, "마치 둥근 거울에 의지해 온갖 영상이 현현하는 것과 같다."라고 하고, 나아가 거기에서 이르기를, "또 마치 둥근 거울은 조건인 본질에 의지해 갖가지 영상의 모습이 생기하는 것과 같다."라고 말한다. 둘째는 이 경문이 이르는 것에 의하면, "마치 잘 닦인 청정한 거울면에 의지해 본질이 조건이 됨으로써 도리어 본질을 보고 이르기를, '내가 지금 영상을 본다'고 하고, 그리고 이르기를, '본질을 떠나 따로 행해지는 영상의 현현함이 있다'고 하는 것과 같다."고 한다. 이와 같은 등의 경전에서 대승의 여러 논사들은 양설을 나누어 이룬다.

첫째 용수종(=중관)은 곧 앞의 경문 및《불지경》등에 의해서 거울 속의 영상은 따로 체성이 있음을 세운다. 그 경량부에서는 반대로 자기 얼굴을 본다고 한다. 그래서《대지도론》제36권에서는 이르기를, "마치 기름 속에서 영상이 검은 것을 보는 것은 곧 본래의 색이 아닌 것과 같고, 마치 다섯 자의 칼 중에서 옆으로 보면 곧 얼굴 모습이 넓고, 길이로 보면 얼굴 모습이 길지만, 곧 본래의 얼굴이 아닌 것과 같다. 이런 인연 때문에 다시 본래의 모습을 보는 것이 아니다."라고 하였다. 그런데도 여기에서 말한 '자기 얼굴을 본다'는 글은 경량부에 의한 것이니, 영상의 비유의 양상이 대승(=중관)의 뜻이 아니다.

둘째 미륵종(=유식)에는 양설이 있다. 제1설은 이르기를, 「거울 속에 별도의 영상이 있고, 안식이 일어날 때 영상을 반연해서 나는 것이다. 만약 오직 본질 뿐이고 별도의 영상이 없다고 한다면, 오직 견분만이고 상분이 없어야 할 것이다. 또 여러 가르침 중에서 거울 속의 영상으로써 의타기를 말하고, 허공의 꽃의 비유로써 소집성을 비유하니, 따라서 결정코 영상이 있어서 색처에 거두어진다. 그런데도 이 경전 중에서는 그들이 본질 밖의 별도의 영상이 있다고 결정해 집착하는 것을 위해서, 이 때문에 '본질이 연이 됨으로써 도리어 본질을 보고 이르기를, 내가 지금 영상을 본다고 하고, 그리고 이르기를, 본질을 떠나 따로 행해지는 영상의 현현함이 있다고 한다'라고 말한 것인데, 실제로써 말한다면 영상은 본질과 더불어 하나인 것도 아니고 다른 것도 아니라고 해야 한다. 하나인 것이 아니기 때문에 본질과 영상은 같지 않고, 다른 것이 아니기 때문에 본질을 본다고 이름한다.」라고 한다.

제2설은 이르기를, 「본질을 떠나서 별도의 영상은 없다」고 하니, 경량부와 대체로 같다. 반대로 자기 얼굴을 보고 연속된 것이라는 혼란[連亂] 때문에, 내가 지금 거울 속의 영상을 본다고 말하고, 그리고 본질을 떠나 따로 행해지는 영상의 현현함이 있다고 말하지만, 실제의 의거하면 전혀 없다.

③ 이와 같이 이 마음이 날 때 차이가 있는 것과 비슷한, 삼매에서 행해질 영상이 현현하는 것이다."36

如是 此心生時 相似有異 三摩地 所行影像 顯現."

⑸ ① "세존이시여, 만약 모든 유정이 자성에 머물면서 형색 등을 반연하는 마음에서 행해지는 영상, 그것도 이 마음과 역시 차이가 없는 것입니까?"37

"世尊, 若諸有情 自性而住 緣色等心 所行影像, 彼與此心 亦無異耶?"

② "선남자여, 역시 차이가 없다. 그런데도 모든 우부는 전도된 지각으로 말미암아 모든 영상에서 오직 식일 뿐임을 능히 여실하게 알지 못하여 전도

"善男子, 亦無有異. 而諸愚夫 由顛倒覺 於諸影像 不能如實 知唯是識 作顛倒解."

....
    비록 양설이 있지만, 뒤의 설이 나오니, 여러 가르침에 수순하기 때문이다. 영상이 없다는 것에 나아가면 다시 양설이 있다. 제1설은 거울 속에는 전혀 영상이 없다고 한다. 제2설은 거울이 비춘 얼굴에는 네 가지가 있으니, 첫째는 아뢰야식이 변현된 본질이고, 둘째는 안식이 변현된 상분이며, 셋째는 동시의 의식(=오구의식)의 상분인데, 이 세 가지는 본질의 처소와 같고, 넷째는 분별의식의 상분인데, 이 한 가지는 거울면에 있다고 한다.
36 이는 셋째 법을 들어서 비유와 같게 하는 것이다. 말하자면 이 선정의 마음이 이와 같이 날 때 미혹과 혼란 때문에 마음 밖의 차이가 있는 것과 상사하게 보이는 영상이 현현한다는 것이니, 그 이치를 논한 것이다. 마음이 변현한 모습은 마음을 떠나지 않기 때문에 역시 마음이라고 이름하고, 마음을 떠난 밖에 따로 보이는 것이 있는 것이 아니기 때문에 '도리어 자기 마음을 본다'고 말한다.
37 이하는 둘째 문답하여 산심의 소연을 분별하는 것인데, 그 중에 둘이 있으니, 처음 ①은 청문하는 것이고, 뒤의 ②는 설하시는 것이다.
    묻는 뜻은, 선정의 경계가 세존께서 설하시는 것과 같다면, 만약 모든 유정이 공용에 의하지 않고 자성에 머무는 마음으로 반연하는 바 형색 등 모든 영상의 경계, 그것도 이 마음과 역시 차이가 없는 것인가라는 것이다.

된 이해를 짓는 것이다."38

3.7 39

⑴ ① 자씨보살이 다시 붓다께 말하였다. 慈氏菩薩 復白佛言.

"세존이시여, 어디까지를 보살이 한결같이 비발사나를 닦는다고 말해야 합니까?"40 "世尊, 齊何當言 菩薩 一向修 毘鉢舍那?"

② 붓다께서 자씨보살에게 말씀하셨다. 佛告 慈氏菩薩曰.

"선남자여, 작의를 상속시켜 오직 마음의 모습을 사유하는 것이다."41 "善男子, 若相續作意 唯思惟心相."

⑵ ① "세존이시여, 어디까지를 보살이 한결같이 사마타를 닦는다고 말해야 합 "世尊, 齊何當言 菩薩 一向修 奢摩他?"

....

38 산심의 소연도 역시 마음을 떠나지 않는다. 그런데도 모든 우부는 마음의 산란 때문에 모든 영상에서 마음 밖이라는 이해를 짓는다는 것이다.
39 지관을 수습함의 단·쌍의 문[修習止觀單雙門]인데, 그 중에 둘이 있다. 처음은 통·별로 수습하는 것을 밝히는 것이고, 뒤의 ⑷ 이하는 세 종류의 소연의 차별을 거듭 해석하는 것이다.
40 전자 중에는 셋이 있으니, 처음 ⑴은 한결같이 관 닦는 것을 밝히는 것이고, 다음 ⑵는 한결같이 지 닦는 것을 분별하는 것이며, 뒤의 ⑶은 지·관 두 가지를 함께 굴리는 것을 나타내는 것이다. 이와 같은 3단락에 다 묻고 답함이 있다.
　이는 곧 관 중에서 보살이 청문하는 것이니, 이는 관을 닦는 행해行解의 범위를 묻는 것이다.
41 말하자면 상속해서 문·사혜와 함께 하는 마음의 상분을 사유하는 것이다.

니까?"

② "선남자여, 작의를 상속시켜 오직 무간의 마음을 사유하는 것이다."42

"善男子, 若相續作意 唯思惟無間心."

(3) ① "세존이시여, 어디까지를 보살이 사마타와 비발사나를 화합해 함께 굴린다고 말해야 합니까?"

② "선남자여, 심일경성을 바로 사유하는 것이다."43

"世尊, 齊何當言 菩薩 奢摩他 毘鉢舍那 和合 俱轉?"

"善男子, 若正思惟 心 一境性."

(4) ① "세존이시여, 무엇을 마음의 모습이라고 합니까?"

② "선남자여, 삼매에서 행해지는 분

"世尊, 云何 心相?"

"善男子, 謂三摩地所行

....

42 '무간의 마음'이란 곧 앞과 틈 없이 서로 이어서[前無間相續] 법과 뜻의 경계를 반연하는 문·사 2혜와 상응하는 견분이다. 그래서 《유가론》 제10권에서는 이르기를, "무간의 작의란 말하자면 일체의 시간에 틈 없고 끊어짐 없이 상속해서 구르는 것이니, 따라서 무간이 상속이라고 알아야 한다."라고 하였다. 말하자면 사마타는 마음으로 하여금 흩어지지 않게 하는 것이기 때문에 오직 마음만을 반연하는 것이다.
43 이는 여래께서 바로 설하시는 것이다. '심일경성'이란 말하자면 지·관이 함께 구르는 소연의 경계이다. 그런데 이 1구에 대해 여러 설이 같지 않다. 제1설은,「심일경은 세속의 유식이니, 경계가 마음을 떠나지 않으므로 심일경이라고 이름하며, 혹은 오직 한 마음이므로 심일경이라고 이름한다. 심일경성이란 승의의 유식이니, 말하자면 일체법의 오직 하나인 진실한 성품을 심일경성이라고 이름한다.」라고 한다. 제2설은,「성性이라는 말은 또한 세속에도 통한다. 그래서 《성유식론》 제9권에서는 이르기를, '말하자면 유식의 성품에는 대략 두 가지가 있다. 첫째는 세속이니, 의타기를 말하고, 둘째는 승의이니, 원성실을 말한다.'라고 하였다.」라고 한다.

별 있는 영상을 말하니, 비발사나의 소연이다."44

有分別影像, 毘鉢舍那所緣."

⑸ ① "세존이시여, 무엇을 무간의 마음이라고 합니까?"

"世尊, 云何 無間心?"

② "선남자여, 그 영상을 반연하는 마음을 말하니, 사마타의 소연이다.45

"善男子, 謂緣彼影像心, 奢摩他 所緣."

⑹ ① "세존이시여, 무엇을 심일경성이라고 합니까?"

"世尊, 云何 心一境性?"

② "선남자여, 삼매에서 행해지는 영상이 오직 그 식일 뿐임을 통달하는 것, 혹은 이를 통달하고 나서 다시 진여의 성품을 사유하는 것을 말한다."46

"善男子, 謂通達 三摩地 所行影像 唯是其識, 或通達此已 復思惟如性."

....

44 이하는 둘째 세 종류 소연의 차별을 거듭 해석하는 것인데, 3소연을 해석하므로 곧 셋으로 나누어진다. 말하자면 곧 앞에서 말한 것과 같은 마음의 모습이 삼매에서 행해지는 영상이며, 또한 곧 관찰하는 마음이 행하는 경계이기도 하다.
45 그 영상을 반연하는 문·사 2혜와 상응하는 상분의 마음이 사마타의 소연의 경계이다.
46 말하자면 이 때 모든 법은 다 식을 떠나지 않음을 통달하고, 이와 같이 관찰하고 나서 다시 진여를 사유하는 것이다. 말하자면 앞의 두 가지는 마음과 경계를 따로 관찰하므로, 지·관이 함께 하지 않지만, 이 제3문은 마음과 경계를 합쳐서 반연하므로, 지·관이 함께 구르는 것이다. 지·관 2도가 함께 구르는 것을 자세히 해석하는 것은 《유가론》 제31권과 같고, 심일경성을 자세히 해석하는 것은 《유가론》 제30권과 같다.

3.847

⑴ ① 자씨보살이 다시 붓다께 말하였다.

"세존이시여, 비발사나에는 모두 몇 가지가 있습니까?"48

② 붓다께서 자씨보살에게 말씀하셨다.

"선남자여, 대략 세 가지가 있으니,49

③ 첫째는 모습이 있는 비발사나, 둘째는 심구하는 비발사나, 셋째는 사찰하는 비발사나이다.

④ 무엇을 모습이 있는 비발사나라고 하는가? 순전히 삼매에서 행할 분별 있는 영상을 사유하는 비발사나를 말한다.50

慈氏菩薩 復白佛言.

"世尊, 毘鉢舍那 凡有幾種?"

佛告 慈氏菩薩曰.

"善男子, 略有三種,
一者 有相 毘鉢舍那,
二者 尋求 毘鉢舍那,
三者 伺察 毘鉢舍那.
云何 有相 毘鉢舍那?
謂純思惟 三摩地所行
有分別影像 毘鉢舍那.

....

47 이하는 여덟째 지·관의 종류의 수의 차별문인데, 그 중에 둘이 있으니, 앞의 ⑴은 관이고, 뒤의 ⑵는 지이다.
48 관찰 중에도 둘이 있으니, 먼저 ①은 묻는 것이고, 뒤의 ② 이하는 답하시는 것이다.
49 이하는 둘째 세존께서 바로 설하시는 것인데, 그 중에 셋이 있다. 처음 ②는 수를 표방하는 것, 다음 ③은 이름을 열거하는 것, 뒤의 ④ 이하는 개별적으로 해석하는 것이다.
50 이하는 셋째 차례대로 개별적으로 해석하는 것인데, 세 가지 차별되는 모습을 해석하므로 곧 셋으로 나누어진다. 이는 곧 첫째 모습 있는 비발사나를 바로 해석하는 것이다. 말하자면 법과 비슷하고 뜻과 비슷한, 분별 있는 영상을 순전히 사유하는 것이니, 경계를 좇아 이름을 세워 '분별 있는'이라고 이름한 것이다.

⑤ 무엇을 심구하는 비발사나라고 하는가? 지혜에 의하는 연고로, 두루 아직 잘 이해해 알지 못하는 그러그러한 일체의 법 중에서, 잘 알기 위해 작의하여 사유하는 비발사나를 말한다.51

⑥ 무엇을 사찰하는 비발사나라고 하는가? 지혜에 의하는 연고로, 두루 이미 잘 이해해 아는 그러그러한 일체의 법 중에서, 지극한 해탈을 잘 증득하기 위해 작의하여 사유하는 비발사나를 말한다.52

云何 尋求 毘鉢舍那?
謂由慧故, 遍於彼彼 未善解了 一切法中,
爲善了故 作意思惟 毘鉢舍那.

云何 伺察 毘鉢舍那?
謂由慧故, 遍於彼彼 已善解了 一切法中,
爲善證得 極解脫故 作意思惟 毘鉢舍那."

(2) ① 자씨보살이 다시 붓다께 말하였다.

"세존이시여, 이 사마타에는 모두 몇 가지가 있습니까?"53

② 붓다께서 자씨보살에게 말씀하셨다.

"선남자여, 곧 그것들을 따르는 무간

慈氏菩薩 復白佛言.

"世尊, 是奢摩他 凡有幾種?"

佛告 慈氏菩薩曰.

"善男子, 卽由隨彼 無

---

51 말하자면 지혜에 의하는 연고로, 두루 모습 있는 경계 중 아직 잘 이해하지 못하는 곳의 영상에서, 알고자 하기 때문에 작의하여 사유하는 것이다.
52 말하자면 이 잘 이해해 아는 그 경계에서 지극한 해탈을 증득하기 위해 작의하여 사유하는 것이다. 《유가론》 제30권에 의하면 대체로 이 경전과 같다.
53 이하는 둘째 사마타의 종류와 수의 다소를 분별하는 것인데, 앞의 ①은 묻는 것이고, 뒤의 ② 이하는 답하는 것이다.

의 마음이기 때문에 이 중에도 역시 세 가지가 있다고 알아야 한다.54

③ 다시 여덟 가지가 있으니, 말하자면 초정려 내지 비상비비상처에 각각 한 가지의 사마타가 있기 때문이다.55

④ 다시 네 가지가 있으니, 말하자면 자·비·희·사의 사무량 중에 각각 한 가지의 사마타가 있기 때문이다."56

開心故 當知此中 亦有三種.

復有八種, 謂初靜慮 乃至 非想非非想處 各有一種 奢摩他故.

復有四種, 謂慈悲喜捨 四無量中 各有一種 奢摩他故."

3.9 57

(1) 자씨보살이 다시 붓다께 말하였다.

"① 세존께서는 법에 의지하는 사마

慈氏菩薩 復白佛言.

"世尊 如說依法 奢摩

---

54 이하는 바로 해석하는 것인데, 그 중에는 셋이 있다. 처음 ②는 세 가지 사마타를 밝히는 것, 다음 ③은 여덟 가지 사마타를 밝히는 것, 뒤의 ④는 네 가지 사마타를 밝히는 것이다.

　이는 곧 첫째 '모습 있는' 등의 셋이다. '그것들을 따른다'고 말한 것은 앞에서 말한 마음의 모습, 곧 따를 바의 상분이다. '무간의 마음'이란 곧 따르는 주체인 견분의 마음이다. 여기에서의 뜻이 말하는 것은, 그 마음의 모습을 반연하는 비발사나에 세 가지가 있기 때문에, 무간의 마음을 반연하는 사마타의 마음에도 역시 세 가지가 있다는 것이다.

55 이는 둘째 그 여덟 가지 선정을 곧 여덟 가지 사마타라고 이름함을 밝히는 것이다. * 이하에 8선정에 관한 자세한 설명이 뒤따른다.

56 이는 곧 셋째 네 가지 사마타를 해석하는 것이니, 말하자면 4무량심과 상응하는 선정이기 때문이다. * 이하에 4무량에 관한 자세한 설명이 뒤따른다.

57 이하는 아홉째 법에 의지하고 의지하지 않는 지관의 문[依不依法止觀門]인데, 그 중에 셋이 있다. 처음은 법에 의지하고 법에 의지하지 않음을 밝히는 것, 다음 (3) 이하는 법을 반연함의 총·별의 문을 밝히는 것, 뒤의 (5) 이하는 총체적인 것을 반연함의 차별을 밝히는 것이다.

타・비발사나를 말씀하시고, 다시 법에 의지하지 않는 사마타・비발사나를 말씀하셨습니다.58 ② 어떤 것을 법에 의지하는 사마타・비발사나라고 이름하고, 어떤 것을 다시 법에 의지하지 않는 사마타・비발사나라고 이름합니까?"59

他 毘鉢舍那, 復說不依法 奢摩他 毘鉢舍那. 云何名 依法 奢摩他 毘鉢舍那, 云何復名 不依法 奢摩他 毘鉢舍那?"

(2) 붓다께서 자씨보살에게 말씀하셨다.
"① 선남자여, 만약 여러 보살이 먼저 받아들여서 사유한 법의 모습을 따르고 그 뜻에서 사마타・비발사나를 얻으면 법에 의지하는 사마타・비발사나라고 이름하고,60 ② 만약 여러 보살이 받아들이고 사유한 법의 모습을 기다리지 않

佛告 慈氏菩薩曰. "善男子, 若諸菩薩 隨先所受 所思法相 而於其義 得奢摩他 毘鉢舍那 名依法 奢摩他 毘鉢舍那, 若諸菩薩 不待所受 所思法相,

---

58 이는 곧 처음인데, 그 중에도 둘이 있으니, 먼저 (1)은 묻는 것이고, 뒤의 (2)는 답하시는 것이다. 물음 중에도 둘이 있으니, 먼저 ①은 의거하는 가르침을 드는 것이고, 뒤의 ②는 가르침에 의거해 물음을 일으키는 것이다.
59 묻는 것에는 두 가지 뜻이 있는데, 경문과 같아서 알 수 있을 것이다.
60 이하는 둘째 여래께서 바로 설하시는 것인데, 그 중에는 둘이 있다. 처음은 물음에 대해 바로 설하시는 것이고, 뒤의 ⑤ 이하는 수신행・수법행에 의거해 의지함과 의지하지 않음을 해석하는 것이다. 전자 중에도 둘이 있는데, 처음 ①은 법에 의지하는 것을 해석하는 것이고, 뒤의 ② 이하는 법에 의지하지 않는 것을 해석하는 것이다.
 이는 법에 의지하는 것을 해석하는 것이다. 말하자면 여러 보살이 먼저 들은 지혜로 받아들이고 사유한 12교법을 따르고 그 뜻에서 지・관을 얻는다면 곧 말하여 법에 의지하는 지・관이라고 이름한다. * 여기에서 법에 의지하고 의지하지 않는 지관을 해석하는 경문 3.9의 큰 구조를 도표로써 보이면 다음과 같다.

고, 단지 남이 가르쳐 훈계하고 가르쳐 줌에 의지해서 그 뜻에서 사마타·비발사나를 얻는 것,61 ③ 말하자면 푸른 어혈 및 짓무르고 문드러짐 등이나 혹은 일체의 행은 다 무상함, 혹은 모든 행은 괴로움임, 혹은 일체의 법에는 다 나가 없음, 혹은 다시 열반의 필경 적정함을 관찰함이라면,62 ④ 이러한 등 부류의

但依於他 教誡教授
而於其義 得奢摩他 毘
鉢舍那, 謂觀靑瘀
及膿爛等 或一切行
皆是無常 或諸行苦
或一切法 皆無有我
或復涅槃 畢竟寂靜,
如是等類 奢摩他

법에 의지함과 의지하지 않음	물음			(1)
	답함	바로 설함	법에 의지함	(2)①
			법에 의지하지 않음	②~④
		수신행·수법행에 의거해 해석함		⑤~⑥
법을 반연함의 총·별의 문	물음			(3)
	답함	별법 반연하는 사마타·비발사나		(4)①
		총법 반연하는 사마타·비발사나		②~⑦
총체적인 것을 반연함의 차별	물음			(5)
	작은 총체 등을 반연하는 차별		작은 총법	(6)①
		답함	큰 총법	②
			한량없는 총법	③
	총체적인 모습 반연함의 연을 갖춤			(7)
	얻음과 통달하는 지위를 분별함			(8)

61 이하는 둘째 법에 의지하지 않는 것을 해석하는 것인데, 그 중에는 셋이 있으니, 먼저 ②는 간략히 해석하는 것, 다음 ③은 자세히 해석하는 것, 뒤의 ④는 총결하는 것이다.
　이는 곧 간략히 해석하는 것이다. 말하자면 여러 보살이 성품이 둔근이기 때문에 받아들이고 사유한 법과 뜻을 의지하지 않고, 반드시 남의 가르침에 의해서 뜻 중에서 지 및 관을 얻는 것이다.
62 이는 둘째 자세히 해석하는 것이다. 가르침과 훈계의 힘에 의해 다섯 가지 청정한 경계 중에서 부정의 경계를 관찰하니, 말하자면 푸른 어혈 및 짓무르고 문드러짐 등을 관찰하는 것을 말한다. '등'이라는 말은 자비관의 경계 내지 별상別相의 사념처로 행하는 경계를 같이 취한 것이다. '혹은 일체의

사마타·비발사나는 법에 의지하지 않는 사마타·비발사나라고 이름한다.

⑤ 법에 의지해 사마타·비발사나를 얻기 때문에 나는 수법행隨法行의 보살을 시설하니, 이는 이근利根의 성품이다.63
⑥ 법에 의지하지 않고 사마타·비발사나를 얻기 때문에 나는 수신행隨信行의 보살을 시설하니, 이는 둔근鈍根의 성품이다."64

⑶ 자씨보살이 다시 붓다께 말하였다.
"① 세존께서는 개별적인 법을 반연하는 사마타·비발사나를 말씀하시고, 다시 총체적인 법을 반연하는 사마타·

毘鉢舍那 名不依法
奢摩他 毘鉢舍那.
由依止法 得奢摩他 毘
鉢舍那故 我施設 隨法
行菩薩, 是利根性.
由不依法 得奢摩他 毘
鉢舍那故 我施設 隨信
行菩薩, 是鈍根性."

慈氏菩薩 復白佛言.
"世尊如說 緣別法
奢摩他 毘鉢舍那,
復說 緣總法 奢摩他

행은 다 무상함' 내지 '다 나가 없음'이란 총상總相의 염처를 해석한 것이니, 이상의 여러 관은 사념처의 소연의 경계 중에서 무상 및 무아 등을 총체적으로 관찰하는 총상의 염처로서, 이와 같이 해서 나아가 무루관 중 괴로움과 무상 등에 이르고, 혹은 다시 무학위 중의 열반 적정을 관찰한다. 또 해석하자면 푸른 어혈 등이란 부정관 중의 9상관九相觀(《대지도론》 제21권에서 9상관을 자세히 해석한다)이고, 일체 행의 무상 등이란 4법인四法印이다.

63 이하는 둘째 수신행·수법행에 의거해 의지함과 의지하지 않음을 해석하는 것인데, 그 중에 둘이 있으니, 처음 ⑤는 법에 의지함을 해석하는 것이고, 뒤의 ⑥은 의지하지 않음을 해석하는 것이다.
    이는 곧 처음이다. 말하자면 법에 의지해 지·관을 얻는 자는 이근이기 때문에 여래께서는 수법행자라고 말씀하셨다는 것이다.
64 남의 가르침과 훈계를 좇아 지·관을 얻는 자는 둔근이기 때문에 여래께서는 수신행자라고 말씀하셨다는 것이다.

비발사나를 말씀하셨습니다.65 ② 어떤 것을 개별적인 법을 반연하는 사마타·비발사나라고 이름하고, 어떤 것을 다시 총체적인 법을 반연하는 사마타·비발사나라고 이름합니까?"66

毘鉢舍那. 云何名爲
緣別法 奢摩他 毘鉢舍
那, 云何復名
緣總法 奢摩他 毘鉢舍
那?"

⑷ 붓다께서 자씨보살에게 말씀하셨다.

"① 선남자여, 만약 여러 보살이 각각 다른 경전 등의 법을 반연하여 받아들이고 사유한 바와 같은 법에서 사마타·비발사나를 닦는다면, 이는 개별적인 법을 반연하는 사마타·비발사나라고 이름한다.67

佛告 慈氏菩薩曰.
"善男子, 若諸菩薩 緣
於各別 契經等法 於如
所受 所思惟法 修奢摩
他 毘鉢舍那, 是名 緣
別法 奢摩他 毘鉢舍那.

....

65 이하는 둘째 법을 반연함의 총·별의 문을 바로 밝히는 것인데, 그 중에 둘이 있으니, 처음 ⑶은 묻는 것이고, 뒤의 ⑷는 답하시는 것이다. 물음 중에도 둘이 있으니, 처음 ①은 의거할 가르침을 드는 것이고, 뒤의 ②는 가르침에 의해 물음을 일으키는 것이다.
66 묻는 것에는 두 가지 뜻이 있는데, 경문과 같아서 알 수 있을 것이다.
67 이하는 여래께서 바로 답하시는 것인데, 그 중에도 둘이 있으니, 먼저 ①은 개별 반연함을 답하시는 것이고, 뒤의 ② 이하는 총체 반연함을 답하시는 것이다.
  이는 곧 처음이다. 그런데 이 글을 해석함에는 양설이 있다. 제1설은 「각각 다른 것을 반연한다'는 것은 12부교는 각각 따로 다르기 때문에 각각이 '각각 다른 것'이 되는 것이지, 하나의 부라고 말하는 것에 각각 많은 종류가 있기 때문에 '각각 다른 것'이라고 말한 것이 아니다.」라고 한다. 만약 이 해석에 의한다면 개별적이든 총체적이든 낱낱의 부를 반연하는 것은 개별적인 것을 반연하는 것이라고 이름한다. 만약 이 해석에 의하면 뒤의 세 가지 총체 중 제1의 작은 총체[小總]는 이 중에 포함된다. 제2설은 「각각 다른 것을 반연한다'는 것은 낱낱의 부에 각각 많은 종류가 있는 것이니,

② 만약 여러 보살이 곧 일체 경전 등 　若諸菩薩 卽緣一切 契
의 법을 반연하되 모아서 한 덩어리, 한 　經等法 集爲 一團一積
더미, 한 부분, 한 무더기로 삼아 작의하 　一分一聚 作意思惟,
여 사유하는데,68 ③ 이 일체의 법은 진 　此一切法 隨順眞如

....

말하자면 12부에도 각각 다른 뜻이 있기 때문에 '각각 다른 것'이라고 말한 것이지, 12부가 다른 것을 '각각 다른 것'이라고 이름한 것이 아니다.」라고 한다. 만약 이 해석에 의한다면 반드시 두 가지 뜻을 갖추어야 비로소 개별적인 것을 반연한다고 이름하니, 첫째는 부가 다르고, 둘째는 종류가 다른 것이다. 만약 이 해석에 의하면 이 개별적인 것을 반연함 중에는 '작은 총체[小總]'를 포함하지 않는다.

　여기에서의 뜻이 말하는 것은 '각각 다른 경전 등의 법을 반연하여' 앞에서 말한 바와 같이 문혜로 받아들이고 사혜로 사유한 글의 뜻과 법 위에서 지관을 수습하는 것, 이것을 개별적인 것을 반연한다고 이름한다는 것이다.(=제2설)

68 이하는 둘째 총체적인 법 반연하는 것을 해석하는 것인데, 그 중에 둘이 있으니, 앞은 해석하는 것이고, 뒤의 ⑦은 맺는 것이다. 해석하는 것 중에는 셋이 있으니, 처음 ②는 개별을 거두어 총체로 삼아서 작의하여 사유하는 것이고, 다음 ③ 이하는 사유하는 모습을 해석하는 것이며, 뒤의 ⑥은 지·관 닦는 것을 맺는 것이다.

　이는 곧 처음인데, 이 경문을 해석하는 것에도 역시 양설이 있다. 제1설은 「'곧 일체 경전 등의 법을 반연하되 하나의 덩어리 등으로 삼는다'는 것은 12부를 모두 거두어서 하나의 덩어리로 삼기 때문에 '일체'라고 말한 것이라고 하니, 반드시 열둘을 갖추어야 일체라고 이름한다.」고 한다. 제2설은 「'일체'는 세 가지 뜻을 포함하고 있으니, 첫째는 낱낱의 부에 모두 많은 종류가 있기 때문에 일체라고 말하고, 둘째는 12부를 거두어 합쳐서 하나의 덩어리로 삼기 때문에 '일체'라고 말하며, 셋째는 한량없는 12부의 교법을 모두 거두기 때문에 '일체'라고 말한다. 그래서 아래의 경문에서 이 총체 중에서 세 가지로 나누니, '작은 총체' 등을 말한다.」라고 한다.

　양설 중에서 제2설을 바른 것으로 하니, 뒤의 경문에 수순하기 때문이다. '덩어리'·'더미'·'부분'·'무더기'는 뜻은 하나인데 이름만 다른 것이다. 여기에서의 뜻이 말하는 것은, 말하자면 일체 경전 등의 법을 반연하되 모아 하나의 덩어리로 삼아서 진여의 이해를 짓고 지·관을 닦는다면 총체적인 법을 반연하는 지·관이라고 이름한다는 것이다.

여를 수순하고 진여를 취향하고 진여에 임입臨入하며,69 ④ 보리를 수순하고 열반을 수순하고 전의를 수순하며, 그리고 그것들을 취향하고 그것들에 임입하며,70 ⑤ 이 일체의 법은 한량없고 수없는 선법을 펴 설하니,71 ⑥ 이와 같이 사유하여 사마타·비발사나를 닦는다면, ⑦ 이는 총체적인 법을 반연하는 사마타·비발사나라고 이름한다."

趣向眞如 臨入眞如,
隨順菩提 隨順涅槃
隨順轉依, 及趣向彼
若臨入彼,
此一切法 宣說無量 無數善法, 如是思惟
修奢摩他 毘鉢舍那,
是名 緣總法 奢摩他 毘鉢舍那."

....
69 이하는 둘째 사유하는 모습을 해석하는 것인데, 그 중에 둘이 있다. 처음은 가르침에 세 가지 뛰어난 작용이 있는 것을 사유하는 것이고, 뒤의 ⑤는 가르침이 선법을 펴 설하는 것을 사유하는 것이다. 전자 중에도 둘이 있으니, 처음 ③은 진여의 이치에 의거해 세 가지 작용을 사유하는 것이고, 뒤의 ④는 보리 등에 의거해 세 가지 작용을 사유하는 것이다.
 이는 곧 처음이다. 말하자면 모든 보살은 12분교에 그 세 가지 작용이 있음을 작의하여 사유하는 것이니, 첫째는 진여를 수순함이고, 둘째는 진여를 취향함이며, 셋째는 진여에 임입함(=임하여 들어감)이다. 말하자면 모든 성교는 바른 이치를 수순하기 때문이고, 바른 이치에 들어가기 때문이다. 또 해석하자면 성교로 말미암기 때문에 세 가지 지혜를 얻는 것이니, 문혜로 수순하고, 사혜로 취향하며, 수혜로 임입하는 것이다. 또 해석하자면 성교로 말미암기 때문에 세 가지 방편을 얻는 것이니, 수순함은 진여에 대한 먼 방편이고, 취향함은 가까운 방편이며, 임입함은 최후의 방편이다.
70 이는 둘째 보리 등에 의거해 그 세 가지 모습을 나타내는 것이다. 말하자면 이 세 가지 모습은 세 곳에서 구르니, 첫째 보리, 둘째 열반, 셋째 전의이다. 12분교는 이 3법에 대하여 다 수순·취향·임입의 세 가지 뛰어난 작용이 있는 것이다.
71 이는 곧 둘째 성스러운 가르침이 선법을 펴 설하는 것임을 사유하는 것이다. 진실에 의거하면 성교는 3성(=선·불선·무기)을 갖추어 설하지만, 사유해 지·관을 수습케 하기 위한 때문에 선법을 치우쳐 말한 것이다.

⑸ 자씨보살이 다시 붓다게 말하였다.

"① 세존께서는 작은 총체적인 법을 반연하는 사마타·비발사나를 설하시고, 다시 큰 총체적인 법을 반연하는 사마타·비발사나를 설하시며, 또 한량없는 총체적인 법을 반연하는 사마타·비발사나를 설하셨습니다.72

② 어떤 것을 작은 총체적인 법을 반연하는 사마타·비발사나라고 이름하고, 어떤 것을 큰 총체적인 법은 반연하는 사마타·비발사나라고 이름하며, 어떤 것을 다시 한량없는 총체적인 법을 반연하는 사마타·비발사나라고 이름합니까?"73

慈氏菩薩 復白佛言.
"世尊如說　緣小總法 奢摩他 毘鉢舍那,
復說 緣大總法 奢摩他 毘鉢舍那, 又說 緣無量總法 奢摩他 毘鉢舍那.

云何名 緣小總法 奢摩他 毘鉢舍那,
云何名 緣大總法 奢摩他 毘鉢舍那, 云何復名 緣無量總法 奢摩他 毘鉢舍那?"

⑹ 붓다께서 자씨보살에게 말씀하셨다.

"① 선남자여, 만약 각각 다른 경전 내지 각각 다른 논의를 반연하여 하나의 덩어리 등으로 삼아서 작의하여 사

佛告 慈氏菩薩曰.
"善男子, 若緣 各別契經 乃至 各別論義 爲 一團等 作意思惟,

---

72 이하는 셋째 총체적인 법을 반연함의 차별을 해석하는 문인데, 그 중에 셋이 있다. 처음은 작은 총체 등을 반연하는 차별을 밝히는 문이고, 다음 ⑺은 총체적인 모습 반연함을 얻음에서 연을 갖추는 것을 밝히는 문이며, 뒤의 ⑻은 얻음과 통달하는 지위를 분별하는 문이다. 이는 곧 처음인데, 그 중에는 둘이 있으니, 처음 ⑸의 묻는 것과 뒤의 ⑹의 답하시는 것이다. 물는 것 중에도 둘이 있으니, 처음 ①은 의거할 가르침을 드는 것이고, 뒤의 ②는 가르침에 의해 물음을 일으키는 것이다.
73 그 세 가지 물음이 있는 것은 경문과 같아서 알 수 있을 것이다.

유한다면, 이는 작은 총체적인 법을 반연하는 사마타·비발사나라고 이름한다고 알아야 한다.74

當知是名 緣小總法 奢摩他 毘鉢舍那.

② 만약 나아가 받아들이고 사유한 경전 등의 법을 반연하여 하나의 덩어리 등으로 삼아서 작의하여 사유하되, 각각 다른 것을 반연하는 것이 아니라면, 이는 큰 총체적인 법을 반연하는 사마타·비발사나라고 이름한다고 알아야 한다.75

若緣乃至 所受所思 契經等法 爲一團等 作意思惟, 非緣各別, 當知是名 緣大總法 奢摩他 毘鉢舍那.

③ 만약 한량없는 여래의 법의 가르침, 한량없는 법의 문구와 문자, 한량없는 후후의 지혜로 비추어 아는 바를 반

若緣無量 如來法教 無量法句文字 無量後後 慧所照了

----

74 이하는 둘째 여래께서 바로 설하시는 것인데, 세 가지 총체적으로 반연하는 것을 해석하므로 곧 셋으로 나누어진다. 이는 곧 첫째 작은 총체적인 법을 반연하는 것이니, 12분교 중 각각 따로 반연하는 것을 말한다. 말하자면 중다한 경전을 모두 거두어 하나로 삼고, 내지 중다한 논의를 모두 거두어 하나로 삼기 때문에 '작은 총체'라고 이름한다.

75 이는 곧 둘째 큰 총체적인 법을 반연하는 것을 해석하는 것인데, 글에 세 마디가 있다. 처음은 해석하는 것이고, 다음은 가려내는 것이며, 뒤는 맺는 것이다. 바로 해석함 중에 나아가 '반연한다'고 말한 것은 말하자면 이것은 12분교를 갖추어서 반연한다는 것이고, '나아가 받아들이고' 등이라고 말한 것은 반연하는 범위를 나타내는 것이다. 여기에서의 뜻이 말하는 것은, 12분교의 큰 총체를 반연하기를 통틀어 반연하되, 그 분한을 논하자면 '나아가 받아들이고 사유한 바의 곳에 이르기까지' 12분교를 하나의 덩어리로 삼아서 작의하여 사유하는 것을 큰 총체라고 이름한다는 것이다. '각각 다른 것을 반연하는 것이 아니다'라는 것은 작은 총체와 다르다는 것을 구별하는 것이니, 작은 총체가 부부部部를 따로 반연하는 것과 같지 않다는 것이다.

연하여 하나의 덩어리 등으로 삼아서	爲一團等
작의하여 사유하되, 나아가 받아들이고 사유한 바를 반연하는 것이 아니라면,	作意思惟, 非緣乃至 所受所思,
이는 한량없는 총체적인 법을 반연하는 사마타·비발사나라고 이름한다고 알아야 한다."76	當知是名 緣無量總法奢摩他 毘鉢舍那."

(7) ① 자씨보살이 다시 붓다께 말하였다. 慈氏菩薩 復白佛言.

"세존이시여, 보살은 어디까지를 총체 "世尊, 菩薩齊何名 得

---

76 이는 셋째 한량없는 총체적인 것을 반연하는 것인데, 글에 세 마디가 있으니, 처음은 해석하는 것, 다음은 가려내는 것이며, 뒤는 맺는 것이다.

해석함 중에 나아가 '한량없는 여래의 법의 가르침' 등이라고 말한 이것은 세 가지 한량없음을 반연하여 하나의 덩어리 등으로 삼아서 작의하여 사유하는 것을 한량없는 총체라고 이름한다는 것을 밝히는 것이다. '세 가지 한량없음'이라고 말한 것은, 첫째는 한량없는 여래의 법의 가르침을 반연하는 것이다. 이에 대하여는 여러 해석이 있으니, 1설은 음성으로 한량없는 법을 설하기 때문이라고 하고, 1설은 시방 삼세의 많은 여래이기 때문이라고 하며, 1설은 한량없음은 붓다 및 가르침 두 가지에 공통된다고 한다. 둘째는 한량없는 이름·문구·문자 등이라고 함은 소리에 의해 일으키는 이름·문구·문자이다. 셋째 한량없는 후후의 지혜로 비추어 아는 것이라고 함은 반연주체의 지혜를 들어서 반연대상인 가르침을 분별한 것이니, 지혜가 하나가 아니기 때문에 '후후'라고 말한 것이다. 그래서 《심밀경》에서는 '상상의 지혜'라고 말하였다.

어떻게 이 세 가지 한량없음을 한 덩어리 등으로 삼는다고 말하는가? 이는 반연대상인 법의 가르침을 밝히는 것인데, 그 세 가지 뜻이 있다. 첫째는 설하는 주체인 사람을 들어서 설한 대상인 가르침을 나타내는 것이고, 둘째는 이름·문구·문자를 말한 것은 바로 가르침의 체를 낸 것이며, 셋째는 반연하는 주체의 지혜에 의거해 반연대상인 가르침을 나타낸 것이다. 이 때문에 셋을 말한 것이지, 세 가지 한량없음이 다 가르침의 체인 것은 아니다.

적인 법을 반연하는 사마타·비발사나를 얻는다고 이름합니까?"77

② 붓다께서 자씨보살에게 말씀하셨다.

"선남자여, 다섯 가지 연으로 말미암아 얻는다고 이름한다고 알아야 한다.78

첫째 사유할 때 순간순간 일체 추중의 의지처를 녹이고,79 둘째 갖가지 지각을 떠나서 법락 즐김을 얻으며,80 셋

緣總法 奢摩他 毘鉢舍那?"

佛告 慈氏菩薩曰.

"善男子, 由五緣故 當知名得.

一者 於思惟時 刹那刹那 融銷一切 麤重所依,

二者 離種種想 得樂法

---

77 이하는 둘째 총체적인 법을 반연함을 얻음에서 연을 갖추는 문인데, 혹은 총체적인 법을 반연함을 얻는 한계의 문이라고 할 수도 있다. 그 중에 둘이 있으니, 먼저 ①은 청하는 것이고, 뒤의 ②는 설하시는 것이다.
  이는 곧 청문하는 것이니, 어떤 연이 갖추어지기까지를, 총체적인 법을 반연하는 지·관을 얻는다고 이름하는가라는 것이다.
78 ②는 둘째 세존께서 바로 설하시는 것인데, 그 중에 둘이 있다. 처음 여기까지는 수를 표방해 간략히 답하시는 것이고, 뒤의 그 아래는 5연을 개별적으로 해석하는 것이다.
  이는 곧 처음이니, 다섯 가지 연을 갖추기 때문에 총체적으로 반연함을 얻는다고 이름한다.
79 이하는 둘째 5연을 개별적으로 해석하는 것이므로 곧 다섯으로 나누어진다. 이는 곧 첫째 추중을 녹이는 결과이니, 《심밀경》에서는 '순간순간 일체 번뇌의 무리를 멸한다'라고 하였다. 무착의 《섭론》에 의하면 곧 이 경전과 같은데, 세친의 《섭론》에서는 이르기를, "말하자면 번뇌장 및 소지장의 무시의 때로부터의 종자를 말하여 추중이라고 이름한다. 이 2장애의 무리를 총체적인 법을 반연하는 지·관의 힘에 의해 순간순간 녹인다."라고 하였으니, 여기에서의 뜻은 장애의 무리를 파괴함을 취하여 '녹인다'고 이름하고, 혹은 미약하게 하므로 '녹인다'고 이름한다. 무성의 《섭론》에서는 이르기를, "아뢰야식을 추중의 의지처라고 이름하고, 그 무리를 손괴하기 때문에 녹인다고 이름한다."라고 하였다.
80 이는 곧 둘째 법락을 즐기는 결과이니, 《심밀경》에서는 '갖가지 모습을 떠나서 법락 즐김을 얻는다'라고 하였다. 무착의 《섭론》에서는 '갖가지 지

째 시방의 차별 없는 모습과 한량없는 법의 광명을 이해해 알고,81 넷째 지을 바를 성만함과 상응하는 청정분의 무분별의 모습이 늘 앞에 나타나 있으며,82 다섯째 법신으로 하여금 성만함을 얻게 하기 위한 때문에 후후의 더욱 승묘한 원인을 섭수하는 것이다."83

樂, 三者 解了十方 無差別相 無量法光, 四者 所作成滿 相應淨分 無分別相 恒現在前, 五者 爲令法身 得成滿故 攝受後後 轉勝妙因."

(8) ① 자씨보살이 다시 붓다께 말하였다.

慈氏菩薩 復白佛言.

"세존이시여, 이 총체적인 법을 반연하는 사마타·비발사나는, 어디서부터를

"世尊, 此緣總法 奢摩他 毘鉢舍那, 當知 從

각을 떠나서 법의 동산[法苑]의 즐거움을 얻는다'라고 하였다.
81 이는 곧 셋째 법의 광명을 이해해 아는 결과인데, 《심밀경》에서는 '여실하게 시방이 한량없고 끝이 없는 것을 알고, 한량없는 법의 광명을 안다'라고 하였다. 무착의 《섭론》에서는 '널리 두루한 한량없고 분한 없는 모습의 큰 법의 광명을 능히 바르게 요지한다'라고 하였다.
82 이는 곧 넷째 원인의 지혜가 늘 나타나는 결과인데, 《심밀경》에서는 '지을 바를 성취함과 상응하는 청정분의 무분별의 모습이 현전한다'라고 하였다. 무착의 《섭론》에서는 '청정분에 수순하는 분별할 바 없는 무상無相이 현행하는 것이다'라고 하였다.
83 이는 곧 다섯째 뒤의 원인을 섭수하는 결과인데, 《심밀경》에서는 '법신을 성취함을 얻기 위한 가장 위의 뛰어나며 위의 뛰어난 원인을 증득한다'라고 하였다. 무착의 《섭론》에서는 '법신으로 하여금 원만히 성취되게 하기 위해 능히 후후의 뛰어난 원인을 바르게 섭수한다'라고 하였는데, 세친의 《섭론》에서 이르기를, "말하자면 제10지의 법신을 말하여 '원만'이라고 이름하고, 제11 불지의 법신을 말하여 '성취'라고 이름한다. 일체의 원인 중 불지에 나는 것이 가장 수승함이 되니, 이 때문에 후후의 뛰어난 원인을 능히 바르게 섭수한다고 말한 것이다."라고 하였다.

통달한다고 이름하고, 어디서부터를 얻는다고 이름한다고 알아야 합니까?84

② 붓다께서 자씨보살에게 말씀하셨다.

"선남자여, 처음 극희지부터 통달한다고 이름하고, 제3의 발광지부터 이에 얻는다고 이름한다.85

③ 선남자여, 처음 배우는 보살도 또한 이 중에서 따라서 배우고 작의하니, 비록 아직 칭찬할 만하지 못하다 해도 게을리하거나 폐해서는 안된다."

何 名爲通達, 從何 名 得?"

佛告 慈氏菩薩曰.

"善男子, 從初極喜地 名爲通達, 從第三發光地 乃名爲得.

善男子, 初業菩薩 亦於 是中 隨學作意,

雖未可歎

不應懈廢."

3.10[86]

(1) 자씨보살이 다시 붓다께 말하였다. 慈氏菩薩 復白佛言.

....
84 (8)은 셋째 얻음과 통달하는 지위의 문인데, 그 중에 둘이 있으니, 먼저 ① 은 묻는 것이고, 뒤의 ② 이하는 답하시는 것이다.
85 이하는 둘째 여래께서 바로 설하시는 것인데, 그 중에 둘이 있으니, 처음 ②는 앞의 물음에 바로 답하시는 것이고, 뒤의 ③은 처음 배우는 자에게 권하시는 것이다.
 말하자면 처음 2지에서는 이미 진여를 증득하였으므로 통달이라고 이름하지만, 아직 순숙하지 못하므로 '얻었다'고 이름하지 않는다. 혹은 초지 이상의 모든 지는 다 통달이라고 이름하지만, 제3지 중에서 선정의 지위[定地]를 얻기 때문에 선정에 의지해 관찰을 일으키고 또한 순숙함도 얻으므로 위의 모든 지를 다 '얻었다'고 이름한다는 것일 수도 있다. 이치의 실제로써 논한다면 모든 지 중에서 다 두 가지 뜻을 갖추지만, 모습이 드러난 것에 나아가기 때문에 이와 같은 말을 하는 것이다.
86 이하는 열째 심구·사찰이 있는 등의 차별문[有尋伺等差別門]인데, 그 중에 둘이 있으니, 앞의 (1)은 묻는 것이고, 뒤의 (2)는 답하시는 것이다.

"세존이시여, 이 사마타·비발사나에서 어떤 것을 유심유사有尋有伺의 삼매라고 이름하고, 어떤 것을 무심유사無尋唯伺의 삼매라고 이름하며, 어떤 것을 무심무사無尋無伺의 삼매라고 이름합니까?"87

"世尊, 是奢摩他 毘鉢舍那 云何名 有尋有伺三摩地, 云何名 無尋唯伺三摩地, 云何名 無尋無伺三摩地?"

(2) 붓다께서 자씨보살에게 말씀하셨다.
"① 선남자여, 취해진 것과 같은 심구·사찰하는 법의 모습에서 만약 두드러지게 영수하여 관찰함이 있는 여러 사마타·비발사나라면 이는 유심유사의 삼매라고 이름하고,88 만약 그 모습에서

佛告 慈氏菩薩曰.
"善男子, 於如所取 尋伺法相 若有麤顯 領受觀察 諸奢摩他 毘鉢舍那 是名 有尋有伺 三摩地, 若於彼相

---

87 이 물음의 뜻이 말하는 것은, 위에서 말한 것처럼 지·관 두 가지에는 다 심구 등 세 가지 차별되는 모습이 있는데, 어떤 것을 유심유사의 삼매(=심구도 있고 사찰도 있는 삼매), 무심유사의 삼매(=심구는 없고 오직 사찰만인 삼매), 나아가 무심무사의 삼매(=심구도 없고 사찰도 없는 삼매)라고 이름하는가라는 것이다. 세 가지에서 다 '삼매'라고 말한 것은 산심을 가려내기 위한 때문에 이 말을 한 것이다. 구 경론에서는 '각·관'이라고 이름하였는데, 대당삼장(=현장)이 '심·사'라고 번역하였다.
 그런데 이 심·사에는 차별이 있다. 살바다종에서는 각각 따로 체가 있다고 하고, 상호 상응함을 인정한다. 경량부종에 의하면 체의 부류가 같아서 함께 일어나지 않는다고 말한다. 이제 대승에 의하면 모두 사혜를 써서 자성으로 삼되, 상응하는 것이 아니니, 추·세가 다르기 때문이다.《유가론석》제1권에서 이르기를, "혹은 사유하고 혹은 간택하되, 경계에 대해 추구함이 거친 단계를 심구라고 이름하고, 경계에서 사찰하는 미세한 단계를 사찰이라고 이름하니, 곧 이 두 가지는 한 찰나에 2법이 상응하는 것이 아니다. 한 부류의 거친 것과 미세한 것이 앞·뒤로 다르기 때문이다."라고 한 것과 같다.
88 이하는 둘째 여래께서 바로 설하시는 것인데, 뒤에 '또 다음'이 있으므로

비록 두드러지게 영수하여 관찰함이 없더라도 미세한 그 광명의 새김이 있어 영수하여 관찰하는 여러 사마타·비발사나라면 이는 무심유사의 삼매라고 이름하며,89 만약 곧 그 일체 법의 모습에서 작의해 영수하여 관찰함이 전혀 없는 여러 사마타·비발사나라면 이는 무심무사의 삼매라고 이름한다.90

② 또 다음 선남자여, 만약 심구가 있는 사마타·비발사나라면 이는 유심유사의 삼매라고 이름하고,91 만약 사찰이

雖無麤顯 領受觀察 而有微細 彼光明念 領受觀察 諸奢摩他 毘鉢舍那 是名 無尋唯伺 三摩地, 若卽於彼 一切法相 都無作意 領受觀察 諸奢摩他 毘鉢舍那 是名 無尋無伺 三摩地. 復次 善男子, 若有尋求 奢摩他 毘鉢舍那 是名 有尋有伺 三摩地, 若有

곧 둘로 나누어진다. 처음 ①은 오직 지전에 나아가 차별상을 분별하는 것이고, 뒤의 ②는 지상과 통틀어 의거해 차별상을 분별하는 것이다. 전자 중에는 세 가지가 있으므로 곧 셋으로 나누어지는데, 이는 곧 처음이다.
말하자면 문·사의 2혜로써 취한 바와 같은 그 중에서 심구·사찰하는 글의 뜻과 법의 모습을 두드러지게 영수하여 관찰하는 지·관을 유심유사의 삼매라고 이름한다는 것이다.

89 이는 둘째 무심유사의 모습을 분별하는 것이다. 그 앞과 같은 총·별의 법의 모습에 대해 비록 두드러지게 관찰함은 없더라도, 미세하게 그 앞의 총·별의 교법의 광명을 억념하는 새김이 있어, 영수하여 관찰함에 있는 지·관이라면 무심유사의 삼매라고 이름한다. 이와 같은 '광명'에는 두 가지 해석이 있다. 하나는 '그 광명'이란 그 취해진 것과 같은 분위의 영상이 새김을 당하여[當念] 나타나는 것을 그 광명이라고 이름하니, 새김은 곧 반연주체[能念]라고 한다. 만약 이 설에 의한다면 광명의 새김이므로 의주석이다. 하나는 그 반연주체인 새김이 능히 나타내어 비추어 아는 것을 그 광명의 새김이라고 이름한다고 한다. 만약 이 해석에 의한다면 이는 지업석이니, 새김이 곧 광명이기 때문이다.

90 이는 셋째 무심무사의 모습을 해석하는 것이다. 말하자면 곧 그 앞의 지·관의 단계에서 소연인 모든 법이 저절로 순숙하므로, 작의해 영수하여 관찰함이 전혀 없는 것을 무심무사의 삼매라고 이름한다.

있는 사마타·비발사나라면 이는 무심유사(無尋唯伺)의 삼매라고 이름하며,92 만약 총체적인 법을 반연하는 사마타·비발사나라면 이는 무심무사의 삼매라고 이름한다."93

伺察 奢摩他 毘鉢舍那 是名 無尋唯伺 三摩地, 若緣總法 奢摩他 毘鉢舍那 是名 無尋無伺三摩地."

3.11[94]

(1) 자씨보살이 다시 붓다께 말하였다.

"세존이시여, 어떤 것이 그치는 모습이고, 어떤 것이 드는 모습이며, 어떤 것이 평등한 모습입니까?"95

慈氏菩薩 復白佛言.

"世尊, 云何止相, 云何擧相, 云何捨相?"

---

91 이하는 둘째 지상과 통틀어 의거해서 차별상을 분별하는 것인데, 그 중에 3단락이므로 곧 셋으로 나누어진다. 이는 곧 처음이다. 이는 지전의 4심사관에 의거해 말하는 것이니, 말하자면 가행위 중 난위·정위의 선근에서 이름·뜻·자성·차별을 심구하는 것을 심구라고 이름하므로 유심유사의 삼매라고 이름한다는 것이다.
92 말하자면 인위와 세제일법의 두 가지 선근에서 이름 등 4경계를 여실하게 요지하는 것을 사찰이라고 이름하므로, 이와 같은 것을 무심유사의 삼매라고 이름한다는 것이다.
93 말하자면 지상에 있으면서 모든 법을 총체적으로 반연해서 진여관을 짓고, 모든 심구·사찰을 떠나므로 심구·사찰이 없는 것이라고 이름한다는 것이다.
94 이하는 제11 그침·듦·평등의 모습이 차별되는 문[止擧捨相差別門]인데, 그 중에 둘이 있으니, 처음 (1)은 묻는 것이고, 뒤의 (2)는 답하시는 것이다.
95 이 물음의 뜻이 말하는 것은, 세존께서는 곳곳에서 그침·듦·평등의 세 가지 다른 모습을 말씀하셨다는 것이다. 범어로 사마타는 여기에서 번역하여 '지'라고 이름하였으니, 마음을 지켜서 경계에 머물고 산란한 움직임을 떠나기 때문에 '지'라고 이름하였다. 비발사나는 여기에서 번역하여 '관'이라고 이름하였으니, 법에서 추구하여 간택하는 것을 관이라고 이름하는데, 혹은 '듦'이라고도 이름하니, 침몰하는 것을 떠나기 때문이다. 범어로 우필차

(2) 붓다께서 자씨보살에게 말씀하셨다.

"① 선남자여, 만약 마음이 도거하거나 혹은 도거할까 두려워할 때, 여러 싫어할 만한 법에 대한 작의 및 그 무간의 마음에 대한 작의라면 이는 그치는 모습이라고 이름한다.96

② 만약 마음이 침몰하거나 혹은 침몰할까 두려워할 때, 여러 기뻐할 만한 법에 대한 작의 및 그 마음의 모습에 대한 작의라면 이는 드는 모습이라고 이름한다.97

③ 만약 한결같은 사마타의 도에서나 혹은 한결같은 비발사나의 도에서나 혹

佛告 慈氏菩薩曰.
"善男子, 若心掉擧
或恐掉擧時, 諸可厭法
作意 及彼無閒心
作意 是名止相.

若心沈沒 或恐沈沒時,
諸可欣法
作意 及彼心相作意
是名擧相.

若於一向止道
或於一向觀道 或於

....
優畢叉 Ⓢupekṣā는 여기에서 번역하여 평등[捨]이라고 이름하였으니, 혼침과 도거를 떠나기 때문이다. 이와 같은 세 가지 모습은, 그 모습이 어떠한가?
96 이하는 둘째 여래께서 바로 답하시는 것인데, 앞의 3문에 답하므로 곧 셋으로 나누어진다. 이는 그치는 모습에 답하는 것이다. 말하자면 보살이 관행을 닦을 때 만약 마음이 이미 도거(=들뜸)하였을 때나 혹은 응당 도거할 것이라고 두려워할 때라면 두 가지 작의가 있다는 것이다. 첫째는 싫어할 만한 법을 반연하는 것이고, 둘째는 무간의 마음을 반연하는 것이다. 곧 이와 같은 두 가지 작의에 의해 마음으로 하여금 적정하게 하는 것을 그치는 모습이라고 이름한다. '무간의 마음'이란 곧 앞에서 말한 것과 같으니, 이는 사마타의 소연의 경계이다.
97 말하자면 보살이 관행을 닦을 때 만약 마음이 이미 침몰하였을 때나 혹은 응당 침몰할 것이라고 두려워할 때라면 두 가지 작의가 있다는 것이니, 첫째는 기뻐할 만한 법을 반연하는 것이고, 둘째는 그 마음의 모습을 반연하는 것이다. 곧 이와 같은 두 가지 작의에 의해 마음으로 하여금 책려策勵하게 하는 것을 드는 모습이라고 이름한다. '마음의 모습'이라고 말한 것은 곧 앞에서 말한 비발사나의 소연의 경계이다.

은 쌍운하여 굴리는 도에서 두 가지 수 번뇌에 오염될 때, 모든 공용 없음에 대한 작의 및 마음이 임운하여 구름 중에 있는 작의라면 이는 평등의 모습이라고 이름한다.98

雙運轉道 二隨煩惱 所染污時, 諸無功用作意 及心任運轉中 所有作意 是名捨相."

3.12[99]

(1) 자씨보살이 다시 붓다께 말하였다.

"세존이시여, 사마타와 비발사나를 닦는 모든 보살대중은 법을 알고 뜻을 안다고 하는데, 어떤 것이 법을 아는 것이

慈氏菩薩 復白佛言.

"世尊, 修奢摩他 毘鉢舍那 諸菩薩衆 知法知義, 云何知法,

---

98 말하자면 한결같은 사마타, 혹은 한결같은 비발사나, 혹은 쌍으로 움직여 굴리는 도에서 혼침·도거의 2수번뇌에 오염될 때 여러 무공용에 대한 작의 및 임운하여 구름 중에 있는 작의라면 이는 평등이라고 이름한다. 한결같은 지·관도 각각 혼침·도거의 수순하고 거스르는 두 가지 장애를 떠나기 때문에 또한 평등이라고 이름한다.

(문) 공용 없음 및 임운하여 구름은 어떤 차이가 있는가? (답) 행상은 서로 비슷하다. 다만 처음 성취할 때 공용을 짓지 않는 것을 '공용 없음'이라 이름하고, 다시 순숙할 때 임운하여 구르기 때문에 '임운'이라고 이름한다. 《성유식론》 제6권 중 행사行捨의 심소 중에서 말하기를, "평등하고 정직하며 공용 없이 머물게 한다는 것은, 처음·중간·뒤의 3시의 차별에 의거한 것일 뿐, 다른 행상이 없다."라고 한 것과 같으니, 이것도 또한 이와 같다.

99 이하는 제12 법을 앎과 뜻을 앎의 차별문[知法知義差別門]인데, 그 중에 둘이 있다. 처음은 법을 앎과 뜻을 앎을 밝히는 것이고, 뒤의 (9) 이하는 모든 모습 제거함을 분별하는 것이다. 전자 중에도 둘이 있으니, 처음은 알 대상에 의거해 법을 앎과 뜻을 앎을 밝히는 것이고, 뒤의 (7) 이하는 아는 주체인 지혜를 밝히는 것이다. 또 해석하자면 처음은 법을 앎과 뜻을 앎을 바로 해석하는 것이고, 뒤의 (8)은 지견의 차별을 해석하는 것이다. 비록 두 가지 해석이 있지만, 우선 앞의 설에 의한다.

고, 어떤 것이 뜻을 아는 것입니까?"100 云何知義?"

(2) 붓다께서 자씨보살에게 말씀하셨다.　佛告 慈氏菩薩曰.
"① 선남자여, 그 모든 보살들은 다섯 가지 모습에 의해 법을 요지하니,101 ② 첫째 이름을 아는 것, 둘째 문구를 아는 것, 셋째 문자를 아는 것, 넷째 개별을 아는 것, 다섯째 총합을 아는 것이다.102

"善男子, 彼諸菩薩 由 五種相 了知於法, 一者 知名, 二者 知句, 三者 知文, 四者 知別, 五者 知總.

---

100 법을 앎과 뜻을 앎에 나아가면 글에 둘이 있으니, 먼저 (1)은 묻는 것이고, 뒤의 (2) 이하는 답하시는 것이다.
101 이하는 둘째 여래께서 바로 답하시는 것인데, 그 중에 둘이 있으니, 처음 (2)는 법을 앎을 밝히는 것이고, 뒤의 (3) 이하는 뜻을 앎을 해석하는 것이다. 법을 앎 중에 나아가면 글에 넷이 있으니, 처음 ①은 업을 표방하고 수를 드는 것, 둘째 ②는 수에 의거해 이름을 열거하는 것, 셋째 ③ 이하는 차례로 개별적으로 해석하는 것, 넷째 ⑧은 해석하고 나서 총결하는 것이다. 이는 곧 처음이다. * 여기에서 법을 앎과 뜻을 앎의 차별을 밝히는 경문 3.12의 큰 구조를 도표로써 보이면 다음과 같다.

법을 앎과 뜻을 앎	물음				(1)
	답함	알 대상에 의거해 법을 앎과 뜻을 앎을 밝힘	법을 앎		(2)
			뜻을 앎	열 가지 뜻	(3)
				다섯 가지 뜻	(4)
				네 가지 뜻	(5)
				세 가지 뜻	(6)
		아는 주체의 지혜	3혜로써 뜻을 앎		(7)
			지혜와 봄의 차별		(8)
모든 모습 제거함	모습 제거함을 분별함				(9)
	관찰 감당해 맡음을 분별함				(10)
	모습 제거하기 어려움 분별함	모습 등 제거하기 어려움을 분별함			(11)
		모습 제거해 해탈하는 것을 분별함			(12)
		총상의 공성을 분별함			(13)

102 이는 둘째 수에 의거해 이름을 열거하는 것이다. 다섯 중 앞의 셋은 가르

③ 어떤 것이 이름인가?103 일체 염·정의 법 가운데 세운 자성의 지각[想]을 임시로 시설한 것을 말한다.104

④ 어떤 것이 문구인가? 곧 그 이름들이 모인 가운데서 능히 따라서 모든 염·정의 뜻을 펴 설하는 의지依持를 건립한 것을 말한다.105

⑤ 어떤 것이 문자인가? 곧 그 둘이 의지하는 문자를 말한다.106

⑥ 어떤 것이 그것들을 각각 따로 요

云何 爲名? 謂於一切 染淨法中 所立自性 想 假施設.

云何 爲句? 謂卽於彼 名聚集中 能隨宣說 諸 染淨義 依持建立.

云何 爲文? 謂卽彼二 所依止字.

云何 於彼 各別了知?

침의 자성을 아는 것이니, 곧 이 경문에 준하면 여래의 교법은 명·구·문신을 자성으로 삼는다. 뒤의 둘은 가르침의 총·별의 뜻을 아는 것이다.

103 이하는 셋째 차례로 개별적으로 해석하는 것이다. 곧 다섯으로 나누어지는데, 다 묻고 답함이 있다.

104 말하자면 일체의 법은 염·정을 벗어나지 않는데, 능히 염·정의 모든 법의 자성의 지각을 임시로 시설한 것을 능히 표현하는 것을 가리켜서 이름이라고 한다는 것이다. 이 중에서의 뜻이 말하는 것은,「일체의 모든 법에는 다 두 가지 뜻이 있는데, 첫째는 자성이니, 마치 사람과 하늘 및 눈과 귀 등이라고 말하는 것과 같다. 법의 자성을 가리키기 때문에 이름이라고 말하고, 이름은 지각에서 나므로, 그래서 '지각'이라고 말하였다.」는 것이다. 진실에 의거한다면 모든 법은 모든 명언을 떠나지만, 임시로 시설하기 때문에 가안립한다고 이름한다.

105 말하자면 곧 그 이름들이 모인 가운데 따로 임시의 법이 있어서, 능히 염·정의 차별되는 뜻을 표현하는 것을 문구라고 이름하니, 마치 유대와 무대, 유견과 무견 등의 차별되는 뜻을 말하는 것과 같다. 말하자면 이 문구의 법은 능히 표현대상에게 의지할 바가 되기 때문에 '의依'라고 이름하고, 표현대상을 거두어 지녀서 잃거나 떨어지지 않게 하기 때문에 '지持'라고 이름한다.

106 말하자면 그 문자는 비록 능히 표현하지는 못하지만, 능히 그들에게 의지하는 바가 되니, 만약 문자를 떠난다면 둘이 성립되지 못하기 때문이다.

지하는 것인가? 각각 다른 소연에 작의 함에 의한 것을 말한다.107

⑦ 어떤 것이 그것들을 총합하여 요지하는 것인가? 총합적인 소연에 작의 함에 의한 것을 말한다.108

⑧ 이와 같은 일체를 총체적으로 요약하여 하나로 하는 것을 이름해서 법을 앎이라고 하고, 이와 같이 하는 것을 이름해서 보살이 법을 안다고 한다.109

謂由各別 所緣作意.

云何 於彼 總合了知? 謂由總合 所緣作意.

如是一切 總略爲一 名爲知法,
如是名爲 菩薩知法.

(3) ① 선남자여, 그 모든 보살들은 열 가지 모습에 의해 뜻을 요지하니,110 ② 첫째는 진소유성을 아는 것이고, 둘째는

善男子, 彼諸菩薩 由十 種相 了知於義,
一者 知盡所有性, 二者

---

107 말하자면 이름 등의 개별적 모습을 요지하고 표현하여 쓰는 것이 각각 따로이므로 개별을 요지하는 것이라고 이름한다.
108 말하자면 이름 등의 세 가지를 요지하고 총체적으로 줄여 하나로 삼아서 표현대상의 뜻을 드러내기 때문에 총합을 아는 것이라고 이름한다.
109 이는 넷째 총체적으로 맺는 것이다.
110 이하는 둘째 알 바의 뜻을 해석하는 것인데, 처음은 지관으로써 뜻을 아는 것을 밝히는 것이고, 뒤의 (7) 이하는 세 가지 지혜로써 뜻을 아는 것을 밝히는 것이다. 또 후자는 뜻을 앎 중에 들어가지 않는다는 해석도 있다. 뜻을 앎 중에 나아가면 글에 넷이 있으니, 처음 ⑶은 열 가지 뜻에 의거해 뜻을 앎을 밝히는 것, 둘째 ⑷는 다섯 가지 뜻에 의거해 뜻을 앎을 밝히는 것, 셋째 ⑸는 네 가지 뜻에 의거해 뜻을 앎을 밝히는 것, 넷째 ⑹은 세 가지 뜻에 의거해 뜻을 앎을 밝히는 것이다.
열 가지 뜻 중에 나아가면 글에 넷이 있으니, 처음 ①은 글을 표방하고 수를 드는 것, 둘째 ②는 수에 의거해 이름을 열거하는 것, 셋째 ③ 이하는 차례로 개별적으로 해석하는 것, 넷째 ⑬은 열 가지 뜻을 총결하는 것이다.

여소유성을 아는 것이며, 셋째는 능취의 뜻을 아는 것이고, 넷째는 소취의 뜻을 아는 것이며, 다섯째는 건립의 뜻을 아는 것이고, 여섯째는 수용의 뜻을 아는 것이며, 일곱째는 전도의 뜻을 아는 것이고, 여덟째는 전도 없음의 뜻을 아는 것이며, 아홉째는 잡염의 뜻을 아는 것이고, 열째는 청정의 뜻을 아는 것이다.

③ 선남자여, 진소유성이란 말하자면 모든 잡염·청정의 법 중에 있는 일체 품류·차별의 한계, 이를 이 중의 진소유성이라고 이름한다.111 다섯 가지 수의 온, 여섯 가지 수의 내처와 여섯 가지 수의 외처와 같으니, 이와 같은 일체이다.112

④ ㉮ 여소유성이란 말하자면 곧 일체 염·정의 법 중에 있는 진여, 이를 이

知如所有性, 三者 知能取義, 四者 知所取義, 五者 知建立義, 六者 知受用義, 七者 知顚倒義, 八者 知無倒義, 九者 知雜染義, 十者 知淸淨義.

善男子, 盡所有性者 謂諸雜染 淸淨法中 所有一切 品別邊際, 是名此中 盡所有性. 如五數蘊 六數內處 六數外處, 如是一切.

如所有性者 謂卽一切染淨法中 所有眞如, 是

---

111 이하는 개별적으로 열 가지 뜻을 해석하므로 곧 열로 나누어진다. 처음의 뜻 중에 나아가면 글에 둘이 있으니, 처음 여기까지는 바로 해석하는 것이고, 뒤의 그 아래는 일의 종류를 가리켜 해석하는 것이다. 말하자면 알 바의 법은 염·정을 벗어나지 않으니, 염·정의 법 중에 있는 일체 품류와 차별로써 법을 널리 거두어서 두루 다함을 진소유성이라고 이름한다.
112 '오온 등과 같다'는 말은 곧 일을 가리키는 것이다. 말하자면 일체법에는 두 가지가 있다. 첫째는 일체의 유위인데, 다섯 가지 수의 온은 유위를 다 거두기 때문에 진소유성이라고 말한다. 둘째는 일체의 유위와 무위인데, 6내처 및 6외처의 이와 같은 열둘이 일체의 유위와 무위를 모두 거두기 때문에 진소유성이라고 말한다. '이와 같은 일체'란 곧 종류를 해석하는 것이니, 온·처처럼 이와 같이 18수의 계 등도 역시 그러하다는 것이다.

중의 여소유성이라고 이름한다.113

㉯ 이는 다시 일곱 가지이다.114 첫째는 유전의 진여이니, 일체 행의 앞·뒤 없는 성품을 말한다.115 둘째는 모습[相]의 진여이니, 일체법의 보특가라무아의 성품 및 법무아의 성품을 말한다.116 셋째는 요별의 진여이니, 일체의 행은 오직 식일 뿐인 성품을 말한다.117 넷째는

名 此中 如所有性. 此復 七種. 一者 流轉眞如, 謂一切行 無先後性. 二者 相眞如, 謂一切法 補特伽羅無我性 及法無我性. 三者 了別眞如, 謂一切行 唯是識性. 四者

---

113 이하는 둘째 여소유성인데, 그 중에는 둘이 있으니, 처음 여기까지는 간략한 것이고, 뒤의 그 아래는 자세한 것이다. 말하자면 염·정의 법 중 한 맛인 진여의 평등한 법성을 여소유성이라고 이름한다.
114 이하 7진여를 자세하게 해석함 중에는 셋이 있으니, 처음 ㉮는 글을 표방하고 수를 드는 것이고, 다음 ㉯는 차례로 개별적으로 해석하는 것이며, 뒤의 ㉰는 네 가지 평등을 잡아서 일곱 가지 진여를 배속하는 것이다.
115 이하에서는 7진여를 해석하므로 곧 일곱으로 나누어진다. 이는 곧 첫째 유전의 진여를 해석하는 것이다. '일체 행의 앞·뒤 없는 성품을 말한다'고 한 이것에는 3해석이 있다. 제1설은, 일체 행 중의 진여의 진실한 성품은 전·후제가 없기 때문에 앞·뒤가 없는 성품이라고 이름하였다고 한다. 제2설은 곧 유전을 말하여 진여라고 이름하였다고 하니, 말하자면 일체의 행은 순간순간 생멸하여 아직 있지 않던 것이 있는 것을 '생'이라고 이름하기 때문에 앞이 없다고 이름하고, 이미 있던 것이 다시 없게 되는 것을 멸이라고 이름하기 때문에 뒤가 없다고 이름한다는 것이다. 제3설은 모든 행은 유전하여 시작도 없고 끝도 없기 때문에 앞·뒤가 없다고 말한 것이라고 한다.
116 '모습'은 실상實相을 말하니, 말하자면 일체법 위의 2무아의 성품을 말한다. 《성유식론》(=졸역 p.827)에 의하면 2무아로 드러나는 진실한 성품을 말한다.(=같은 논에서는 실상의 진여라고 이름함)
117 이 진여를 해석함에는 양설이 있다. 만약 《불지경론》 등에 의한다면 오직 식일 뿐인 성품이므로 유식의 성품이라고 이름하였다는 것이다. 만약 《성유식론》에 의한다면 그 두 가지 뜻이 있다. 첫째는 《불지경론》과 같고, 다시 한 가지 해석이 있으니, 일체의 행을 오직 식이라고 관찰하는 지혜이다. 그래서 《성유식론》(=졸역 p.828)에서 이르기를, "양상을 따라서 말한다면 원성실에 포함된다"라고 하였다. 이미 양상을 따른 것이 원성실이라고

안립의 진여이니, 내가 말한 바 모든 고성제를 말한다.118 다섯째는 사행의 진여이니, 내가 말한 바 모든 집성제를 말한다. 여섯째는 청정의 진여이니, 내가 말한 바 모든 멸성제를 말한다. 일곱째는 정행의 진여이니, 내가 말한 바 모든 도성제를 말한다.119

㈐ 이 중에서 유전의 진여와 안립의 진여와 사행의 진여 때문에 일체 유정이 평등하고 평등하며,120 모습의 진여와 요별의 진여 때문에 일체의 모든 법이 평등하고 평등하며,121 청정의 진여 때문에 일체 성문의 보리와 독각의 보리와 아뇩다라삼먁삼보리가 평등하고 평등하며,122 정행의 진여 때문에 정법

安立眞如, 謂我所說 諸苦聖諦. 五者 邪行眞如, 謂我所說 諸集聖諦. 六者 淸淨眞如, 謂我所說 諸滅聖諦. 七者 正行眞如, 謂我所說 諸道聖諦. 當知 此中 由流轉眞如 安立眞如 邪行眞如故 一切有情 平等平等, 由相眞如 了別眞如故 一切諸法 平等平等, 由淸淨眞如故 一切 聲聞菩提 獨覺菩提 阿耨多羅三藐三菩提 平等平等,

---

말했으니, 이는 무루의 유식관의 지혜임을 알 수 있다. 그래서 《장엄론》에서도 이르기를, "유식의 진여란 무분별지를 말한다"라고 하였다.
118 이에도 역시 두 가지 뜻이 있다. 말하자면 고제의 진실한 성품은, 혹은 곧 고제가 집제의 원인으로 말미암아 성립되는 것이기 때문에 '안립'이라 이름한 것일 수도 있고, 혹은 4성제가 다 안립된 것이지만, 고성제가 처음에 있어서 안립이라는 이름을 얻은 것일 수도 있다.
119 이상의 3성제에도 다 두 가지 뜻이 있는 것은 앞과 같이 알아야 한다.
120 이하는 셋째 4평등을 잡아서 7진여를 배속하는 것인데, 그 중에 넷이 있다. 이는 곧 첫째이니, 세 가지 진여 때문에 유정이 평등하다. 까닭이 무엇인가? '유전'은 곧 12연생이고, '안립'과 '사행'은 곧 고·집제이니, 이들로 말미암아 모든 유정을 성립시키기 때문이다.
121 둘째 두 가지 진여 때문에 모든 법은 평등하다. 일체의 모든 법은 다 진여와 유식의 도리를 써서 자성으로 삼기 때문이다.

을 듣고 총체적인 경계를 반연하는 뛰어난 사마타·비발사나가 거두어 받아들이는 지혜가 평등하고 평등하다고 알아야 한다.123

⑤ 능취의 뜻이란 내부의 5색처와 심·의·식 및 모든 심소법을 말한다.124

⑥ 소취의 뜻이란 외6처를 말한다. 또 능취의 뜻도 역시 소취의 뜻이다.125

⑦ 건립의 뜻이란 기세계를 말한다.

그 중에서 일체 모든 유정계를 건립함을 얻을 수 있으니,126 말하자면 하나의 마을과 백의 마을과 천의 마을과 백천의 마을이고,127 혹은 하나의 대지가

由正行眞如故　聽聞正法　緣總境界　勝奢摩他毘鉢舍那　所攝受慧　平等平等.

能取義者　謂內五色處若心意識　及諸心法.

所取義者　謂外六處. 又能取義　亦所取義.

建立義者　謂器世界.

於中可得　建立一切　諸有情界, 謂一村田　若百村田　若千村田　若百千村田, 或一大地

---

122 셋째 하나의 진여 때문에 삼승의 보리가 평등하고 평등하다. 다 같이 증득하여 번뇌장을 끊은 택멸의 열반에 차별이 없기 때문이다.
123 넷째 하나의 진여 때문에 지·관으로 증득하는 지혜가 평등하다.
124 이는 셋째 능취의 뜻을 해석하는 것이다. 말하자면 취하는 주체인 법[能取法]이니, 곧 5색근이 5경을 취하기 때문이다. '심·의·식'이란 곧 8식이고, 그리고 그와 상응하는 '모든 심소법'도 역시 능취하고 이름하니, 하나의 경계를 같이 하기 때문이다.
125 이는 넷째 소취의 뜻을 해석하는 것이다. 말하자면 12처 중 밖의 6처는 모든 심소를 제외하면 다 소취이니, 오직 취해지는 대상일 뿐, 취하는 주체가 아니기 때문이다. 또 앞의 능취는 또한 소취이기도 하니, 심·심소는 취할 대상[所取]의 경계이기도 하기 때문이다.
126 이는 다섯째 건립의 뜻을 해석하는 것인데, 그 중에 둘이 있으니, 먼저 여기까지는 총체적인 것이고, 뒤의 그 아래는 개별적인 것이다. 말하자면 기세계는 곧 모든 유정의 처소를 건립하여 유정을 거두어 지니는 것이기 때문에 건립이라고 이름한다.
127 이하는 둘째 건립을 개별적으로 해석하는 것인데, 그에 대해 세 가지로

바닷가에 이르는 것, 이것의 백, 이것의 천과 이것의 백천이며,128 혹은 하나의 섬부주, 이것의 백, 이것의 천과 이것의 백천이고, 혹은 하나의 사대주, 이것의 백, 이것의 천과 이것의 백천이며,129 혹은 하나의 소천세계, 이것의 백, 이것의 천과 이것의 백천이고, 혹은 하나의 중천세계, 이것의 백, 이것의 천과 이것의	至海邊際 此百此千 若此百千, 或一贍部洲 此百此千 若此百千, 或一四大洲 此百此千 若此百千, 或一小千世界 此百此千 若此百千, 或一中千世界 此百此千 若此百千,

----

해석한다. 제1은 이 중에 그 순서대로 곧 10단으로 하는 것이니, 첫째 마을의 분량, 둘째 대지의 분량, 셋째 섬부주의 분량, 넷째 사대주의 분량, 다섯째 소천세계의 분량, 여섯째 중천세계의 분량, 일곱째 대천세계의 분량, 여덟째 구지세계의 분량, 아홉째 무수세계의 분량, 열째 미진세계의 분량이다. 제2는 그 중의 7단, 곧 앞의 7단이 대천세계에서이므로, 글에 넷이 있다는 것이다. 첫째는 백천의 분량이고, 둘째는 구지의 분량이며, 셋째는 무수의 분량이고, 넷째는 미진의 분량이다. 제3은 그 중에 다섯이 있다는 것이니, 첫째 마을의 분량, 둘째 대지의 분량, 셋째 사대주의 분량, 넷째 삼천대천세계의 분량, 다섯째 시방세계의 분량이다.

세 가지 해석이 있지만, 우선 제3에 의한다. 이는 곧 처음이다.

128 이는 둘째 대지의 분량을 분별하는 것인데, 글과 같아서 알 수 있다.
129 이는 셋째 사대주의 분량을 밝히는 것이다. '사주四洲'라고 말한 것은 첫째는 남섬부주인데, 나무를 따라서 이름을 세웠다. 북쪽은 넓고 남쪽은 넓어서 그 모습이 수레와 같은데, 남쪽변만 너비가 3유선나반이고, 세 변은 각각 2천유선나이다. 둘째는 동비제하毗提訶주인데, 여기에서는 승신勝身이라 이름한다. 동쪽은 좁고 서쪽은 넓어서 형상이 반달과 같으며, 3변의 크기가 같아서, 동쪽은 350유선나이고, 3변은 각각 2천유선나이다. 셋째는 서구다니瞿陀尼주인데, 여기에서는 우화牛貨라고 말한다. 형상이 보름달과 같은데, 지름은 2,500유선나이고, 둘레는 7,500유선나이다. 넷째는 북구로俱盧주인데, 여기에서는 승처勝處라고 이름하기도 하고, 혹은 승생勝生이라고 이름하기도 한다. 형상이 네모진 자리와 같은데, 4변의 크기는 같아서 각각 2천유선나이다. 그 땅의 모습을 따라서 사람들의 얼굴도 역시 그러한데, 만약 자세히 분별한다면 《구사론》 제11·12권과 《유가론》 제2권 등과 같다.

백천이며, 혹은 하나의 삼천대천세계, 이것의 백, 이것의 천과 이것의 백천이고, 혹은 이것의 구지, 이것의 백구지, 이것의 천구지, 이것의 백천구지이며, 혹은 이것의 무수, 이것의 백무수, 이것의 천무수, 이것의 백천무수이고,130 혹은 삼천대천세계의 무수백천과 미진의 분량과 같은 열 방면에서의 한량없고 수없는 모든 기세계이다.131

⑧ 수용의 뜻이란, 내가 말한 모든 유정의 부류가 받아서 쓰기 위한 때문에 섭수하는 살림도구를 말한다.132

或一三千大千世界
此百此千 若此百千,
或此拘胝 此百拘胝
此千拘胝 此百千拘胝,
或此無數 此百無數 此
千無數 此百千無數, 或
三千大千世界 無數百
千 微塵量等 於十方面
無量無數 諸器世界.
受用義者 謂我所說 諸
有情類 爲受用故
攝受資具.

....
130 이는 넷째 삼천세계의 분량을 분별하는 것인데, 그 중에 셋이 있으니, 첫째는 백천의 분량이고, 둘째는 구지의 분량이며, 셋째는 무수의 분량이다. 백천 중에 나아가면 글에 세 마디가 있으니, 처음은 소천세계를 밝히고, 다음은 중천세계를 밝히며, 뒤는 대천세계를 밝힌다. 이 소천·중천·대천에 비례해서 네 마디가 있으니, 하나의 세계, 백의 세계, 천의 세계, 백천의 세계이다. '구지'라고 말하는 것을 여기에서는 억이라고 말한다. 범어 아승기야는 여기에서는 '무수'라고 말한다.《대비바사론》및《구사론》에 의하면 60수 중 제52를 무수라고 이름한다고 하고,《화엄경》아승기품에 의하면 120의 수 중 제103을 아승기라고 이름한다고 한다.
131 이는 다섯째 시방세계의 분량을 밝히는 것이니, 첫째는 삼천세계이고, 둘째는 무수백천의 삼천세계이며, 셋째는 미진의 분량과 같은 시방의 한량없는 삼천대천세계이다.《현양론》에서 이르기를, '삼천세계, 무수백천의 세계, 극미진과 같은 시방의 한량없고 수없는 세계'라고 말하였다. 또 해석하자면 한 방위에서의 무수백천과 미진의 분량과 같은 삼천세계와, 시방의 한량없고 수없는 삼천세계를 다 말하여 건립의 뜻이라고 이름한다는 것이다.
132 여섯째 수용의 뜻을 아는 것이다. 말하자면 모든 유정이 받아서 쓰기 위

⑨ 전도의 뜻이란 곧 그 능취 등의 뜻에서 무상한 것을 항상하다고 계탁하는 지각의 전도, 마음의 전도, 견해의 전도와, 괴로움을 즐거움이라고 계탁하며, 부정한 것을 청정하다고 계탁하고, 나 없는 것을 나라고 계탁하는 지각의 전도, 마음의 전도, 견해의 전도를 말한다.133

顚倒義者 謂卽於彼 能取等義 無常計常 想倒 心倒 見倒, 苦計爲樂 不淨計淨 無我計我 想倒 心倒 見倒.

한 때문에 열 가지 몸을 돕는 도구[10신자구＋身資具]를 구족하여 섭수하는 것이다. 그래서 《유가론》 제2권에서 이르기를, "어떤 것이 열 가지 몸을 돕는 도구인가? 첫째 먹는 것, 둘째 마시는 것, 셋째 타는 것, 넷째 의지하는 것, 다섯째 장엄구, 여섯째 노래하고 웃고 춤추고 노래하는 것, 일곱째 향·화만과 바르는 향, 가루향, 여덟째 가구, 아홉째 비추어 밝히는 것, 열째 남·녀가 받아서 행하는 것이다."라고 하였다. 또 해석하자면 '섭수한다'고 말한 것을 일곱 가지 섭수하는 일이고, '살림도구'라고 말한 것은 열 가지 몸을 돕는 도구인데, 일곱 가지 섭수하는 일이란 《유가론》 제2권에서, "어떤 것이 일곱 가지 섭수하는 일인가? 첫째는 자기 부모의 일, 둘째는 처자의 일, 셋째는 노비와 하인의 일, 넷째는 친구·관료·형제·권속의 일, 다섯째는 밭·집·점포의 일, 여섯째는 복업의 일 및 방편으로 업을 짓는 일, 일곱째는 곳간의 일이다."라고 말한 것과 같고, 열 가지 몸을 돕는 도구는 위에서 말한 것과 같다.

133 이는 일곱째 전도의 뜻을 해석하는 것이니, 말하자면 곧 그 위에서 말한 것과 같은 능취 등의 뜻에서 일곱 가지로 전도된 것을 전도의 뜻이라고 이름한다. 이 7전도는 《유가론》 제8권에서 말하는 것과 같다. 거기에서 이르기를, "전도에 포함되는 것이란 일곱 가지 전도를 말하니, 첫째는 지각의 전도, 둘째는 견해의 전도, 셋째는 마음의 전도이고, 넷째는 무상한 것에 대해 항상하다고 하는 전도, 다섯째는 괴로움에 대해 즐거움이라고 하는 전도, 여섯째는 부정한 것에 대해 청정하다고 하는 전도, 일곱째는 나 없는 것에서 나라고 하는 전도이다. 지각의 전도란 무상·괴로움·부정·무아 중에서 항상·즐거움·청정·나라는 망상의 분별을 일으키는 것을 말하고, 견해의 전도란 곧 그 망상으로 분별된 것에 대해 인가하고 욕락하며 건립하고 집착하는 것을 말하며, 마음의 전도란 곧 그 집착된 것에 대한 탐욕 등의 번뇌를 말한다."라고 하였다.

⑩ 전도 없음의 뜻이란 위와 상위하는 것으로 능히 그것을 대치하는 것이 그 모습이라고 알아야 한다.134

⑪ 잡염의 뜻이란 삼계 중의 세 가지 잡염을 말하니, 첫째는 번뇌의 잡염이고, 둘째는 업의 잡염이며, 셋째는 태어남의 잡염이다.135

⑫ 청정의 뜻이란 곧 이와 같은 세 가지 잡염에 있는 계박 여의는 보리분법을 말한다.136

⑬ 선남자여, 이와 같은 열 가지가 일체의 모든 뜻을 널리 거둔다고 알아야 한다.137

無倒義者 與上相違
能對治彼
應知其相.

雜染義者 謂三界中 三種雜染, 一者 煩惱雜染, 二者 業雜染, 三者 生雜染.

淸淨義者 謂卽如是 三種雜染 所有離繫 菩提分法.

善男子, 如是十種 當知普攝 一切諸義.

---

134 이는 여덟째 전도 없음의 뜻을 해석하는 것인데, 위와 반대로 알아야 한다.
135 이는 아홉째 잡염의 뜻을 밝히는 것이다. 《현양론》 제1권에서 이르기를, "번뇌의 잡염이란 말하자면 일체의 번뇌 및 수번뇌를 합쳐서 번뇌의 잡염이라고 이름한다. 업의 잡염이란 혹은 번뇌를 원인으로 하여 생긴 것, 혹은 번뇌를 원인으로 하고 돕는 선법을 조건으로 해서 생긴 것으로서, 그 상응하는 바와 같이 삼계에 포함되는 신·어·의업을 말한다. 태어남의 잡염이란 번뇌 및 업으로 인하여 태어나고, 태어남으로 인하여 괴로운 것을 말한다."라고 하였다. 만약 자세히 분별한다면 《유가론》 제8·9권과 같다.
136 이는 열째 청정의 뜻을 해석하는 것이다. '있는 계박 여의는 보리분법'이라고 함에는 2설이 있다. 제1설은 있는 계박 여읨 및 보리분법을 청정의 뜻이라고 이름한다는 것이니, 이는 상위석이다. 제2설은 있는 계박 여의는 보리분법이라는 것이니, 결과를 들어서 원인을 나타냄을 청정의 뜻이라고 이름한 것이므로 이는 의주석이다. 양설이 있지만 뒤의 설이 낫다. 그래서 《현양론》 제5권에서 이르기를, "청정의 뜻이란 세 가지 잡염에서 계박 여읨을 증득하기 위한 때문에 닦는 일체의 보리분법을 말한다."라고 하였다.

⑷ ① 또 다음 선남자여, 그 모든 보살들은 능히 다섯 가지 뜻을 요지하기 때문에 뜻을 안다고 이름하는데,138 ② 어떤 것이 다섯 가지 뜻이겠는가? 첫째는 두루 알 일이고, 둘째는 두루 알 뜻이며, 셋째는 두루 앎의 원인이고, 넷째는 두루 앎을 얻은 결과이며, 다섯째는 이들을 깨달아 아는 것이다.139

③ 선남자여, 이 중에서 두루 알 일이란, 곧 일체의 알 대상이라고 알아야 하니, 혹은 모든 온, 혹은 모든 내처, 혹은 모든 외처의 이러한 일체를 말한다.140

④ 두루 알 뜻이란 나아가 모든 품류·차별에 이르기까지 응당 알아야 할 경계이니,141 말하자면 세속이기 때문이고

復次 善男子, 彼諸菩薩
由能了知 五種義故
名爲知義. 何等
五義? 一者
遍知事, 二者 遍知義,
三者 遍知因, 四者 得
遍知果, 五者 於此覺
了.

善男子, 此中 遍知事
者, 當知卽是 一切所
知, 謂或諸蘊 或諸內處
或諸外處 如是一切.

遍知義者 乃至 所有品
類差別 所應知境,
謂世俗故

---

137 이는 넷째 열 가지 뜻이 능히 모든 뜻을 거두는 것을 총결하는 것이다.
138 이하는 둘째 다섯 가지 뜻에 의거해 뜻을 앎을 해석하는 것인데, 그 중에 넷이 있으니, 처음 ①은 글을 표방하고 수를 드는 것, 둘째 ②는 문답하여 이름을 열거하는 것, 셋째 ③ 이하는 차례로 개별적으로 해석하는 것, 넷째 ⑧은 다섯 가지 뜻을 총결하는 것이다.
139 이 다섯을 모두 나누면 셋이 되니, 처음 둘은 알 바의 경계이고, 셋째 것은 아는 주체인 지혜이니, 곧 인행이며, 뒤의 둘은 곧 증득되는 결과이다.
140 이하는 셋째 차례로 개별적으로 해석하는 것이므로 곧 다섯으로 나누어진다. ③은 처음의 뜻을 해석하는 것인데, 글에 세 마디가 있으니, 처음은 따오는 것이고, 다음은 해석하는 것이며, 뒤는 유별하는 것[類]이다.
 '일'이란 체사體事를 말한다. 말하자면 일체법의 알아야 할 경계이니, 혹은 5온이거나 혹은 12처이며, 혹은 12처 중의 안의 모든 6처나 밖의 모든 6처이다. '이러한 일체'란 계도 모두 알 바임을 견주어 해석하는 것이다.

혹은 승의이기 때문이며,142 혹은 공덕이기 때문이고 혹은 과실이기 때문이며,143 연緣이기 때문이고, 세世이기 때문이며,144 혹은 생상, 혹은 주상, 혹은 괴상이기 때문이고,145 혹은 병 등과 같기 때문이며,146 혹은 고·집 등이기 때	或勝義故, 或功德故 或過失故, 緣故 世故, 或生或住 或壞相故, 或如病等故, 或苦集等故,

....

141 이는 둘째 두루 알 뜻을 밝히는 것인데, 그 중에 셋이 있으니, 처음은 총체적으로 표방하는 것이고, 다음은 개별적으로 해석하는 것이며, 뒤는 견주어 해석하는 것이다. 말하자면 앞의 '일'과 차별이 있는 것은, 앞은 경계의 체를 낸 것이니, 아직 갖가지 뜻의 문의 차별을 분별하지 않았기 때문이고, 지금 이 문은 뜻의 차별을 밝히는 것이다.
142 이하 개별적으로 해석함에 11문이 있는데, 이는 곧 첫째 세속·승의의 문이다. 《집론》 제1권과 《잡집론》 제2권에서 이르기를, "어떤 것이 세속이고, 몇이 세속이며, 어떤 뜻을 위한 때문에 세속을 나타내는가? 말하자면 잡염의 소연이 세속유世俗有의 뜻이니, 일체가 다 세속유이다. 잡염된 모습의 나에 대한 집착을 버리기 위한 때문에 세속유를 관찰한다. 어떤 것이 승의유勝義有이고, 몇이 승의유이며, 어떤 뜻을 위한 때문에 승의유를 관찰하는가? 말하자면 청정의 소연이 승의유의 뜻이니, 일체가 다 승의유이다. 청정한 나의 모습에 대한 집착을 버리기 위한 때문에 승의유를 관찰한다."라고 말한 것과 같다. 《잡집론》에서 해석해 이르기를, "일체가 다 승의유라고 한 것은 일체법이 진여를 떠나지 않기 때문"이라고 하였다.
143 이는 둘째 공덕·과실의 문이다. 말하자면 4무량 등 및 140불공불법을 공덕이라고 이름하고, 5역·10악·4중죄·번뇌 등은 과실이라고 이름한다. 《중변론》에서는 열반을 공덕이라고 이름하고, 생사를 과실이라고 이름한다고 말한다.
144 이는 제3의 4연(=인연·등무간연·소연연·증상연)분별문과 제4의 3세분별문이다.
145 이는 제5 생상 등 3상의 문이다.
146 이는 제6 병 등의 분별문이다. 그래서 《유가론》 제86권에서 이르기를, "싫어하고 등지는 지각이란 다시 네 가지 행이 있으니, 모든 행에 대해서 병과 같고 부스럼과 같으며 화살과 같고 뇌해惱害하는 것이라고 사유하는 것을 말한다."라고 하였다.

문이고,147 혹은 진여·실제·법계 등이기	或眞如實際 法界等故,
때문이며,148 혹은 자세하고 간략하기	或廣略故,
때문이고,149 혹은 한결같이 기별하기	或一向記故
때문이며, 혹은 분별하여 기별하기 때문	或分別記故
이고, 혹은 반문하여 기별하기 때문이	或反問記故
며, 혹은 내버려두어 기별하기 때문이	或置記故,
고,150 혹은 은밀하기 때문이며, 혹은 뚜	或隱密故 或顯了故,
렷이 드러나기 때문이라,151 이러한 등	如是等類

---

147 이는 제7 4제분별문이다.
148 이는 제8 진여의 온갖 이름의 문이다.
149 이는 제9 자세하고 간략함을 분별하는 문이다. 《현양론》 제20권에서 이르기를, "간략하고 자세하다고 함은, 먼저 한 문구의 법을 말하고, 후후에 한량없는 문구로써 전전하여 분별해서 구경을 뚜렷이 드러내는 것을 말한다."라고 하였다.
150 이는 제10 4기별의 차별문이다. 《불지경론》 제6권에서 이르기를, "한결같이 기별한다는 것은, 누군가가 일체의 난 것은 결정코 멸하는가, 불·법·승보는 좋은 복전인가라고 묻는다면, 이와 같은 등의 물음에는 응당 한결같이 기별해야 하니, 이 뜻은 결정되어 있다. 분별하여 기별한다는 것은, 누군가가 일체의 멸한 것은 결정코 다시 나는가, 불·법·승보는 오직 하나만 있는가라고 묻는다면, 이와 같은 등의 물음에는 응당 분별하여 기별해야 하니, 이 뜻은 일정하지 않다. 반문하여 기별한다는 것은, 누군가가 보살의 십지는 위인가 아래인가, 불·법·승보는 뛰어난가 열등한가라고 묻는다면, 이와 같은 등의 물음에는 응당 '그대는 무엇을 바라고 묻는 것인가'라고 반문하여 기별해야 한다. 침묵하고 내버려두어 기별한다는 것은, 누군가가 실재하는 성품의 나는 선인가 악인가, 석녀의 아이의 색은 검은가 흰가라고 묻는다면, 이와 같은 등의 물음에는 응당 침묵하고 내버려두어 기별해야 하니, 기별해서는 안되기 때문이고, 오래 희론하기 때문이다."라고 한 것과 같다.
151 이는 제11 은밀·현료의 문이다. 《현양론》 제6권에서 이르기를, "은밀한 가르침이란 대부분 성문장의 가르침을 말하고, 뚜렷이 드러나는 가르침이란 대부분 대승장의 가르침을 말한다."라고 한 것과 같다.

의 부류는 응당 일체를 두루 알 뜻이라 이름한다고 알아야 한다.152

⑤ 두루 앎의 원인이라고 말한 것은 곧 앞의 둘을 능히 취하는 보리분법이라고 알아야 하니, 이른바 염주나 혹은 정단 등이다.153

⑥ 두루 앎을 얻은 결과란, 탐·진·치를 끊어진 비나야 및 탐·진·치 일체가 영원히 끊어진 모든 사문의 과보154 및 내가 말한 바 성문·여래의 함께 하거나 함께 하지 않는 세·출세간의 모든 공덕, 그것들에 대해 작증함을 말한다.155

⑦ 이들을 깨달아 안다고 함은 곧 이 작증한 법 중의 여러 해탈의 지혜로써

當知一切 名遍知義.

言遍知因者
當知卽是 能取前二 菩提分法, 所謂念住 或正斷等.

得遍知果者 謂貪恚癡 [永斷]〈斷〉毘奈耶 及貪恚癡 一切永斷 諸沙門果 及我所說 聲聞如來 若共不共 世出世閒 所有功德, 於彼作證.

於此覺了者 謂卽於此 作證法中 諸解脫智

----

152 이는 셋째 견주어 해석하는 것이다.
153 이는 셋째 두루 앎의 원인을 해석하는 것이니, 곧 능히 앞의 두 가지 경계를 취하는 4념주 등 37가지 보리분법을 말한다.
154 이하는 넷째 두루 앎을 얻는 결과를 해석하는 것이다. 바로 해석함 중에는 둘이 있는데, 처음 여기까지는 무위의 결과를 해석하는 것이고, 뒤의 그 아래는 유위의 결과를 해석하는 것이다. '비나야'란 여기에서는 '멸滅'이라고 말하니, 곧 조복하여 소멸시키는 것[伏滅]이다. 이 '탐·진·치가 영원히 끊어진'이라고 하는 것은 곧 바로 멸한 것[正滅]이니, 이 바로 멸함을 써서 사문의 과보로 삼는다.
155 이른 바 성문 및 모든 여래의 8해탈 등의 모든 함께 하는 공덕과 힘·무소외 등 140가지 함께 하지 않는 공덕, 그것들에 대해 작증하는 것이다. (문) 어째서 독각의 공덕은 말하지 않는가? (답) 진실에 의거하면 독각의 공덕도 역시 있다. 그렇지만 지금 이 경전에서는 준해서 알 수 있으므로 생략하고 말하지 않았다. 혹은 성문장 중에 포함되어 있는 것일 수도 있다.

| 널리 남을 위해 설하고 선양하며 개시하는 것을 말한다.156 | 廣爲他說 宣揚開示. |

⑧ 선남자여, 이와 같은 다섯 가지 뜻이 일체의 모든 뜻을 널리 거둔다고 알아야 한다.157 | 善男子, 如是五義 當知普攝 一切諸義.

(5) ① 또 다음 선남자여, 그 모든 보살들은 능히 네 가지 뜻을 요지하기 때문에 뜻을 안다고 이름하는데,158 ② 어떤 것이 네 가지 뜻이겠는가? 첫째는 마음의 집수의 뜻이고, 둘째는 영납의 뜻이며, 셋째는 요별의 뜻이고, 넷째는 잡염·청정의 뜻이다.159 | 復次 善男子, 彼諸菩薩 由能了知 四種義故 名爲知義, 何等 四義? 一者 心執受義, 二者 領納義, 三者 了別義, 四者 雜染淸淨義.

---

156 이는 다섯째 깨달아 앎의 뜻을 분별하는 것이니, 후득지를 말한다. 증득한 유위·무위의 모든 공덕을 능히 알고 능히 깨달은 여러 해탈의 지혜로써 능히 널리 남을 위해 펴 설하고 현시하는 것이다.
157 이는 넷째 총결하는 것이다.
158 이하는 셋째 네 가지 뜻에 의거해서 뜻을 앎을 밝히는 것인데, 그 중에 셋이 있으니, 처음 ①은 총체적인 것, 다음 ②는 개별적인 것, 뒤의 ③은 맺는 것이다.
159 그런데 네 가지 뜻을 해석하는 것에는 2설이 있다. 제1설은, 「마음의 집수의 뜻이란 자기 마음이 경계를 집수한다는 것을 아는 것을 말하고, 영납의 뜻이란 그와 같이 세 가지(=고·락·사)로 받아들이는 뜻이며, 요별의 뜻이란 모든 식이 경계를 요별한다는 것을 아는 것을 말하고, 잡염·청정의 뜻이란 일체법의 잡염·청정을 아는 것이다.」라고 한다. 제2설은, 「이 넷은 그 차례대로 4념처의 소연인 4경계, 소위 신·수·심·법을 아는 것이다. 그런데도 마음의 집수라고 말한 것은 집수주체를 들어서 집수대상인 몸을 나타낸 것이다.」라고 한다.

③ 선남자여, 이와 같은 네 가지 뜻이 일체의 모든 뜻을 널리 거둔다고 알아야 한다.

善男子, 如是四義 當知普攝 一切諸義.

⑹ ① 또 다음 선남자여, 그 모든 보살들은 능히 세 가지 뜻을 요지하기 때문에 뜻을 안다고 이름하는데,160 ② 어떤 것이 세 가지 뜻이겠는가? 첫째는 글의 뜻이고, 둘째는 뜻의 뜻이며, 셋째는 계(界)의 뜻이다.

復次 善男子, 彼諸菩薩 由能了知 三種義故 名爲知義. 何等 三義? 一者 文義, 二者 義義, 三者 界義.

③ 선남자여, 글의 뜻이라고 말한 것은 명신 등을 말한다.161

善男子, 言文義者 謂名身等.

④ 뜻의 뜻에는 다시 열 가지가 있다고 알아야 한다.162 첫째는 진실한 모습

義義 當知 復有十種. 一者 眞實相,

---

160 이하는 넷째 세 가지 뜻에 의거해서 뜻을 앎을 해석하는 것인데, 그 중에 셋이 있으니, 처음 ①은 총체적으로 표방하는 것이고, 다음 ②는 이름을 열거하는 것이며, 뒤의 ③ 이하는 개별적으로 해석하는 것이다.
161 이하는 둘째 세 가지 뜻을 개별적으로 해석하는 것이므로 곧 셋으로 나누어지는데, 이는 곧 처음이다. '글의 뜻'이라고 말한 것은 소위 명신·구신·문신이다. 이 이름 등의 셋에는 적집의 뜻이 있으므로 다 '신身'이라고 이름한다. 혹은 '신'은 체의 뜻일 수도 있으니, 말하자면 이름 등의 셋에는 다 체가 있기 때문에 '신'이라고 이름하는 것이다. 곧 이 세 가지는 능히 뜻을 나타내므로 다 '글'이라고 이름하고, 곧 (글의) 표현대상[所詮]인 뜻이기 때문에 '글의 뜻'이라고 이름하였다.
162 이하는 둘째 그 뜻의 뜻을 해석하는 것인데, 그 중에 둘이 있으니, 처음 여기까지는 글을 표방하고 수를 드는 것이고, 뒤의 그 아래는 수에 의해 이름을 열거하는 것이다. 이 앞의 글의 뜻의 표현대상인 뜻이기 때문에 뜻의 뜻이라고 이름한 것이다.

이고,163 둘째는 두루 알 모습이며, 셋째는 영원히 끊을 모습이고, 넷째는 작증할 모습이며, 다섯째는 수습할 모습이고,164 여섯째는 곧 그 진실한 모습 등의 품류 차별의 모습이며,165 일곱째는 소의·능의가 서로 속하는 모습이고,166 여덟째는 곧 두루 앎 등을 장애하는 법의 모습이며,167 아홉째는 곧 그것들을 수순하는 법의 모습이고,168 열째는 두루 알지 못함 등 및 두루 앎 등의 과환과 공덕의 모습이다.169

⑤ 계의 뜻이라고 말한 것은 다섯 가

二者 遍知相, 三者 永斷相, 四者 作證相, 五者 修習相,

六者 卽彼 眞實相等 品差別相, 七者 所依能依 相屬相,

八者 卽遍知等 障礙法相, 九者 卽彼 隨順法相, 十者 不遍知等 及遍知等 過患 功德相.

言界義者 謂五種界,

---

163 일체법의 실상인 진여를 말한다.
164 이상 네 가지 모습은 그 순서대로 고·집·멸·도 4제의 모습이다.
165 이는 곧 앞의 다섯 가지 모습 하나하나에 다 중다한 뜻의 문의 품류의 차별이 있는 것이다.
166 《현양론》 제5권에서 이르기를, "소의와 능의가 서로 속하는 모습이란, 말하자면 대종은 소의이고, 소조색은 능의이며, 혹은 눈 등은 소의이고, 식 등은 능의일 수도 있으며, 혹은 능전은 소의이고, 소전은 능의일 수도 있는데, 이와 같은 능·소가 상호 서로 매여서 속한 것을 서로 속한 모습이라고 이름한다."라고 하였다.
167 곧 4제에서 끊는 번뇌를 장애하는 법의 모습이라고 이름한다. 만약 아래의 글에 의한다면 말하자면 곧 보리분법을 닦는 것 능히 따라서 장애하는 모든 염오의 모습, 이것을 그 장애하는 법의 모습이라고 이름한다.
168 곧 4제에서 능히 번뇌 끊는 지혜를 수순하는 법의 모습이라고 이름한다. 만약 아래의 글에 의한다면 말하자면 곧 그것에 대해 많이 짓는 것을, 수순하는 법의 모습이라고 이름한다.
169 말하자면 두루 알지 못함 등의 번뇌의 과실 및 두루 앎 등의 지혜의 공덕이 차별되는 모습이다.

지 계를 말하니,170 첫째는 기세계이고, 둘째는 유정계이며, 셋째는 법계이고, 넷째는 조복대상계이며, 다섯째는 조복방편계이다.171

一者 器世界, 二者 有情界, 三者 法界, 四者 所調伏界, 五者 調伏方便界.

선남자여, 이와 같은 다섯 가지 뜻이 일체의 모든 뜻을 널리 거둔다고 알아야 한다."172

善男子, 如是五義 當知普攝 一切諸義."

(7) ① 자씨보살이 다시 붓다께 말하였다.

慈氏菩薩 復白佛言.

....

170 이하는 셋째 계의 뜻을 해석하는 것이다. 그 중에는 셋이 있으니 처음은 글을 표방하고 수를 드는 것이고, 다음은 수에 의해 이름을 열거하는 것이며, 뒤는 다섯 가지 뜻을 총결하는 것이다.
171 이는 둘째 수에 의해 이름을 열거하는 것이다. 《장엄론》제12권에서는 다섯 가지 한량없음이라고 이름하였다. 그래서 그 논에서는 이르기를, "다섯 가지 한량없음이란, 첫째 교화해야 할 일의 한량없음이니, 일체 중생계를 거두기 때문이고, 둘째는 청정케 해야 할 일의 한량없음이니, 일체 기세계를 거두기 때문이며, 셋째는 얻어야 할 일의 한량없으니, 일체 법계를 거두기 때문이고, 넷째는 이루어야 할 일의 한량없음이니, 일체 교화할 만한 중생을 거두기 때문이며, 다섯째는 말해야 할 일의 한량없음이니, 12부경이 교화의 주된 방편임을 거두기 때문이다."라고 하였다. 《현양론》제3권에서도 역시 다섯 가지 한량없음이라고 이름한다.
172 이는 셋째 다섯 가지 뜻을 총결하는 것이다. 그런데 이 맺는 글은 경전의 초본草本과 《유가론》의 초본 및 《심밀경》에 의하면 다 '이와 같은 다섯 가지 뜻'이라고 말하고 있지만, 《현양론》제5권에 의한다면 '이와 같은 세 가지 뜻이 모든 뜻을 널리 거둔다'라고 말한다. 위와 같은 열 가지 뜻, 다섯 가지 뜻, 네 가지 뜻에서도 다 수를 맺는 글이 있음을 위에 준해서 알 수 있으므로, 여기에서도 '세 가지 뜻'이라고 하는 것이 낫다. 그러나 이 경전과 《유가론》의 두 곳의 초본 및 《심밀경》에서 다 '다섯 가지 뜻'이라고 말하므로 내치지 못하고 받아들였다.

제6 분별유가품 221

"세존이시여, 들어서 이루는 지혜로써 그 뜻을 요지하는 것과, 사유해서 이루는 지혜로써 그 뜻을 요지하는 것과, 사마타·비발사나로 닦아서 이루는 지혜로써 그 뜻을 요지하는 것, 이들은 어떻게 차별됩니까?"173

"世尊, 若聞所成慧 了知其義, 若思所成慧 了知其義, 若奢摩他 毘鉢舍那 修所成慧 了知其義, 此何差別?"

② 붓다께서 자씨보살에게 말씀하셨다.

佛告 慈氏菩薩曰.

"선남자여, 들어서 이루는 지혜는 글에 의지하여 단지 그 말한 대로일 뿐, 아직 뜻의 취지를 잘 알지 못하고 아직 앞에 나타나 있지 못하며, 해탈을 수순하기는 하지만 아직 해탈 이루는 뜻을 능히 받아들이지 못한다.174

"善男子, 聞所成慧 依止於文 但如其說, 未善意趣 未現在前, 隨順解脫 未能領受 成解脫義.

---

173 이하는 둘째 3혜로써 뜻을 앎을 밝히는 것이다. 또 해석하자면 (법을 앎과) 뜻을 앎 중에 나아가면 글에 둘이 있으니, 처음은 알 대상에 의거해서 법을 앎과 뜻을 앎을 밝히는 것이고, 뒤는 아는 주체[能知]를 밝히는 것인데, 이상에서 알 대상인 법과 뜻을 이미 해석했으므로, 이하에서 둘째 아는 주체인 지혜를 분별하는 것이다. 그 중에 둘이 있으니, 처음 (7)은 3혜로써 뜻을 앎의 차별을 밝히는 것이고, 뒤의 (8)은 지혜와 봄 두 가지의 차별을 나타내는 것이다. 전자 중에도 둘이 있으니, 먼저 ①은 묻는 것이고, 뒤의 ② 이하는 답하시는 것이다. 이는 곧 처음인데, 글에 두 마디가 있으니, 처음은 물음을 일으킴이 의지하는 것이고, 뒤는 바로 묻는 말을 일으키는 것이다.

174 ② 이하는 여래께서 바로 답하시는 것인데, 그 중에 둘이 있으니, 먼저 해석하고, 뒤의 ⑤에서 맺는다. 해석 중에는 3혜이므로 곧 셋으로 나누어지는데, 이 ②는 문혜를 해석하는 것이다. 모두 여섯 가지 뜻에 의거해서 3혜의 차별되는 모습을 분별하는데, 여기에서는 문혜의 여섯 가지 뜻의 차별

③ 사유해서 이루는 지혜도 역시 글에 의지하지만 말한 대로만은 아니어서, 뜻의 취지를 능히 잘 알되 아직 앞에 나타나 있지는 못하고, 해탈에 더욱 수순하지만 아직 해탈 이루는 뜻을 능히 받아들이지 못한다.175

思所成慧 亦依於文
不唯如說,
能善意趣 未現在前,
轉順解脫
未能領受 成解脫義.

④ 만약 모든 보살의 닦아서 이루는 지혜라면 글에 의지하기도 하고 글에 의지하지 않기도 하며, 그 말한 대로이기도 하고 말한 대로가 아니기도 하며,

若諸菩薩 修所成慧
亦依於文 亦不依文,
亦如其說
亦不如說,

을 해석한다. 첫째는 글에 의지하는 것이니, 말하자면 이 문혜는 반드시 글로 말미암아 일어남을 얻기 때문이다. 둘째는 그 말한 대로일 뿐이니, 말하자면 단지 글과 같이 뜻을 취할 뿐, 2혜가 뜻으로써 글을 취하는 것과 같지 않다. 셋째는 아직 뜻의 취지를 잘 알지 못하는 것이고, 넷째는 아직 앞에 나타나 있지 못한 것이니, 말하자면 경계를 반연할 때 아직 같은 분위의 영상이 현전함을 얻지 못해서 아직 삼매를 얻지 못하기 때문이다. 다섯째는 해탈을 수순하는 것이니, 말하자면 열반의 해탈을 멀리서 능히 수순하는 것이다. 혹은 유위·무위의 두 가지 해탈을 통틀어 거두는 것일 수도 있다. 여섯째는 아직 해탈 이루는 뜻을 능히 받아들이지 못하는 것이니, 말하자면 아직 적멸을 증득치 못하고 산심의 지위에서 번뇌를 끊지 못하기 때문이다.

175 이는 둘째 사혜의 여섯 가지 뜻이다. 첫째는 역시 오직 글에 의지하니, 뜻은 문혜와 같다. 둘째는 말한 대로만은 아니니, 요의와 불요의의 두 가지 가르침이 다르기 때문이다. 셋째는 뜻의 취지를 능히 잘 아니, 말하자면 성교의 뜻을 잘 통달하기 때문이다. 넷째는 아직 앞에 나타나 있지 않은 것은 역시 문혜와 같다. 다섯째는 해탈에 더욱 수순한다. '더욱'은 더욱 뛰어남을 말하니, 문혜보다 뛰어나기 때문이다. 여섯째는 해탈 이루는 뜻을 아직 능히 받아들이지 못하는 것은 역시 문혜와 같다. 말하자면 이 사혜를 앞의 문혜와 상대시키면 세 가지 뜻은 같으니, 제1·제4·제6을 말하고, 세 가지 뜻은 같지 않으니, 제2·제3·제5를 말한다.

뜻의 취지를 능히 잘 알고, 알 일과 같은 분위의 삼매에서 행해질 영상이 앞에 나타나며, 해탈을 극히 수순하고, 이미 해탈 이루는 뜻을 능히 받아들인다.176

⑤ 선남자여, 이를 세 가지 뜻을 앎의 차별이라고 이름한다."

⑻ ① 자씨보살이 다시 붓다께 말하였다.

"세존이시여, 사마타·비발사나를 닦는 모든 보살대중은 법을 알고 뜻을 아는데, 어떤 것이 지혜[智]이고, 어떤 것이 봄[見]입니까?"177

能善意趣, 所知事同分 三摩地所行 影像現前, 極順解脫, 已能領受 成解脫義.

善男子, 是名 三種知義 差別."

慈氏菩薩 復白佛言.

"世尊, 修奢摩他 毘鉢 舍那 諸菩薩衆 知法知 義, 云何 爲智, 云何 爲見?"

---

176 이는 셋째 수혜의 여섯 가지 뜻을 분별하는 것이다. 첫째는 글에 의지하기도 하고 글에 의지하지 않기도 하니, 말하자면 이 수혜는 총·별의 법을 반연해서 뜻을 취하기 때문에 글에 의지하기도 하고, 혹 때로는 가르침을 떠나서 뜻을 취하기 때문에 글에 의지하지 않기도 한다. 둘째는 그 말한 대로이기도 하고 말한 대로가 아니기도 하니, 뜻은 사혜와 같다. 셋째는 뜻의 취지를 능히 잘 아니, 역시 사혜와 같다. 넷째 알 일과 같은 분위의 삼매에서 행해질 영상이 앞에 나타나니, 삼매를 얻기 때문이다. 다섯째 해탈을 극히 수순하니, 해탈의 과보에 가장 극히 수순하기 때문이다. 여섯째 이미 해탈 이루는 뜻을 능히 받아들이니, 말하자면 이 수혜는 오직 삼매에 의지해 일어나고 무루에 통하기 때문에 번뇌를 끊고 적멸을 증득한다. 여섯 가지 뜻을 구족하니, 말하자면 이 수혜를 앞의 문혜에 상대시키면 여섯이 다 같지 않다. 앞의 사혜에 상대시키면 두 가지 뜻이 같으니, 제2·제3을 말하고, 네 가지 뜻은 같지 않으니, 제1·제4·제5·제6을 말한다.
177 이하는 둘째 지혜와 봄의 차별을 밝히는 것인데, 그 중에 둘이 있으니, 먼저 ①은 묻는 것이고, 뒤의 ② 이하는 답하시는 것이다.

② 붓다께서 자씨보살에게 말씀하셨다.

"선남자여, 나는 한량없는 문으로써 지혜와 봄 두 가지의 차별을 펴 설했지만, 이제 그대를 위해 그 모습을 간략히 말하겠다.178 만약 총체적인 법을 반연하여 사마타·비발사나를 닦음에 있는 묘혜라면 이는 지혜라고 이름하고, 만약 개별적인 법을 반연하여 사마타·비발사나를 닦음에 있는 묘혜라면 이는 봄이라고 이름한다."179

(9) ① 자씨보살이 다시 붓다께 말하였다.

"세존이시여, 사마타·비발사나를 닦는 모든 보살대중은 어떤 작의에 의해, 어떤 등의, 어떻게 모든 모습을 제거합니까?"180

佛告 慈氏菩薩曰.

"善男子, 我無量門
宣說智見 二種差別,
今當爲汝 略說其相.
若緣總法
修奢摩他 毘鉢舍那 所有妙慧 是名爲智, 若緣別法 修奢摩他 毘鉢舍那 所有妙慧 是名爲見."

慈氏菩薩 復白佛言.

"世尊, 修奢摩他 毘鉢舍那 諸菩薩衆 由何作意, 何等, 云何 除遣諸相?"

---

178 이하는 둘째 여래께서 바로 설하시는 것인데, 그 중에 둘이 있으니, 먼저 여기까지는 허락하시는 것이고, 뒤의 그 아래는 설하시는 것이다.
179 이하 둘째 여래께서 바로 설하시는 것에는 둘이 있으니, 앞은 지혜이고, 뒤는 봄이다. 해석해 이르되 진실에 의거한다면 두 가지가 다 봄과 지혜에 통하니, 모두 추구하여 결단하는 뜻이 있기 때문이다. 그렇지만 여기에서는 두 가지의 뛰어나고 열등한 차별을 나타내기 위함이니, 이 때문에 개별 반연하는 것을 봄이라고 이름하고, 총체 반연하는 것을 지혜라고 이름한 것이다.

② 붓다께서 자씨보살에게 말씀하셨다. 佛告 慈氏菩薩曰.

"선남자여, 진여의 작의에 의해[181] 법의 모습 및 뜻의 모습을 제거한다.[182] 만약 그 이름 및 이름의 자성에서 얻는 바가 없을 때라면 또한 그것이 의지하는 바의 모습도 관찰하지 않고, 이와 같이 제거하며,[183] 그 이름에서와 같이 문

"善男子, 由眞如作意 除遣法相 及與義相. 若於其名 及名自性 無所得時 亦不觀彼 所依之相, 如是除遣, 如於其名 於句於文

---

[180] 이하는 둘째 모든 모습을 제거하는 문인데, 그 중에 셋이 있다. 처음 ⑼는 문답해서 모든 모습 제거하는 것을 분별하는 것이고, 다음 ⑽은 문답해서 관찰 감당해 맡는 것을 분별하는 것이며, 뒤의 ⑾ 이하는 문답해서 모든 모습 제거하기 어려움을 분별하는 것이다. 처음에 나아가면 글에 넷이 있으니, ①의 물음, ②의 답, ③의 물음, ④의 해석이다.

이 ①은 곧 묻는 것인데, 물음에는 세 가지 뜻이 있다. 첫째 '어떤 작의에 의해'라고 한 것은 제거주체인 작의를 묻는 것이니, 여러 작의 중 어떤 작의에 의하는가이고, 둘째 '어떤 등의'라고 한 것은 제거대상인 모습을 묻는 것이며, 셋째 '어떻게 모든 모습을 제거합니까'라고 한 것은 모습 제거하는 방법으로, 어떤 관행을 짓는가를 묻는 것이다.

[181] 이하는 둘째 여래께서 바로 답하시는 것이다. 그런데 이 답의 글에 대해서는 두 가지 해석이 있다. 제1설은, 이 글은 지전의 관문觀門으로써 앞의 물음에 답하는 것이라고 한다.(=제2설은 답하시는 글의 마지막 글에 대한 주석의 끝에 나옴) 세 가지 물음에 답하므로 곧 셋으로 나누어지는데, 이는 처음의 물음에 답하는 것이다. 말하자면 모든 보살의 모든 작의 중에서 진여의 작의에 의한다는 것이다.

[182] 이는 둘째 물음에 답하시는 것이다. 말하자면 제거대상인 모습은 두 가지를 벗어나지 않으니, 곧 앞에서 말한 능전의 이름 등 및 열 가지 뜻 등 소전의, 모든 법과 뜻의 영상의 모습이다. 혹은 집착대상인 법과 뜻의 모습일 수도 있으니, 진여관에 들면 그것들을 보지 못하기 때문이다.

[183] 이하는 셋째 관찰의 방식을 분별하는 것인데, 그 중에 둘이 있으니, 처음은 이름에 의거해 관찰을 분별하는 것이고, 뒤의 그 아래는 문구 등을 유추해 해석하는 것이다. 이는 곧 처음이다. 말하자면 모든 보살은 이름을 관찰할 때 그 모든 이름 및 이름의 자성은 다 자기 마음이 변현한 것을 가시설

구에서도, 문자에서도, 일체의 뜻에서도 역시 그러하다고 알아야 하고,184 나아가 계 및 계의 자성에서 얻는 바가 없을 때라면 또한 그것이 의지하는 바의 모습도 관찰하지 않고, 이와 같이 제거한다."185

③ "세존이시여, 모든 요지할 바 진여의 뜻의 모습에서 이 진여의 모습도 또한 보낼 수 있습니까?"186

於一切義 當知亦爾, 乃至於界 及界自性 無所得時 亦不觀彼 所依之相, 如是除遣."

"世尊, 諸所了知 眞如義相 此眞如相 亦可遣不?"

해서 있는 것이므로 집착대상의 실제의 이름은 다 얻을 수 없음을 관찰하되, 이와 같이 관찰할 때 단지 이름을 얻을 수 없음을 관찰할 뿐만 아니라, 또한 그 이름 등이 의지하는 소집성의 식도 또한 관찰하지 않는 것이다. 또 해석하자면 소집성의 이름을 얻을 수 없음을 관찰할 때 또한 그 변계소집의 이름 등이 의지하는 의타기의 이름 등도 관찰하지 않는 것이다. 이 뜻이 말하는 것은, 진여관에 들어서 소집을 제거할 때 의타기의 이름 등도 현현함을 얻지 못하기 때문에 제거한다고 이름하는 것이지, 공·무자성을 추구하는 것을 말하여 제거한다고 이름하는 것이 아니라는 것이다.

184 이하는 둘째 문구 등을 유추해 해석하는 것인데, 그 중에 둘이 있으니, 처음 여기까지는 문구와 문자 및 열 가지 뜻을 유추해 해석하는 것이고, 뒤의 그 아래는 다섯 가지 뜻, 네 가지 뜻, 세 가지 뜻을 유추해 해석하는 것이다. 혹은 앞 글은 네 가지 뜻까지이고, 뒤는 세 가지 뜻을 유추해 해석하는 것일 수도 있다.

185 이는 둘째 다섯 가지 뜻 등을 유추해 해석하는 것이다. 모두 두 가지 뜻이 있다. 첫째는 자성을 얻을 수 없음을 관찰하는 것이고, 둘째는 그것이 의지하는 모습도 또한 관찰하지 않는 것이니, 위에 준해서 알아야 한다.
  제2설은 이 글은 지상의 관문으로써 앞의 물음에 답하는 것이라고 한다. 말하자면 지상의 보살이 진여관에 들 때 이름 등의 자성 및 의지하는 바 모습을 전혀 얻을 수 없으니, 말하자면 한 맛인 경계와 지혜가 평등함을 증득하여 능취와 소취의 모습을 멀리 떠나기 때문이라는 것이다.

186 이는 곧 셋째 따져 묻는 것이니, 말하자면 앞에서 말한 진여의 작의가 반연하는 바 진여도 또한 보낼 수 있는가라는 것이다.

④ "선남자여, 요지할 바 진여의 뜻 중에는 전혀 모습이 없고 또한 얻는 바도 없는데, 무엇이 보낼 바이겠는가?187

선남자여, 나는 진여의 뜻을 요지할 때에는 일체 법과 뜻의 모습을 누를 수 있지만, 이 요달함은 나머지가 누를 수 있는 것이 아니라고 말한다."188

"善男子, 於所了知 眞如義中 都無有相 亦無所得, 當何所遣?

善男子, 我說了知 眞如義時 能伏一切 法義之相, 非此了達 餘所能伏."

⑽ ① "세존이시여, 세존께서는 흐린 물그릇의 비유, 깨끗치 못한 거울의 비유, 흔들리는 샘·못의 비유로써 자기 얼굴의 영상 관찰함을 맡지 못하지만, 만약 감당하여 맡는다면 위와 상위하듯이,189

"世尊, 如世尊說 濁水器喩 不淨鏡喩
撓泉池喩 不任觀察 自面影相, 若堪任者
與上相違,

....
187 이는 넷째 여래께서 해석해 통하게 하는 것인데, 그 중에 둘이 있으니, 처음 여기까지는 바로 해석하시는 것이고, 뒤의 그 아래는 거듭 해석하시는 것이다. 그런데 이 글을 해석함에도 역시 양설이 있다. 제1설은 이 글은 지전의 관행에 의거해서 외인의 힐난을 해석해 통하게 하는 것이니, 말하자면 진여를 관찰할 때에는 모든 모습이 전혀 없고, 모습이 없기 때문에 얻는 바도 또한 없으니, 무엇이 제거할 바이겠는가라는 것이다. 제2설은 이 글은 지상의 관행에 의거해 외인의 힐난을 해석해 통하게 하는 것이니, 말하자면 진여관에 들 때에는 얻을 바 능취·소취의 모습이 전혀 없다는 것이다.
188 이는 둘째 진여의 모습은 나머지가 보낸 바가 아님을 거듭 해석하는 것이다. 이 중의 뜻이 말하는 것은, 나머지 일체의 모습은 모습이 있는 것이기 때문에 진여로써 보내지만, 진여를 증득할 때에는 증득대상인 진여는 모습이 전혀 없어서, 나머지 법이 이 진여를 보낼 수 없다는 것이다.
189 이하는 둘째 문답해서 관찰 감당해 맡음을 분별하는 것인데, 그 중에 둘이 있으니, 처음 ①은 묻는 것이고, 뒤의 ②는 답하시는 것이다. 물음 중에도 둘이 있으니, 처음은 의지하는 가르침을 드는 것이고, 뒤는 가르침에 의

이와 같이 만약 누군가가 마음을 잘 닦지 않았다면 곧 여실하게 모든 진여 관찰함을 감당해 맡지 못하지만, 만약 마음을 잘 닦았다면 관찰함을 감당해 맡는다고 말씀하셨는데,190 이는 어떤 관찰주체의 마음을 말씀하신 것이며, 어떤 진여에 의거해 이런 말씀을 하셨습니까?"191

如是若有 不善修心
則不堪任 如實觀察 所
有眞如, 若善修心
堪任觀察,
此說何等 能觀察心,
依何眞如
而作是說?"

② "선남자여, 이는 세 가지 관찰주체의 마음을 말한 것이니, 들어서 이룬 관

"善男子, 此說 三種能
觀察心, 謂聞所成 能觀

거해 물음을 일으키는 것이다. 전자 중에도 둘이 있으니, 먼저 여기까지는 비유이고, 뒤의 그 아래는 합하는 것이다.
　이는 곧 비유를 말하는 것이다. 글에는 두 마디가 있으니, 처음은 관찰을 맡지 못하는 비유이고, 뒤는 관찰을 감당해 맡는 비유이다. 말하자면 세존께서는 흐린 물그릇의 비유, 깨끗치 못한 거울의 비유, 흔들리는 샘·못의 비유를 설하시고, 이와 같은 세 가지로는 자기 얼굴의 영상 관찰함을 맡지 못한다고 하셨다. 맑은 물그릇의 비유, 깨끗한 거울면의 비유, 맑은 샘·못의 비유의 이와 같은 세 가지는 그 순서대로 곧 3혜를 비유하니, 맑은 물의 그릇은 형상 비춤은 얻을 수 있다 해도 아직 거울에 미치지 못하기 때문에 문혜를 비유하고, 깨끗한 거울은 밝기는 해도 맑고 고요한 성품이 없기 때문에 사혜를 비유하며, 물의 성품은 조유調柔되어서 맑고 고요한 성품이 있기 때문에 수혜를 비유한다. 혹은 하나하나가 3혜를 통틀어 비유하는 것일 수도 있다.

190 이는 합하는 것이니, 그 순서대로 아직 3혜를 얻지 못하여 마음을 잘 닦지 않았다면 곧 여실하게 진여의 모습 관찰함을 감당해 맡지 못하는 것은, 마치 흐린 물 등으로는 자기 얼굴을 보지 못하는 것과 같지만, 만약 마음을 잘 닦았다면 관찰함을 감당해 맡는 것은, 마치 맑은 물 등으로 자기 얼굴을 볼 수 있는 것과 같다는 것이다.

191 물음에는 두 가지 뜻이 있다. 처음은 관찰주체인 마음을 묻는 것이니, 어떤 관찰하는 마음에 의해 이런 말씀을 하셨는가이고, 뒤는 관찰대상인 경계를 묻는 것이니, 어떤 진여에 의거해 이런 말씀을 하셨는가이다.

찰주체의 마음과, 사유해 이룬 관찰주체의 마음과, 닦아서 이룬 관찰주체의 마음을 말하며, 요별진여에 의거해 이런 말을 한 것이다."192

察心, 若思所成 能觀察心, 若修所成 能觀察心, 依了別眞如 作如是說."

(11) "① 세존이시여, 이와 같이 법과 뜻과 뜻을 요지하는 보살은 모든 모습을 제거하기 위해서 부지런히 가행을 닦는데, 몇 가지 제거하기 어려운 모습이 있으며, 무엇으로 능히 제거합니까?"193

"② 선남자여, 열 가지 모습이 있는데, 공으로써 능히 제거한다.194

"世尊, 如是 了知法義菩薩 爲遣諸相 勤修加行, 有幾種相 難可除遣, 誰能除遣?"

"善男子, 有十種相, 空能除遣.

---

192 이는 둘째 여래께서 바로 답하시는 것인데, 글에 두 마디가 있다. 처음은 관찰주체에 답하시는 것이니, 곧 3혜의 마음이고, 뒤는 관찰대상에 답하시는 것이니, 곧 7진여 중의 요별진여이다. 그런데 이 진여에는 두 가지가 있다. 첫째는 말하자면 일체의 행이 오직 식의 성품일 뿐이기 때문에 진여라고 이름하니, 이는 곧 세속의 유식관이다. 둘째는 오직 식의 성품일 뿐이므로 유식의 성품이라고 이름하니, 이는 곧 승의의 유식관이다. 만약 지전에 있다면 유식의 모습을 관찰하고, 초지 이상이라면 유식의 성품을 관찰한다. 여기에서는 두 가지 관찰을 통틀어 말하는 것이다.

193 이하는 셋째 문답해서 모든 상을 제거하기 어려움을 분별하는 것인데, 그 중에 셋이 있다. 처음 (11)은 문답해서 모습 등 제거하기 어려움을 분별하는 것이고, 다음 (12)는 문답해서 모습 제거하여 해탈하는 것을 분별하는 것이며, 뒤의 (13)은 문답해서 총상의 공성을 분별하는 것이다. 전자 중에 나아가면 먼저 ①은 묻는 것이고, 뒤의 ② 이하는 답하시는 것이다. 이는 곧 제거하기 어려운 모습의 수 및 제거주체인 공을 바로 묻는 것이다.

194 이하는 둘째 여래께서 바로 설하시는 것인데, 그 중에 셋이 있다. 처음 ②는 수를 표방하고 간략히 답하시는 것, 다음 ③은 보살이 따져 묻는 것, 뒤의 ④는 여래께서 자세히 해석하시는 것이다.

③ 어떤 것이 열 가지인가? 何等 爲十?

④ 첫째 법과 뜻을 요지하기 때문에 갖가지 문자의 모습이 있는데,195 이는 일체법공에 의해 능히 바로 제거한다.196

一者 了知法義故 有種種文字相, 此由 一切法空 能正除遣.

....

　　이는 곧 처음이다. 열 가지 모습이라고 한 이것은 처음의 물음에 답한 것이니, 말하자면 제거하기 어려운 모습에는 대략 열 가지가 있다는 것이다. 말하자면 이 열 가지 모습은 공을 관찰해서 제거하니, 현상의 차별 중의 부정관 등이 공관이 아니면서 청정함 등을 제거하는 것과 같지 않으므로, 구별하기 위하여 그 어렵다는 말을 한 것이다.

　　(문) 아래의 경문에 준하면 열여섯 가지 모습이 있는데, 어째서 단지 열 가지 모습만을 말했는가? (답) 진실에 의거하면 개별적인 모습에는 그 열여섯이 있지만, 곧 요지할 바의 뜻에는 열 가지가 있기 때문에 거두어서 열 가지 모습으로 한 것이다.

　　'공으로써 능히 제거한다'고 한 것은 둘째 물음에 답한 것이니, 17공 있는 것이 제거하는 주체이다.

195 이하는 셋째 여래께서 자세히 해석하시는 것인데, 열 가지 모습을 공으로써 제거함을 해석하므로 곧 열로 나누어진다. 이는 곧 처음인데, 그 중에 둘이 있으니, 처음 여기까지는 제거대상인 모습을 표방하는 것이고, 뒤의 그 아래는 제거주체인 공을 밝히는 것이다.
　　'법과 뜻'이라고 말한 것에서 법은 교법을 말하고, 뜻은 경계의 뜻이니, 법이 곧 뜻이기 때문에 지업석이다. '문자의 모습'이란 명·구·문신을 말하는데, 통틀어 문자라고 이름하였다. 여기에서의 뜻이 말하는 것은, 말하자면 모든 보살이 처음 관행을 할 때에는 12부경을 경계의 뜻으로 삼아 요지하고자 하기 때문에 곧 갖가지 문자의 모습의 나타남이 있다는 것이다.

196 이는 곧 둘째 제거하는 공을 분별하는 것이다. 그런데 이 여러 공에 대해서는 여러 설이 같지 않다. 《대반야경》 제51권에 의하면 20공 및 4공의 뜻을 말한다. 그래서 그 경전에서 이르기를, "또 다음 선현이여, 보살마하살의 대승의 모습이란 말하자면 내공內空·외공外空·내외공內外空·공공空空·대공大空·승의공勝義空·유위공有爲空·무위공無爲空·필경공畢竟空·무제공無際空·산공散空·무변이공無變異空·본성공本性空·자상공自相空·공상공共相空·일체법공一切法空·불가득공不可得空·무성공無性空·자성공自性空·무성자성공無性自性空이니, 이를 보살마하살의 대승의 모습이라고 이름한다. … 또 4공이 있으니, 유성有性·무성無性·자성自性·타성他性(의 공)을 말한다. 유성은 유위를 말하고, 무성은 무위를 말한다."라고 하였다. 만약 제413권에 의한다면 18

둘째 안립진여의 뜻을 요지하기 때문에 생·멸·주·이의 성품이 상속하여 따라서 구르는 모습이 있는데,197 이는 상공 및 무선후공에 의해 능히 바로 제거한다.198

二者 了知安立 眞如義故 有生滅住異性 相續隨轉相, 此由相空 及無先後空 能正除遣.

....
공을 해석하는데, 앞의 20공과는 나누고 합함에 차이가 있지만, 뜻에는 넓고 좁음이 없으니, 20공 중의 산공·무변이공을 합쳐서 산무산공散無散空으로 하고, 자상공·공상공을 합쳐서 자공상공自共相空이라고 이름하였다. 《대품경》 제7권에서는 18공 및 4공을 말하고, 《대지도론》 제46권에 의하면 18공 및 4공을 해석한다. 《열반경》 제16권에 의하면 11공을 해석하고, 《대방등대집경》 제48권에 의하면 18공 및 4공을 해석하며, 《현양론》 제15권 및 《중변론》에 의하면 16공이 있고, 《능가경》 제1권과 《대지도론》 제36권에 의하면 7공이 있으며, 《유가론》 제12권에 의하면 4공이 있고, 《18공론》에서는 18공을 말한다.

그런데 이 경전에 의하면 17공이 있으니, 20공 중 산공·자성공의 2공이 빠지고, 20공 중의 자상공·공상공을 합쳐서 하나의 상공으로 했기 때문에 17공이 있다. 18공 중에서는 자성공이 빠진 것이다. 이는 곧 첫째 일체법공인데, 《대반야경》과 《대지도론》에 의하면 일체법은 5온·12처·18계를 말하고, 《18공론》과 《중변론》에 의하면 일체법이란 십력·사무외 등과 같다고 하였다. 지금 이 경전에 의하면, 일체 능전의 가르침을 포함하고자 하기 때문에 문자에 의해 일체법을 나타내었다.

(문) 어째서 이 경전에서는 단지 열 가지 모습 및 17공만을 말하는가?
(답) 《대지도론》에 준하면 간략하면 곧 두루하지 못하고, 자세하면 곧 일이 번잡하기 때문에 오직 열여덟만이라고 하였는데, 여기에서도 역시 그와 같다.
197 여기에서 말한 안립진여는 곧 4성제 중의 고성제이다. 곧 7진여 중 앞에서 말한 안립진여이니, 업·번뇌 등으로 안립된 것이기 때문이다. 혹은 4성제의 최초를 안립하므로 안립이라는 이름을 얻었다고 할 수도 있다. 성품을 지키고 고치지 않기 때문에 진여라고 이름하고, 이 고제로 말미암아 생 등의 모습이 상속하여 따라서 구름이 있으므로 또한 진여라고 이름한다. 혹은 이 중에 두 가지 모습이 있는 것일 수도 있으니, 첫째는 생 등의 4상이고, 둘째는 삼세에 상속하여 따라 구르는 모습이다. 이 때문에 2공이 각각 하나의 모습을 제거한다.

셋째 능취의 뜻을 요지하기 때문에 몸을 돌아보고 그리워하는 모습 및 아만의 모습이 있는데,199 이는 내공 및 무소득공에 의해 능히 바로 제거한다.200	三者 了知能取義故 有顧戀身相　及我慢相, 此由內空　及無所得空 能正除遣.
넷째 소취의 뜻을 요지하기 때문에 재물을 돌아보고 그리워하는 모습이 있는데,201 이는 외공에 의해 능히 바로 제거한다.202	四者 了知所取義故 有顧戀財相, 此由外空 能正除遣.
다섯째 수용의 뜻이 남녀의 받들어	五者 了知受用義 男女

....
198 지금 이 경전에 의하면 4상을 보내기 때문에 상공이라고 이름하고, 유전함을 보내기 때문에 무선후공이라고 이름한다.《중변론》제1권에서는 생사가 길고 멀어서 처음과 후제가 없다고 말하고,《18공론》에서는 무선후공을 또한 무시공이라고도 이름한다고 하니, 자세하게 말하자면 그에서와 같다.
199 여기에도 두 가지가 있으니, 몸을 돌아보고 그리워하는 모습 및 아만의 모습이다. 이 위에서 말한 능취의 5근 및 심·심소를 요지함으로 말미암아 두 가지 모습을 일으키는 것이다. 첫째는 몸을 돌아보고 그리워하는 모습이니, 나의 근 등이 모든 법을 능히 취하는 것을 말하고, 둘째는 아만의 모습이니, 나의 마음 등이 남보다 낫다고 하기 때문이다.
200 지금 이 경전에 의하면 6근의 능취를 능히 요지함으로 말미암아 곧 안의 몸을 돌아보고 그리워하며 집착함이 있으므로 내공을 관찰해서 능히 바로 제거하고, 내가 있다고 집착하기 때문에 아만을 일으키므로 무소득공을 관찰해서 능히 바로 제거한다는 것이다. 얻을 만한 나가 없거늘, 어떻게 아만을 일으키랴. 또 해석하자면 두 가지 공에 의해 두 가지 모습을 공통으로 제거하는 것일 수도 있다.
201 이는 위에서 말한 외6처 등 소취의 뜻 중에 재물을 돌아보고 그리워하는 모습이 있는 것이다.
202《대반야경》에 의하면 외공이란 외6처를 말한다고 하고,《대지도론》에서는 외공이란 이른바 외6입에 나와 내 것이 없으며 그리고 6법이 없는 것이라고 하니, 이 경전도 그와 같아서 외공에 의해 제거하는 것이다.

모심과 살림살이와 상응함을 요지하기 때문에 안의 안락한 모습과 밖의 정묘한 모습이 있는데,203 이는 내외공 및 본성공에 의해 능히 바로 제거한다.204	承事 資具相應故 有內安樂相 外淨妙相, 此由內外空 及本性空 能正除遣.
여섯째 건립의 뜻을 요지하기 때문에 한량없는 모습이 있는데,205 이는 대공에 의해 능히 바로 제거한다.206	六者 了知建立義故 有無量相, 此由大空 能正除遣.

....
203 말하자면 수용의 뜻 중에서 남녀 및 살림살이를 수용함을 요지하기 때문이니, 남녀의 처소는 유정이기 때문에 내적으로 안락하다는 지각을 일으키고, 모든 살림살이는 유정이 아니기 때문에 외적으로 정묘하다는 지각을 일으킨다. 혹은 '안'은 내6처를 말하고, '밖'은 곧 외6처일 수도 있으니, 내6처에 대해 안락하다는 지각을 일으키고, 외6처에 대해 정묘하다는 지각을 일으키는 것이다.
204 그 두 가지가 있으니, 내외공 및 본성공이다. 지금 이 경전을 해석하는 것은 여러 설이 같지 않다. 제1설은 내공으로 안의 안락한 모습을 제거하고, 외공으로 정묘한 모습을 제거하며, 본성공은 두 가지 모습을 공통으로 제거한다고 한다. 제2설은 내외공이 안의 안락한 모습을 제거하고, 그 중 외공의 일부분이 정묘한 모습을 제거하며, 본성공은 두 가지 모습을 공통으로 제거한다고 하며, 제3설은 내외공은 안의 안락한 모습을 제거하니, 유정에 속하기 때문에 '안'이라고 말하고, 자신의 밖이기 때문에 '밖'이라고 말한 것이며, 본성공이 정묘한 모습을 제거한다고 한다. 제4설은 내외공이 안의 안락한 모습을 제거하니, 말하자면 남녀 등은 12처를 갖추기 때문에 내외공으로 제거하는 것이고, 본성공이 정묘한 모습을 제거하는 것이라고 한다.
 (문) 밖의 정묘한 모습은 어째서 외공에 의해 제거하는 것을 말하지 않는가? (답) 진실에 의거하면 또한 외공도 사용하지만, 앞에서 이미 말했기 때문에 이를 말하지 않은 것이다.
205 말하자면 앞에서 말한 기세간의 모습을 건립하는 뜻 때문에 삼천세계 등의 한량없는 모습이 있는 것이다.
206 《열반경》에서는 반야바라밀을 대공이라 이름한다고 하고, 《대반야경》에 의하면 대공이라고 말하는 것은 시방공十方空을 말한다고 한다. 《대지도론》에서 말하는 것은 《대반야경》과 같지만, 차별되는 것은 여섯 가지 뜻

일곱째 무색을 요지하기 때문에 안으로 적정한 해탈의 모습이 있는데,207 이는 유위공에 의해 능히 바로 제거한다.208

七者 了知無色故 有內寂靜解脫相, 此由有爲空 能正除遣.

여덟째 모습의 진여를 요지하기 때문에 보특가라무아의 모습, 법무아의 모습과 유식의 모습 및 승의의 모습이 있는데,209 이는 필경공, 무성공, 무성자성공 및 승의공에 의해 능히 바로 제거한다.210

八者 了知相眞如義故 有補特伽羅無我相 法無我相 若唯識相 及勝義相, 此由畢竟空 無性空 無性自性空 及勝義空 能正除遣.

을 갖추어서 대공이라는 이름을 해석한다. 그래서 그 논에서는 말하기를, "동방이 끝이 없기 때문이고, 일체처에 있기 때문이며, 일체 물질에 두루하기 때문이고, 항상 있기 때문이며, 세간을 이익하기 때문이고, 중생들로 하여금 미혹하고 어둡지 않게 하기 때문이니, 그래서 '대'라고 이름하는데, 이와 같이 대방大方을 능히 깨뜨리므로 대공이라 이름한다."라고 하였다. 지금 이 경전에 의하면 《대반야경》과 대체로 같다.

207 말하자면 앞의 여섯째는 욕·색계의 기세간의 모습을 분별하는 것이고, 지금은 무색계의 안의 적정한 모습을 분별하는 것이다. 말하자면 선정을 닦는 자가 무색정을 얻어서 적정한 해탈의 열반으로 삼으니, 이 때문에 '해탈의 모습'이라고 이름한 것이다.

208 《대반야경》에 의하면 유위공이란 삼계가 공함을 말한다고 하는데, 《대지도론》에서는 말하기를, "유위공이란 말하자면 인연이 화합하여 내는 음·계 등에는 두 가지 뜻이 있기 때문에 유위공이라고 이름하니, 첫째는 나와 내 것 등을 얻을 수 없기 때문에 공이고, 둘째는 유위법의 모습은 공하여 불생불멸이며 있는 바가 없기 때문에 공이다."라고 하였다. 지금 이 경전에 의하면 역시 《대반야경》과 같다.

209 말하자면 앞서 말한 모습의 진여에 의하기 때문에 곧 네 가지 모습이 있는 것이니, 인무아의 모습과 법무아의 모습, 유식의 진여 및 승의의 모습을 말한다.

210 《대반야경》에 의하면 필경공이라고 말하는 것은 모든 법은 필경 얻을

아홉째 청정한 진여의 뜻을 요지하기 때문에 무위의 모습과 변이함 없는 모습이 있는데,211 이는 무위공과 무변이

九者 由了知淸淨 眞如 義故 有無爲相 無變異 相, 此由無爲空 無變異

수 없음을 말하고, 무성공이란 적은 성품이라도 얻을 만한 것이 없음을 말하며, 무성자성공은 모든 법은 능화합의 성품이 없으면서 소화합의 자성이 있는 것을 말하고, 승의공이란 열반을 말한다고 한다. 《대지도론》에서는 말하기를, "필경공이란 유위공과 무위공으로써 모든 법을 남김 없이 깨뜨리니, 이를 필경공이라고 이름한다. 무법공이란 무법이라는 이름은 법이 이미 멸하여 없는 것이니, 그래서 무법공이라고 이름한다. 무법유법공이란 무법·유법의 모습을 얻을 수 없음을 취해서 이를 무법유법공이라고 이름한다. 또 다음 어떤 사람은 말하기를, 과거·미래의 법이 공한 것을 무법공이라고 이름하고, 현재 및 무위의 법도 공하니, 이 둘이 모두 공하기 때문에 무법유법공이라고 이름한다고 한다. 또 다음 어떤 사람은 말하기를, 무위법은 생·주·멸이 없으므로 이를 무법이라고 이름하고, 유위법은 생·주·멸이 있으므로 이를 유법이라고 이름하는데, 이 둘이 공하기 때문에 무법유법공이라고 이름한다고 한다. 해석해 이르자면 무법공과 무법유법공이란 순서대로 무성공과 무성자성공이라고 이름하는 것이다. 제일의공이라 함에서, 제일의는 모든 법의 실상을 이름하는 것인데, 깨뜨리지 못하고 무너뜨리지 못하기 때문에 이 모든 법의 실상 역시 공이니, 왜냐 하면 받는 자가 없기 때문이다."라고 하였다.

이제 이 경전에 의하면 공으로 보내는 모습에 3설이 있다. 제1설은「필경공은 앞의 두 가지 모습을 깨뜨리고, 무성공과 무성자성공에 의해 유식의 모습을 깨뜨리며, 승의공에 의해 승의의 모습을 깨뜨린다.」고 한다. 제2설은「필경공의 앞의 두 가지 모습을 깨뜨리고, 만약 유식의 모습에 집착한다면 무성공으로 제거하며, 의타기를 집착하여 승의의 모습으로 삼는다면 무성자성공에 의해 제거하고, 원성실에 집착한다면 승의공으로 제거한다.」고 한다. 제3설은「그 순서대로 앞의 네 가지 모습을 제거한다고 한다. 그러한 까닭은 집착대상인 나의 모습은 모든 종에서 공통으로 계탁하므로 필경공으로 제거하고, 집착대상인 법의 모습은 무성공으로 제거한다. 이치의 실제로는 법의 모습은 모든 공으로써 제거하니, 그러므로 위에서 말한 모든 공이 다 법을 제거하는 공이지만, 이 중에서는 우선 무성공으로써 법을 보내는 공을 든 것이다. 모든 법은 식을 떠나지 않음을 나타내기 위하여 유성무성으로 유식의 모습을 보내고, 승의공에 의해 승의의 모습을 보내는 것이니, 이름과 뜻이 서로 맞고 뜻이 드러나서 알 수 있다.」고 한다.

공에 의해 능히 바로 제거한다.212

열째 곧 그 모습을 대치하는 공의 성품에 대해 작의하여 사유하기 때문에 공성의 모습이 있는데,213 이는 공공에 의해 능히 바로 제거한다."214

空 能正除遣.

十者 卽於彼相 對治空性 作意思惟故

有空性相, 此由空空能正除遣."

---

211 말하자면 앞의 청정한 진여가 멸제임을 요지하는 것이니, 그래서 그것을 요지할 때 곧 두 가지 모습이 있다. 첫째는 무위의 모습이고, 둘째는 변이함이 없는 것이다.
212 《대반야경》에 의하면 무위란 남 없고 머묾 없고 달라짐 없고 멸함 없음을 말하니, 이것이 무위공이 된다고 하고, 무변이란 얻을 만한 놓음[放]도 없고 내침[棄]도 없고 버림[捨]도 없는 것을 말하니, 이것이 무변이가 된다고 하였는데, 지금 이 경전에 의하면 《대반야경》과 대체로 같다. 말하자면 공을 증득할 때 두 가지 모습이 없기 때문에 두 가지 공으로써 다스린다.
213 그런데 이 글을 해석함에는 양설이 있다. 제1설은 「곧 그 모습'이라고 한 것은 곧 바로 앞의 무변이의 모습 및 무위의 모습을 말하고, '대치하는 공의 성품'이란 곧 바로 앞의 무변이공 및 무위공을 말한다.」고 하니, 《심밀경》에서 설하는 것과 같다. 여기에서의 뜻이 말하는 것은, 보살이 두 가지 모습 대치함을 사유하면 두 가지 공성의 모습이 나타난다는 것이다. 제2설은 「곧 그 모습'이란 앞의 아홉 가지 모습을 말하고, '대치하는 공의 성품'이란 앞의 열여섯 가지 공을 사유하는 것이니, 위와 같은 16공 때문에 곧 16공성의 모습이 나타남이 있는 것이다.」라고 한다.
214 《대반야경》에 의하면 공공이란 말하자면 일체법공도 공으로 말미암아 공하니, 이는 공공이라고 이름한다고 하였고, 《대지도론》에 의하면 뜻이 《대반야경》과 같다. 만약 《중변론》 제1권에 의한다면 공의 지혜[空智]도 역시 공이므로 공공이라고 이름한 것이라고 하니, 그래서 거기에서 이르기를, "말하자면 지혜로써 능히 내입처 등이 공함을 보되, 공의 지혜도 공이기 때문에 말하여 공공이라고 이름한다."라고 하였다. 《18공론》도 뜻이 《중변론》과 같다. 만약 《열반경》에 의한다면 있음과 없음을 쌍으로 보내기 때문에 공공이라고 이름한 것이라고 하니, 그래서 거기에서 이르기를, "있음이면서 없음이기 때문에 공공이라고 이름하고, 옳고 옳으면서 옳고 옳음이 아니기 때문에 공공이라고 이름한다."라고 하였다.
  지금 이 경전의 뜻은 앞과는 같지 않은데, 종래 양설이 있었다. 제1설은 「공으로써 제9의 모습 중 무위공·무변이공 2공의 성품의 모습을 보내기 때

⑿ ① "세존이시여, 이와 같은 열 가지 모습을 제거할 때 어떤 것을 제거하며, 어떤 모습에서 해탈을 얻습니까?"215

"② 선남자여, 삼매에서 행해진 영상의 모습을 제거하며, 잡염에 계박된 모습에서 해탈을 얻는데, 그것도 역시 제거한다.216

"世尊, 除遣如是 十種相時 除遣何等, 從何等相 而得解脫?"

"善男子, 除遣三摩地所行影像相, 從雜染縛相 而得解脫, 彼亦除遣.

> 문에 공공이라고 이름한 것이니, 그래서 《심밀경》에서도 "무위공과 무변이공의 모습을 대치하기 때문에 공공이라고 이름한다"라고 하였다.」고 한다. 제2설은 「공으로써 앞의 16공의 모습을 제거하기 때문에 공공이라고 말한 것이니, 《심밀경》에서 단지 2공의 모습만을 보낸 것은 번역하는 사람이 달라서이다.」라고 한다.

215 이하는 둘째 문답해서 모습 제거하여 해탈함을 분별하는 것인데, 그 중에 둘이 있으니, 처음은 문답해서 모습 제거하여 해탈함을 분별하는 것이고, 뒤의 ③ 이하는 외인의 의심과 힐난을 풀어주는 것이다. 전자 중에도 둘이 있으니, 먼저 ①은 묻는 것이고, 뒤의 ②는 답하시는 것이다.

 물음에는 두 가지 뜻이 있으니, 첫째는 제거되는 모습을 묻는 것이고, 둘째는 어떤 모습에서 해탈하는지를 묻는 것이다. 그런데 처음의 묻는 뜻은 3설이 같지 않다. 제1설은 위와 같이 소집의 모습을 제거할 때 다시 어떤 모습을 제거하는 것인가를 말하는 것이라고 하고, 제2설은 위에서 제거한다고 말한 열 가지 모습과 같은 것은 선정과 산심의 모습 중에서 어느 모습에 의해 말한 것인가를 말하는 것이라고 하며, 제3설은 위와 같은 소집의 모습은 어떤 모습인가를 말하는 것이라고 한다. 이 세 가지 물음에 준해 답에도 역시 셋이 있다.

216 이제 이 답하시는 글에 대해서도 역시 3설이 있다. 제1설은 「공을 관찰하여 변계소집의 열 가지 모습을 제거할 때에는 공관의 마음 중에 의타기의 공과 비슷한 영상이 있어 공의 마음을 따라 나타나는데, 이 공관으로부터 증지證智로 들어가서 다시 공과 비슷한 영상의 상분을 제거하면, 상분이 이미 제거되어 곧 일체 잡염된 상박相縛의 종자에서 해탈하는데, 해탈을 집착하는 마음도 또한 다 멀리 떠나기 때문에 '그것도 역시 제거한다'고 말한 것이다.」라고 한다. 제2설은 「위에서 말한 것과 같은 열 가지 모습을 제거할 때에는 오직 삼매에서 행해진 의타기의 영상의 상분만을 능히 제거하고,

③ 선남자여, 뛰어난 것에 나아가 이와 같은 공으로 이와 같은 모습을 다스린다고 말한 것이지, 낱낱이 일체 모습을 다스리지 못하는 것은 아니라고 알아야 한다.217 ④ 비유하면 무명이 나아가 노사에 이르기까지 모든 잡염법을 능히 내지 못하는 것이 아니지만, 뛰어난 것에 나아가 단지 행을 능히 내는 것만 말하는 것과 같으니, 이것이 모든 행의 직접적이고 가까운 연이기 때문이다. ⑤ 여기에서의 도리도 역시 그러하다고 알아야 한다."

善男子, 當知就勝 說如是空 治如是相, 非不一一 治一切相. 譬如無明 非不能生 乃至老死 諸雜染法, 就勝但說 能生於行, 由是諸行 親近緣故. 此中道理 當知亦爾."

··
삼매의 영상을 능히 제거하기 때문에 곧 유루의 상박에서 해탈하며, 그 상박에서 해탈한 힘 때문에 능연의 견분도 역시 능히 제거하는 것이다.」라고 한다. 혹은 현행의 상박에서 해탈한 힘 때문에 그 상박의 종자에서도 역시 해탈을 얻는 것일 수도 있다. 제3설은 「위에서 말한 것과 같은 열 가지 모습을 제거하는 것은 곧 삼매에 의지해 나타난 영상이 일으킨 변계소집상이라고 한다. 말하자면 삼매에 영상의 나타남이 있음으로 말미암아 뒤의 산심 중에서 그 영상에 의지해 곧 허망한 생각을 따라서 소집상이 있으니, 그래서 공을 관찰할 때 이와 같은 소집의 모습을 능히 제거하고, 소집의 모습을 제거하기 때문에 잡염된 모습에서 해탈을 얻으며, 해탈하기 때문에 그 집착주체인 마음도 역시 제거한다고 이름한 것이다.」라고 한다.
217 이하는 둘째 외인의 의심과 힐난을 풀어주는 것인데, 그 중에 셋이 있으니, ③의 법, ④의 비유, ⑤의 합함을 말한다. 이는 곧 법을 말하는 것이다. 말하자면 외인이 의심하여 힐난하기를, 「어찌 하나하나가 능히 열 가지 모습을 제거하지 못하는가? 어떻게 따로 말하여 하나의 모습을 제거한다고 이름하는가?」라고 하기 때문에 이 답을 지으신 것이니, 진실에 의거한다면 낱낱이 일체 모습을 제거하지만, 뛰어난 것에 나아가 말하기 때문에 하나의 모습을 제거한다고 이름한 것이다.

⒀ ① 그 때 자씨보살이 다시 붓다께 말하였다.

"세존이시여, 이 중 어떤 공이 총체적인 공성의 모습입니까? 만약 모든 보살이 이것을 요지하고 나면 공성의 모습을 실괴함이 없어서 증상만을 여읠 것입니다."218

② 그 때 세존께서 자씨보살을 찬탄하여 말씀하셨다.

"훌륭하고 훌륭하구나. 선남자여, 그대는 지금 여래에게 이와 같은 깊은 뜻을 능히 청문해서, 모든 보살들로 하여금 공성의 모습을 실괴함이 없게 하는구나.219 ③ 왜냐 하면 선남자여, 만약 모든 보살들이 공성의 모습을 실괴함이

爾時 慈氏菩薩 復白佛言.

"世尊, 此中 何等空是 總空性相? 若諸菩薩 了知是已 無有失壞 於空性相 離增上慢."

爾時 世尊 歎慈氏菩薩 曰.

"善哉善哉. 善男子, 汝今乃能 請問如來 如是深義, 令諸菩薩 於空性相 無有失壞.
何以故 善男子, 若諸菩薩 於空性相 有失壞者

---

218 이하는 셋째 문답해서 총상의 공성을 분별하는 것인데, 그 중에 둘이 있으니, 먼저 ①은 묻는 것이고, 뒤의 ② 이하는 답하시는 것이다.
　'이 중 어떤 공성이 총체적인 공성입니까'라고 말한 것은 바로 총체적인 공을 물은 것인데, 이 중의 묻는 뜻은, 세 가지 성품 중 어떤 법의 공이 총체적인 성품이 되는가라는 것이다. '만약 모든 보살' 등이라고 말한 것은 물음을 일으키는 뜻이니, 말하자면 만약 총체적 성품의 공을 요지하고 나면 곧 악취공으로 손감하는 과실이 없고, 이로 말미암아 또한 증득치 못하고도 증득했다고 말하는 증상만의 허물도 여읜다는 것이다.
219 이하는 여래께서 바로 설하시는 것인데, 그 중에 둘이 있으니, 처음은 물음을 찬탄하고 설할 것을 허락하심이고, 뒤의 ⑤는 물음에 의해 바로 답하시는 것이다. 전자 중에는 셋이 있으니, 처음 ②는 물음이 이익이 있음을 칭찬하시는 것이고, 다음 ③은 묻지 않음의 과실을 나타내는 것이며, 뒤의 ④는 들을 것을 명하면서 설할 것을 허락하시는 것이다.

있다면 곧 일체 대승을 실괴함이 될 것이기 때문이다. ④ 그러므로 그대는 잘 듣고 잘 들으라, 그대를 위해 총체적 공성의 모습을 설하겠다.

⑤ 선남자여, 만약 의타기상 및 원성실상 중에서 일체 품류의 잡염·청정의 변계소집상을 필경 멀리 여읜 성품 및 이 중에서 전혀 없는 바가 없는 것, 이와 같은 것을 이름해서 대승 중의 총체적 공성의 모습이라고 한다."220

便爲失壞 一切大乘.
是故 汝應 諦聽諦聽,
當爲汝說 總空性相.

善男子, 若於依他起相
及圓成實相中 一切品
類 雜染淸淨 遍計所執
相 畢竟遠離性 及於此
中 都無所得, 如是名爲
於大乘中 總空性相."

---

220 이는 둘째 여래께서 바로 답하시는 것인데, 글에 두 마디가 있다. 처음은 물음에 의해 바로 답하시는 것이고, 뒤의 '이와 같은' 이하는 외인의 물음에 답함을 맺는 것이다.
　바로 답하심 중에 나아가면 서방의 여러 논사들에 두 가지 해석이 있다. 첫째 청변 등은 이르기를, 「이 경전에서 3성은 다 공하다. 경전과 같으니, '만약 의타기와 원성실 두 가지 성품 중에서 일체 품류의 잡염·청정의 변계소집상을 필경 멀리 여읜 성품'이라고 한 것은 소집성의 공을 나타내고, '및 이 중에서 전혀 없는 바가 없는 것'이라는 것은 의타기 및 원성실 두 가지 성품이 공인 뜻을 나타낸다. 이와 같은 3성이 전혀 얻는 바 없는 것을 총체적 공성의 성품이라고 이름한다.」라고 한다.
　둘째 호법 등은 이르기를, 「3성 중 다만 소집만을 보낼 뿐, 나머지 2성은 아니다. 그래서 이 중에서 이르기를 '의타기 및 원성실 중에서 일체 품류의 잡염·청정의 변계소집상을 필경 멀리 여읜 성품'이라고 한 이것은 2성 중에서 소집성을 멀리 여읜 것을 밝힌 것이니, 그러므로 단지 소집을 보냄으로써 공성을 나타낸 것임을 알 수 있다. '및 이 중에서 전혀 없는 바가 없는 것'이라고 말한 것은 넘치는 것을 멈춘 것이니, 이 총체적 공성의 열 가지 모습은 다 얻을 수 없으므로, 앞의 16공이 각각 하나의 모습을 보내는 것과는 같지 않다는 것을 말하는 것이다. 또 해석하자면 변계소집은 2성 중에서 필경 원리하고 그리고 전혀 없는 바가 없다는 것이다.」라고 한다.
　(문) 이 총체적 공성과 17공은 어떤 차별이 있는가? (답) 해석하자면 두 가지 해석이 있다. 첫째는 체에는 차별이 없지만 총·별로서 차이가 있는 것

3.13[221]

(1) 자씨보살이 다시 붓다께 말하였다.

"세존이시여, 이 사마타·비발사나는 능히 몇 종류의 뛰어난 삼매를 거둡니까?"

慈氏菩薩 復白佛言.

"世尊, 此奢摩他 毘鉢舍那 能攝幾種 勝三摩地?"

(2) 붓다께서 자씨보살에게 말하였다.

"선남자여, 내가 말한 바와 같은 한량없는 성문·보살·여래의 한량없는 종류의 뛰어난 삼매는 응당 일체가 다 이것에 포함되는 것이라고 알아야 한다."[222]

佛告 慈氏菩薩曰.

"善男子, 如我所說 無量聲聞 菩薩如來 有無量種 勝三摩地 當知一切 皆此所攝."

3.14[223]

(1) ① "세존이시여, 이 사마타·비발사나는 무엇을 원인으로 합니까?"[224]

② "선남자여, 청정한 계율과 청정한 들음·사유로써 이룬 정견을 그 원인으

"世尊, 此奢摩他 毘鉢舍那 以何爲因?"

"善男子, 清淨尸羅 清淨聞思 所成正見 以爲

이다. 둘째는 이 총체적 공성은 소집성을 보내는 것이고, 앞의 17공은 영상을 제거하는 것이므로 차별이 있다.

221 이하는 제13 지관으로 능히 모든 선정을 거두는 문[止觀能攝諸定門]인데, 이 중에 둘이 있으니, 먼저 (1)은 묻는 것이고, 뒤의 (2)는 답하시는 것이다.

222 이는 곧 둘째 여래께서 바로 설하시는 것이다. 일체 삼승의 한량없는 모든 선정은 응당 이 지·관 중에 포함되어 있고, 다시 여기에 포함되는 것이 아닌 다른 선정은 없다고 알아야 한다.

223 이하는 제14 지·관의 인과와 작업문[止觀因果作業門]인데, 그 중에 셋이 있다. 처음 (1)은 원인이고, 다음 (2)는 결과이며, 뒤의 (3)은 업이다.

224 (1)은 곧 원인인데, 먼저 ①은 묻는 것이고, 뒤의 ②는 답하시는 것이다.

로 한다."²²⁵

⑵ ① "세존이시여, 이 사마타·비발사나는 무엇을 결과로 합니까?"²²⁶

② "선남자여, 선청정한 마음[善淸淨心]과 선청정한 지혜[善淸淨慧]를 그 결과로 한다.²²⁷

③ 또 다음 선남자여, 일체 성문 및 여래 등에게 있는 바 세간 및 출세간의 일체의 선법은 모두가 이 사마타·비발사나로 얻은 결과라고 응당 알아야 한다."²²⁸

"世尊, 此奢摩他 毘鉢舍那 以何爲果?"
"善男子, 善淸淨[戒淸淨心]〈心〉 善淸淨慧 以爲其果.
復次 善男子, 一切聲聞 及如來等 所有世間 及出世間 一切善法 當知皆是 此奢摩他 毘鉢舍那 所得之果."

---

225 말하자면 이 지·관은 선정을 얻은 지위이기 때문에 별해탈계 및 산심의 지위 중의 문·사의 2혜를 그 원인으로 한다.
226 ⑵는 둘째 지·관의 결과를 분별하는 것인데, 먼저 ①은 묻는 것이고, 뒤의 ② 이하는 답하시는 것이다.
227 이하 바로 답하시는 것에는 둘이 있는데, 이는 곧 처음이다. '청정한 마음'이라고 함에서 '마음'은 선정을 나타내므로 이는 사마타의 결과이고, '선청정한 지혜'는 비발사나의 결과이다. 이들은 등류과에 의거해 말한 것이고, 만약 증상과에 의한다면 모두 양 결과를 얻는다. 또 선청정한 마음과 선청정한 결과라고 말한 것은 무루를 말하기 때문에 '선'이라고 이름한 것이다. 어떤 별본에서 "선청정한 계율, 선청정한 마음, 선청정한 지혜를 그 결과로 한다"고 한 것은 오류이니, 초본의 경론 및 《심밀경》과 대조하면 다 계율을 말하지 않는다.
228 이는 둘째 거듭 그 결과를 해석하는 것이다. 총체적으로 설하는 뜻이 말하는 것은, 삼승이 얻는 세·출세간의 모든 법은 모두가 지·관으로써 얻는 결과라는 것이다.

⑶ ① "세존이시여, 이 사마타·비발사나는 능히 어떤 업을 짓습니까?"229

② "선남자여, 이들은 능히 두 가지 속박에서 해탈하는 것을 업으로 하니, 이른바 상박 및 추중박이다."230

"世尊, 此奢摩他 毘鉢舍那 能作何業?"

"善男子, 此能解脫 二縛爲業,
所謂 相縛 及麤重縛."

3.15231

⑴ ① "세존이시여, 붓다께서 설하신 것과 같은 다섯 가지 매임[繫] 중에서 몇이 사마타의 장애이고, 몇이 비발사나의 장애이며, 몇이 모두의 장애입니까?"232

② "선남자여, 몸과 재물을 돌아보고 그리워하는 것은 사마타의 장애이고, 모

"世尊, 如佛所說 五種繫中 幾是 奢摩他障, 幾是 毘鉢舍那障, 幾是 俱障?"

"善男子, 顧戀身財 是奢摩他障. 於諸聖教

....
229 ⑶은 지·관으로 짓는 업을 밝히는 것인데, 먼저 ①은 묻는 것이고, 뒤의 ②는 답하시는 것이다.
230 이는 여래께서 바로 설하시는 것이다. 두 가지 속박에서 해탈하는 것을 그 업으로 하니, 이른바 상박 및 추중박인데, 상박과 추중박은 승의제품에서 이미 말한 것과 같다.
231 이하는 제15 지관의 모든 장애의 차별문인데, 그 중에 넷이 있으니, ⑴의 5계五繫가 능히 지관을 장애하는 문, ⑵의 5개五蓋가 능히 지관을 장애하는 문, ⑶의 다섯 가지 산동散動을 분별하는 문, ⑷의 지관이 열한 가지 장애를 다스리는 문이다.
232 이는 곧 처음인데, 그 중에 둘이 있으니, 처음 ①은 묻는 것이고, 뒤의 ② 이하는 답하시는 것이다. '5계'라고 말한 것은 《성실론》에 의하면 다섯 가지 마음의 속박[心縛]이라고 이름하는데, 번뇌의 악법이 마음을 얽어서 버리지 못하므로 마음의 속박이라고 이름한 것이다. 첫째는 자기 몸을 탐하는 것, 둘째는 밖의 5욕을 탐하는 것, 셋째는 재가·출가의 대중들과 화합해 있는 것을 즐기는 것, 넷째는 성스러운 말씀을 마음이 기뻐하고 좋아하지 않는 것, 다섯째는 선법을 조금 얻고도 만족으로 삼는 것이다.

든 성스러운 가르침에서 따라 욕구함[隨欲]을 얻지 못하는 것은 비발사나의 장애이며,233 서로 섞여 머묾을 즐기는 것과 적은 것에 기뻐해 만족하는 것은 모두의 장애라고 알아야 하니, 전자 때문에 닦음을 지을 수 없고, 후자 때문에 닦는 가행이 구경에 이르지 못한다."234

不得隨欲
是毘鉢舍那障,
樂相雜住
於少喜足 當知俱障,
由第一故
不能造修, 由第二故
所修加行 不到究竟."

⑵ ① "세존이시여, 5개 중에서는 몇이 사마타의 장애이고, 몇이 비발사나의 장애이며, 몇이 모두의 장애입니까?"235

② "선남자여, 도거·악작은 사마타의 장애이고, 혼침·수면과 의심은 비발사나의 장애이며, 탐욕과 진에는 모두의 장애라고 알아야 한다."236

"世尊, 於五蓋中 幾是奢摩他障, 幾是毘鉢舍那障, 幾是俱障?"
"善男子, 掉擧惡作 是奢摩他障, 惛沈睡眠 疑是毘鉢舍那障, 貪欲瞋恚 當知俱障."

---

233 이는 여래께서 바로 설하시는 것이다. 말하자면 몸을 돌아보고 그리워하는 것 및 재물을 돌아보고 그리워하는 것의 이러한 두 가지는 능히 사마타를 장애하고, 모든 성스러운 가르침에서 따라 욕구함을 얻지 못하면 이로 말미암아 능히 가르침의 뜻을 분별하지 못하니, 이 때문에 한결같이 비발사나를 장애한다.

234 말하자면 모두의 장애 중에는 그 두 가지가 있다. 첫째는 서로 섞여 머묾을 즐기는 것이니, 이로 말미암아 지 및 관을 닦을 수 없고, 둘째는 적은 것에 기뻐해 만족하는 것이니, 그 힘 때문에 닦는 지관이 구경에 이르지 못한다.

235 이하는 둘째 5개가 능히 지관을 장애하는 문인데, 그 중에 둘이 있으니, 처음은 5개가 능히 지관 장애함을 바로 밝히는 것이고, 뒤의 ③ 이하는 지관 2도의 원만함을 밝히는 문이다. 전자 중에도 둘이 있으니, 처음 ①은 묻는 것이고, 뒤의 ②는 답하시는 것이다.

③ "세존이시여, 어디까지를 사마타도의 원만한 청정을 얻었다고 이름합니까?"237

④ "선남자여, 나아가 모든 혼침·수면이 바로 잘 제거되기에 이르면 여기까지를 사마타도의 원만한 청정을 얻었다고 이름한다."238

⑤ "세존이시여, 어디까지를 비발사나도의 원만한 청정을 얻었다고 이름합니까?"

⑥ "선남자여, 나아가 모든 도거·악작이 바로 잘 제거되기에 이르면 여기까지를 비발사나도의 원만한 청정을 얻었다고 이름한다."239

"世尊, 齊何名 得奢摩他道 圓滿淸淨?"

"善男子, 乃至 所有惛沈睡眠 正善除遣 齊是名 得奢摩他道 圓滿淸淨."

"世尊, 齊何名 得毘鉢舍那道 圓滿淸淨?"

"善男子, 乃至 所有掉擧惡作 正善除遣 齊是名 得毘鉢舍那道 圓滿淸淨."

....

236 말하자면 5개중 도거·악작은 사마타의 장애이니, 산란하게 움직이기 때문이고, 혼침·수면 및 의심은 그 비발사나의 장애이니, 밝게 알지 못하고 결정하지 못하기 때문이며, 탐욕과 진에는 모두의 장애이니, 근본번뇌는 장애하는 작용이 뛰어나기 때문이다. 그런데 이 5개의 체를 내는 것, 모습을 분별하는 것, 이름을 해석하는 것은 《대비바사론》 제48권에서 설하는 것과 같다.

237 ③ 이하는 둘째 지관 2도의 원만함을 밝히는 문인데, 그 중에 둘이 있다. 먼저 지이고, 뒤의 ⑤ 이하는 관인데, 모두 묻는 것과 답하시는 것이 있다.

238 말하자면 선남자가 단지 도거 및 악작 제거함만을 처음 얻어서 원만케 할 때와 같은 것이 아니라, 나아가 다시 혼침·수면(=비발사나의 장애)을 제거하기에 이르러야 마침내 원만함을 얻는다는 것이다.

239 말하자면 선남자가 단지 혼침·수면 제거함만을 처음 얻은 것과 같은 것이 아니라, 나아가 또한 능히 도거·악작을 제거함에 이르러야 마침내 원만함을 얻는다는 것이다.

(3) ① "세존이시여, 만약 모든 보살에게 사마타·비발사나가 앞에 나타나 있을 때라면 몇 가지가 마음을 산동하는 법이라고 알아야 합니까?"240

② "선남자여, 다섯 가지라고 알아야 하니,241 ③ 첫째는 작의의 산동, 둘째는 외심外心의 산동, 셋째는 내심內心의 산동, 넷째는 모습[相]의 산동, 다섯째는 추중의 산동이다.

④ 선남자여, 만약 모든 보살이 대승

"世尊, 若諸菩薩 於奢摩他 毘鉢舍那 現在前時 應知幾種 心散動法?"

"善男子, 應知 五種, 一者 作意散動, 二者 外心散動, 三者 內心散動, 四者 相散動, 五者 麤重散動.

善男子, 若諸菩薩 捨於

(문) 어떻게 5개가 지관을 장애함 중에서는 도거·악작은 지를 장애하고 관은 아니며, 혼침·수면은 관을 장애하고 지는 아니라고 하고서, 원만케 하는 곳에서는 위와 상위한가? (답) 지관에는 각각 두 가지 장애가 있다. 첫째는 성품과 모습이 서로 수순하는 장애이니, 혼침은 지이고, 도거는 관이다. 그래서 《유가론》 제50·89권 등에서는 다 혼침은 지를 장애하고, 도거는 관을 장애한다고 말하니, 혼미함과 어두움, 가벼움과 예리함은 성품이 수순하기 때문이다. 둘째는 성품과 모습이 서로 반대인 장애이니, 혼침은 관을 장애하고, 도거는 지를 장애한다. 마치 《잡집론》·《현양론》 제1권과 《성유식론》 제6권 등에서 혼침은 관을 장애하고, 도거는 지를 장애한다고 하는 것과 같으니, 성품이 서로 반대이기 때문이다. 이 때문에 5개 중에서는 서로 반대되는 장애를 말했지만, 지금 원만함 중에서는 각각 수순하고 반대되는 두 가지 장애를 쌍으로 제거하는 것이니, 원만을 얻는 것이기 때문이다.

240 이하는 셋째 다섯 가지 산동[오종산동五種散動]을 분별하는 문인데, 그 중에 둘이 있으니, 처음 ①은 묻는 것이고, 뒤의 ② 이하는 답하시는 것이다. 이는 곧 지관이 일어날 때에는 응당 몇 가지 마음 산동하는 법이 있는 것인지 총체적으로 묻는 것이다.

241 이하 바로 답하시는 것에는 셋이 있다. 처음 ②는 수를 표방해 간략히 답하는 것, 다음 ③은 수에 의해 이름을 열거하는 것, 뒤의 ④ 이하는 차례로 개별적으로 해석하는 것이다.

과 상응하는 작의를 버리고 성문·독각 과 상응하는 여러 작의 중에 떨어져 있다면 이는 작의의 산동이라 이름한다고 알아야 한다.242

⑤ 만약 그 밖의 다섯 가지 묘한 욕락과 모든 잡란한 모습에 있는 심구·사찰의 수번뇌 중에, 그리고 그 밖의 소연의 경계 중에 마음을 놓아서 유산流散케 한다면 이는 외심의 산동이라 이름한다고 알아야 한다.243

大乘 相應作意 墮在聲聞 獨覺相應 諸作意中 當知是名 作意散動.

若於其外 五種妙欲 諸雜亂相 所有尋思 隨煩惱中 及於其外 所緣境中 縱心流散 當知是名 外心散動.

---

242 이하는 셋째 차례로 개별적으로 해석하는 것인데, 다섯 가지 산동을 해석하므로 곧 다섯으로 나누어진다. 이는 곧 처음이다.
　'대승의 작의'라고 함은 《유가론》 제67권에 의하면, "말하자면 어떤 보살이 보살의 법성에 머물되, 혹은 아직 정성이생에 증입치 못했거나 혹은 이미 정성이생에 증입했거나, 자기도 관찰하고 남의 모든 이익하는 일도 관찰한다"라고 하며, 갖추어 말한다면 거기에서와 같고, '성문의 작의'라고 함은 "말하자면 어떤 성문이 법성에 머물되, 혹은 아직 정성이생에 증입치 못했거나 혹은 이미 정성이생에 증입했거나, 남 이익하는 일을 관찰하지 않고 오직 자기 이익하는 일만 관찰한다"라고 하며, 자세히 말한다면 거기에서와 같다. 《현양론》 제16권도 역시 《유가론》과 같은데, 여기에서의 뜻이 말하는 것은, 아직 정성이생에 들지 못한 보살이 대승과 상응하는 작의를 버리고 이승과 상응하는 작의에 떨어져 있는 것이다.
243 이는 둘째 외심의 산동이다. 지금 이 경전에 의하면 세 가지 경계에 의거해서 외심의 산동을 해석한다. '마음을 놓아서 유산케 한다'고 말한 것이 바로 세 가지 산란의 체를 낸 것이니, 말하자면 첫째 5묘욕 중에 마음을 놓아 유산케 하는 것, 둘째 모든 잡란된 모습 중에 마음을 놓아 유산케 하는 것, 셋째 앞의 2경계 외의 소연의 경계 중에 마음을 놓아 유산케 하는 것이다.
　'만약 그 밖의 다섯 가지 중에 마음을 놓아 유산케 하는 묘한 욕락'이라고 말한 것은 첫째 경계를 든 것이니, 생각에 수순하는 5진을 묘한 5욕이라고 이름한 것이다. '모든 잡란된 모습'이라고 말한 것은 곧 시끄러운 모습이니, 둘째 경계를 든 것이다. '있는 심구·사찰의 수번뇌 중에'라고 말한 것은 앞

⑥ 만약 혼침 및 수면으로 말미암거나, 혹은 침몰함으로 말미암거나, 혹은 삼마발저를 사랑하고 맛들임으로 말미암거나, 혹은 어느 하나의 삼마발저의 모든 수번뇌로 말미암아 오염되는 바라면 이는 내심의 산동이라 이름한다고 알아야 한다.244

若由惛沈 及以睡眠,
或由沈沒, 或由愛味
三摩鉢底,
或由隨一 三摩鉢底
諸隨煩惱 之所染污
當知是名 內心散動.

....

의 2경계 중에 모든 수번뇌를 드러내어 통틀어 '심구·사찰'이라고 이름한 것이니, 다 반연하여 사려하고 심구하며 사찰하는 작용이 있기 때문이다. '그리고 그 밖의 소연의 경계 중에'라고 말한 것은 셋째 경계를 든 것이니, 앞의 2경계 외의 모든 근根 등의 부류를 '그 밖'이라고 이름한 것이다. 여기에서도 응당 '있는 심구·사찰의 수번뇌 중'이라고 말해야 하지만, 준해서 알 수 있기 때문에 생략해서 말하지 않았다. '중에'라고 말한 것은 이치와 같은 문으로써 논한다면 가려내고 유지하는 뜻이다. 총체적으로 말하는 뜻이 이르는 것은, 3경계 위에 있는 심구·사찰하는 모든 수번뇌 중에서 분노 등의 나머지 수번뇌는 가려내어 제거하고, 마음을 놓아서 유산케 하는 하나의 수번뇌만을 유지해서 취하는 것이니, 오직 밖으로 산란하는 것만이기 때문에 '중에'라는 말을 한 것이다.

244 이는 셋째 내심의 산동을 분별하는 것이다. 이 산동을 해석하는 것은 여러 가르침이 같지 않은데, 여러 가르침 중에서 《현양론》이 이 경전과 같으므로 이에 의해 이 경문을 해석한다. 말하자면 산동에는 다섯 가지가 있으니, 첫째는 혼침으로 말미암는 것이고, 둘째는 수면으로 말미암는 것이다. 셋째는 침몰함으로 말미암는 것인데, 《현양론》에서는 하열한 마음이라고 말하고, 해석해서 이르기를, "마음이 스스로 겁내고 하열해서 선정을 구하는 마음이 없기 때문"이라고 하였다. 이미 하열한 마음이므로 해태를 체로 한다. 넷째는 삼마발저를 사랑하고 맛들이는 것이다. 범어 삼마발저는 여기에서는 등지等至라고 말하는데, 이는 욕계의 탐애와 상계의 선정에 애착함을 밝히는 것이기 때문에 삼마발저를 사랑하고 맛들인다고 이름하였으니, 살바다에서 오직 상계의 탐애만을 써서 선정을 사랑하고 맛들임으로 삼는 것과는 같지 않다. 다섯째 '혹은 어느 하나의 삼마발저의 모든 수번뇌로 말미암는다'라고 함은 8승처·10변처·4무색정 등을 따라서 능히 장애하는 모든 수번뇌이니, 방일·해태 등과 같은 것이다.

⑦ 만약 밖의 모습에 의지해 안의 삼매로 행할 여러 모습을 작의하여 사유한다면 모습의 산동이라고 이름한다.245

⑧ 만약 안의 작의가 연이 되어 생기한 모든 감수에서, 추중의 몸을 나라고 헤아림으로 말미암아 거만을 일으킨다면 이는 추중의 산동이라 이름한다고 알아야 한다."246

若依外相 於內等持
所行諸相 作意思惟
名相散動.

若內作意 爲緣生起
所有諸受, 由麤重身 計
我起慢
當知是名 麤重散動."

⑷ ① "세존이시여, 이 사마타·비발사나는 보살의 초지에서 나아가 여래지에

"世尊, 此奢摩他 毘鉢舍那 從初菩薩地 乃至

이와 같은 다섯 가지 부류의 '모든 수번뇌로 모든 오염되는 바'에서 '오염'이라고 말한 것은, 삼매에서 물러나게 하기 때문에 '오염'이라고 이름한 것이다.
245 이는 넷째 모습의 산동을 분별하는 것이다. 지금 이 경전에서 '안의 삼매에서 행할 여러 모습'이라고 말한 것은, 바로 선정 안에 있을 때 현량으로 얻는 갖가지 말을 떠난 경계의 모습을 말한다. 이 뜻이 말하는 것은, 아직 선정을 얻지 못했을 때 선정 밖의 경계를 아는 것에 의거해서 이미 선정을 얻은 안의 경계의 모습이라고 여기는 것이니, 이는 곧 안으로써 밖의 경계의 모습과 같게 하는 것이다. 또 해석하자면 아직 진실한 선정 안의 모습을 얻지 못하고도 조그만 모습의 현전함이 있으면 진실한 선정 안의 모습을 이미 얻었다고 집착하니, 이를 산동이라고 이름한다는 것이다.
246 이는 다섯째 추중의 산동을 해석하는 것이다. 선정 중의 기쁨과 즐거움을 헤아려서 내 것으로 삼고, 추중의 몸을 헤아려서 나로 삼음으로 말미암아 거만을 일으킨다면 추중의 산동이라고 이름한다. 또 해석하자면 만약 안의 작의가 연이 되어 생기한 기쁨·즐거움 등의 감수를 소연의 경계로 삼고, 추중의 종자를 인연으로 삼음으로 말미암아 일으킨 아견·아만이 앞의 모든 감수에 대해 아견을 일으키고 혹은 아만을 일으키는 것이니, 곧 아견·아만과 상응하는 산란을 말하여 추중이라고 이름한 것이다.

이르기까지 능히 어떤 장애를 대치합니까?"247

② "선남자여, 이 사마타·비발사나는 초지 중에서는 악취의 번뇌·업·생의 잡염의 장애를 대치하고,248 제2지 중에서

如來地 能對治何障?"

"善男子, 此奢摩他 毘鉢舍那 於初地中 對治 惡趣 煩惱業生 雜染障,

---

247 이하는 넷째 지관으로 대치하는 열한 가지 장애의 문인데, 그 중에 둘이 있으니, 먼저 ①은 묻는 것이고, 뒤의 ② 이하는 답하시는 것이다.
248 이하는 둘째 여래께서 바로 설하시는 것인데, 열한 가지 장애를 다스리므로 곧 열하나로 나누어진다. 이는 곧 첫째 초지의 장애를 해석하는 것이다. 《십지경론》 제1권에서는 범부의 아상의 장애라고 이름하고, 《섭론》 제7권에서는 범부 성품의 장애라고 이름하며, 《심밀경》 제3권 및 이 경전의 글에서는 다만 그 이름만 열거하고 해석하지는 않으며, 《양섭론》 제10권에서는 범부 성품의 무명이라고 이름하고 간략히 체상을 분별하며, 《성유식론》 제9권(=졸역 p.920 이하)에서는 범부 성품의 장애라고 이름하고, 자세히 그 모습을 해석한다.
  그러므로 이제 우선 《성유식론》에 의거해 장애의 체를 분별한다, 우선 처음 장애의 체를 냄에는 두 가지 뜻이 있다. 첫째는 이름을 따라서 체를 냄이니, 곧 분별의 두 가지 장애를 써서 체로 삼는다. 그래서 《성유식론》에서 이르기를, "범부 성품의 장애이니, 두 가지 장애 중 분별로 일어나는 것을 말한다. 그것의 종자에 의지해 범부의 성품을 세우기 때문이다."라고 하였다. 또 이르기를, "나와 법에 집착하는 어리석음이 곧 여기에서의 범부 성품의 장애이다."라고 하였다. 둘째 진실에 나아가 체를 냄이니, 곧 스물두 가지 어리석음 중 처음 두 가지 어리석음 및 그 추중을 써서 자성으로 삼는다. 그래서 《성유식론》에서 이르기를, "비록 견도가 일어날 때에는 악취의 모든 업과 과보 등도 역시 끊지만, 지금은 우선 일으키는 주체[能起]인 번뇌만을 말한다. 이것이 근본이기 때문이다. 이것에 의해서 초지에서, 두 가지 어리석음 및 그 추중을 끊는다고 설한다. 첫째는 나와 법에 집착하는 어리석음이니, 곧 여기에서의 범부 성품의 장애이다. 둘째는 악취의 잡염의 어리석음이니, 곧 악취의 모든 업과 과보 등이다. 어리석음의 품류를 총체적으로 어리석음이라고 설한다고 알아야 한다. 혹은 그것은 오직 예리하고 둔한 장애의 품류와 함께 일어나는 두 가지 어리석음을 말하는 것이다. '그 추중'이라는 말은 그 두 가지의 종자를 나타낸다. 혹은 두 가지로 일어나는 무감임성無堪任性(=감당해 맡음이 없는 성품)이다."라고 하였으니, 갖추어 말한다면 거기에서와 같다.

는 미세한 잘못 범함이 현행하는 장애를 대치하며,249 제3지 중에서는 욕탐의 장애를 대치하고,250 제4지 중에서는 선정의 애착 및 법의 애착의 장애를 대치하며,251 제5지 중에서는 생사와 열반을 한결같이 등지고 향하는 장애를 대치하고,252 제6지 중에서는 모습이 많이 현행하는 장애를 대치하며,253 제7지 중에서는 미세한 모습이 현행하는 장애를 다스리고,254 제8지 중에서는 무상에 공

第二地中 對治 微細誤犯 現行障, 第三地中 對治欲貪障, 第四地中 對治定愛 及法愛障, 第五地中 對治 生死涅槃 一向背趣障, 第六地中 對治 相多現行障, 第七地中 對治 細相現行障, 第八地中 對治 於無相

또 이 경전에서 이르기를, '악취의 번뇌·업·생의 잡염의 장애를 대치한다' 라고 하기 때문에 진실에 나아간다면 초지에서 다스리는 두 가지 장애 등을 체로 한다고 알아야 한다.

249 이는 제2지의 장애를 밝히는 것이다. 소지장 중 구생의 일부 및 그것이 일으키는 바 잘못 범하는 3업을 자성으로 한다. 현행과 종자를 분별한다면 현행 및 종자에 통하고, 아울러 습기도 취하니, 습기는 곧 무감임성이다.

250 이는 제3지의 장애를 밝히는 것이다. 《성유식론》에 의하면 소지장 중 구생의 일부를 말하되, 말하자면 제3지의 뛰어난 선정과 수혜를 능히 장애하는 탐욕의 번뇌 및 총지와 문·사혜를 장애하는 망념과 부정지를 자성으로 한다.

251 이는 제4지의 장애를 분별하는 것이다. 《성유식론》에 의하면 제6식과 함께 하는 구생의 아견, 선정의 애착, 법의 애착을 체성으로 한다.

252 이는 제5지의 장애를 분별하는 것이다. 《성유식론》에 의하면 곧 소지장의 구생의 일부가 스물두 가지 어리석음 중 순전히 작의해서 생사를 등지고, 순전히 작의해서 열반을 향하는 어리석음을 자성으로 한다.

253 이는 제6지의 장애를 분별하는 것이다. 《성유식론》에 의하면 소지장 중 구생의 일부인데, 이는 곧 제5지 중에서 4제관을 지어서 그 4제의 염·정의 모습을 집착하는 것이니, 말하자면 고·집의 유전은 잡염분의 모습이고, 멸·도의 환멸은 청정분의 모습이기 때문이다.

254 이는 제7지의 장애를 밝히는 것이다. 말하자면 소지장 중 구생의 일부가

용을 짓고 그리고 유상에 자재를 얻지 못하는 장애를 다스리며,255 제9지 중에서는 일체종의 선교한 언사에 자재를 얻지 못하는 장애를 다스리고,256 제10지 중에서는 원만한 법신 증득함을 얻지 못하는 장애를 다스린다.257

③ 선남자여, 이 사마타·비발사나가 여래지에서는 극히 미세하고 가장 극히 미세한 번뇌장 및 소지장을 대치한

作功用 及於有相 不得自在障, 第九地中 對治 於一切種 善巧言辭 不得自在障, 第十地中 對治不得 圓滿法身證得障.

善男子, 此奢摩他 毘鉢舍那 於如來地 對治 極微細 最極微細 煩惱

앞의 제6지에서 12연생의 관을 지을 때 미세하게 유전하는 모습 및 미세하게 환멸하는 모습이 있다고 집착하니, 이 두 가지 모습을 집착하기 때문에 능히 제7지의 묘한 무상의 도를 장애하는 것이다.

255 이는 제8지의 장애를 분별하는 것이다. 말하자면 소지장 중 구생의 일부가 무상관으로 하여금 임운하여 일어나지 못하게 하는 것인데, 역시 두 가지 어리석음을 포함한다. 첫째는 무상에 공용을 짓는 어리석음이고, 둘째는 상相의 자재함에 대한 어리석음이니, 모습 중에서 자재하지 못하게 하기 때문이다.

256 이는 제9지의 장애를 분별하는 것이다. 말하자면 소지장 중 구생의 일부가 능히 4무애해(=의義·법·사詞·변辯무애해)의 법을 장애하는 것을 체성으로 한다.

257 이는 제10지의 장애를 밝히는 것인데, 이것도 역시 소지장의 구생의 일부이다. 《성유식론》 및 아래의 경문에 의하면 역시 두 가지 장애를 포함한다. 그래서 《성유식론》에서 이르기를, "제10은 모든 법 중에서 아직 자재함을 얻지 못하는 장애이니, 소지장 중 구생의 일부가, 모든 법에 대해서 자재함을 얻지 못하게 하는 것을 말한다. 그것이 제10지의 큰 법의 지혜 구름[大法智雲] 및 함장된 것[所含藏]과 일으키는 사업을 장애하므로, 제10지에 들 때에 곧 능히 영원히 끊는다. 이것에 의하여 제10지에서 두 가지 어리석음 및 그 추중을 끊는다고 설한다. 첫째는 큰 신통에 대한 어리석음이니, 곧 여기에서의 '일으키는 사업을 장애'하는 것이다. 둘째는 미세하고 비밀한 것에 깨달아 들어감에 대한 어리석음이니, 곧 여기에서의 '큰 법의 지혜 구름 및 함장된 것을 장애'하는 것이다."라고 하였다.

다.258 이와 같은 장애를 능히 영원히 해치기 때문에 구경에 집착 없고 걸림 없는 일체지견을 증득하고, 지을 바를 이루어 만족한 소연에 의지해서 가장 지극히 청정한 법신을 건립한다."259

障 及所知障. 由能永害 如是障故 究竟證得 無 著無礙 一切智見, 依於 所作 成滿所緣 建立最 極 淸淨法身."

---

258 이는 제11의 장애를 밝히는 것인데, 그 중에 둘이 있다. 처음 여기까지는 끊는 장애를 밝히는 것이고, 뒤의 그 아래는 장애 끊음의 뛰어난 이익을 밝히는 것이다.

이것은 곧 처음이니, 두 가지 장애 중의 구생의 일부를 말하는 것이다. '극히 미세하다'고 말한 것은 번뇌장이고, '가장 극히 미세하다'는 것은 소지장이다. 또 해석하자면 극히 미세함과 가장 (극히) 미세함은 다 2장에 통하되, 지극한 지위에서 끊는 것이기 때문에 극히 미세하다고 이름하고, 뛰어난 지위에서 끊는 것이기 때문에 가장 미세하다고 이름한 것이다. 또 해석하자면 초과할 수 있는 미세함이 없는 것을 극히 미세하다고 이름하고, 뛰어날 수 있는 미세함이 없는 것을 가장 미세하다고 이름한다. 까닭에 불지에서 두 가지 장애를 말하는 것은, 견도에서 끊는 장애는 초지에서 이미 끊은 가운데, 그 소지장은 여러 경론에서와 같고, 번뇌장 중 구생인 것이라면 앞의 10지 중에서 의도적으로 남겨서 끊지 않다가 불지에 이르러 마침내 이를 능히 끊는 것이다. 그래서 《성유식론》에서 이르기를, "이 지위에서는 법에 대해서 비록 자재함을 얻었지만, 남은 장애가 있으므로 아직 최극最極이라고 이름하지 않는다. 말하자면 구생의 미세한 소지장이 있고, 그리고 임운하는 번뇌장의 종자가 있어, 금강유정이 현전할 때에 그것들이 다 단박에 끊어지고 여래지에 든다. 이에 의하여 불지에서 두 가지 어리석음 및 그 추중을 끊는다고 설한다. 첫째는 일체의 알 경계에 대해 극히 미세하게 집착하는 어리석음이니, 곧 여기에서의 '미세한 소지장'이다. 둘째는 극히 미세하게 장애하는 어리석음이니, 곧 여기에서의 일체의 '임운하는 번뇌장의 종자'이다." 라고 하였다.

259 이는 둘째 장애 끊음의 뛰어난 이익을 밝히는 것인데, 글에 두 마디가 있다. 첫째는 장애를 끊어 지견 증득함을 밝히는 것이다. 말하자면 능히 두 가지 장애를 영원히 끊기 때문에 그 순서대로 법공의 집착 없는 일체지견과 인공의 장애 없는 일체지견을 구경에 증득하는 것이다. 그래서 《성유식론》 제9권에서 이르기를, "집착은 소지장이고, 걸림은 번뇌장이니, 이로써 증지하는 법공관지를 집착 없다고 이름하고, 인공관지를 걸림 없다고 이름

3.16[260]

(1) 자씨보살이 다시 붓다께 말하였다.

"세존이시여, 어떻게 보살은 사마타·비발사나에 의지하여 부지런히 수행하기 때문에 아뇩다라삼먁삼보리를 증득합니까?"[261]

慈氏菩薩 復白佛言.

"世尊, 云何菩薩 依奢摩他 毘鉢舍那 勤修行故 證得阿耨多羅三藐三菩提?"

(2) 붓다께서 자씨보살에게 말씀하셨다.

"① 선남자여, 만약 모든 보살이 이미 사마타·비발사나를 얻고 7진여에 의지해 들은 바와 사유한 바와 같은 법 중에서 뛰어난 선정의 마음에 의해, 잘 살펴서 결정하고 잘 사량해서 잘 안립한 진여의 성품에 대해 안으로 바르게 사유하면,[262] ② 그들은 진여를 바르게 사유

佛告 慈氏菩薩曰.

"善男子, 若諸菩薩 已得奢摩他 毘鉢舍那 依七眞如 於如所聞 所思法中 由勝定心, 於善審定 於善思量 於善安立 眞如性中 內正思惟, 彼於眞如 正思惟故

한다."라고 하였다. 둘째는 소연에서 법신을 건립하는 것이다. 말하자면 제4의 지을 바를 성만한 소연경에 의지하기 때문에 두 가지 장애를 끊어 없애고 청정한 진여의 법신을 건립하는 것이다. 혹은 두 가지 법신을 건립하는 것일 수도 있다.

260 이하는 제16 지관으로 능히 보리를 증득하는 문[止觀能證菩提門]인데, 앞의 (1)은 묻는 것이고, 뒤의 (2) 이하는 답하시는 것이다.

261 어떻게 보살은 이미 지관을 얻었다면 지관에 의지하여 부지런히 수행함에 의해 무상정등보리를 증득하는가라는 것이다.

262 (2) 이하는 둘째 여래께서 바로 설하시는 것인데, 그 중에 둘이 있으니, 처음은 해석하는 것이고, 뒤의 (4)의 ⑤는 맺는 것이다. 전자 중에도 둘이 있으니, 처음은 인위에서 부지런히 모든 행 닦는 것을 밝히는 것이고, 뒤의 (4)의 ④는 그 과위에서 보리를 증득하는 것을 밝히는 것이다. 전자 중에는 셋이 있으니, 처음은 법이고, 다음 (4)의 ①은 비유이며, 뒤의 ② 이하는 합

하기 때문에 마음이 일체 미세한 모습의 　　心於一切 細相現行
현행도 오히려 능히 버리거늘, 어찌 하　　尚能棄捨, 何況麤相.
물며 두드러진 모습이리오.263

하는 것이다.
　법을 설함 중에 나아가면 양설이 있다. 제1설은 이르기를, 「네 가지 도에 의거하므로 곧 넷으로 나누어지니, 첫째 ①은 자량위를 밝히는 것이고, 둘째 ② 이하는 가행위를 밝히는 것이며, 셋째 (3)의 ① 이하는 견도위를 밝히는 것이고, 넷째 ④는 수도위를 밝히는 것이다.」라고 한다. 제2설은 곧 셋으로 나누니, 「첫째는 가행위를 밝히는 것이고, 다음 (3)의 ① 이하는 견도위를 밝히는 것이며, 뒤의 ④는 수도위를 나타낸다.」고 한다. 두 가지 해석이 있지만 우선 제2설에 의한다. 가행위 중에 나아가면 다시 둘로 나누어지니, 처음 ①은 심사관과 여실관을 밝히는 것이고, 뒤의 ② 이하는 모든 모습을 제거하는 것이다.
　이는 곧 처음인데, 글에 두 마디가 있다. 처음은 7진여에 의지해 심사관 짓는 것을 밝히는 것이고, 뒤의 '잘 살펴서 결정' 이하는 여실관을 밝히는 것이다. 말하자면 모든 보살은 7진여에 의지해 듣고 사유한 바와 같은 법에 대해 뛰어난 선정의 힘에 의해, 난위·정위에서 4심사관을 지어서 능히 '잘 살펴서 결정하고' 능히 '잘 사량해서' 식은 두고 모습은 보내며, 인위·세제일법에서 4여실관을 지어서 '잘 안립한' 진여의 성품 중에서 안으로 바르게 사유하여 능취의 식을 보내는 것이니, 자세하게 그 모습을 해석한다면 앞에서 이미 말한 것과 같다. * 여기에서 제2설에 의해 지관으로 능히 보리를 증득하는 경문 3.16의 큰 구조를 도표로써 보이면 다음과 같다.

물음						(1)
답함	해석	인위의 수행	법	가행위	4심사관·4여실관	(2)①
					모습을 제거함	②~⑤
				견도위		(3)①~③
				수도위		④
			비유			(4)①
			합함			②~③
		과위의 증득				④
	맺음					⑤

263 이하는 둘째 모든 모습을 제거하는 것인데, 그 중에 둘이 있으니, 처음은 제거하는 것을 밝히는 것이고, 뒤의 ⑤는 마음을 잘 닦고 다스리는 것을 밝히는 것이다. 전자 중에는 셋이 있으니, 처음 ②는 제거하는 것을 표방하는

③ 선남자여, 미세한 모습이라고 말한 것은 말하자면 마음에 집수되는 것의 모습, 혹은 영납하는 모습, 혹은 요별하는 모습, 혹은 잡염되고 청정한 모습,264 혹은 안의 모습, 혹은 밖의 모습, 혹은 안팎의 모습,265 혹은 나는 일체 유정 이롭게 함을 수행해야 한다고 여기는 모습,266 혹은 정지의 모습, 혹은 진여의 모습,267 혹은 고·집·멸·도의 모습,268

善男子, 言細相者
謂心所執受相
或領納相 或了別相
或雜染淸淨相,
或內相 或外相 或內外相, 或謂我當修行 一切利有情相,
或正智相 或眞如相,
或苦集滅道相,

....
것이고, 다음 ③은 제거대상의 모습을 나타내는 것이며, 뒤의 ④는 바로 제거하는 것을 밝히는 것이다.
 이는 곧 처음이다. 그 가행위의 모든 보살은 7진여에 의지해서 바르게 사유하기 때문에 그 능관의 마음이 그 일체 집수된 것 등 미세한 모습이 현행하는 것도 오히려 능히 버리거늘, 어찌 하물며 두드러진 모습이랴. '두드러진 모습'이라고 말한 것은 일체 산심의 지위에서 나타나는 모든 모습이다. 혹은 일체 염오로서 나타나는 모습일 수도 있으며, 혹은 욕계 하지下地의 모든 모습일 수도 있다.
264 이하는 둘째 제거대상의 모습을 나타내는 것이다. 모든 제거대상은 스물한 가지가 있는데, 11단락에 거두어진다. 이상은 곧 첫째 집수되는 것 등 네 가지의 모습을 밝히는 것인데, 그 순서대로 신·수·심·법의 4념처의 경계이다. 여기에서의 뜻이 말하는 것은, 집수되는 것 등으로 변작變作된 영상에 의탁해서 미세한 모습이라고 이름하였다는 것이니, 아래도 다 이에 준한다.
265 둘째 안의 모습 등 세 가지 모습이다. 그런데 이 안팎에는 대략 세 가지 해석이 있다. 제1설은, 자기의 몸을 안이라고 이름하고, 남의 몸을 밖이라고 이름하며, 합쳐서 안팎이라고 이름한다는 것이다. 제2설은 6근을 안이라고 이름하고, 6경을 밖이라고 이름하며, 합쳐서 안팎이라고 이름한다는 것이다. 제3설은 유정을 안이라고 이름하고, 비정을 밖이라고 이름하며, 합쳐서 안팎이라고 이름한다는 것이다.
266 셋째 이타하는 모습을 나타내는 것이다.
267 넷째 정지와 여여의 모습이다. 혹은 이 중에서 5상을 분별하는 것이라고

혹은 유위의 모습, 혹은 무위의 모습,269 혹은 유상有常의 모습, 혹은 무상의 모습,270 혹은 괴로움으로 변이하는 성품이 있는 모습, 혹은 괴로움으로 변이하는 성품이 없는 모습,271 혹은 유위의 이상異相의 모습, 혹은 유위의 동상同相의 모습,272 혹은 일체가 일체임을 알고 나서 있는 일체의 모습,273 혹은 보특가라무아의 모습, 혹은 법무아의 모습인데,274 ④ 그 현행을 마음이 능히 버리	或有爲相 或無爲相, 或有常相 或無常相, 或苦有變異性相 或苦無變異性相, 或有爲異相相 或有爲同相相, 或知一切 是一切已 有一切相, 或補特伽羅無我相 或法無我相, 於彼現行 心能棄捨.

할 수도 있으니, 5상은 곧 이름·모습·분별·정지·여여인데, 뛰어난 것에 나아가 말하기 때문에 우선 2상만을 말한 것이다.
268 다섯째 4제의 모습을 분별한 것이다.
269 여섯째 유위·무위의 모습을 분별한 것이다.
270 일곱째 상·무상의 모습이다.
271 여덟째 괴로움으로 변이하는 등의 모습이다. 말하자면 고·락의 2수는 각각 변이하는 성품과 모습이 있는 것이라고 이름하고, 사수는 괴로움으로 변이하는 성품과 모습이 없는 것이라고 이름한다. 또 해석하자면 소집성의 괴로움 및 의타기성의 괴로움은 괴로움으로 변이하는 성품과 모습이 있는 것이라고 이름하고, 원성실성은 괴로움으로 변이하는 성품과 모습이 없는 것이다.
272 아홉째 유위의 동同·이異의 모습이다.
273 열째 일체를 아는 모습이다. 말하자면 '일체가 일체임을 알고 나서'라고 함은 위에서는 모든 모습을 개별적으로 나타내었지만, 이는 곧 모든 모습을 총체적으로 나타낸 것이니, 아는 주체의 지혜를 들어서 아는 대상의 모습을 나타낸 것이다. 이는 곧 그 모든 법의 자상을 나타낸 것이고, '있는 일체의 모습'이란 차별상을 나타낸 것이다. 하나하나에 모두 가견·불가견 등 일체의 모습이 있는 것이다. 혹은 앞은 진소유의 모습이고, 뒤의 일체란 여소유의 성품일 수도 있다.
274 제11 두 가지 무아의 모습을 분별한 것이다.

⑤ 그들은 이미 이와 같은 행에 많이 머물렀기 때문에 시간 시간에 그 일체의 매임[繫], 덮개[蓋]와 산동散動으로부터 마음을 잘 닦고 다스린다.276

彼既多住 如是行故 於時時閒 從其一切 繫蓋散動 善修治心.

(3) ① 이 이후에 7진여에서 일곱 가지 각각 다른, 자기 안으로 증득한 통달지의 남이 있으니, 견도라고 이름한다.277

從是已後 於七眞如 有七各別 自內所證 通達智生, 名爲見道.

---

275 이는 셋째 바로 제거하는 것을 밝히는 것이다. 말하자면 곧 그 위에서 말한 것과 같은 현행의 모든 모습을, 진여를 관찰하는 마음이 능히 바로 제거하는 것이다.
276 이는 둘째 마음을 잘 닦고 다스리는 것이다. 말하자면 능히 진여의 모습을 관찰하기 때문에 위에서 말한 바와 같은 5계·5개 및 5산동을 능히 대치하는 마음을 곧 능히 닦고 익히는 것이다.
277 이하는 둘째 견도의 지위를 밝히는 것인데, 그 중에 둘이 있으니, 처음 ①은 바로 견도를 밝히는 것이고, 뒤의 ② 이하는 견도의 뛰어난 이익을 밝히는 것이다.
  이는 곧 첫째 바로 견도를 밝히는 것이니, 처음으로 이치를 보기 때문에 견도라고 이름한다. 그런데 이 견도에는 두 가지가 있다. 첫째는 진견도이니, 말하자면 세제일법의 무간에 나서 인·법 2공의 진여를 쌍으로 증득하고, 일체 견도 소단의 번뇌를 단박에 끊는 것을 진견도라고 이름한다. 그런데 지금 여기에서 '각각 다른, 자기 안으로 증득한 7진여'라고 말한 것은 표현[詮]을 좇아 말한 것이다. 만약 유전하는 모든 법의 진실한 성품의 뜻 쪽을 증득함이라면 각각 안으로 유전의 진여를 증득한다고 이름하고, 이와 같이 나아가 만약 사제의 진실한 성품의 뜻 쪽을 증득함이라면 개별적으로 사제의 진여를 증득함이라고 이름하지만, 이는 무상의 진견도의 지위에서 전후 7시에 각각 따로 안으로 증득한다는 것이 아니다. 둘째는 상견도이다. 혹은 3심이 있으니, 말하자면 유정의 가유를 반연하는 지혜, 법의 가유를 반연하는 지혜, 두루 유정과 법의 가유를 버리고 반연하는 지혜이며, 혹은 16심이니, 말하자면 고법인 등이다. 이 두 가지 견도는 《성유식론》 제9권

② 이를 얻기 때문에 보살의 정성이 생에 들어간다고 이름하니, 여래의 집에 태어나서 초지를 증득하고, 또 능히 이 지의 뛰어난 공덕을 수용한다.278

③ 그들은 먼저 사마타·비발사나를 얻었기 때문에 이미 두 가지 소연, 말하자면 분별 있는 영상의 소연 및 분별 없는 영상의 소연을 얻었고, 그들은 이제

由得此故　名入菩薩正性離生, 生如來家 證得初地, 又能受用 此地勝德.

彼於先時　由得奢摩他毘鉢舍那故　已得二種所緣, 謂有分別 影像所緣 及無分別 影像所緣,

(=졸역 p.882 이하)·《유가론》 제58권 등과 같다.
278 이하는 둘째 그 뛰어난 이익을 해석하는 것인데, 그 중에 둘이 있다. 처음 ②는 네 가지 뛰어난 이익을 밝히는 것이고, 뒤의 ③은 일의 궁극의 소연[事邊際所緣]의 뛰어난 이익을 밝히는 것이다. 지금 이 경전에 의하면 네 가지 뛰어난 이익이 있다.

　첫째는 보살의 정성이생에 들어가는 것이다. '정성이생'이라고 말함에서 '정성'은 곧 무루의 성도이고, '이생'이라고 말한 것은 견도 소단의 분별번뇌가 능히 6도·4생 등의 부류를 내는 것이, 마치 날 것[生]을 먹으면 능히 여러 병을 내는 것과 같으므로, 비유를 좇아 이름을 세워서 '생'이라고 이름한 것이니, 견도가 날 때 그 날 것과 같은 분별의 번뇌를 떠나므로 '이생'이라고 이름하였다.

　둘째는 여래의 집에 태어나는 것이다. 무성의 《섭론》에서는 이르기를, "말하자면 붓다의 법계를 여래의 집이라고 이름하니, 이를 증회하기 때문에 태어난다고 이름한다."라고 하고, 세친의 《섭론》에서는 이르기를, "여래의 집에 태어난다는 것은 이로 말미암아 능히 제불의 종성으로 하여금 단절되지 않게 하기 때문이다."라고 하였다.

　셋째는 초지를 증득하는 것인데, 이는 아래에서 해석하는 것과 같다.

　넷째는 능히 이 지의 뛰어난 공덕을 수용하는 것인데, 이는 《성유식론》(=졸역 pp.893~894)에서의 나머지 여섯 가지 뛰어난 이익(=법계를 잘 통달하고, 모든 평등을 얻으며, 항상 모든 붓다의 큰 집회 중에 태어나고, 여러 백 가지 문[百門]에서 이미 자재함을 얻어서, 스스로 머지 않아 대보리를 증득하고, 능히 미래세가 다하도록 일체 유정을 이롭고 안락하게 할 것임을 앎)을 포함하는 것이다.

견도를 얻기 때문에 다시 일의 궁극의 소연을 증득한다.279

④ 다시 후후의 일체의 지 중에서 수도로 나아가서 닦으니, 곧 이와 같은 세 가지 소연에 대해 작의하여 사유하는 것이다.280

⑷ ① 비유하면 어떤 사람이 가는 쐐기로 굵은 쐐기를 뽑아내듯이,281 ② 이와 같이 보살은 이 쐐기로써 쐐기를 뽑는 방편에 의지해서 안의 모습을 제거하기 때문에 일체 잡염분에 수순하는 모습을

彼於今時 得見道故 更證得 事邊際所緣,
復於後後 一切地中 進修修道, 卽於如是 三種所緣 作意思惟.

譬如有人 以其細楔
出於麤楔, 如是菩薩
依此以楔 出楔方便
遣內相故
一切隨順 雜染分相

---

279 이하는 둘째 소연의 뛰어난 이익을 밝히는 것이다. 말하자면 먼저 지전에서 이미 두 가지 소연의 경계를 얻었기 때문에 이제 이 견도에서 다시 제3의 일의 궁극의 소연을 얻는다는 것인데, 세 가지 소연의 차별되는 모습은 앞에서 이미 말한 것과 같다.
280 이하는 셋째 수도의 지위를 해석하는 것인데, 글에 두 마디가 있다. 처음은 나아가서 닦는 것을 밝히는 것이니, 닦는다는 것은 밝음을 더한다는 뜻이다. 말하자면 견도 후후의 9지 중에 관찰하는 지혜가 점차 증성하는 것이다. 또 해석하자면 '후후'란 10지를 갖추어 말하는 것이니, 견도 후에 있는 10지는 하나가 아니므로 거듭 '후후'라고 말한 것이다. 뒤의 '곧 이와 같은' 등이라고 함은 세 가지 연을 갖춤을 분별하는 것이다. 말하자면 무분별지로 모든 일의 궁극의 진여의 진실한 경계를 안으로 바르게 사유하되, 영상을 변화시키지 않으니, 후득지로써 분별 있는 영상과 분별 없는 영상의 두 가지 경계를 작의하여 사유하는 것이다. 곧 이 경문은 십지 중에서는 모두 3경계를 갖춘다는 것을 증명한다.
281 이는 둘째 비유를 말하는 것이다. 마치 모든 세간에서 나무를 부러뜨리고자 할 때에는 먼저 굵은 쐐기를 쓰고, 뒤에 가는 쐐기를 써서 그 가는 쐐기로써 굵은 쐐기를 뽑아내는 것과 같다는 것이다.

모두 다 제거하고, 모습을 제거하기 때문에 추중도 역시 제거한다.282

③ 일체 모습과 추중을 영원히 해쳤기 때문에 점차 그 후후의 지 중에서 금을 단련하는 법과 같이 그 마음을 단련하여,283 ④ 나아가 아뇩다라삼먁삼보리를 증득하기에 이르고, 또 지을 바를 이루어 만족한 소연을 얻는다.284

⑤ 선남자여, 이와 같이 보살은 안의 지·관을 바르게 수행하기 때문에 아뇩다라삼먁삼보리를 증득하는 것이다."285

皆悉除遣, 相除遣故 麤重亦遣.

永害一切 相麤重故 漸次於彼 後後地中 如煉金法 陶煉其心,

乃至證得 阿耨多羅三藐三菩提, 又得所作 成滿所緣.

善男子, 如是菩薩 於內止觀 正修行故 證得阿耨多羅三藐三菩提."

---

282 이하는 법을 들어서 비유와 같게 하는 것인데, 그 중에 둘이 있다. 처음 ②는 초지에서 두 가지 속박을 뽑아내는 것을 밝히는 것이고, 뒤의 ③은 나머지 지에서 그 마음을 단련하는 것을 나타내는 것이다.
    이는 곧 처음이다. 말하자면 초지의 보살은 이 쐐기로써 쐐기를 뽑는 성도에 의지해서 선정 안의 모습을 제거하고, 모습을 제거하기 때문에 일체 상의 속박을 모두 다 제거하며, 상의 속박을 제거하기 때문에 추중의 속박도 역시 제거한다.
283 이는 둘째 그 마음을 단련하는 것이다. 말하자면 초지에서 영원히 두 가지 속박을 해친 힘 때문에 뒤의 모든 지에서 금을 연마하여 내듯이 그 마음을 단련한다. 이 금 단련하는 법은 《유가론》 제13권과 제31권에서 설하는 것과 같다.
284 이는 둘째 그 과위에서 보리 증득하는 것을 밝히는 것이니, 5위 중 곧 제5의 구경위이다. 말하자면 단지 지지에서 그 마음을 단련할 뿐만 아니라, 나아가 구경위 중에서 무상보리를 증득하기에 이르고, 또 이 지위에 의지해서 그 네 가지 소연의 경계 중 다시 제4의 이룰 바를 성만한 소연의 경계를 얻으니, 불과의 지위 중에서는 4경계가 구족된다는 것이다. 또 해석하자면 지전에서 두 가지 경계를 얻고, 십지의 지위 중에서 일의 궁극을 증득한다고 고쳐서 이름하며, 불과의 지위 중에서 성만한다고 고쳐서 이름한다. 비록 두 가지 해석이 있지만, 앞의 해석이 낫다.

3.17[286]

⑴ ① 자씨보살이 다시 붓다께 말하였다.

"세존이시여, 어떻게 수행하면 보살의 광대한 위덕을 이끌어 일으킵니까?"

② "선남자여, 만약 모든 보살이 여섯 가지 처소[六處]를 잘 알면 곧 능히 보살에게 있는 광대한 위덕을 이끌어 일으키니,[287] ③ 첫째는 마음의 남을 잘 아는 것, 둘째는 마음의 머묾을 잘 아는 것, 셋째는 마음의 나옴을 잘 아는 것, 넷째는 마음의 늚을 잘 아는 것, 다섯째는 마음의 줆을 잘 아는 것, 여섯째는 방편을 잘 아는 것이다.

慈氏菩薩 復白佛言.

"世尊, 云何修行 引發菩薩 廣大威德?"

"善男子, 若諸菩薩 善知六處 便能引發 菩薩所有 廣大威德,
一者 善知心生,
二者 善知心住,
三者 善知心出,
四者 善知心增, 五者 善知心減, 六者 善知方便.

⑵ ① 어떤 것이 마음의 남[心生]을 잘 아는 것인가?[288]

云何 善知心生?

---

285 이는 곧 둘째 맺는 글이다. 말하자면 지전과 지상의 보살은 지·관 2도를 닦고 부지런히 수행하기 때문에 무상정등보리를 증득한다는 것이다.
286 이하는 제17 광대한 위덕을 이끌어 일으키는 문[引發廣大威德門]이다. 그 중에 둘이 있으니, 먼저 ⑴의 ①은 묻는 것이고, 뒤의 ② 이하는 답하시는 것이다.
287 이하는 둘째 여래께서 바로 답하시는 것인데, 그 중에 둘이 있으니, 처음 ②는 물음에 의해 바로 답하는 것이고, 뒤의 ⑺의 ③은 맺는 것이다. 전자 중에는 셋이 있으니, 첫째 ②는 수를 표방하고 간략히 답하는 것, 둘째 ③은 수에 의해 이름을 열거하는 것, 뒤의 ⑵ 이하는 차례로 개별적으로 해석하는 것이다.

② 말하자면 16행의 마음이 생기하는 차별을 여실하게 아는 것이니, 이를 마음의 남을 잘 앎이라고 이름한다.289

謂如實知 十六行心 生起差別, 是名 善知心生.

③ 16행의 마음이 생기하는 차별이라 함은,290 첫째는 깨달아 알 수 없으며 견고하게 머무는 기식器識이 나는 것이니, 아타나식을 말한다.291

十六行心 生起差別者, 一者 不可覺知 堅住器識生, 謂阿陁那識.

둘째는 갖가지 행상과 소연의 식이

二者 種種行相 所緣識

---

288 이하는 셋째 차례로 개별적으로 해석하는 것이다. 여섯 가지 처소를 개별적으로 해석하므로 곧 여섯으로 나누어지는데, 이는 곧 첫째 마음의 남을 잘 아는 것을 해석하는 것이다. 그 중에 둘이 있으니, 먼저 ①은 묻는 것이고, 뒤의 ② 이하는 답하시는 것이다.
　'잘 안다'는 것은 아는 주체인 지혜이고, '마음의 남'이란 알 대상인 마음이니, 아래도 다 이에 준한다.
289 이하는 둘째 바로 답하시는 것인데, 그 중에도 둘이 있으니, 처음 ②는 총체적으로 답하는 것이고, 뒤의 ③은 개별적으로 해석하는 것이다.
290 이하 둘째 개별적으로 16행의 마음[16행심]을 해석하는 것에는 둘이 있으니, 먼저 이 부분은 따오는 것이고, 뒤의 그 아래는 해석하는 것이다.
291 이하는 둘째 차례로 개별적으로 해석하는 것인데, 16종의 마음이므로 곧 열여섯으로 나누어진다.
　이는 처음의 마음을 해석하는 것인데, 글에 두 마디가 있으니, 처음은 마음의 이름을 표방하는 것이고, 뒤는 체성을 내는 것이다. 그런데 이 경문을 해석함에는 양 해석이 있다. 제1설은「깨달아 알 수 없다'는 것은 제8식이 능히 반연하는 행상을 깨달아 알 수 없는 것을 말하고, 늘 상속하여 결생하기 때문에 '견고하게 머문다'고 이름하며, 기세간을 집지하기 때문에 '기식'이라고 이름한다. '아타나식'이라고 한 것은 체성을 낸 것이다. 범어 아타나는 여기 말로는 집지라고 하는데, 그 세 가지 뜻이 있으니, 첫째는 근과 근의 의지처를 집지하고, 둘째 종자를 집지하며, 셋째 결생이 상속하여 맺는 것[結生相續結]을 집지한다.」라고 한다. 제2설은「깨달아 알 수 없다'는 것은 공상의 과보인 외부의 기세간을 말하니, 자신이 변현하고 남이 변현한 것이 차별되는 모습을 깨달아 알 수 없다는 것이다.」라고 한다.

나는 것이니,292 일체 형색 등의 경계를 단박에 취하는 분별의식 및 안팎의 경계를 단박에 취하여 깨닫고 받아들이며,293 혹은 단박 일념의 순식 수유에 많은 선정에 듦을 나타내어 많은 불국토를 보고 많은 여래를 보는 분별의식을 말한다.294

　셋째는 작은 모습을 소연으로 하는 식이 나는 것이니, 욕계에 매인 식을 말한다.295

生, 謂頓取一切 色等境界 分別意識 及頓取內外 境界覺受,
或頓於一念 瞬息須臾 現入多定 見多佛土 見多如來 分別意識.

三者 小相所緣識生,
謂欲界繫識.

----

292 이는 제2식의 남을 밝히는 것인데, 먼저 여기까지는 그 이름을 표방하는 것이고, 뒤의 그 아래는 체성을 내는 것이다. 능히 반연하는 행상이 경계를 따라서 하나가 아니기 때문에 '갖가지 행상'이라고 말하고, '소연의 식이 나는 것'이라 함은 경계를 좇아 이름을 세운 것이니, 소연경을 경계로 하는 식이기 때문에 '소연의 식이 나는 것'이라고 이름하였다.
293 둘째 체성을 내는 것 중에는 둘이 있으니, 처음 여기까지는 유루의 의식을 밝히는 것이고, 뒤의 그 아래는 무루의 의식을 밝히는 것이다.
　　말하자면 일시에 일체 형색 등 여섯 가지 경계를 단박에 취하는 분별의식이니, 이는 곧 5식과 때를 같이 하는 분별의식이거나 혹은 5식 후의 분별의 식이다. 혹은 일시에 안팎 12처의 경계를 단박에 취하여 깨닫고 받아들이는[覺悟領受] 분별의식이다.
294 이는 둘째 무루의식이다. 범어 찰나는 여기 말로는 극히 적은 시간[極少時]이라고 하니, 곧 '일념'이다. 범어 랍박은 여기 말로는 '순식'이라고 하고, 범어 모호율다는 여기 말로는 '수유'라고 한다. 《구사론》 제12권에서 이르기를, 찰나의 120이 1달찰나가 되고, 60달찰나가 랍박이 되며, 30랍박이 모호율다가 된다고 한다. 여기에서의 뜻이 말하는 것은, 후득의 무루의 자재한 힘 때문에 혹은 일시나 일념 경에 많은 선정에 들어감을 나타내어 많은 불국토를 보고 혹은 많은 붓다를 보는 분별의식인데, 이 후득을 유루의 마음에 상대하면 무분별이라고 이름하지만, 정체지에 상대하면 역시 분별이라고 이름하는 것이다.
295 이하 다섯 가지 모습은 모두 제8 아뢰야식에 의거해 말하는 것이다. 그

넷째는 큰 모습을 소연으로 하는 식이 나는 것이니, 색계에 매인 식을 말한다.296

다섯째는 한량없는 모습을 소연으로 하는 식이 나는 것이니, 공·식무변처에 매인 식을 말한다.297

여섯째는 미세한 모습을 소연으로 하는 식이 나는 것이니, 무소유처에 매인 식을 말한다.298

일곱째는 변제邊際의 모습을 소연으로 하는 식이 나는 것이니, 비상비비상처에 매인 식을 말한다.299

四者 大相所緣識生,
謂色界繫識.

五者 無量相 所緣識生,
謂空識無邊處繫識.

六者 微細相 所緣識生,
謂無所有處繫識.

七者 邊際相 所緣識生,
謂非想非非想處繫識.

래서 《유가론》 제51권에서 이르기를, "아뢰야식은 욕계 중에서는 협소한 집수의 경계를 반연하니, 협소한 소연을 요별하기 때문이다."라고 하였는데, 《잡집론》에서 이르기를, "작다는 것은 말하자면 욕계는 하열하기 때문이다."라고 하였다.

296 《유가론》에서 이르기를, "아뢰야식은 색계 중에서는 광대한 집수의 경계를 반연하니, 광대한 집수의 소연을 요별하기 때문이다."라고 하였는데, 《잡집론》에서 이르기를, "크다는 것은 말하자면 색계는 증상하기 때문이다."라고 하였다.

297 《유가론》에서 이르기를, "아뢰야식은 무색계의 공무변처·식무변처에서는 한량없는 집수의 경계를 반연하니, 한량없는 집수의 소연을 요별하기 때문이다."라고 하였는데, 《잡집론》에서 이르기를, "한량없다는 것은 말하자면 공무변처·식무변처는 끝이 없기 때문이다."라고 하였다.

298 《유가론》에서 이르기를, "아뢰야식은 무소유처에서는 미세한 집수의 경계를 반연하니, 미세한 집수의 소연을 요별하기 때문이다."라고 하였다.

299 삼계 중 가장 뒤의 끝이기 때문에 '변제'라고 이름하였다. 《유가론》에서 이르기를, "아뢰야식은 비상비비상처에서는 극히 미세한 집수의 경계를 반연하니, 극히 미세한 집수의 소연을 요별하기 때문이다."라고 하였다. 《현

여덟째는 모습 없는 식이 나는 것이 八者 無相識生,
니, 출세간의 식 및 멸을 반연하는 식을 謂出世識 及緣滅識.
말한다.300

아홉째는 괴로움과 함께 작용하는 식 九者 苦俱行識生,
이 나는 것이니, 지옥의 식을 말한다.301 謂地獄識.

열째는 섞인 감수[雜受]와 함께 작용 十者 雜受俱行識生,
하는 식이 나는 것이니, 욕계에서 작용 謂欲行識.
하는 식을 말한다.302

제11은 기쁨과 함께 작용하는 식이 十一 喜俱行識生,
나는 것이니, 초·제2정려의 식을 말한 謂初二靜慮識.
다.303

제12는 즐거움과 함께 작용하는 식이 十二 樂俱行識生,
나는 것이니, 제3정려의 식을 말한다.304 謂第三靜慮識.

양론》 제17권에서 다섯 가지 모습을 해석하는 것도 역시 같다. 혹은 다섯 가지 모습은 그 상응하는 바를 따라서 6식에 통할 수도 있다.
300 '출세간의 식'이라 함은 무루의 도제와 상응하는 식이니, 유루의 모든 희론의 모습을 멀리 떠나기 때문에 '모습 없는 식'이라고 이름한다. 이는 무루의 여덟 가지 청정한 식에 통한다. '및 멸을 반연하는 식'이라 함은 멸제를 반연하는 식이니, 이는 무루의 8식 및 유루의 의식에 통한다.
301 지옥의 전부 및 일부 아귀와 축생 중 순전히 괴로움을 받는 곳을 말한다.
302 인간 중과 욕계의 하늘 및 일부 아귀와 축생 중 전식轉識과 상응하는 고수·낙수·불고불락수가 서로 섞이어 함께 구르는 것을 말한다.
303 말하자면 초·제2의 선정이 희수와 상응한다는 것은 대·소승에서 함께 인정한다. 그런데 대승의 종지에서는 체를 같이 하는 뜻의 분위로서 또한 낙수도 있지만, 이 경전은 5수의 차별을 나누기 위하여 우선 희수를 말한 것이다.
304 《유가론》에서 이르기를, "아래의 3정려에서는 한결같이 낙수가 함께 구른다"라고 하였다.

제13은 불고불락과 함께 작용하는 식이 나는 것이니, 제4정려에서 나아가 비상비비상처에 이르기까지의 식을 말한다.305

十三 不苦不樂 俱行識生, 謂從第四靜慮 乃至 非想非非想處識.

제14는 염오와 함께 작용하는 식이 나는 것이니, 모든 번뇌 및 수번뇌와 상응하는 식을 말한다.306

十四 染污俱行識生, 謂諸煩惱 及隨煩惱 相應識.

제15는 선과 함께 작용하는 식이 나는 것이니, 믿음 등과 상응하는 식을 말한다.307

十五 善俱行識生, 謂信等 相應識.

제16은 무기와 함께 작용하는 식이 나는 것이니, 그것들과 함께 상응하지 않는 식을 말한다.308

十六 無記俱行識生, 謂彼俱不相應識.

(3) ① 어떤 것이 마음의 머묾[心住]을 잘 아는 것인가?

云何 善知心住?

② 여실하게 요별진여를 아는 것을 말한다.309

謂如實知 了別眞如.

....
305 말하자면 제4정려 이상의 모든 지에서는 한결같이 오직 사수와만 상응한다. 이는 유루·무루의 제6의식 및 제7·8식에 통한다.
306 그 상응하는 바를 따라서 근본의 여섯 가지 번뇌 및 스무 가지 여러 수번뇌와 상응하는 유루의 7식을 말한다.
307 믿음 등 11선법과 상응하는 유루의 6식 및 무루의 8식을 말한다.
308 그 선·염오와 상응하지 않는 유루의 6식 및 제8식을 말한다.
309 무분별지와 상응하는 마음이 진여를 요별하고 진여에 의지해 머무는 것을 여실하게 아는 것을 말한다. 혹은 요별진여는 7진여 중 유식진여일 수도

⑷ ① 어떤 것이 마음의 나옴[心出]을 잘 아는 것인가?

② 두 가지 속박, 소위 상박 및 추중박에서 나오는 것을 여실하게 아는 것을 말한다. 이로써 응당 그 마음으로 하여금 이와 같은 것에서 나오게 해야 함을 능히 잘 안다.310

云何 善知心出?

謂如實知 出二種縛, 所謂 相縛 及麤重縛. 此能善知 應令其心 從如是出.

⑸ ① 어떤 것이 마음의 늚[心增]을 잘 아는 것인가?

② 말하자면 상박과 추중박을 능히 다스리는 마음, 그것이 증장할 때와 그것이 적집될 때 역시 증장함을 얻으며 역시 적집됨을 얻음을 여실하게 잘 아는 것을 늚을 잘 안다고 이름한다.311

云何 善知心增?

謂如實知 能治相縛 麤重縛心, 彼增長時 彼積集時 亦得增長 亦得積集 名善知增.

....

있으니, 곧 관찰주체인 지혜를 요별진여라고 이름한 것이지, 진실한 성품의 진여가 아니다. 그래서 《장엄론》에서 이르기를, "유식진여란 무분별지를 말한다."라고 하였다. 이 뜻이 말하는 것은, 말하자면 유식관지와 상응하는 마음이 경계에 의지해 머무는 것을 여실하게 아는 것을 마음의 머묾을 잘 안다고 이름한다는 것이다.

310 무분별지와 상응하는 마음이 두 가지 속박에서 나오는 것을 여실하게 아는 것을 말한다. 이로써 마음이 이미 잘 알고 나서는 응당 무분별지와 상응하는 마음으로 하여금 두 가지 속박에서 나오게 해야 함을 능히 안다.

311 말하자면 두 가지 속박을 다스리는 마음, 그것이 증장할 때와 그것이 적집될 때 능히 속박 다스리는 마음과 상응하는 지혜 등도 역시 증장함을 얻고 역시 적집됨을 얻는 것을 여실하게 아는 것을 늚을 잘 안다고 이름한다. 증장과 적집에 차별이 있는 것은, 현행이 더욱 느는 것을 증장이라고 이름하고, 종자를 훈습해 이루는 것을 적집이라고 이름한다. 혹은 처음 증장할

⑹ ① 어떤 것이 마음의 줆[心減]을 잘 아는 것인가?

② 말하자면 그 대치대상인 모습 및 추중으로 잡염된 마음, 그것이 쇠퇴할 때와 그것이 손감될 때 이것도 역시 쇠퇴하며 이것도 역시 손감됨을 여실하게 아는 것을 줆을 잘 안다고 이름한다.312

云何 善知心減?

謂如實知 彼所對治 相 及麤重 所雜染心, 彼衰退時 彼損減時 此亦衰退 此亦損減
名善知減.

⑺ ① 어떤 것이 방편을 잘 아는 것인가?

② 해탈과 승처勝處 및 변처遍處를 여실하게 잘 알고, 혹은 닦으며 혹은 보내는 것을 말한다.313

③ 선남자여, 이렇게 해서 보살은 모든 보살의 광대한 위덕을, 혹은 이미 이끌어 일으켰거나, 혹은 장차 이끌어 일으키거나, 혹은 현재 이끌어 일으킨다."314

云何 善知方便?

謂如實知 解脫勝處 及與遍處, 或修或遣.

善男子, 如是菩薩 於諸菩薩 廣大威德, 或已引發, 或當引發, 或現引發."

때는 증장이라고 이름하고, 자주자주 거듭 일어나는 것은 적집이라고 이름하는 것일 수도 있다.
312 말하자면 대치대상인 두 가지 속박으로 잡염된 마음이 쇠퇴하며 손감될 때 그 잡염된 마음과 상응하는 봄[見] 등도 또한 다시 쇠손됨을 여실하게 아는 것을 줆을 잘 안다고 이름한다. 쇠퇴와 손감에 차별이 있는 것은 위의 증장·적집과 반대라고 알아야 한다.
313 8해탈·8승처·10변처를 여실하게 알고 여여를 수습하는 것을 말한다. 이 3과의 공덕으로 혹은 그 3과의 장애를 능히 제거하고, 이 방편으로 신통 및 무쟁 등의 갖가지 공덕을 일으키기 때문에 방편이라고 이름한다.
314 이는 둘째 총결하는 것이다. 말하자면 이와 같이 여섯 가지 처소를 잘 아

3.18[315]

(1) ① 자씨보살이 다시 붓다께 말하였다.

慈氏菩薩 復白佛言.

"세존이시여, 세존께서 설하신 것처럼 무여의열반계 중에서 일체의 모든 감수가 남김 없이 영원히 멸한다면, 어떤 모든 감수가 여기에서 영원히 멸합니까?"

"世尊, 如世尊說 於無餘依 涅槃界中 一切諸受 無餘永滅, 何等諸受 於此永滅?"

"② 선남자여, 요점을 들어 말한다면 두 가지 감수 있던 것이 남김 없이 영원히 멸한다.[316]

"善男子, 以要言之 有二種受 無餘永滅.

③ 어떤 것이 둘이겠는가?[317] ④ 첫째는 의지처의 추중의 감수이고, 둘째는 그 결과인 경계의 감수이다.[318]

何等 爲二? 一者 所依麤重受, 二者 彼果境界受.

는 보살은 여섯 가지 처소를 잘 알기 때문에 6신통 등의 광대한 위덕을, 과거세에 이미 능히 인발했거나, 미래세에 장차 능히 인발하거나, 현재세에 능히 인발한다는 것이다.

315 이하는 제18 무여의에서 감수를 멸하는 문[於無餘依滅受門]이다. 그 중에 둘이 있으니, 먼저 (1)의 ①은 묻는 것이고, 뒤의 ② 이하는 답하시는 것이다.

316 이하는 둘째 여래께서 바로 설하시는 것인데, 그 중에 둘이 있으니, 처음은 물음에 의해 바로 설하시는 것이고, 뒤의 (4)의 ③은 맺으시는 것이다. 전자 중에도 둘이 있으니, 처음 ②는 수를 표방하여 간략히 답하시는 것이고, 뒤의 ③ 이하는 문답해서 자세히 해석하시는 것이다.

317 이하는 둘째 문답해서 자세히 해석하시는 것인데, 먼저 ③에서 묻고, 뒤의 ④ 이하에서 자세히 해석한다.

318 이하 자세히 해석하는 것 중에도 둘이 있으니, 처음은 모든 감수를 바로 해석하는 것이고, 뒤의 (4)의 ① 이하는 그 영원히 멸함을 해석하는 것이다.

⑵ ① 의지처의 추중의 감수에는 네 가지가 있다고 알아야 하니,319 ② 첫째는 유색의 의지처의 감수이고, 둘째는 무색의 의지처의 감수이며, 셋째는 결과가 이미 성만된 추중의 감수이고, 넷째는 결과가 아직 성만되지 못한 추중의 감수이다.320

所依麤重受 當知 有四種, 一者 有色所依受, 二者 無色所依受, 三者 果已成滿 麤重受, 四者 果未成滿 麤重受.

....
전자 중에도 둘이 있으니, 처음 ④는 두 가지 감수를 간략히 답하는 것이고, 뒤의 ⑵ 이하는 차례로 개별적으로 해석하는 것이다.
  2감수의 차별되는 모습에 대해서는 여러 설이 같지 않다. 제1설은, 「'의지처의 추중의 감수'란 유루의 감수가 6근에 의지해 나는 것을 말한다. 근을 좇아 이름을 얻었으므로 의지처라고 칭하고, 두 가지 장애의 종자인 추중에 의해 따르는 바이므로 '의지처의 추중의 감수'라고 말한 것이다. '그 결과인 경계의 감수'란 외6경이 내6근의 세력에 의해 이끌려서 나기 때문에 6경계를 말하여 그 결과라고 이름하였으니, 이 경계의 감수는 그것을 반연하여 나기 때문에 '그 결과인 경계의 감수'라고 이름한다. 진실에 의거하면 두 가지 감수는 체에 차별이 없다.」라고 한다. 제2설은, 「'의지처의 추중의 감수'는 종자의 감수를 말하고, '그 결과인 경계의 감수'는 현행의 감수를 말한다.」라고 한다. 제3설은, 「'의지처의 추중의 감수'란 내6근에 의지해서 안의 몸 중의 6근 및 경계를 반연하는 모든 유루의 감수이다. 의지처인 근 및 능히 따르는 법(=추중)을 좇아서 그 이름을 세운 것이니, 내6근에 의지하고, 혹은 두 가지 장애의 종자인 추중이 따르는 바이기 때문이다. '그 결과인 경계의 감수'란 외6경이 능히 6근에게 증상과가 되는 것을 말한다. 이 두 번째 감수는 내6근에 의지하되 외6경을 반연하므로, 경계를 좇아서 이름을 얻은 것이다.」라고 한다. 비록 3설이 있지만, 우선 제3설에 의한다.
319 이하는 둘째 차례로 개별적으로 해석하는 것인데, 그 중에 둘이 있으니, 처음 ⑵는 의지처의 추중의 감수를 해석하는 것이고, 뒤의 ⑶은 그 결과인 경계의 감수를 해석하는 것이다. 전자 중에는 셋이 있으니, 처음 ①은 글을 표방하고 수를 드는 것이고, 다음 ②는 수에 의해 이름을 열거하는 것이며, 뒤의 ③ 이하는 힐난을 좇아 거듭 해석하는 것이다.
320 이는 둘째 수에 의해 이름을 열거하는 것이다. 그런데 이 네 가지 감수에 대해서는 여러 설이 같지 않다. 역시 3설이 있지만, 첫 논사의 설은 제3설

③ 결과가 이미 성만된 감수란 현재의 감수를 말하고, 결과가 아직 성만되지 못한 감수란 미래의 원인의 감수를 말한다.321

果已成滿受者 謂現在受, 果未成滿受者 謂未來因受.

(3) ① 그 결과인 경계의 감수에도 역시 네 가지가 있으니,322 ② 첫째는 의지처의 감수이고, 둘째는 살림살이의 감수이며, 셋째는 수용하는 감수이고, 넷째는 돌아보고 그리워하는 감수이다.323

彼果境界受 亦有四種, 一者 依持受, 二者 資具受, 三者 受用受, 四者 顧戀受.

과 대체로 같기 때문에 따로 서술하지 않겠다. 제2설은 이르기를, 「유색의 의지처의 감수는 욕·색계의 감수의 종자를 말하고, 무색의 의지처의 감수는 무색계의 감수의 종자를 말하며, 결과가 이미 성만된 추중의 감수는 현재 결과가 주어진 종자를 말하고, 결과가 아직 성만되지 못한 추중의 감수는 아직 결과가 주어지지 않은 종자를 말한다.」라고 한다. 제3설은 이르기를, 「유색의 의지처의 감수는 5식신과 상응하는 감수를 말하고, 무색의 의지처의 감수는 의식과 상응하는 감수를 말하니, 이들은 곧 신·심의 2수이다. 결과가 이미 성만된 감수는 과거의 무명·행 등이 낸 현재 결과의 감수를 말하고, 결과가 아직 성만되지 못한 감수는 업·번뇌와 상응하여 미래를 감득할 수 있는 원인의 감수를 말한다.」고 한다. 비록 여러 설이 있지만, 제3설을 바른 것으로 삼으니, 경문의 뜻에 수순하기 때문이다.

321 이는 셋째 힐난을 좇아 거듭 해석하는 것이다. 말하자면 처음 것은 과거의 업으로 얻은 현재의 결과의 감수이고, 뒤의 것은 미래의 이숙을 감득할 수 있는 업·번뇌와 상응하는 감수이니, 미래의 결과의 원인이기 때문에 미래의 원인의 감수라고 말한 것이다.

322 이하는 둘째 그 결과인 경계의 감수를 해석하는 것인데, 그 중에 둘이 있으니, 처음 ①은 글을 표방하고 수를 열거하는 것이고, 뒤의 ②는 수에 의해 이름을 열거하는 것이다.

323 이와 같은 4감수에 대해서도 여러 설이 같지 않다. 제1설은 이르기를, 「이 4감수는 다 현행인데, 그것이 차별되는 것으로 그 네 가지가 있는 것이다. 첫째 의지처의 감수는 기세계를 반연하는 감수를 말하고, 둘째 살림살

(4) ① 유여의열반계 중에서는 결과가 아직 성만되지 못한 감수는 일체가 이미 멸했지만, 그것을 대치하는 명촉이 내는 감수는 받아들이고, 함께 있는 것, 혹은 다시 그 결과가 이미 성만된 감수는 받아들인다. 또 두 가지 감수는 일체가 이미 멸했지만, 오직 명촉이 내는 감수만 현재 받아들인다.324

於有餘依涅槃界中 果未成滿受 一切已滅, 領彼對治 明觸生受, 領受共有, 或復彼果 已成滿受. 又二種受 一切已滅, 唯現領受 明觸生受.

    이의 감수는 살림살이도구를 반연하는 감수를 말하며, 셋째 수용하는 감수는 직접 수용하는 옷·음식 등에 대한 감수를 말하고, 넷째 돌아보고 그리워하는 감수는 과거의 앞의 3경계를 반연하여 내는 감수를 말한다.」라고 한다. 제2설은 이르기를, 「의지처의 감수란 기세간을 반연하는 감수이고, 둘째 살림살이의 감수는 옷·약 등을 반연하는 감수를 말하며, 셋째 수용하는 감수란 곧 의지처·살림살이의 두 가지에 대한 감수를 합쳐 말하는 것이고, 넷째 돌아보고 그리워하는 감수란 재물을 돌아보는 감수이다.」라고 한다. 제3설은 이르기를, 「그 순서대로 처음은 기세간을 반연하는 것이고, 다음은 옷·약 등을 반연하는 것이며, 그 다음은 현재를 반연하는 것이고, 뒤는 과거를 반연하는 것이다.」라고 한다.

324 이하는 둘째 그 '영원히 멸한다'는 것을 해석하는 것인데, 그 중에 둘이 있다. 처음 ①은 유여의에서 영원히 멸함을 해석하는 것이고, 뒤의 ②는 무여의에서 영원히 멸함을 해석하는 것이다. 이는 곧 처음이다.
    이 경문을 해석함에도 여러 설이 같지 않다. 제1설은 이르기를, 「결과가 아직 성만되지 못한 감수는 일체가 이미 멸했다'는 것은 금강심의 시기에 미래과보의 업·번뇌 및 상응하는 감수를 이미 단멸했다는 것이고, '그것을 대치하는 명촉(=무명과 반대되는 밝음이 함께 하는 감각접촉)이 내는 감수는 받아들인다'는 것은 그 업·번뇌를 대치하는 진지·무생지와 상응하는 무루의 감수를 받아들인다는 것이다. '함께 있는 것을 받아들인다'는 것은 함께 있는 기세계의 감수는 받아들이는 것이니, 곧 경전에서 말한 '의지처의 감수'이다. 살림살이의 감수와 수용하는 감수의 두 가지 감수는 생략해서 말하지 않았고, 오직 돌아보고 그리워하는 감수는 제외하니, 탐욕과 상응하기 때문이다. '혹은 다시 결과가 이미 성만된 감수'라고 함은 이미 성만된 감수 중에는 추중이 있는 것과 추중이 없는 것에 공통되나, 무학의 몸 중에는 다만 추중이 없는 감수만 있기 때문에 '혹은'이라고 말한 것이다. 유색의 의지처의 감수와 무색의 의지처의 감수를 받아들이는 것을 생략하고 말하지 않은 것은 무학도 여전히 일으키기 때문이다. '또 두 가지 감수는 일체가 이미 멸했다'는 것은 의지처의 추중의 감수와 그 결과인 경계의 감수는 모두 이미 제거되었음을 말한 것이고, '오직 명촉이 내는 감수만 현재 받아들인다'고 한 이것은 누진자에 있는 모든 감수에 의거해서 다 명촉이 내는 감수라고 이름한 것이다.」라고 한다.

제2설은 이르기를, 「결과가 아직 성만되지 못한 감수는 일체가 이미 멸했다'는 것은 유여의를 얻을 때 미래 감수의 종자를 능히 멸하므로 일체가 이미 끊어진 것이고, '그것을 대치하는 명촉에 내는 감수는 받아들인다'고 말한 것은 능치도의 무루의 감수이다. '함께 있는 것을 받아들인다'고 말한 것은 그 결과인 경계의 감수를 말하고, '혹은 다시 결과가 이미 성만된 감수'라고 말한 것은 현행하여 바로 현재 결과가 주어진 감수를 말한다. 이상은 무여의열반에 드는 것에서 아직 먼 것에 의거한 것이니, 유여의 중에서는 이 세 가지 감수를 갖춘다. '또 두 가지 감수는 일체가 이미 멸했지만, 오직 명촉이 내는 감수만 현재 받아들인다'고 말한 이것은 무여의열반에 막 들려고 할 때에 의거한 것이니, 오직 무루의 마음만을 써서 무여의를 반연하므로 뒤의 함께 있는 것에 대한 감수 및 그 결과가 이미 성만된 감수를 받아들이는 것을 멸하고, 단지 무루의 감수만 존재하고 있기 때문에 '또 이 두 가지 감수는 일체가 이미 멸했지만, 오직 명촉이 내는 감수만 있다'고 말한 것이다.」라고 한다.

제3설은 이르기를, 「둘의 '또 다음'이 있는데, 처음 또 다음의 뜻은 여덟 가지 감수 중 유여의열반시에는 오직 결과가 아직 성만되지 못한 감수만을 멸하니, 혹은 업과 함께 하기 때문이다. 그것을 대치하는 명촉이 내는 감수를 받아들이는 것은 다시 무루의 감수를 얻기 때문이고, 함께 있는 것을 받아들이는 것은 말하자면 여덟 가지 감수 중 아직 성만되지 못한 것 및 그 결과가 이미 성만된 것을 제외한 나머지 여섯 가지 감수는 범·성에게 함께 있는 것이기 때문에 '함께 있는 것'이라고 말한 것이다. (문) 어떻게 무학에게 돌아보고 그리워하는 감수가 있는가? (답) 돌아보고 그리워하는 것에는 두 가지가 있다. 첫째는 탐욕과 상응하는 것이니, 아라한은 이미 제거했다. 둘째는 염오가 없는 것이니, 욕구의 심소와 상응하는 것은 아라한에게도 역시 있기 때문에 함께 있는 것이라고 말한 것이다. '혹은 다시 이미 성만된 감수'라고 한 이것은 아라한의 몸 중에 현재 결과의 감수를 봄이 있기 때문이다. '또 두 가지 감수는 일체가 이미 멸했지만, 오직 명촉이 내는 감수만 현재 받아들인다'고 함을 해석함에는 양 해석이 있다. 첫째는 아라한

② 무여의열반계 중에 반열반할 때에는 이들도 역시 영원히 멸한다.325

③ 이 때문에 무여의열반계 중에서는 일체의 모든 감수가 남김 없이 영원히 멸한다고 말한 것이다."326

於無餘依 涅槃界中 般涅槃時 此亦永滅.

是故說言 於無餘依 涅槃界中 一切諸受 無餘永滅."

3.19

(1) ① 그 때 세존께서는 이 말씀을 설하시고 나서 다시 자씨보살에게 말씀하셨다.327

"훌륭하고 훌륭하도다. 선남자여, 그대는 이제 원만하고 가장 극히 청정하

爾時 世尊 說是語已 復告 慈氏菩薩曰.

"善哉善哉. 善男子, 汝今善能 依止圓滿 最極

의 몸 중에 있는 모든 감수는 수면을 떠났기 때문에 무루라고 이름하는데, 앞에서 말한 여덟 가지 감수는 한결같이 유루이기 때문에 '일체가 다 없다'고 말한 것이니, '두 가지'라고 말한 것은 앞서 말한 근본의 두 가지 감수로써 여덟 가지 감수를 거둔 것이라고 한다. 둘째는 무심정에 들 때에 여덟 가지 감수를 멸하여 없애는 것인데, 그럼에도 무루의 감수가 있다고 말한 것은 무심정에 들었다가 물러나는 방편이기 때문에 멸하지 않음을 가설한 것이니, 진실에 의거한다면 역시 멸한 것이다.」라고 한다.

325 이는 둘째 무여의에서 영원히 멸하는 것을 밝히는 것이니, 무여의 중에서는 이 명촉이 내는 감수도 역시 멸하는 것을 말한다. 혹은 위에서 말한 바와 같이 함께 있는 감수 등도 역시 멸한다는 것일 수도 있다

326 이는 (큰 글의) 둘째 총결하는 것이니, 응당 알 것이다.

327 장행으로 자세히 설함 중에 나아가 크게 나누면 둘이 되었으니, 처음은 지관의 모습을 자세히 분별하는 것이고, 뒤는 맺어 찬탄하고 배우기를 권하는 것이었다. 이상으로 지관의 모습은 이미 해석하였고, 이하 (1)에서는 둘째 맺어 찬탄하고 배우기를 권한다. 그 중에는 셋이 있으니, 처음 ①은 물음에 이익이 있었음을 찬탄하는 것이고, 다음 ②는 붓다께서 같이 설하심을 나타내는 것이며, 뒤의 ③은 중생에게 닦고 배우기를 권하는 것이다.

며 묘한 유가의 도에 능히 잘 의지해 여래에게 청문하여, 그대는 유가에서 결정적이며 가장 지극한 선교함을 이미 얻었고, ② 나는 이미 그대를 위해 원만하고 가장 극히 청정하며 묘한 유가의 도를 펴 설하였다. 계신 바 일체 과거와 미래의 정등각자들께서 이미 설하셨거나 장차 설하실 것도 다 또한 이와 같으니, ③ 모든 선남자와 선여인은 모두 응당 이에 의지해서 용맹하게 정진하고 바르게 수학해야 한다."

淸淨 妙瑜伽道 請問如來, 汝於瑜伽 已得決定 最極善巧,
吾已爲汝 宣說圓滿 最極淸淨 妙瑜伽道.
所有一切 過去未來 正等覺者 已說當說 皆亦如是,
諸善男子 若善女人 皆應依此 勇猛精進 當正修學."

(2) 그 때 세존께서는 이 뜻을 거듭 펴시고자 게송으로 말씀하셨다.328

爾時 世尊 欲重宣此義 而說頌曰.

① 법으로 가립한 유가 중에서
　만약 방일 행하면 큰 뜻 잃지만
　이 법 및 유가에 의지하여서
　바르게 수행하면 대각 얻으리329

於法假立瑜伽中
若行放逸失大義
依止此法及瑜伽
若正修行得大覺

---

328 이 품 중에 나아가 크게 나누면 둘이 되었으니, 처음은 지관을 해석하는 것이었고, 뒤의 (3)은 가르침에 의해 받들어 지니는 것이었다. 전자 중에 나아가 크게 나누면 둘이 되었는데, 처음은 장행이었고, 뒤는 중송하는 것이었으니, 이는 곧 둘째 게송으로 거듭 설하시는 것이다.
329 이하 5행의 게송이 있으므로 곧 다섯으로 나누어진다. 처음 ①은 법과 유가에 위·순함의 득·실을 나타내는 것이고, 다음 ②는 얻는 바가 있음의 과실을 나타내는 것이며, 다음 ③은 중생을 교화하여 잡염을 여의게 함의

② 얻는 바 있다 보아 면난免難 구하고 　　見有所得求免[離]〈難〉
　 이 봄으로 법 얻음이 된다 말하면 　　若謂此見爲得法
　 자씨여 그 유가서 멀어진 것이 　　慈氏彼去瑜伽遠
　 비유하면 대지와 허공과 같네330 　　譬如大地與虛空

③ 이익 중생 견고하나 생각치 않고 　　利生堅固而不作
　 깨치고서 이익 유정 정진해 닦아 　　悟已勤修利有情
　 지자 이를 지음이 궁겁량이면 　　智者作此窮劫量
　 최상의 이염離染 기쁨 문득 얻으리331 　　便得最上離染喜

④ 사람이 욕망 위해 법을 설하면 　　若人爲欲而說法
　 그의 이름 사욕하며 환취욕이니332 　　彼名捨欲還取欲
　 어리석어 법의 무가 보배 얻고도 　　愚癡得法無價寶
　 되려 다시 유행하며 구걸함이네 　　反更遊行而乞丐

………………………
　공덕을 나타내는 것이고, 다음 ④는 욕심을 위해 법을 설함의 과실이며, 다음 ⑤는 집착을 버리고 중생을 이익하는 공덕이다.
330 말하자면 지관에 의지해 추구하고 찾아서 얻는 바 있음을 보고, 만약 이 봄[此見]을 얻은 법으로 집착해서 생사의 어려움을 면하고자 한다면 (그는) 유가에서 멀리 떨어진 것이 비유하면 대지와 허공 사이와 같다는 것이다.
331 말하자면 모든 보살은 중생을 이익하려는 대비가 견고하지만, 나는 이익하는 사람이고 그는 이익받는 대상이라는 이 생각을 하지 않아서 능·소가 없으니, 이와 같은 이치를 깨닫고 곧 능히 부지런히 중생 이익하는 일을 닦아서, 나아가 겁이 다하기에 이르면 문득 최상의 잡염 떠난 희락을 얻는다는 것이다.
332 만약 사람이 명성과 이양을 구하기 위해 사람에게 설법하면 '사욕하며 환취욕한다'고 이름한다는 것이니, 말[言] 중에 설법하는 것은 사욕捨欲(=욕망을 버림)이라 이름하고, 마음이 명리를 탐하는 것은 환취욕還取欲(=도리어 욕망을 취함)이라 이름한다.

5| 다툼과 번잡한 희론 집착을　　　　　於諍誼雜戱論著
　　버리고 높은 정진 일으키어서　　　應捨發起上精進
　　모든 천신 및 세간 제도키 위해　　爲度諸天及世閒
　　이 유가 그대들은 응당 배우라　　　於此瑜伽汝當學

(3) ① 그 때 자씨보살은 다시 붓다께 말하였다.

"세존이시여, 이 해심밀법문 중에서 이 가르침을 무엇이라 이름해야 하고, 저는 어떻게 받들어 지녀야 합니까?"333

② 붓다께서 자씨보살에게 말씀하셨다.

"선남자여, 이는 유가 요의의 가르침이라고 이름하니, 이 유가 요의의 가르침으로 그대는 받들어 지녀야 한다."334

③ 이 유가 요의의 가르침을 설하셨을 때 대회 중 육십만의 중생들은 아뇩다라삼먁삼보리에 대한 마음을 일으켰고, 삼십만의 성문들은 티끌을 멀리 하

爾時 慈氏菩薩 復白佛言.

"世尊, 於是解深密法門中 當何名此教, 我當 云何奉持?"

佛告 慈氏菩薩曰.

"善男子, 此名瑜伽 了義之教, 於此瑜伽 了義之教 汝當奉持."

說此瑜伽 了義教時 於大會中 有六百千衆生 發阿耨多羅三藐三菩提心, 三百千聲聞 遠塵離

---

333 이하는 둘째 가르침에 의해 받들어 지니는 부분인데, 그 중에 둘이니, 먼저 ①은 묻는 것이고, 뒤의 ② 이하는 답하시는 것이다. 물음에는 두 가지 뜻이 있으니, 첫째는 가르침의 이름을 묻는 것이고, 둘째는 받들어 지니는 것을 묻는 것이다.
334 이하 둘째 물음에 대해 바로 답하시는 것 중에는 둘이 있으니, 처음 ②는 두 물음에 바로 답하시는 것이고, 뒤의 ③은 가르침의 뛰어난 이익을 찬탄하는 것이다.

고 때를 떠나서 모든 법 중에서 법안의 청정을 얻었으며, 일십오만의 성문들은 모든 번뇌가 영원히 다하여 마음으로 해탈을 얻었고, 칠만오천의 보살들은 광대한 유가의 작의를 얻었다.335

垢 於諸法中 得法眼淨, 一百五十千聲聞 諸漏永盡 心得解脫, 七十五千菩薩 獲得廣大 瑜伽作意.

---

335 이는 곧 둘째 가르침의 뛰어난 이익을 찬탄하는 것인데, 그 네 가지가 있다. 첫째는 보리심을 일으키는 것이고, 둘째는 티끌을 멀리 하고 때를 떠나서 법안의 청정을 얻는 것이며, 셋째는 모든 번뇌가 영원히 다하여 마음으로 해탈을 얻는 것인데, 이 세 가지 이익은 앞에서 이미 해석한 것과 같다. 넷째 광대한 유가의 작의를 얻는 것이다. 인·법의 2공을 광대하다고 이름하고, 지·관의 2도를 유가라고 이름하니, 말하자면 이 보살은 2공의 성품을 반연하는 지·관의 작의를 얻었기 때문에 광대한 유가의 작의라고 이름한 것이다. 지금 이 경전 중 유가작의의 뜻은 보살의 무생법인에 해당한다.

解深密經
해심밀경

卷第四
제4권

大唐 三藏法師 玄奘 奉詔譯
대당 삼장법사 현장 봉조역

해심밀경 　　　　　　　解深密經
제4권　　　　　　　　　卷第四

제7　　　　　　　　　地波羅蜜多品
지바라밀다품1　　　　　　第七

4.1[2]
....
1 【(이 굵은 괄호 안의 글은 이 소의 일부가 산일散逸된 것을, 1972년 경 일본의 도엽정취稻葉正就박사가 이 소의 티베트어번역본으로부터 재한역한 것을 번역한 것임) 첫째 품의 이름을 해석하자면, 범어 보미ⓢbhūmi는 번역하여 이름하면 '지地'라고 하니, 말하자면 극희지 등 11지가 냄[生] 등의 뜻을 갖추기 때문에 '지'라고 이름한다. 범어 바라밀다는 '도到'라고 번역하니, 보시 등의 힘에 의지해 생사의 차안으로부터 열반의 피안에 이르기 때문에 '도'라고 이름한다. 이 품 중에서 모든 지 및 바라밀다를 자세히 말하기 때문에 지바라밀다품이라고 말한 것이다. (둘째) 품이 온 뜻은 능관의 행에 나아가면 위에서 양 뜻을 밝혔는데, 처음은 지·관을 밝히는 것이고, 뒤는 지와 바라밀다를 밝히는 것이었다. 이상에서 이미 지관은 해석하여 마쳤으므로, 이하는 둘째 지와 바라밀다를 해석하는 문이다. 말하자면 관행을 닦는 문에는 두 가지가 있으니, 첫째는 지止에 의지해 관을 일으키는 것은 총상의 문이기 때문에 먼저 설함을 두었고, 둘째 지地에 의지해 바라밀다를 일으키는 것은 별상의 문이기 때문에 뒤에 설함을 둔 것이다.】 혹은 지관은 간략하므로 먼저 설하고, 지에 의지해 바라밀다를 일으키는 것은 넓기 때문에 뒤에 해석한 것일 수도 있다.
2 이하는 셋째 경문에 의해 바로 해석하는 것이다. 이 품 안을 크게 나누면 둘이 되니, 처음은 문답해서 바로 설하는 부분이고, 뒤의 4.4의 (3)은 가르침에 의지해 받들어 지니는 부분이다. 전자 중에도 둘이 있으니, 처음은 장행으로 자세히 해석하는 것이고, 뒤의 4.4의 (2)는 게송으로 간략히 설하는 것이다. 앞의 장행에 나아가 다시 나누면 넷이 되니, 첫째 4.1은 모든 지를 자세히 밝히는 것이고, 둘째 4.2는 십바라밀다를 자세히 밝히는 것이며, 셋째 4.3은 지에 의지해 바라밀다를 일으켜서 대치하는 장애를 따로 해석하는 것이고, 넷째 4.4의 (1)은 붓다 여래께서 일승을 설하시는 뜻을 밝히는

4.1.1[3]

(1) 그 때 관자재보살이 붓다께 말하였다.[4]

"세존이시여, 붓다께서 설하신 바와 같이 보살의 십지는 이른바 극희지, 이구지, 발광지, 염혜지, 극난승지, 현전

爾時 觀自在菩薩 白佛言.

"世尊, 如佛所說 菩薩十地 所謂 極喜地 離垢地 發光地 焰慧地

---

[3] 지를 해석함 중에서 다시 나누면 여섯이 된다. 첫째 4.1.1은 네 가지 청정 및 11분위에 의거해 모든 지를 분별하는 것, 둘째 4.1.2는 지의 이름과 뜻을 해석하는 것, 셋째 4.1.3은 스물두 가지 어리석음에 의거해 모든 지를 분별하는 것, 넷째 4.1.4는 여덟 가지 수승함으로 모든 지를 분별하는 것, 다섯째 4.1.5는 뛰어난 생[勝生]에 의거해 모든 지를 분별하는 것, 여섯째 4.1.6은 3원三願에 나아가 모든 지를 분별하는 것이다. 첫 단락 중에 나아가면 먼저 (1)은 청하는 것이고, 뒤의 (2) 이하는 설하시는 것이다. * 여기에서 제1단을 중심으로 이 품 경문의 큰 구조를 도표로써 보이면 다음과 같다.

문답하여 바로 설함	장행	지를 밝힘	4청정 및 11분위에 의거해 지를 분별함	4.1.1
			지의 이름과 뜻	4.1.2
			22어리석음에 의거해 지를 분별함	4.1.3
			8수승으로 지를 분별함	4.1.4
			뛰어난 생에 의거해 지를 분별함	4.1.5
			3원에 나아가 지를 분별함	4.1.6
		십바라밀다를 밝힘		4.2
		대치하는 장애		4.3
		일승을 설하는 뜻		4.4(1)
	게송			(2)
가르침에 의지해 받들어 지님				(3)

[4] (1)은 곧 첫째 보살이 청문하는 것인데, 글에 세 마디가 있다. 처음은 문답하는 사람을 밝히는 것이고, 다음은 묻는 바의 가르침을 드는 것이며, 뒤는 바로 묻는 말을 일으키는 것이다.

지, 원행지, 부동지, 선혜지, 법운지이고, 다시 불지佛地가 제11이 된다고 설하셨습니다.5 이와 같은 모든 지는 몇 가지 청정과 몇 분위에 포함되는 것입니까?"6

極難勝地 現前地 遠行地 不動地 善慧地 法雲地, 復說佛地 爲第十一. 如是諸地 幾種淸淨 幾分 所攝?"

(2) ① 그 때 세존께서 관자재보살에게 말씀하셨다.

"선남자여, 모든 지는 네 가지 청정과 열한 분위에 포함된다고 알아야 한다.7

② 어떤 것을 이름해서 네 가지 청정이 능히 모든 지를 포함한다고 하는가?8

③ 말하자면 증상한 의요의 청정이 초지를 포함하고, 증상한 계의 청정이 제2지를 포함하며, 증상한 마음의 청정

爾時 世尊 告觀自在菩薩曰.

"善男子, 當知諸地 四種淸淨 十一分攝.

云何名爲 四種淸淨 能攝諸地?

謂增上意樂淸淨 攝於初地, 增上戒淸淨 攝第二地, 增上心淸淨

---

5 다음 이는 묻는 바의 가르침을 든 것이니, 말하자면 《십지경》 등의 경전에서 십지 및 여래지를 갖추어 설한다.
6 이는 바로 묻는 말을 일으키는 것인데, 물음에는 두 가지 뜻이 있다. 첫째는 이와 같은 십지는 4청정 중에서는 어느 종류에 포함되는 것인지를 묻는 것이고, 둘째는 11분위 중에서는 어느 분위에 포함되는지를 묻는 것이다.
7 이하는 둘째 여래께서 바로 설하시는 것인데, 그 중에 둘이 있다. 처음 ①은 주장을 표방하고 간략히 답하는 것, 뒤의 ② 이하는 문답해서 자세히 해석하는 것이다.
8 이하는 둘째 문답해서 자세히 해석하는 것인데, 그 중에는 둘이 있다. 처음은 네 가지 청정이 능히 모든 지를 포함하는 것을 해석하는 것이고, 뒤의 (3)은 열한 분위가 능히 모든 지를 포함하는 것을 밝히는 것이다. 전자 중에서 먼저 ②는 묻는 것이고, 뒤의 ③ 이하는 답하시는 것이다.

이 제3지를 포함하고, 증상한 지혜의 청   攝第三地, 增上慧淸淨
정이 후후의 지에서 더욱 승묘하기 때   於後後地 轉勝妙故
문에 능히 제4지에서 나아가 불지까지   當知能攝 從第四地 乃
를 포함한다고 알아야 한다.9   至佛地.

---

9 이하는 둘째 바로 답하는 것인데, 그 중에 둘이 있으니, 먼저 ③은 해석하는 것이고, 뒤의 ④는 맺는 것이다.
  말하자면 모든 청정에는 네 가지가 있다. '증상한 의요의 청정이 초지를 포함한다'고 말함에서, 범어 아세야ⓢāśaya는 여기 말로는 의요라고 한다. 이 의요의 체에 대해서는 여러 가르침이 같지 않다. 만약《양섭론》에 의한다면 무분별지를 체로 한다고 하고, 만약《유가론》에 의한다면 승해를 성품으로 한다고 하며, 만약 무성의《섭론》제7권에 의한다면 믿음과 욕구를 체로 한다고 하고, 세친의《섭론》제7권도 역시 같다. 그런데 이 의요의 종류와 수가 다른 것은 예컨대《유가론》제48권에서는 10의요가 있다고 하니, 그래서 거기에서 이르기를, "만약 모든 보살이 먼저 극희지에 머물면 열 가지 마음의 의요로 말미암아 이미 의요의 청정을 얻으니, 어떤 것이 열 가지인가? 첫째는 일체 스승과 어른을 복전으로 존중하고 속임을 행하지 않는 의요이고, 둘째는 법을 같이 하는 보살에게 인욕하고 유화하여 쉽게 함께 머물 수 있는 의요이며, 셋째는 일체 번뇌 및 수번뇌의 온갖 마의 사업을 뛰어나게 조복하여 마음이 자재하게 구르는 의요이고, 넷째는 일체의 행에 깊이 과실을 보는 의요이며, 다섯째는 대열반에 깊이 뛰어난 이익을 보는 의요이고, 여섯째는 모든 묘하고 선한 보리의 법을 늘 부지런히 수습하는 의요이며, 일곱째는 곧 그 수습을 따르기 위해 즐거운 곳을 멀리 여의려는 의요이고, 여덟째는 모든 세간의 잡염 있는 높은 지위·이양·공경을 돌아보고 그리워하는 바 없는 의요이며, 아홉째는 아래 승을 멀리 떠나 대승으로 나아가 증득하려는 의요이고, 열째는 일체 중생에게 일체 의리義利를 지으려는 의요이다. 이와 같은 열 가지 전도 없는 의요에 의지하여 구르니, 이 때문에 의요의 청정이라고 말한다."라고 하였다. 만약 자세히 분별한다면 열다섯 가지 의요가 있으니,《유가론》제47권에서 설하는 것과 같다.
  '증상한 계가 제2지를 포함한다'고 말한 것은, 말하자면 제2지에서 일체 미세하게 범하는 때를 멀리 떠나므로 이 지 중에 머물면 성품의 계가 구족되어서 극히 작은 악업도 현행치 않으니, 이 때문에 계의 청정이 제2지를 포함한다. 만약 자세히 분별하자면《유가론》제48권과 같다.
  '증상한 마음의 청정이 제3지를 포함한다'고 말한 것은 말하자면《유가론》제48권에서 이르기를, "이 지 중에서 능히 세속의 네 가지 정려와 4무색

④ 선남자여, 이와 같은 네 가지 청정이 널리 모든 지를 포함한다고 알아야 한다.10

善男子, 當知 如是四種 淸淨 普攝諸地.

⑶ ① 어떤 것을 이름해서 열한 가지 분위가 능히 모든 지를 포함한다고 하는가?11

云何名爲 十一種分 能攝諸地?

정 및 4무량과 다섯 가지 신통을 얻어서 구족히 안주하고, 이미 많이 머물고 나서는 다시 모든 정려 등을 버리고 욕계로 돌아와 모든 유정을 위해 능히 의리를 짓는다."라고 하고, 나아가 거기에서 이르기를, "내심의 청정에 의해 능히 광명을 일으키니, 이 때문에 증상한 마음에 머문다고 말한다."라고 한 것과 같다.

'증상한 지혜의 청정이 제4지 내지 불지를 포함한다'고 말한 것은 증상한 지혜가 후의 8지를 포함하는 것을 말한다. 제4지로부터 후후의 지 중에서 갖가지 지혜의 문이 더욱 승묘하기 때문이니, 제4지는 각품覺品과 상응하는 증상혜주이고, 제5지는 모든 진리[諸諦]와 상응하는 증상혜주이며, 제6지는 연기와 상응하는 증상혜주이고, 제7지는 가행이 있는 무상주無相住이며, 제8지는 가행이 없는 무상주이고, 제9지는 4무애해주이며, 제10지는 최상성만最上成滿보살주이고, 제11지는 여래주이니, 자세한 것은 《유가론》제48권과 같다.

10 이는 둘째 포함하는 것을 맺는 것이다. 말하자면 4청정이 실제의 공덕이고, 지는 가명이니, 이는 곧 실로써 가를 거둔 것이다.
11 이하는 둘째 11분위가 11지를 포함하는 것을 밝히는 것인데, 그 중에 둘이 있으니, 먼저 ①은 묻는 것이고, 뒤의 ② 이하는 답하시는 것이다.
　　이는 곧 첫째 가르침에 의해 물음을 일으키는 것이다. 비록 11분위와 11지는 나누는 단계에는 차별이 없지만 뜻에는 차이가 있다. 그래서 《유가론》에서 이르기를, "능히 보살을 거두어 지니는 뜻 때문에 지地라고 이름하고, 능히 거처를 수용하는 뜻이 되기 때문에 주住라고 이름한다."라고 하였고, 《장엄론》에서 이르기를, "즐거이 머무는 것을 주라고 이름한다."라고 하였다. 해석해 말하자면 '분'이란 분단의 뜻이다. 말하자면 11주는 분단이 각각 다르므로 뜻으로 말하여 '분'이라고 하였으니, 《십주비바사론》비유품에서 이르는 바에 의하면, 초지의 분이란 있는 바의 모든 법이 합쳐져 초

② 말하자면 모든 보살은 먼저 승해 　謂諸菩薩　先於勝解行
행지에서 10법행에 의지해 뛰어난 이해 　地 依十法行 極善修習
와 인가를 극히 잘 수습하기 때문에12　　勝解忍故

....

지를 이루는 것을 초지의 분이라고 이름한 것이다. 이는 곧 13주 중 처음의 2주를 제외하고 11주로 한 것이다. 13주라고 함은 《유가론》 제47권에서 이르기를, "종성주·승해행주·극환희주·증상계주·증상심주·각품상응증상혜주·제제諸상응증상혜주·연기상응증상혜주·유가행유공용무상주·무가행무공용무상주·무애해주·최상성만보살주·여래주를 말한다."라고 한 것과 같은데, 이 경전 중에서는 처음 2주를 제외하고 11주에 의해 분위의 이름으로써 말하였으니, 그래서 지금 여기에서는 분위로써 지를 거둔 것이다.

12 이하는 둘째 여래께서 바로 설하시는 것인데, 그 중에 둘이 있으니, 처음은 물음에 의해 바로 답하시는 것이고, 뒤의 ⑬은 해석하고 나서 총체적으로 맺는 것이다. 바로 답하시는 것 중에 나아가면 11분위를 해석하므로 곧 열하나로 나누어지는데, 이는 첫 분위가 극희지를 거두는 것을 해석하는 것이다. 그 중에 둘이 있는데, 처음 여기까지는 지전에서 아직 초지에 들지 못한 것을 밝히는 것이고, 뒤의 그 아래는 그 지전을 초과해 초지에 들어감을 얻는 것이다. 이는 곧 처음이다. 초지를 해석함에 나아가면 글이 둘이 있으니, 처음은 지전의 수행이 후의 행의 원인이 됨을 밝히는 것이고, 뒤는 자분의 원만을 밝히는 것인데, 이는 곧 처음인 것이다.

'말하자면 모든 보살'이란 관행하는 사람을 드는 것이니, 성·습(=본성주종성과 습소성종성)의 두 가지 종성을 갖춘 보특가라를 말한다. '먼저 해행지에서'라고 함은 행이 의지하는 지위이니, 말하자면 앞에서 말한 자량·가행·견도·수도·구경의 5위 중 앞의 2위에 의지하여 깊은 신해를 일으키는 것을 승해행지라고 이름한다. '10정행正行'이란 《유가론》 제74권에서 이르기를, "대승 중에 10법행이 있어 능히 보살로 하여금 중생을 성숙케 하니, 어떤 것이 열 가지인가? 말하자면 대승과 상응하는 보살장에 포함되는 경전 등의 법을 써 지니고, 공양하며, 남에게 베풀어 주고, 만약 남이 바르게 설하면 공경히 청문하며, 혹은 스스로 즐거이 읽고, 혹은 다시 받아들이며, 받고 나서 너른 음성으로 읊고 외며, 혹은 다시 남을 위해 자세히 말해 개시하고, 홀로 공한처에 처하여 사량하고 관찰하며, 닦는 모습에 따라서 들어가는 것이다."라고 한 것과 같다. '뛰어난 이해와 인가를 극히 잘 수습한다'고 함은 《양섭론》 제10권에서 이르기를, "보살이 먼저 원행지願行地 중에 있으면서 열 가지 법행을 원·인願忍(=서원과 인가)을 따라 이룸을 얻고, 원인願忍으로 이룸에 의해 원행지를 초과하여 바른 선정의 지위에 들어간 그 지를 초과해서 보살의 정성이생에 증입하니, 그 모든 보살은 이 인연으로 말미암아 이 분위가 원만하다.13

③ 그러나 아직 미세한 훼범이 잘못 현행하는 중에 능히 바르게 알면서 행하지 못하니, 이 인연으로 말미암아 이 분위 중에서 아직 원만하지 못하다.14 이 분위로 하여금 원만을 얻게 하기 위하여 정진하여 수습하므로 곧 능히 증득하니, 그 모든 보살들은 이 인연으로 말미암아 이 분위가 원만하다.15

超過彼地 證入菩薩 正性離生, 彼諸菩薩 由是因緣 此分圓滿.

而未能 於微細毁犯 誤現行中 正知而行, 由是因緣 於此分中 猶未圓滿.

爲令此分 得圓滿故 精勤修習 便能證得, 彼諸菩薩 由是因緣 此分圓滿.

....

다. '원願'이란 10대원이고, '인忍'이란 무분별지이다."라고 하였는데, 이 논에 준하면 뛰어난 행[勝行]은 곧 초지의 무분별지이다. 이제 경전의 뜻을 해석하자면 말하자면 4선근은 통틀어 '인가[忍]'라고 이름한 것이다. 혹은 증상한 인가 및 세제일법을 '뛰어난 이해와 인가'라고 이름한 것일 수도 있다.
13 이하는 둘째 자분의 원만함을 밝히는 것이다. 말하자면 극희지는 앞의 방편지에서의 10법행 등의 인연의 힘 때문에 그 방편지를 초과해서 초지의 정성이생에 증입하니, 이 인연으로 말미암아 이 분위가 원만한 것이다. 정성이생은 유가품에서 이미 말한 것과 같다.
14 이하는 제2분이 이구지를 거두는 것을 분별하는 것인데, 그 중에 둘이 있으니, 처음 여기까지는 앞 분위 뒤의 행이 아직 원만하지 못함을 밝히는 것이고, 뒤의 그 아래는 그 자분을 부지런히 닦아서 원만케 함을 밝히는 것이다. 이는 곧 처음이다. 첫 분위의 시기에는 미세하게 잘못 범하는 어리석음이 있기 때문에 아직 잘못 범하는 과실을 능히 제거해 멸하지 못하니, 이 인연으로 말미암아 아직 원만하지 못하다.
15 이하는 둘째 그 자분을 부지런히 닦아서 원만케 함을 밝히는 것이다. 말하자면 《유가론》 주품에서 이르기를, "곧 이와 같은 열 가지 의요가 상품을 이루기 때문이고, 극히 원만하기 때문에 이 모든 보살들은 제2의 증상계주를 증득함에 들어간다. 이와 같이 머묾 중에서 성품의 계가 구족되므로 극히 작은 삿되며 악한 업도에 포함되는 모든 악한 범계조차 오히려 현행하

④ 그러나 아직 세간의 원만한 삼매와 삼마발저 및 원만한 문지다라니를 능히 얻지 못하니, 이 인연으로 말미암아 이 분위 중에서 아직 원만하지 못하다.16 이 분위로 하여금 원만을 얻게 하기 위하여 정진하여 수습하므로 곧 능히 증득하니, 그 모든 보살들은 이 인연으로 말미암아 이 분위가 원만하다.17

⑤ 그러나 아직 능히 획득한 보리분법을 따라서 많이 수습하며 머물게 하지 못하고, 마음이 아직 능히 모든 선정에 대한 애착 및 법에 대한 애착을 버리

而未能得 世間圓滿 等持等至 及圓滿 聞持陁羅尼, 由是因緣
於此分中 猶未圓滿.
爲令此分 得圓滿故
精勤修習 便能證得,
彼諸菩薩 由是因緣
此分圓滿.

而未能令 隨所獲得 菩提分法 多修習住,
心未能捨 諸等至愛 及與法愛,

지 않거늘, 하물며 중·상품이리오."라고 하였다. 자세히 말하면 그와 같으니, 이 인연으로 말미암아 이 분위가 원만하다.
16 이하는 제3분이 발광지를 거둠을 분별하는 것이다. 그 중에 둘이 있으니, 처음 여기까지는 2지 후의 행이 아직 원만치 못함을 밝히는 것이고, 뒤의 그 아래는 자분을 닦아서 원만케 함을 밝히는 것이다.
  이는 곧 처음이다. 말하자면 그 보살은 비록 이미 증상계분을 원만케 하였지만, 아직 능히 제3지 중의 뛰어난 선정에 포함되는 삼매·삼마발저 및 그 원만한 문지다라니를 얻지 못하였다는 것이다. 범어 삼마지는 여기 말로는 등지等持라고 하고, 범어 삼마발저는 여기 말로는 등지等至라고 한다. 이와 같은 두 가지는 다 유루이기 때문이고 파괴될 수 있기 때문에 '세간'이라고 이름하였다. '다라니'라고 말한 것은 여기 말로는 총지라고 하니, 새김과 지혜를 체로 한다. 여기에서의 뜻이 말하는 것은, 삼매와 삼마발저는 수혜의 원인이고, 다라니란 문·사혜의 원인인데, 그 보살들은 아직 삼매 등 3혜를 일으키는 원인을 얻지 못하였으니, 이 인연으로 말미암아 이 증상심분에서 아직 원만하지 못하다는 것이다.
17 말하자면 제3지에서 삼매와 삼마발저 및 다라니를 증득한 인연의 힘 때문에 이 분위가 원만하다는 것이다.

지 못하니, 이 인연으로 말미암아 이 분위 중에서 아직 원만하지 못하다.18 이 분위로 하여금 원만을 얻게 하기 위하여 정진하여 수습하므로 곧 능히 증득하니, 그 모든 보살들은 이 인연으로 말미암아 이 분위가 원만하다.19

⑥ 그러나 아직 능히 모든 진리의 도리를 여실하게 관찰하지 못하고, 또 아직 능히 생사와 열반에서 한결같이 등지며 향하는 작의를 버리니 못하며, 또 아직 능히 방편에 포함되는 보리분법을 닦지 못하니, 이 인연으로 말미암아 이 분위 중에서 아직 원만하지 못하다.20

由是因緣 於此分中
猶未圓滿. 爲令此分
得圓滿故
精勤修習 便能證得,
彼諸菩薩 由是因緣
此分圓滿.

而未能於 諸諦道理
如實觀察, 又未能於
生死涅槃 棄捨一向 背
趣作意, 又未能修
方便所攝 菩提分法,
由是因緣 於此分中
猶未圓滿.

....
18 이하는 제4분이 염혜지를 거둠을 분별하는 것이다. 그 중에 둘이 있으니, 처음 여기까지는 3지 후의 행이 아직 원만치 못함을 밝히는 것이고, 뒤의 그 아래는 자지自地를 부지런히 닦아서 원만케 함을 밝히는 것이다.
   이는 곧 처음이다. 말하자면 그 보살은 두 가지 인연 때문에 아직 제4지의 각분의 원만함을 얻지 못하니, 첫째는 획득한 여러 도품 중을 따라서 아직 능히 많이 머물지 못하는 것이고, 둘째는 선정에 대한 애착과 법에 대한 애착을 아직 능히 버리지 못하는 것이다.
19 말하자면 제4지에서 도품을 증득하고, 후에 능히 선정·법에 대한 두 가지 애착을 버리는 인연의 힘 때문에 이 분위가 원만하다.
20 이하는 제5분이 극난승지를 거둠을 분별하는 것이다. 그 중에 둘이 있으니, 처음 여기까지는 4지 후의 행이 아직 원만치 못함을 밝히는 것이고, 뒤의 그 아래는 자지를 닦아서 원만케 함을 밝히는 것이다.
   이는 곧 처음이다. 말하자면 제4지에서 이미 도품을 얻었지만, 세 가지 인연 때문에 아직 제5지를 얻지 못한다. 첫째는 비록 37도품을 얻었지만, 아직 능히 모든 진리의 도리를 여실하게 관찰함을 얻지 못하는 것이다. '모든 진리'라고 말한 것은 《십지경》에서의 네 가지 성제 및 2제 등과 같은 이 분위로 하여금 원만을 얻게 하기 위하여 정진하여 수습하므로 곧 능히 증득하니, 그 모든 보살들은 이 인연으로 말미암아 이 분위가 원만하다.21

⑦ 그러나 아직 능히 생사에 유전함을 여실하게 관찰하지 못하고, 또 그에 대해 많이 싫어함[厭]을 내기 때문에 아직 능히 무상無相의 작의에 많이 머물지 못하니, 이 인연으로 말미암아 이 분위 중에서 아직 원만하지 못하다.22 이 분

爲令此分 得圓滿故 精勤修習 便能證得, 彼諸菩薩 由是因緣 此分圓滿.

而未能於 生死流轉 如實觀察, 又由於彼 多生厭故 未能多住 無相作意,

由是因緣 於此分中 猶未圓滿. 爲令此分

것이다. 둘째는 아직 한결같이 생사를 등지고, 한결같이 열반을 향하는 두 가지 작의를 버리는 것을 얻지 못하는 것이니, 《성유식론》에서처럼 생사·열반의 차별 없는 도를 아직 얻지 못했기 때문이다. 셋째는 아직 능히 방편에 포함되는 보리분법을 닦지 못하기 때문이다. (문) 제4지에서 이미 도품을 얻었는데, 어째서 아직 보리분법을 닦지 못하는가? (답) 보리분법에는 두 가지가 있다. 첫째는 37도품이니, 앞에서 이미 설한 것과 같다. 둘째는 방편에 포함되는 세 가지 도품이니, 《십지경》의 제5지에서 이르기를, "첫째는 족히 여김이 없는 조도이니, 공덕을 잘 모으는 행의 조도이기 때문이고, 둘째는 휴식치 않고 정진하는 조도이니, 늘 지혜를 구하는 행의 조도이기 때문이며, 셋째는 고달파하지 않는 조도이니, 대자비를 모으는 행의 조도이기 때문이다."라고 한 것과 같다. 그래서 앞뒤에서 설한 것이므로 상호 상위하지 않는다.

21 말하자면 제5지 보살은 위에서 말한 세 가지 인연의 힘 때문에 이 분위가 원만하다.
22 이하는 제6분이 현전지를 거둠을 분별하는 것이다. 그 중에 둘이 있으니, 처음 여기까지는 5지 후의 행이 아직 원만하지 못함을 밝히는 것이고, 뒤의 그 아래는 자지를 닦아서 원만케 함을 밝히는 것이다.
　이는 곧 처음이다. 말하자면 제5지에서 비록 진리의 관찰을 얻었지만, 두 가지 인연으로 아직 제6지를 얻지 못한다. 첫째는 아직 능히 생사에 유전함에서 연생의 도리를 여실하게 관찰하지 못하는 것이고, 둘째는 그 고·집의 잡염에 대해 많이 싫어함을 내기 때문에 아직 능히 무상의 작의에 많이 머

위로 하여금 원만을 얻게 하기 위하여 정진하여 수습하므로 곧 능히 증득하니, 그 모든 보살들은 이 인연으로 말미암아 이 분위가 원만하다.23

⑧ 그러나 아직 능히 무상의 작의로 하여금 흠결 없고 틈 없이 많이 수습하며 머물게 하지 못하니, 이 인연으로 말미암아 이 분위 중에서 아직 원만하지 못하다.24 이 분위로 하여금 원만을 얻게 하기 위하여 정진하여 수습하므로 곧 능히 증득하니, 그 모든 보살들은 이 인연으로 말미암아 이 분위가 원만하다.25

⑨ 그러나 아직 능히 무상에 머묾 중에서 공용을 버려 떠나지 못하고, 또 아직 능히 모습에 자재함을 얻지 못하니,

得圓滿故
精勤修習 便能證得,
彼諸菩薩 由是因緣
此分圓滿.

而未能令 無相作意
無缺無間 多修習住,
由是因緣
於此分中 猶未圓滿.
爲令此分 得圓滿故
精勤修習
便能證得, 彼諸菩薩 由是因緣 此分圓滿.

而未能於 無相住中
捨離功用, 又未能得
於相自在,

....
물지 못하는 것이다.
23 말하자면 제6지 보살은 연생관을 증득하기 때문에 이 분위가 원만하다.
24 이하는 제7분이 원행지를 거둠을 밝히는 것이다. 그 중에 둘이 있으니, 처음 여기까지는 6지 후의 행이 아직 원만하지 못함을 밝히는 것이고, 뒤의 그 아래는 자지를 닦아서 원만케 함을 밝히는 것이다.
   이는 곧 처음이다. 말하자면 제6지 보살은 연기관을 얻지만 아직 능히 제7지 중의 순무상관을 얻지 못한다. 무상을 관찰할 때 결감缺減이 없기 때문에 '흠결 없다'고 말하고, 상의 틈이 있는 것이 아니기 때문에 '틈 없다'고 이름한다. 그래서 《성유식론》 제9권에서 이르기를, "앞의 5지 중에서는 유상관이 많고 무상관이 적으며, 제6지 중에서는 무상관이 많고 유상관이 적지만, 제7지 중에서는 순무상관이다."라고 하였다. 이 인연으로 말미암아 이 분위 중이 아직 원만하지 못한 것이다.
25 말하자면 제7지 보살은 흠결 없고 틈 없는 무상의 작의를 능히 증득한다.

이 인연으로 말미암아 이 분위 중에서 아직 원만하지 못하다.26 이 분위로 하여금 원만을 얻게 하기 위하여 정진하여 수습하므로 곧 능히 증득하니, 그 모든 보살들은 이 인연으로 말미암아 이 분위가 원만하다.27

⑩ 그러나 아직 능히 다른 이름, 온갖 모습, 훈사의 차별, 일체 품류를 펴 설하는 법 중에 큰 자재를 얻지 못하니, 이 인연으로 말미암아 이 분위 중에서 아직 원만하지 못하다.28 이 분위로 하여금 원만을 얻게 하기 위하여 정진하여

由是因緣 於此分中 猶未圓滿, 爲令此分 得圓滿故 精勤修習 便能證得, 彼諸菩薩 由是因緣 此分圓滿.

而未能於 異名衆相 訓詞差別 一切品類 宣說法中 得大自在, 由是因緣 於此分中 猶未圓滿. 爲令此分 得圓滿故 精勤修習

---

26 이하는 제8분이 부동지를 거둠을 밝히는 것이다. 그 중에 둘이 있으니, 처음 여기까지는 전분 후의 행이 아직 원만하지 못함을 밝히는 것이고, 뒤의 그 아래는 자분을 부지런히 닦아서 원만케 함을 밝히는 것이다.
  이는 곧 처음이다. 말하자면 제7지 보살은 아직 능히 무상에 머묾 중에서 공용을 버려 떠나지 못하고, 또 아직 능히 모습에 자재함을 얻지 못하니, 이 인연으로 말미암아 제8분에서 아직 원만하지 못하다.
27 말하자면 제8지 보살은 능히 무상에 머묾 중에서 공용을 버려 떠나고, 또 다시 능히 모습에 자재함을 얻으니, 이 인연으로 말미암아 이 분위가 원만하다는 것이다.
28 이하는 제9분이 선혜지를 거둠을 밝히는 것이다. 그 중에 둘이 있으니, 처음 여기까지는 전분 후의 행이 아직 원만하지 못함을 밝히는 것이고, 뒤의 그 아래는 자분을 부지런히 닦아서 원만케 함을 밝히는 것이다.
  이는 곧 처음이다. '다른 이름'이란 법무애의 경계이고, '온갖 모습'이란 의무애의 경계이며, '훈사의 차별'이란 사무애의 경계이고, '일체 품류를 펴 설하는 법 중에 큰 자재를 얻는다'는 것은 요설무애의 경계이다. 말하자면 제8지의 보살은 아직 제9지의 4무애해를 얻지 못하니, 이 인연으로 말미암아 제9분에서 아직 원만하지 못하다는 것이다.

수습하므로 곧 능히 증득하니, 그 모든 보살들은 이 인연으로 말미암아 이 분위가 원만하다.29

⑪ 그러나 아직 능히 원만한 법신을 현전에서 증득해 받음을 얻지 못하니, 이 인연으로 말미암아 이 분위 중에서 아직 원만하지 못하다.30 이 분위로 하여금 원만을 얻게 하기 위하여 정진하여 수습하므로 곧 능히 증득하니, 그 모든 보살들은 이 인연으로 말미암아 이 분위가 원만하다.31

⑫ 그러나 아직 능히 일체 알 바의 경계에 두루한 집착 없고 걸림 없는 묘지妙智와 묘견妙見을 얻지 못하니, 이 인연으로 말미암아 이 분위 중에서 아직 원만하지 못하다.32 이 분위로 하여금 원

便能證得, 彼諸菩薩 由是因緣 此分圓滿.

而未能得 圓滿法身 現前證受, 由是因緣 於此分中 猶未圓滿. 爲令此分 得圓滿故 精勤修習 便能證得, 彼諸菩薩 由是因緣 此分圓滿.

而未能得 遍於一切 所知境界 無著無礙 妙智妙見, 由是因緣 於此分中 猶未圓滿. 爲令此分 得圓滿故

---

29 말하자면 제9지 보살은 4무애해를 얻기 때문에 '증득한다'고 이름했으니, 이 인연으로 말미암아 이 분위가 원만하다.
30 이하는 제10분이 법운지를 거둠을 밝히는 것이다. 그 중에 둘이 있으니, 처음 여기까지는 전분 후의 행이 아직 원만하지 못함을 밝히는 것이고, 뒤의 그 아래는 자분을 부지런히 닦아서 원만케 함을 밝히는 것이다.
  이는 곧 처음이다. 말하자면 제9지는 원인이 아직 만족하지 못하기 때문에 아직 능히 원만한 법신을 현전에 증득하지 못하니, 이 인연으로 말미암아 이 분위 중에서 아직 원만하지 못하다는 것이다.
31 말하자면 제10지는 원인이 원만하기 때문에 능히 원만한 법신을 증득하니, 이 인연으로 말미암아 이 분위가 원만하다.
32 이하는 제11분이 불지를 거둠을 밝히는 것이다. 그 중에 둘이 있으니, 처

만을 얻게 하기 위하여 정진하여 수습하므로 곧 능히 증득하니, 이 인연으로 말미암아 이 분위가 원만하고, 이 분위가 원만하기 때문에 일체 분위에서 다 원만함을 얻는다.33

精勤修習 便能證得, 由是因緣 此分圓滿, 此分滿故 於一切分 皆得圓滿.

⑬ 선남자여, 이와 같은 열한 가지 분위가 널리 모든 지를 거둔다고 알아야 한다."34

善男子, 當知如是 十一種分 普攝諸地."

4.1.2 35

(1) 관자재보살이 다시 붓다께 말하였다.

"세존이시여, 무슨 인연으로 최초를 극희지라고 이름하고, 나아가 무슨 인연으로 말하여 불지라고 이름하십니까?"36

觀自在菩薩 復白佛言.

"世尊, 何緣最初 名極喜地, 乃至 何緣 說名 佛地?"

음 여기까지는 전분 후의 행이 아직 원만하지 못함을 밝히는 것이고, 뒤의 그 아래는 자분을 부지런히 닦아서 원만케 함을 밝히는 것이다.

이는 곧 처음이다. 말하자면 제10지는 아직 일체 경계를 두루 아는 법공의 집착 없는 묘지와 묘견, 인공의 걸림 없는 묘지와 묘견을 얻지 못하니, 이 인연으로 말미암아 이 분위 중에서 아직 원만하지 못하다는 것이다.

33 말하자면 이 불지에서 일체를 두루 아는 지견을 증득하니, 이 인연으로 말미암아 불지가 원만하고, 불지가 원만하기 때문에 열한 가지 분위가 다 원만함을 얻는다는 것이다.

34 이는 둘째 총결하는 것이다.

35 이하는 둘째 지의 이름과 뜻을 해석하는 것이다. 먼저 (1)에서 묻고, 뒤의 (2)에서 답하신다.

36 이는 곧 총체적으로 모든 지의 이름과 뜻을 묻는 것이다.

(2) 붓다께서 관자재보살에게 말씀하셨다.

"① 선남자여, 큰 뜻을 성취하여 일찍이 얻지 못했던 출세간의 마음을 얻어서 큰 환희를 내니, 이 때문에 최초를 극희지라고 이름한다.37

② 일체 미세한 범계犯戒를 멀리 떠나니, 이 때문에 제2를 이구지라고 이름한다.38

③ 그 얻는 바 삼매 및 문지다라니가 능히 한량없는 지혜광명[智光]의 의지가 되니, 이 때문에 제3을 발광지라고 이름한다.39

④ 그 얻는 바 보리분법으로 모든 번뇌를 태워서 지혜가 화염과 같으니, 이 때문에 제4를 염혜지라고 이름한다.40

佛告 觀自在菩薩曰.

"善男子, 成就大義 得未曾得 出世閒心
生大歡喜, 是故最初 名極喜地.

遠離一切 微細犯戒,
是故第二 名離垢地.

由彼所得 三摩地及 聞持陁羅尼 能爲無量 智光依止, 是故第三 名發光地.

由彼所得 菩提分法 燒諸煩惱 智如火焰, 是故第四 名焰慧地.

---

37 이하는 둘째 여래께서 바로 설하시는 것이다. 11지를 해석하므로 곧 열하나로 나누어진다. 이는 극희지를 해석하는 것인데, 해석에 두 가지 뜻이 있다. 첫째는 자·타의 이익을 얻는 것이고, 둘째는 무루의 마음을 얻는 것이다. 그래서 《십지경론》 제1권에서 이르기를, "위없는 자리·이타를 성취하여 처음 성스러운 곳을 증득하기 때문에 '환희'라고 이름한다."라고 하였다. 해석하자면 '성스러운 곳'은 곧 무루의 지혜이다.
38 * 소에 여러 경론을 인용하는 것만 있어서 따로 옮기지 않았다.
39 말하자면 제3지는 선정을 얻기 때문에 수혜의 광명을 일으키고, 문지다라니를 얻기 때문에 문·사혜의 광명을 일으키니, 이 때문에 제3을 발광지라고 이름한다. 혹은 지地가 능히 광명을 일으킴에 의지되는 바가 됨을 빌려서 발광지라고 이름한 것일 수도 있다.

⑤ 곧 그 보리분법을 방편으로 수습함이 가장 극히 어려운데 바야흐로 자재를 얻으니, 이 때문에 제5를 극난승지라고 이름한다.41

⑥ 현전에 모든 행이 유전함을 관찰하고 또 무상에 많이 작의를 닦아서 바야흐로 앞에 나타나 있으니, 이 때문에 제6을 현전지라고 이름한다.42

⑦ 능히 흠결 없고 틈 없는 무상의 작의에 멀리 증입하여 청정한 지와 함께 서로 인접하니, 이 때문에 제7을 원행지라고 이름한다.43

⑧ 무상에 공용 없음을 얻어서 모든 모습 중에서 현행의 번뇌에 흔들리는 바 되지 않으니, 이 때문에 제8을 부동지라고 이름한다.44

由卽於彼 菩提分法 方便修習 最極艱難 方得自在, 是故第五 名極難勝地.

現前觀察 諸行流轉, 又於無相 多修作意 方現在前, 是故第六 名現前地.

能遠證入 無缺無閒 無相作意 與淸淨地 共相鄰接, 是故第七 名遠行地.

由於無相 得無功用 於諸相中 不爲現行 煩惱所動, 是故第八 名不動地.

---

40 말하자면 모든 보리분법의 지혜의 불꽃이 번뇌의 섶을 태우기 때문에 '염혜'라고 이름한다.
41 말하자면 닦기 어려움 중에서 자재를 얻기 때문에 '난승'이라 이름한다.
42 말하자면 이 지 중에서 모든 행이 유전함을 현전에 관찰하고, 또 모습과 모습 없음에 많이 작의를 닦아서 무상관으로 하여금 바야흐로 현전함을 얻게 하니, 이 두 가지 뜻을 갖추므로 현전지라고 이름한다.
43 말하자면 이 지 중에서 흠결 없고 틈 없이 무상에 증입하므로 제6지에서 잠시 현전함과 같지 않고, 또 다시 제8의 청정한 지에 인근하니, 이 두 가지 뜻을 갖추므로 원행지라고 이름한다.
44 말하자면 이 지 중에서는 공용과 번뇌가 흔들 수 없으므로 부동지라고 이름한다.

⑨ 일체 종류의 설법에 자재하여 죄 없고 광대한 지혜를 획득하니, 이 때문에 제9를 선혜지라고 이름한다.45

⑩ 추중의 몸 넓기가 허공과 같은데 법신의 원만함이 비유하면 큰 구름과 같아서 다 능히 두루 덮으니, 이 때문에 제10을 법운지라고 이름한다.46

⑪ 가장 극히 미세한 번뇌 및 소지의 장애를 영원히 끊고, 집착 없으며 걸림 없이 일체 종류의 알 경계에서 현정등각하니, 이 때문에 제11을 말하여 불지라고 이름한다."47

於一切種 說法自在 獲得無罪 廣大智慧, 是故第九 名善慧地.

麤重之身 廣如虛空 法身圓滿 譬如大雲 皆能遍覆, 是故第十 名法雲地.

永斷最極 微細煩惱 及所知障, 無著無礙 於一切種 所知境界 現正等覺, 故第十一 說名佛地."

4.1.3 48

---

45 '죄'란 허물이고, 장애이며, 병이다. 말하자면 이 지 중에서 일체처에서 갖가지로 설법함에 자재를 얻고, 무애하며 광대한 지혜를 얻는데, 이 지혜가 묘하고 선하기 때문에 선혜라고 이름한다.
46 말하자면 나와 법에 대한 집착으로 훈성된 종자가 감당하여 맑음이 없게 하기 때문에 '추중'이라고 이름하니, 두 가지 공과 무아의 이치를 두루 장애하기 때문이다. 이 때문에 경전에서 '넓기가 허공과 같다'고 말하였다. 그 제10지에서 법계에 내려서 심은 법신의 원만함이 비유하면 큰 구름과 같아서, 법계를 증득할 때 원만한 법신 및 닦아서 낸 법신이 허공과 같이 광대한 추중을 덮어서 가리기 때문에 법운지라고 이름한다.
47 한 찰나의 금강삼매를 무간도로 삼아서 미세한 두 가지 장애의 종자를 쌍으로 끊으니, 번뇌장을 끊기 때문에 집착 없다고 말하고, 소지장을 끊기 때문에 걸림 없다고 말하며, 제2찰나를 해탈도로 삼아서 일체 종류의 알 경계에서 현정등각함을 말한다.
48 이하는 셋째 스물두 가지 어리석음으로 모든 지를 분별하는 것이다. 그 중

(1) 관자재보살이 다시 붓다께 말하였다.

"이 모든 지에는 몇 가지 어리석음이 있고 몇 가지 추중이 있어서 대치할 바로 삼습니까?"

觀自在菩薩 復白佛言. "於此諸地 有幾愚癡 有幾麤重 爲所對治?"

(2) 붓다께서 관자재보살에게 말씀하셨다.

"① 선남자여, 이 모든 지 중에는 스물두 가지 어리석음과 열한 가지 추중이 있어서 대치할 바로 삼는다.49

② 말하자면 초지에 첫째 보특가라 및 법에 집착하는 어리석음, 둘째 악취의 잡염의 어리석음의, 두 가지 어리석음 및 그 추중이 있어서 대치할 바로 삼는다.50

佛告 觀自在菩薩曰. "善男子, 此諸地中 有二十二種愚癡 十一種麤重 爲所對治. 謂於初地 有二愚癡, 一者 執著補特伽羅 及法愚癡, 二者 惡趣雜染愚癡 及彼麤重 爲所對治.

에 둘이 있으니, 먼저 (1)에서 묻고, 뒤의 (2)에서 답하신다.
49 이하는 둘째 여래께서 바로 설하시는 것인데, 그 중에 셋이 있다. 처음 ①은 총체적으로 표방하는 것이고, 다음 ② 이하는 개별적으로 해석하는 것이며, 뒤의 ⑬ 이하는 어리석음을 설하는 뜻을 나타내는 것이다.
　이는 곧 총체적으로 표방하는 것이니, 11지에 22어리석음 및 11추중이 있어 대치할 바 장애가 된다.
50 이하는 둘째 차례로 개별적으로 해석하는 것인데, 11지에 각각 두 가지 어리석음 및 하나의 추중이 있으므로 11단락이 된다.
　이는 곧 초지의 두 가지 어리석음과 추중이다. 그런데 이 두 가지 어리석음은 《성유식론》에 의하면 두 가지 해석이 있다. 제1설은 「어리석음 및 어리석음의 품류(＝업과 과보)를 모두 어리석음이라고 말한다. 말하자면 초지에는 두 가지 어리석음이 있다. 첫째는 나와 법을 집착하는 것이니, 곧 여기에서의 범부 성품의 장애이다. 둘째는 악취의 잡염의 어리석음이니, 곧

③ 제2지에 첫째 미세하게 잘못 범하는 어리석음, 둘째 갖가지 업취業趣의 어리석음의, 두 가지 어리석음 및 그 추중이 있어서 대치할 바로 삼는다.51

④ 제3지에 첫째 욕탐의 어리석음, 둘째 원만한 문지다라니에 대한 어리석음의, 두 가지 어리석음 및 그 추중이 있어서 대치할 바로 삼는다.52

於第二地 有二愚癡, 一者 微細誤犯愚癡, 二者 種種業趣愚癡 及彼麁重 爲所對治.

於第三地 有二愚癡, 一者 欲貪愚癡, 二者 圓滿聞持 陁羅尼愚癡 及彼麁重 爲所對治.

악취의 모든 업과 과보 등이다. 어리석음의 품류를 총체적으로 어리석음이라고 한다고 알아야 하니, 뒤의 것도 이에 준해 해석할 것이다.」라고 한다. 제2설은 이 중에서는 오직 어리석음만을 말한다고 한다. 그래서 거기에서 다시 이르기를, "혹은 그것은 오직 예리하거나 둔한 장애의 품류와 함께 일어나는 두 가지 어리석음만을 말한다."고 한다. 해석해 말하자면 5이사와 함께 하는 어리석음을 나와 법에 집착하는 어리석음이라고 이름하고, 5둔사와 함께 하는 것은 악취의 잡염의 어리석음이라고 이름한다는 것이다.

'추중'이라고 말한 것에도 《성유식론》에 두 가지 해석이 있다. 그래서 거기에서 다시 이르기를, "'및 추중'이라는 말은 그 둘의 종자를 나타낸다. 혹은 두 가지로 일어나는 무감임성이니, 제2선정에 들어서 고근을 끊는다고 말할 때에 끊어지는 고근은 비록 현행도 종자도 아니지만 추중이라고 이름하는 것과 같이, 이것도 역시 응당 그러하다. 뒤의 추중이라는 말도 이것에 비례하여 해석해야 한다."라고 한다.

51 《성유식론》에 의하면 두 가지 해석이 있다. 제1설은 미세한 잘못 범함의 어리석음이니, 곧 구생의 일부이고, 둘째는 갖가지 업취의 어리석음이니, 곧 그것이 일으키는 잘못 범하는 세 가지 업이라고 한다. 제2설은 혹은 오직 업을 일으키고 업을 알지 못하는 어리석음이라고 한다. 해석해 말하자면 전자의 뜻은 어리석음 및 어리석음의 품류를 모두 어리석음이라고 말하는 것이고, 후자는 다시 순차적인 뜻으로서 그 차례대로, 첫째는 능히 업을 일으키는 어리석음이고, 둘째는 업을 알지 못하는 어리석음이라는 것이다. 추중이라는 말을 해석하는 것은 위에서 이미 말한 것과 같다. * '업취'에 대하여 《성유식론술기》는 "(업을) 헐고 나무라서 이름한 것이니, 사람을 악취라고 함과 같다."라고 설명한다.

52 《성유식론》에서 이르기를, "첫째는 욕탐의 어리석음이니, 곧 여기에서의

⑤ 제4지에 첫째 등지^{等至}를 애착하는 어리석음, 둘째 법을 애착하는 어리석음의 두 가지 어리석음의, 두 가지 어리석음 및 그 추중이 있어서 대치할 바로 삼는다.53

⑥ 제5지에 첫째 한결같이 작의하여 생사를 버리고 등지려는 어리석음, 둘째 한결같이 작의하여 열반을 취향하는 어리석음의, 두 가지 어리석음 및 그 추중이 있어서 대치할 바로 삼는다.54

⑦ 제6지에 첫째 현전에 모든 행이 유

於第四地 有二愚癡, 一者 等至愛愚癡, 二者 法愛愚癡
及彼麤重 爲所對治.

於第五地 有二愚癡, 一者 一向作意 棄背生死愚癡, 二者 一向作意 趣向涅槃愚癡 及彼麤重 爲所對治.

於第六地 有二愚癡, 一

'뛰어난 선정 및 수혜'를 능히 장애하는 것이다. 그것은 예전부터 대부분 욕탐과 함께 하기 때문에 욕탐의 어리석음이라고 이름한다. 지금 뛰어난 선정 및 수소성혜를 얻으므로, 그것은 이미 영원히 끊어지고, 욕탐도 따라서 조복된다. 이것은 무시로부터 그것에 의지해서 전전하기 때문이다. 둘째는 원만한 문지 다라니에 대한 어리석음이니, 곧 여기에서의 '총지와 문·사혜'를 능히 장애하는 것이다."라고 하였는데, 두 가지 어리석음을 합쳐서 암둔함의 장애로 삼는다.

53 《성유식론》에서 이르기를, "첫째는 등지^{等至}를 애착하는 어리석음이니, 곧 여기에서의 '선정의 애착[定愛]'과 함께 하는 것이다. 둘째는 법을 애착하는 어리석음이니, 곧 여기에서의 '법의 애착'과 함께 하는 것이다. 소지장에 포함되는 두 가지 어리석음이 끊어지기 때문에, 번뇌의 두 가지 애착도 역시 영원히 작용하지 않는다."라고 하였다.

54 《성유식론》에서 이르기를, 그 순서대로 능히 생사를 싫어하고 열반을 좋아하는 것이라고 하였으니, 곧 열 가지 장애 중 "아래의 수레[下乘]에서 반열반하려는 장애이다. 소지장 중 구생의 일부가 생사를 싫어하고 열반으로 즐겨 향하게 하는 것이, 아래의 이승이 괴로움을 싫어하고 적멸을 좋아하는 것과 같음을 말한다. 그것이 제5지의 차별 없는 도를 장애하므로, 제5지에 들 때에 곧 능히 영원히 끊는다."라고 하였다.

전함을 관찰하는 어리석음, 둘째 모습이 많이 현행하는 어리석음의, 두 가지 어리석음 및 그 추중이 있어서 대치할 바로 삼는다.55

⑧ 제7지에 첫째 미세한 모습이 현행하는 어리석음, 둘째 한결같이 무상에 뜻을 짓는 방편의 어리석음의, 두 가지 어리석음 및 그 추중이 있어서 대치할 바로 삼는다56

⑨ 제8지에 첫째 무상에 공용을 짓는 어리석음, 둘째 모습의 자재함에 대한

者 現前觀察 諸行流轉愚癡, 二者 相多現行愚癡 及彼麤重 爲所對治.

於第七地 有二愚癡, 一者 微細相 現行愚癡, 二者 一向無相作意 方便愚癡 及彼麤重 爲所對治.

於第八地 有二愚癡, 一者 於無相 作功用愚癡,

---

55 《성유식론》에서 이르기를, "첫째는 형성[行]의 유전을 현전에 관찰하는 어리석음이니, 곧 여기에서의 '잡염이 있다고 집착하는 것'이다. 모든 형성된 것[諸行]의 유전은 잡염분에 포함되기 때문이다. 둘째는 모습이 많이 현행하는 어리석음이니, 곧 여기에서의 '청정이 있다고 집착하는 것'이다. 청정한 모습을 취하기 때문에 상관相觀이 많이 작용하여, 아직 많은 시간 무상관無相觀에 머물수 없다."라고 하고, 곧 열 가지 장애 중 "제6은 두드러진 모습이 현행하는 장애이다. 소지장 중 구생의 일부가, 잡염·청정의 두드러진 모습이 있다고 집착해서 현행하게 하는 것을 말한다. 그것이 제6지의 잡염·청정이 없는 도를 장애하므로, 제6지에 들 때에 곧 능히 영원히 멸한다."라고 하였다.

56 《성유식론》에서 이르기를, "첫째는 미세한 모습이 현행하는 어리석음이니, 곧 여기에서의 '남[生]이 있다고 집착'하는 것이다. 아직 유전의 미세하게 나는 모습을 취하기 때문이다. 둘째는 순전히 작의해서 무상無相을 구하는 어리석음이니, 곧 여기에서의 '멸함이 있다고 집착'하는 것이다. 오히려 환멸의 미세하게 멸하는 모습을 취하기 때문이다. 순전히 무상에 대하여 작의해서 부지런히 구하므로, 아직 공空 중에서 있음[有]의 뛰어난 행을 일으킬 수 없다."라고 하고, 곧 열 가지 장애 중 "제7은 미세한 모습이 현행하는 장애이다. 소지장 중 구생의 일부가, 남과 멸함의 미세한 모습이 있다고 집착해서 현행하게 하는 것을 말한다. 그것이 제7지의 승묘한 무상의 도를 장애하므로, 제7지에 들 때에 곧 능히 영원히 끊는다."라고 하였다.

어리석음의, 두 가지 어리석음 및 그 추중이 있어서 대치할 바로 삼는다.57

⑩ 제9지에 첫째 한량없이 설해진 법, 한량없는 법의 문구와 문자, 후후의 지혜언사[慧辯]의 다라니자재에 대한 어리석음, 둘째 변재의 자재에 대한 어리석음의, 두 가지 어리석음 및 그 추중이 있어서 대치할 바로 삼는다.58

二者 於相自在愚癡 及彼麤重 爲所對治.
於第九地 有二愚癡, 一者 於無量說法 無量法句文字 後後慧辯 陁羅尼自在愚癡, 二者 辯才自在愚癡 及彼麤重 爲所對治.

----

57 《성유식론》에서 이르기를, "첫째는 무상에 대해서 공용을 짓는 어리석음이다. 둘째는 모습의 자재에 대한 어리석음이니, 모습 중에서 자재하지 못하게 하기 때문이다. 이것은 국토도 역시 포함하는 것이니, 모습의 일부이기 때문이다."라고 하고, 열 가지 장애 중 "제8은 무상 중에 가행을 짓는 장애이다. 소지장 중 구생의 일부가, 무상관으로 하여금 임운하여 일어나지 못하게 하는 것을 말한다. 앞의 5지에서는 유상관이 많고, 무상관은 적다. 제6지에서는 유상관이 적고, 무상관이 많다. 제7지 중에서는 순전히 무상관이 항상 상속하지만, 가행이 있다. 무상 중에 가행이 있기 때문에, 아직 능히 임운하여 모습 및 국토를 나타내지 못하니, 이와 같은 가행은 제8지 중의 무공용의 도를 장애하기 때문에 제8지에 들 때에 곧 능히 영원히 끊는다. 그것이 영원히 끊어지기 때문에 두 가지 자재함을 얻게 된다."라고 하였다.

58 《성유식론》에서 이르기를, "첫째는 한량없이 설해진 법과, 한량없는 명칭·문구·글자와, 후후의 지혜의 언사에 대한 다라니자재에 대한 어리석음이다. '한량없이 설해진 법에 대한 다라니자재'라는 것은 의義무애해를 말한다. '한량없는 명칭·문구·글자에 대한 다라니자재'라는 것은, 법무애해를 말한다. '후후의 지혜언사에 대한 다라니자재'라는 것은, 사詞무애해를 말한다. 둘째는 변재의 자재에 대한 어리석음이다. '변재의 자재'라는 것은 변辯무애해를 말하니, 근기를 잘 통달해서 교묘하게 말하기 때문이다. 어리석음이 능히 이 네 가지 자재함을 장애하니, 모두 여기 제9지의 장애에 포함된다."라고 하고, 곧 열 가지 장애 중, "제9는 이타를 행하려고 하지 않는 장애이다. 소지장 중 구생의 일부가, 유정을 이롭고 안락하게 하는 일을 부지런히 행하려 하지 않고, 자기의 이익만을 즐거서 닦게 하는 것을 말한다. 그것이 제9지의 4무애해四無碍解를 장애하므로, 제9지에 들 때에 곧 능히 영원히 끊는다."라고 하였다.

⑪ 제10지에 첫째 큰 신통에 대한 어리석음, 둘째 미세한 비밀에 깨달아 들어감에 대한 어리석음의, 두 가지 어리석음 및 그 추중이 있어서 대치할 바로 삼는다.59

⑫ 여래지에 첫째 일체 알 바의 경계에서 극히 미세한 집착의 어리석음, 둘째 극히 미세한 장애의 어리석음의, 두 가지 어리석음 및 그 추중이 있어서 대치할 바로 삼는다.60

⑬ 선남자여, 이 스물두 가지 어리석

於第十地 有二愚癡, 一者 大神通愚癡, 二者 悟入微細 秘密愚癡 及彼麤重 爲所對治.

於如來地 有二愚癡, 一者 於一切 所知境界 極微細著 愚癡, 二者 極微細礙 愚癡 及彼麤重 爲所對治.

善男子, 由此二十二種

---

59 《성유식론》에서 이르기를, "첫째는 큰 신통에 대한 어리석음이니, 곧 여기에서의 '일으키는 사업을 장애'하는 것이다. 둘째는 미세한 비밀에 깨달아 들어감에 대한 어리석음이니, 곧 여기에서의 '큰 법의 지혜 구름[大法智雲] 및 함장된 것[所含藏]을 장애'하는 것이다."라고 하고, 곧 열 가지 장애 중 "제10은 모든 법 중에서 아직 자재함을 얻지 못하는 장애이니, 소지장 중 구생의 일부가, 모든 법에 대해서 자재함을 얻지 못하게 하는 것을 말한다. 그것이 제10지의 큰 법의 지혜 구름 및 함장된 것과 일으키는 사업을 장애하므로, 제10지에 들 때에 곧 능히 영원히 끊는다."라고 하였다.

60 《성유식론》에서 이르기를, "첫째는 일체의 알 바의 경계에서 극히 미세한 집착의 어리석음이니, 곧 여기에서의 '미세한 소지장'이다. 둘째는 극히 미세한 장애의 어리석음이니, 곧 여기에서의 일체의 '임운하는 번뇌장의 종자'이다. 그래서 《집론》에서 '보리를 증득할 때 단박 번뇌장 및 소지장을 끊고 아라한이 되고 그리고 여래가 된다.'라고 말했으니, 대열반과 대보리를 증득하기 때문이다."라고 하고, 곧 열 가지 장애 중 열 번째 장애에서 하나의 장애를 따로 열었다. 그래서 《성유식론》에서 다시 이 말을 하였다. "이 지위에서는 법에 대해서 비록 자재함을 얻었지만, 남은 장애[餘障]가 있으므로 아직 최극最極이라고 이름하지 않는다. 말하자면 구생의 미세한 소지장이 있고, 그리고 임운하는 번뇌장의 종자가 있으니, 금강유정이 앞에 나타나 있을 때에 그것들이 모두 단박에 끊어지고 여래지에 든다."라고 하였다.

음 및 열한 가지 추중에 의해 모든 지를 안립하는데,61 ⑭ 아뇩다라삼먁삼보리는 그것들의 계박을 떠난다."62

⑮ 관자재보살이 다시 붓다께 말하였다.

"세존이시여, 아뇩다라삼먁삼보리는 매우 기이하고 희유해서 나아가 큰 이익과 큰 결과를 성취하기에 이르게 하니,63 ⑯ 모든 보살들로 하여금 능히 이와 같이 큰 어리석음의 그물을 깨뜨리고, 능히 이와 같이 큰 추중의 조림을 넘어서 현전에 아뇩다라삼먁삼보리를 증득케 합니다."64

愚癡 及十一種麤重故 安立諸地, 而阿耨多羅三藐三菩提 離彼繫縛."

觀自在菩薩 復白佛言.

"世尊, 阿耨多羅三藐三菩提 甚奇希有 乃至成就 大利大果,

令諸菩薩 能破如是 大愚癡羅網,

能越如是 大麤重稠林 現前證得 阿耨多羅三藐三菩提."

....
61 이하는 셋째 어리석음 등을 말하는 뜻인데, 그 중에 둘이 있으니, 처음 ⑬은 어리석음 등을 말하는 뜻을 밝히는 것이고, 뒤의 ⑭ 이하는 보리에서 모든 계박을 떠남을 찬탄하는 것이다.

이는 곧 처음이니, 말하자면 11지를 안립하고자 하기 때문에 모든 어리석음과 11추중을 말한다는 것이다.

62 이하는 둘째 무상각은 모든 계박을 떠남을 찬탄하는 것인데, 그 중에 둘이 있으니, 처음 ⑭는 붓다께서 스스로 말씀하시는 것이고, 뒤의 ⑮ 이하는 보살이 찬탄하는 것이다.

63 둘째 보살이 찬탄하는 것 중에도 둘이 있으니, 처음 ⑮는 총체적인 것이고, 뒤의 ⑯은 개별적인 것이다.

이는 곧 처음의 총체적인 찬탄인데, 그 두 가지 뜻이 있다. 첫째는 큰 이익을 성취하는 것이니, 곧 이타의 공덕이고, 둘째는 큰 결과를 성취하는 것이니, 곧 자리의 공덕이다. 혹은 보리를 얻기 때문에 큰 이익이라고 이름하고, 열반을 증득하기 때문에 큰 결과라고 이름한 것일 수도 있다. 혹은 소지장을 끊는 것을 큰 이익이라고 이름하고, 번뇌장을 끊는 것을 큰 결과라고 이름한 것일 수도 있다.

4.1.4.65

⑴ 관자재보살이 다시 붓다께 말하였다.
 "세존이시여, 이와 같은 모든 지는 몇 가지 수승함으로 안립된 것입니까?"66

觀自在菩薩 復白佛言.
 "世尊, 如是諸地 幾種 殊勝 之所安立?"

⑵ 붓다께서 관자재보살에게 말씀하셨다.
 "① 선남자여, 대략 여덟 가지가 있다.67 ② 첫째는 증상한 의요의 청정이고, 둘째는 마음의 청정이며, 셋째는 연민의 청정이고, 넷째는 도피안의 청정이며, 다섯째는 붓다를 보고 공양하며 받들어 모심의 청정이고, 여섯째는 유정을 성숙시킴의 청정이며, 일곱째는 태어남의 청정이고, 여덟째는 위덕의 청정이다.68

佛告 觀自在菩薩曰.
 "善男子, 略有八種.
 一者 增上意樂淸淨,
 二者 心淸淨, 三者 悲淸淨, 四者 到彼岸淸淨, 五者 見佛供養 承事淸淨, 六者 成熟有情淸淨, 七者 生淸淨,
 八者 威德淸淨.

....
64 둘째 개별적으로 찬탄함에는 그 세 가지 뜻이 있다. 첫째는 모든 어리석음을 깨뜨리는 것이고, 둘째는 모든 추중을 넘는 것이며, 셋째 보리를 현증하는 것이니, 능히 보살로 하여금 이 세 가지 이익을 갖추게 한다.
65 이하는 넷째 여덟 가지 수승함이 모든 지를 안립하는 것인데, 그 중에 둘이 있으니, 먼저 ⑴은 청하는 것이고, 뒤의 ⑵는 설하시는 것이다.
66 이는 곧 첫째 보살이 청문하는 것이다. 이와 같은 11지에는 각각 몇 가지 안립되는 것이 있는가라는 것이다.
67 이하는 여래께서 바로 설하시는 것인데, 그 중에 셋이 있다. 처음 ①은 수를 표방하여 간략히 답하는 것이고, 다음 ②는 수에 의해 이름을 열거하는 것이며, 뒤의 ③ 이하는 지에 의거해 승勝·열劣과 다·소를 분별하는 것이다. 이는 곧 첫째 수를 표방하여 간략히 답하는 것이니, 11지에 여덟 가지 뛰어남이 있다는 것이다.
68 이는 둘째 수에 의해 이름을 열거하는 것이다. ① '증상한 의요'라고 말한

③ 선남자여, 초지 중에 있는 증상한 의요의 청정 내지 위덕의 청정과, 후후의 모든 지 내지 불지에 있는 증상한 의요의 청정 내지 위덕의 청정, 그 모든 청정은 점점 더욱 증승하다고 응당 알아야 하는데, 오직 불지에서 태어남의 청정은 제외한다.69

善男子, 於初地中 所有 增上意樂淸淨 乃至 威德淸淨, 後後諸地 乃至 佛地所有 增上意樂淸淨 乃至 威德淸淨, 當知 彼諸淸淨 展轉增勝, 唯於佛地 除生淸淨.

....

것은 앞의 청정한 의요 중에서 말한 것과 같다. ② '마음의 청정'이란 8선정이 마음의 청정이 된다고 공통으로 말하니, 그래서 여러 가르침에서 공통으로 모든 선정을 말하여 심학이라고 이름한다. ③ '연민의 청정'이란 4무량 중의 연민[悲]의 무량이다. ④ '도피안의 청정'이란 6바라밀·10바라밀 등 아래에서 설하는 것과 같다. ⑤ '붓다를 보고 공양하며 받들어 모심의 청정'이란 곧 《십지경론》 중에서 말하는 세 가지 남음 없음[無餘]에 해당하니, 첫째 붓다를 봄의 남음 없음, 둘째 공양함의 남음 없음, 셋째 공경함의 남음 없음이다. ⑥ '유정을 성숙시킴의 청정'이란 곧 사섭(=보시·애어·이행·동사)의 일[四攝事]이다. ⑦ '태어남의 청정'이란 말하자면 모든 보살이 유정을 이익하기 위해 갖가지 태어남을 받는 것을 '태어남의 청정'이라고 이름한다. ⑧ '위덕'이란 곧 위력이니, 이는 《유가론》 제37권 위력품에서 설하는 것과 같다. 거기에서 이르기를, "어떤 것이 제불 보살의 위력인가 하면 대략 세 가지가 있다. 첫째는 성스러움의 위력이고, 둘째는 법의 위력이며, 셋째는 구생俱生의 위력(=불보살이 먼저 광대한 복덕의 자량을 모아서 선천적으로 매우 희귀한 법을 증득하는 것)이다."라고 하였다.

69 이하는 셋째 지에 의거해 승勝·열劣과 다·소를 분별하는 것인데, 그 중에 둘이 있다. 처음 ③은 8수승에 의해 그 승·열을 분별하는 것이고, 뒤의 ④ 이하는 나머지 공덕에 통틀어 의거해서 그 승·열을 분별하는 것이다.

이는 곧 처음이다. 말하자면 초지에서 나아가 제10에 이르기까지 낱낱의 지는 다 여덟 가지를 갖추되, 점점 더욱 증승하고, 만약 불지에 이르면 오직 일곱 가지만 있으니, 태어남의 청정은 제외한다는 것이다. 해석해 이르자면, 불지에서 태어남의 청정을 제외하는 것은 재앙을 제거하는 태어남[除災生] 등의 다섯 가지 태어남(=재앙을 제거하는 태어남, 부류를 따르는 태어남[隨類生], 큰 세력의 태어남[大勢生], 증상한 태어남[增上生], 최후의 태어남[最後生])에 의거해 말하는 것이니, 《유가론》(=제38권) 등에서 말하는

④ 또 초지 중에 있는 공덕은 위의 모든 지에도 평등하게 다 있지만, 자기 지의 공덕이 수승하다고 알아야 한다.70

⑤ 일체 보살의 십지의 공덕은 다 위가 있는 것이지만, 불지의 공덕은 위가 없다고 알아야 한다."71

又初地中 所有功德 於上諸地 平等皆有, 當知自地 功德殊勝.

一切菩薩 十地功德 皆是有上, 佛地功德 當知無上."

4.1.5 72

(1) 관자재보살이 다시 붓다께 말하였다. "세존이시여, 무슨 인연 때문에 보살

觀自在菩薩 復白佛言. "世尊, 何因緣故 說菩

다섯 가지 수생은 오직 10지만을 말하는 것이고, 지전 및 불지에는 통하지 않기 때문이다. 또 해석하자면 말하자면 10지 중의 섭보과攝報果인 10왕의 과보(=졸역 『대방광불화엄경』 제Ⅳ권 p.147 등)의 체는 분단·변역에 통하지만, 다 지전의 유루의 모든 바라밀을 써서 총·별의 원인으로 삼고, 지상의 유루의 바라밀을 써서 별보의 원인으로 삼으며, 무루의 바라밀을 증상연으로 삼아 청정한 원인에서 태어나며, 체가 승묘한 과보이기 때문에 태어남의 청정이라고 이름한 것이니, 그래서 아래의 경문에서 '극히 청정한 선근이 모여서 일으킨 것이기 때문'(=4.1.5(2)의 ②)이라고 말하는데, 붓다께는 모두 없기 때문에 태어남의 청정을 제외한다고 이름한 것이다.

70 이하 둘째 나머지 공덕에 통틀어 의거해서 그 승·열을 분별하는 것 중에는 둘이 있으니, 처음 ④는 승·열을 밝히는 것이고, 뒤의 ⑤는 위 있음과 위 없음의 차별을 밝히는 것이다.
  이는 곧 처음이다. 말하자면 초지 중에 있는 공덕은 지마다 다 있는 것은, 또한 열 가지 바라밀다가 지마다 다 있지만, 초지 중에는 보시바라밀이 수승하고, 나머지 9지는 뛰어난 것이 아니며, 제2지 중에는 지계바라밀이 수승하고, 나머지 9지는 뛰어난 것이 아닌 것과 같으니, 나머지 모든 지 중에서도 이에 준해서 알아야 한다는 것이다.

71 십지의 공덕은 다시 뛰어나고 위인 것이 있으므로 '위 있다'고 이름하지만, 불지의 공덕은 (그보다) 뛰어난 것이 없기 때문에 '위 없다'고 이름한다.

72 이하는 다섯째 수승한 생에 의거해 모든 지를 분별하는 것인데, 그 중에 둘이 있으니, 먼저 (1)에서 묻고, 뒤의 (2)에서 답하신다.

의 생은 제유의 생에서 가장 수승하다고 설하셨습니까?"73

薩生 於諸有生 最爲殊勝?"

(2) 붓다께서 관자재보살에게 말씀하셨다.

"① 선남자여, 네 가지 인연 때문이니,74 ② 첫째 극히 청정한 선근이 모여서 일으킨 것이기 때문이고, 둘째 의도적인 사유 간택의 힘으로 취한 것이기 때문이며, 셋째 모든 중생을 연민하여 제도하기 때문이고, 넷째 스스로도 능히 잡염을 없애고 남의 잡염도 제거하기 때문이다."75

佛告 觀自在菩薩曰.

"善男子, 四因緣故, 一者 極淨善根 所集起故, 二者 故意思擇 力所取故,

三者 悲愍濟度 諸衆生故, 四者 自能無染 除他染故."

4.1.6[76]

---

73 말하자면 앞에서 말한 생의 수승함은 어떤 뜻에 의거해서 수승하다고 이름한 것인가.
74 이하 여래께서 바로 설하시는 것 중에는 둘이 있으니, 처음 ①은 수를 표방하고 간략히 답하는 것, 뒤의 ②는 개별적으로 4인연을 해석하는 것이다.
75 이는 둘째 4인연을 개별적으로 해석하는 것이다. 첫째는 대보리를 구하는 극히 청정한 선근이 모여서 일으킨 것이기 때문이라는 것이니, 이는 곧 《유가론》에서 말한 세력의 수생이다. 둘째 의도적인 사유 간택이란 곧 원력의 수생이다. 이상 두 가지는 곧 가까운 연이다. 셋째 연민하기 때문이라고 한 이것은 생사에 들어가는 것이고, 넷째 스스로도 능히 잡염을 없애고 남의 잡염도 제거하기 때문이란, 말하자면 지상의 보살이 능히 번뇌장·소지장을 제거하기 때문에 능히 남의 잡염도 제거하는 것이니, 만약 스스로 잡염이 있다면 남의 것을 제거할 수 없다.
76 이하는 여섯째 3대원에 의거해서 10지를 분별하는 것인데, 그 중에 둘이

(1) 관자재보살이 다시 붓다께 말하였다.

"세존이시여, 무슨 인연 때문에 모든 보살이 광대한 원, 묘한 원, 뛰어난 원을 행한다고 말씀하셨습니까?"77

觀自在菩薩　復白佛言.

"世尊, 何因緣故　說諸菩薩　行廣大願　妙願勝願?"

(2) 붓다께서 관자재보살에게 말씀하셨다.

"① 선남자여, 네 가지 인연 때문이니,78 ② 말하자면 모든 보살은 능히 열반의 즐거움에 머묾을 잘 요지하고 능히 속히 증득함을 감당하지만,79 다시

佛告　觀自在菩薩曰.

"善男子, 四因緣故, 謂諸菩薩　能善了知　涅槃樂住　堪能速證, 而復棄捨

있으니, 먼저 (1)에서 묻고, 뒤의 (2)에서 답하신다.

77 이는 곧 3원 일으키는 인연을 총체적으로 묻는 것이다. 그런데 이 3원에 대해서는 여러 설이 같지 않다. 제1설은, 「모든 중생을 반연하는 것을 대원이라고 이름하니, 소연이 넓기 때문이고, 위로 보리를 구하는 것을 묘원이라고 이름하니, 묘각을 원하기 때문이며, 곧 이 둘을 말하여 뛰어난 원이라고 이름하니, 이승의 원 및 지전을 초과하기 때문이다.」라고 한다. 제2설은, 「3원은 네 가지 인연에 의거해 말한 것이니, 처음 2인연은 광대한 원을 나타내고, 제3의 1인연은 그 묘원을 나타내며, 제4의 1인연은 그 뛰어난 원을 나타낸다.」라고 한다. 제3설은, 「3원은 체를 같지 하지만, 뜻을 따라서 셋을 말하니, 소연이 광대하기 때문에 광대한 연이라고 말하고, 이승보다 뛰어나기 때문에 묘원·승원이라고 말한다.」라고 한다.

78 이하는 둘째 여래께서 바로 설하시는 것인데, 그 중에 셋이 있다. 처음 ①은 수를 표방하고 간략히 답하는 것, 다음 ②는 4연을 개별적으로 해석하는 것, 뒤의 ③은 4연을 총체적으로 맺는 것이다.

　이는 곧 간략히 답하시는 것이니, 4인연 때문에 능히 3원을 일으키지만, 3원의 개별적인 모습은 따로 해석하지 않는다.

79 이하는 둘째 4연을 개별적으로 해석하는 것인데, 이는 곧 첫째 열반 증득함을 감당하는 것이다. 이는 곧 그 무분별지로 말미암아 생사에 머물지 않는 것이다.

| 즐거움에 머묾을 속히 증득함을 버리고,[80] 연 없으며 기다림 없이 대원의 마음을 일으켜서,[81] 모든 유정을 이익하고자 하기 위해 많은 갖가지 긴 시간의 큰 괴로움에 처한다.[82] ③ 이 때문에 나는 그 모든 보살이 광대한 원, 묘한 원, 뛰어난 원을 행한다고 말한 것이다." | 速證樂住, 無緣無待 發大願心, 爲欲利益 諸有情故 處多種種 長時大苦. 是故我說 彼諸菩薩 行廣大願 妙願勝願." |

4.2[83]

4.2.1[84]

| (1) 관자재보살이 다시 붓다께 말하였다. "세존이시여, 이 모든 보살에게 무릇 몇 가지 배워야 할 일이 있습니까?" | 觀自在菩薩 復白佛言. "世尊, 是諸菩薩 凡有幾種 所應學事?" |
| (2) 붓다께서 관자재보살에게 말씀하셨다. "① 선남자여, 보살이 배울 일에는 대략 여섯 가지가 있으니,[85] ② 이른바 보 | 佛告 觀自在菩薩曰. "善男子, 菩薩學事 略有六種, 所謂 布施 持 |

---

80 이는 곧 둘째 속히 즐거움 증득함을 버리는 것이니, 곧 늘 대비를 일으키기 때문에 열반에 들지 않는 것이다.
81 이는 셋째 보은報恩을 반연하지 않으며 보은을 기다리지 않고 대비 일으키는 것을 말하는 것이다.
82 제4의 연을 나타내는 것이니, 곧 다섯 가지 태어남 중 재앙을 제거하는 태어남이다. 혹은 부류를 따르는 태어남일 수도 있다.
83 이하는 둘째 모든 바라밀을 자세히 해석하는 것이다. 그 중에 18물음이 있으므로 곧 다음 도표와 같이 18단락이 된다.

시, 지계, 인욕, 정진, 선정[靜慮], 지혜 　戒 忍辱 精進 靜慮 慧
[慧]로 피안에 이르는 것이다."86　　　　到彼岸."

4.2.2.87

(1) 관자재보살이 다시 붓다께 말하였다. 　觀自在菩薩 復白佛言.

제1 배울 종류의 수의 다소문[所學種數多少門]	4.2.1
제2 삼학으로 서로 거둠을 분별하는 문[分別三學相攝門]	4.2.2
제3 복덕·지혜의 자량을 분별하는 문[分別福智資糧門]	4.2.3
제4 5상으로 6바라밀다를 수학하는 문[五相修學六度門]	4.2.4
제5 모든 바라밀다의 수에 증감이 없는 문[諸度數無增減門]	4.2.5
제6 모든 바라밀다의 차례를 분별하는 문[分別諸度次第門]	4.2.6
제7 6바라밀다의 품류의 차별문[六度品類差別門]	4.2.7
제8 바라밀다의 이름 얻음의 문[波羅蜜多得名門]	4.2.8
제9 모든 바라밀다의 청정한 종류의 수의 문[諸度淸淨種數門]	4.2.9
제10 5상의 5업을 분별하는 문[分別五相五業門]	4.2.10
제11 가장 광대함 등 5상의 문[最廣大等五相門]	4.2.11
제12 6바라밀다 인과의 다함 없는 문[六度因果無盡門]	4.2.12
제13 바라밀다를 사랑하되 결과를 애착치 않는 문[愛度不愛度果門]	4.2.13
제14 모든 바라밀다 위덕의 종류의 수의 문[諸度威德種數門]	4.2.14
제15 모든 바라밀다의 인과와 의리의 문[諸度因果義利門]	4.2.15
제16 중생이 스스로 짓는 업의 과실의 문[衆生自業過失門]	4.2.16
제17 반야로 법의 성품 없음을 취하는 문[般若取法無性門]	4.2.17
제18 세 가지 바라밀다의 문[三種波羅蜜多門]	4.2.18

84 이는 곧 제1 배울 종류의 수의 다소문[所學種數多少門]인데, 먼저 (1)에서 묻고, 뒤의 (2)에서 답하신다.
85 둘째 여래께서 바로 설하시는 것 중에는 둘이 있으니, 처음 ①은 수를 표방하고 간략히 답하시는 것이고, 뒤의 ②는 수에 의해 이름을 열거하는 것이다. 이는 곧 처음이니, 말하자면 배울 일에는 모두 여섯 가지가 있다.
86 여기에서는 6바라밀다의 총·별의 이름과 뜻을 해석하니, 여섯 가지로 피안에 이르는 것은 그 총체적인 이름이고, 보시·지계 등은 곧 개별적인 이름이다.
87 이하는 제2 삼학으로 서로 거둠을 분별하는 문[分別三學相攝門]인데, 그 중에 둘이 있으니, 먼저 (1)에서 묻고, 뒤의 (2)에서 답하신다.

"세존이시여, 이와 같은 여섯 가지 배워야 할 일에서, 몇 가지가 증상계학에 거두어지고, 몇 가지가 증상심학에 거두어지며, 몇 가지가 증상혜학에 거두어집니까?"

"世尊, 如是六種 所應學事, 幾是 增上戒學所攝, 幾是 增上心學所攝, 幾是 增上慧學所攝?"

⑵ 붓다께서 관자재보살에게 말씀하셨다.

"선남자여, 처음 셋은 단지 증상계학에만 거두어지는 것이고, 선정 한 가지는 단지 증상심학에만 거두어지는 것이며, 지혜는 증상혜학에 거두어지는 것이라고 알아야 하고, 나는 정진은 일체에 두루한 것이라고 말한다."88

佛告 觀自在菩薩曰.

"善男子, 當知初三 但是增上 戒學所攝, 靜慮一種 但是增上 心學所攝, 慧是增上 慧學所攝, 我說精進 遍於一切."

4.2.3 89

⑴ 관자재보살이 다시 붓다께 말하였다.

"세존이시여, 이와 같은 여섯 가지 배워야 할 일에서, 몇 가지가 복덕의 자량

觀自在菩薩 復白佛言,

"世尊, 如是六種 所應學事, 幾是福德 資糧所

---

88 말하자면 작용을 따라서 말하면 계학은 앞의 셋을 거두니, 계율의 자량이고,(=보시) 계율의 자성이며,(=지계) 계율의 권속(=인욕)이기 때문이고, 선정은 곧 심학이며, 반야는 혜학이다. 여러 가르침이 모두 같고, 이름과 같아서 알 수 있다. 정진은 셋에 두루한 것이니, 3학을 책려하기 때문이다.
89 이하는 제3 복덕·지혜의 자량을 분별하는 문[分別福智資糧門]인데, 그 중에 둘이 있으니, 먼저 ⑴에서 묻고, 뒤의 ⑵에서 답하신다.

에 포함되는 것이고, 몇 가지가 지혜의 자량에 포함되는 것입니까?"

攝, 幾是智慧 資糧所攝?"

(2) 붓다께서 관자재보살에게 말씀하셨다.

"선남자여, 증상계학에 포함되는 것이라면 이는 복덕의 자량에 포함되는 것이라고 이름하고, 증상혜학에 포함되는 것이라면 이는 지혜의 자량에 포함되는 것이라고 이름하며, 나는 정진과 선정 두 가지는 일체에 두루한 것이라고 말한다."[90]

佛告 觀自在菩薩曰.

"善男子, 若增上戒學 所攝者 是名福德 資糧所攝, 若增上慧學 所攝者 是名智慧 資糧所攝, 我說精進 靜慮二種 遍於一切."

4.2.4[91]
(1) 관자재보살이 다시 붓다께 말하였다.
"세존이시여, 이 여섯 가지 배울 일 중에서 보살은 어떻게 닦고 배워야 합니까?"

觀自在菩薩 復白佛言.
"世尊, 於此六種 所學 事中, 菩薩云何 應當修學?"

(2) 붓다께서 관자재보살에게 말씀하셨

佛告 觀自在菩薩曰.

---

90 말하자면 6바라밀다 중 처음 셋은 복덕이고, 뒤의 하나는 지혜이며, 나머지 둘은 곧 두 가지 자량에 통한다. 이 경전의 뜻을 해석하는 것은 《유가론》 제36권과 같다.
91 이하는 제4 다섯 가지 모습으로 6바라밀다를 수학하는 문[五相修學六度門]인데, 그 중에 둘이 있으니, 먼저 (1)에서 묻고, 뒤의 (2)에서 답하신다.

다.

"① 선남자여, 다섯 가지 모습에 의해 닦고 배워야 한다.92 ② 첫째 최초에 보살장의 바라밀다와 상응하는 미묘한 정법의 가르침 중에서 맹리하게 신해하고,93 둘째 다음에는 열 가지 법행을 문·사·수로 이룬 묘지로써 정진하여 수행하며,94 셋째 보리의 마음을 따라서 보호하고,95 넷째 진실한 선지식을 친근하며,96 다섯째 틈 없이 부지런히 선품

"善男子, 由五種相 應當修學. 一者 最初 於菩薩藏 波羅蜜多相 應 微妙正法教中 猛利 信解, 二者 次於十種法 行 以聞思修 所成妙智 精進修行, 三者 隨護菩 提之心, 四者 親近眞善 知識, 五者 無閒勤修

---

92 이하 둘째 여래께서 바로 답하시는 것 중에는 둘이 있으니, 처음 ①은 글을 표방하고 수를 드는 것이고, 뒤의 ②는 차례로 개별적으로 해석하는 것이다.
93 이하는 둘째 다섯 가지 모습을 차례로 개별적으로 해석하는 것인데, 이는 첫째 맹리하게 신해하는 모습을 해석하는 것이다. 《섭론》 제7권에서 이르기를, "모든 바라밀과 상응하는 성스러운 가르침이 비록 극히 매우 깊다고 해도 능히 믿고 이해하는 것을 말한다."라고 한 것과 같다. 해석해 말하자면 '모든 바라밀과 상응하는 가르침이 매우 깊다'고 함은 《잡집론》 제11권에서, "12분의 성스러운 가르침 중 방광분을 보살의 바라밀다장이라고 이름하니, 경전 중에서 대승이란 곧 보살의 바라밀다장이라고 말한 것과 같다."라고 한 것과 같다.
94 둘째는 10법행을 행하는 것인데, 열 가지 법행은 앞에서 인용한 《유가론》 결택분의 제74권 등에서 설한 것과 같다. 이제 경전의 글을 해석하는 것은 양설이 같지 않다. 제1설은, 「열 가지 법행이 곧 3혜이니, 그래서 3혜로써 열 가지 법행을 수행하는 것이다.」라고 한다. 제2설은, 「3혜는 바로 그 관찰하는 것을 나타내는 것이고, 열 가지 법행은 곧 돕는 반려이다.」라고 한다.
95 셋째는 보리심을 보호하는 것이니, 말하자면 보리심을 일으켜서 퇴전치 않게 하는 것을 보리심을 보호한다고 이름한다.
96 이는 곧 넷째 선지식을 가까이하는 것을 해석하는 것이니, 《유가론》 제

을 닦는 것이다."97　　　　　　　　　　善品."

4.2.5[98]

(1) 관자재보살이 다시 붓다께 말하였다.
"세존이시여, 무슨 인연 때문에 이와 같이 배워야 할 일을 시설함에 단지 여섯의 수만 있습니까?"

觀自在菩薩　復白佛言,
"世尊, 何因緣故　施設如是　所應學事 但有六數?"

(2) 붓다께서 관자재보살에게 말씀하셨다.
"① 선남자여, 두 가지 인연 때문이니,99 ② 첫째 모든 유정을 요익하기 때

佛告　觀自在菩薩曰.
"善男子, 二因緣故,
一者 饒益諸有情故,

44권에서와 같다.

97 이는 곧 다섯째 틈 없이 부지런히 닦는 것을 분별하는 것이다. 이 경전의 뜻이 다섯 가지 모습을 말한 것을 분별하자면, 6바라밀을 닦고자 하면 다섯 가지 모습을 갖출 것을 요한다는 것이다. 첫째는 바라밀의 가르침에 뛰어난 신해를 일으키는 것이니, 만약 바른 가르침에 의지하지 않는다면 삿된 행을 이루기 때문이다. 둘째 이미 성스러운 가르침을 믿으므로 열 가지 공양을 일으키고, 세 가지 지혜를 일으키는 것이니, 이것이 행의 체이기 때문이다. 셋째는 선근을 따라서 보호하는 것이니, 물러나지 않게 하기 때문이다. 넷째는 선지식을 가까이하는 것이니, 뛰어난 연을 빌리기 때문이다. 다섯째는 틈 없이 닦는 것이니, 속히 원만하게 하기 때문이다.

98 이하는 제5 모든 바라밀다의 수에 증감이 없는 문[諸度數無增減門]인데, 그 중에 둘이 있으니, 열 가지 바라밀다가 있어서 나누면 둘이 된다. 처음은 6바라밀의 수에 증감이 없음을 밝히는 것이고, 뒤의 (3) 이하는 4바라밀다의 수에 증감이 없음을 밝히는 것이다. 전자 중에도 둘이 있으니, 먼저 (1)에서 청하고, 뒤의 (2)에서 설하신다.

99 이하 세존께서 바로 설하시는 것 중에는 넷이 있으니, 첫째 ①은 수를 표방하는 것이고, 둘째 ②는 개별적으로 서술하는 것이며, 셋째 ③은 소속시

문이고, 둘째 모든 번뇌를 대치하기 때문이다.

　③ 응당 앞의 셋은 유정을 요익하고, 뒤의 셋은 일체 번뇌를 대치한다고 알아야 한다.100

　④ 앞의 셋이 모든 유정을 요익한다는 것은, 말하자면 모든 보살은 보시하기 때문에 살림살이를 섭수하여 유정을 요익하고, 지계하기 때문에 손해·핍박·뇌란을 행하지 않아 유정을 요익하며, 인욕하기 때문에 그 손해·핍박·뇌란을 감당해 능히 참고 받아들여서 유정을 요익하는 것이다.101

　⑤ 뒤의 셋이 모든 번뇌를 대치한다는 것은, 말하자면 모든 보살은 정진하기 때문에 비록 아직 일체 번뇌를 영원히 조복하지 못하고 또한 아직 일체 수면을 영원히 해치지 못했다 해도, 능히

二者 對治諸煩惱故.

當知前三 饒益有情,
後三對治 一切煩惱.

前三饒益 諸有情者,
謂諸菩薩 由布施故
攝受資具 饒益有情,
由持戒故 不行損害 逼迫惱亂 饒益有情,
由忍辱故 於彼損害 逼迫惱亂 堪能忍受 饒益有情.

後三對治 諸煩惱者,
謂諸菩薩 由精進故
雖未永伏 一切煩惱
亦未永害 一切隨眠,
而能勇猛

　켜 해당하게 하는 것이고, 넷째 ④ 이하는 개별적으로 해석하는 것이다.
　　이는 곧 첫째 수를 표방하고 간략히 답하는 것이니, 두 가지 인연 때문에 수에 증감이 없다는 것이다.
100 이는 셋째 앞의 셋과 뒤의 셋을 들어서 소속시켜 해당하게 하는 것이니, 말하자면 6바라밀 중 보시·지계·인욕의 셋은 유정을 요익하는 것이고, 정진 등의 셋은 번뇌를 대치하는 것이다.
101 이하는 넷째 앞의 셋이 요익하고, 뒤의 셋이 대치함을 차례로 개별적으로 해석하는 것인데, 이는 앞의 셋이 유정을 요익함을 해석하는 것이다.

용맹하게 모든 선품을 닦으므로 그 모든 번뇌가 능히 선품의 가행을 경동傾動시키지 못하며, 선정 때문에 영원히 번뇌를 조복하고, 반야 때문에 영원히 수면을 해치는 것이다."102

修諸善品 彼諸煩惱
不能傾動 善品加行,
由靜慮故 永伏煩惱,
由般若故 永害隨眠."

(3) 관자재보살이 다시 붓다께 말하였다.
"세존이시여, 무슨 인연 때문에 그 나머지 바라밀다를 시설함에 단지 넷의 수만 있습니까?"103

觀自在菩薩 復白佛言.
"世尊, 何因緣故 施設所餘 波羅蜜多 但有四數?"

(4) 붓다께서 관자재보살에게 말씀하셨다.
"① 선남자여, 앞의 여섯 가지 바라밀다에게 돕는 반려가 되기 때문이다.104

佛告 觀自在菩薩曰.
"善男子, 由前六種 波羅蜜多 爲助伴故.

....
102 이는 뒤의 셋이 번뇌를 대치함을 밝히는 것이다. 말하자면 그 정진은 선정이 일체 현행의 번뇌를 영원히 조복하는 것과 같지 못하고, 반야가 일체 종자의 수면을 영원히 해치는 것과 같지 못하지만, 정진해서 능히 모든 선을 닦으므로 이 때문에 모든 번뇌가 선품의 가행을 경동시키지 못하니, 곧 정진이 능히 선정·지혜에게 방편이 되기 때문에 가행이라고 이름하였다. 정려 때문에 영원히 현행의 번뇌를 조복하고, 반야 때문에 영원히 종자를 해친다. 그래서 뒤의 셋이 번뇌를 대치한다고 말한다.
103 이하는 둘째 뒤의 4바라밀다의 수에 증감이 없는 것을 분별하는 것이다. 말한 바 넷이란 곧 십바라밀 중 뒤의 네 가지 바라밀다이니, 이른바 방편·서원·힘 및 지혜이다. 그 중에 먼저 (3)은 청하는 것이고, 뒤의 (4) 설하시는 것이다.
104 이하 여래께서 바로 설하시는 것 중에는 둘이 있으니, 처음 ①은 넷에 증감이 없는 뜻을 총체적으로 답해 말하는 것이고, 뒤의 ② 이하는 4바라밀

② 말하자면 모든 보살은 앞의 세 가지 바라밀다로 거둔 유정을 모든 거두는 일[諸攝事]의 방편선교로써 섭수하여 선품에 안치하니, 이 때문에 나는 방편선교바라밀다가 앞의 세 가지에게 돕는 반려가 된다고 말한다.105

③ 만약 모든 보살이 현재의 법 중에서 번뇌가 많기 때문에 틈 없이 닦음을 감당할 능력이 없고, 열약한 의요 때문이며 하계의 승해 때문에 안의 마음에 머묾을 감당할 능력이 없으며, 보살장을

謂諸菩薩 於前三種 波羅蜜多 所攝有情 以諸攝事 方便善巧 而攝受之 安置善品, 是故 我說 方便善巧 波羅蜜多 與前三種 而爲助伴.

若諸菩薩 於現法中 煩惱多故 於修無閒 無有堪能, 羸劣意樂故 下界勝解故 於內心住 無有堪能, 於菩薩藏

에 증감이 없는 뜻을 개별적으로 해석하는 것이다.
 이는 곧 오직 넷인 이유를 총답하는 것이니, 능히 여섯 가지에게 돕는 반려가 되기 때문에 오직 네 가지만 있고 증감이 없다. 그래서 《성유식론》에서 이르기를, "뒤가 오직 넷만인 것은 능히 앞의 여섯을 도와서 만족케 하므로, 증감하지 않기 때문이니, 방편선교는 보시 등의 셋을 돕고, 서원은 정진을 도우며, 힘은 선정을 돕고, 지혜는 반야를 도와서 만족케 하기 때문이다."라고 하였다.
105 이하는 둘째 차례로 4바라밀다를 개별적으로 해석하므로 곧 넷으로 나누어진다. 이는 곧 첫째 방편바라밀다가 앞의 3바라밀다 돕는 것을 해석하는 것인데, 먼저 해석하고 뒤에 맺는다. 뒤의 3바라밀다도 이에 준해 알아야 한다.
 이는 곧 방편이 셋을 돕는 것을 바로 해석하는 것이다. 말하자면 모든 보살은 앞의 3바라밀다로 거둔 유정에 대해 모든 거두는 일의 방편선교로써 이들을 섭수하여 선품에 안치한다는 것이다. 그런데 모든 거두는 일은 갖가지 방편으로 섭수하는 것을 통틀어 말하는 것이니, 《상속해탈경》과 《심밀경》에서 다 '거두는 일'이라고 말하고, 넷(=4섭법)을 말하지 않기 때문이다. 혹은 모든 거두는 일은 곧 4섭의 일일 수도 있으니, 그래서 《양섭론》에서 이르기를, "앞의 3바라밀다로 거둔 중생을 사섭의 일에 의해 선처에 안립한다."라고 하였다.

능히 듣고 반연하여 잘 수습하지 못하기 때문에 있는 선정으로써 능히 출세간의 지혜를 인발하지 못한다면,106 그는 곧 조금의 협열한 복덕의 자량을 섭수해서 미래세의 번뇌를 경미하게 하기 위해 마음으로 바른 서원을 내니,107 이와 같은 것을 서원바라밀다라고 이름한다. 이 서원으로 말미암아 번뇌가 미박微薄해지므로 능히 정진을 닦으니,108 이 때문에 나는 서원바라밀다가 정진바라밀다에게 돕는 반려가 된다고 말한다.

不能聞緣 善修習故
所有靜慮 不能引發 出世間慧, 彼便攝受
少分狹劣 福德資糧
爲未來世 煩惱輕微
心生正願, 如是
名願波羅蜜多.
由此願故 煩惱微薄
能修精進, 是故我說
願波羅蜜多 與精進波
羅蜜多 而爲助伴.

....
106 이하는 둘째 서원이 정진을 돕는 것인데, 그 중에 둘이니, 먼저 해석하고, 뒤에 맺는다. 전자 중에도 둘이 있으니, 처음 여기까지는 서원을 일으키는 이유를 밝히는 것이고, 뒤의 그 아래는 서원이 정진을 돕는 것을 밝히는 것이다.
　이는 첫째 서원을 일으키는 이유인데, 글에 세 마디가 있어 곧 세 가지 인연이 된다. 첫째는 보살이 현재의 법 중에서 번뇌가 많기 때문에 틈 없이 모든 선품의 법을 닦는 것을 감당할 능력이 없는 것이다. 둘째는 열약한 의요 때문이며 욕계 산위의 승해 때문이라는 이 두 가지 연으로 말미암아 안의 지위의 선정을 감당할 능력이 없는 것이다. 셋째는 대승의 가르침을 능히 청문하지 못하고 능히 연려하지 못하며 능히 잘 수습하지 못하기 때문에 있는 선정으로써 능히 출세간의 지혜를 인발하지 못하는 것이다. 위의 3연 때문에 서원바라밀다를 일으킨다.
107 이하는 둘째 바로 서원이 정진을 돕는 것을 밝히는 것인데, 그 중에 둘이 있으니, 처음 여기까지는 서원을 일으키는 것을 밝히는 것이고, 뒤의 그 아래는 서원이 정진 돕는 것을 해석하는 것이다. 말하자면 그 보살이 조그만 보시 등의 복덕을 섭수해서 곧 이 서원을 지으면, 이 복덕의 힘으로 말미암아 미래세에 번뇌가 미박(=미약하고 엷어짐)해진다는 것이다.
108 이는 바로 서원이 정진을 돕는 것을 밝히는 것이니, 글과 같아서 알 수 있다. 뒤의 그 아래는 둘째 총결하는 것이다.

④ 만약 모든 보살이 선지식을 친근하여 정법을 청문하고 이치대로 작의함이 인연이 되기 때문에 열등한 의요를 전환해서 뛰어난 의요를 이루고 또한 능히 상계의 승해를 얻는다면109 이와 같은 것을 힘바라밀다라고 이름한다. 이 힘 때문에 안의 마음에 머묾을 감당하는 능력이 있으니,110 이 때문에 나는 힘바라밀다가 선정바라밀다에게 돕는 반려가 된다고 말한다.

⑤ 만약 모든 보살이 보살장을 이미 능히 듣고 반연하여 잘 수습하기 때문에 능히 선정을 일으킨다면,111 이와 같

若諸菩薩 親近善士
聽聞正法 如理作意
爲因緣故 轉劣意樂
成勝意樂 亦能獲得
上界勝解 如是
名力波羅蜜多. 由此力
故 於內心住 有所堪能,
是故我說
力波羅蜜多 與靜慮波
羅蜜多 而爲助伴.

若諸菩薩 於菩薩藏 已
能聞緣 善修習故
能發靜慮, 如是

---

109 이하는 셋째 힘이 선정을 돕는 것인데, 먼저 해석하고 뒤에 맺는다. 전자 중에도 둘이 있으니, 처음 여기까지는 힘바라밀다를 해석하는 것이고, 뒤의 그 아래는 힘이 선정 돕는 것을 해석하는 것이다.
　말하자면 모든 보살은 3인연에 의해서 뛰어난 의요를 얻고, 그리고 승해를 얻는다. 3인연이란 첫째는 선지식을 친근하는 것이고, 둘째 정법을 청문하는 것이며, 셋째 이치대로 작의하는 것이다. 이 3연에 의해 열등한 의요를 전환해서 뛰어난 의요를 얻고, 또한 능히 상계의 승해를 얻으니, 곧 두 가지 법을 쓰는 것을 힘이라고 이름한다.
110 이는 둘째 힘이 선정을 돕는 것이다. 말하자면 위에서 말한 것과 같은 것을 힘바라밀다라고 이름하는데, 이 힘 때문에 안의 마음에 머무는 선정바라밀다 중에 뛰어나게 감당하는 능력이 있다.
111 이하는 넷째 지혜가 반야를 돕는 것인데, 먼저 해석하고 뒤에 맺는다. 전자 중에도 둘이 있으니, 처음 여기까지는 지혜바라밀다를 해석하는 것이고, 뒤의 그 아래는 지혜가 반야 돕는 것을 해석하는 것이다.
　말하자면 보살장을 능히 드는 것은 문혜이고, 반연하는 것은 곧 사혜이며, 잘 수습하는 것은 곧 수혜인데, 이에 의해 능히 선정을 일으키는 것이

은 것을 지혜바라밀다라고 이름한다. 이 지혜 때문에 감당하여 능히 출세간의 지혜를 인발하니,112 이 때문에 나는 지혜바라밀다가 반야바라밀다에게 돕는 반려가 된다고 말한다."

名智波羅蜜多. 由此智故 堪能引發 出世閒慧, 是故我說 智波羅蜜多 與慧波羅蜜多 而爲助伴."

4.2.6[113]

(1) 관자재보살이 다시 붓다께 말하였다.

"세존이시여, 무슨 인연 때문에 여섯 가지 바라밀다를 펴 설하는 것이 이와 같은 차례입니까?"114

觀自在菩薩 復白佛言. "世尊, 何因緣故 宣說六種 波羅蜜多 如是次第?"

(2) 붓다께서 관자재보살에게 말씀하셨다.

"① 선남자여, 능히 후후에게 인발하는 의지가 되기 때문이다.115

佛告 觀自在菩薩曰.

"善男子, 能爲後後 引發依故.

다. 혹은 문·사혜가 능히 선정을 일으키고, 선정은 곧 수혜에 포함되는 것일 수도 있다.
112 이는 둘째 바로 지혜가 반야 돕는 것을 밝히는 것인데, 경전과 같아서 알 수 있다.
113 이하는 제6 모든 바라밀다의 차례를 분별하는 문[分別諸度次第門]인데, 먼저 (1)에서 묻고, 뒤의 (2)에서 답하신다.
114 이는 곧 6바라밀다의 전후 차례의 이유를 청문하는 것이니, 뒤의 넷의 차례는 생략하고 말하지 않았다. 혹은 바로 앞 글에서 이미 그 뜻을 분별하였으므로 말하지 않은 것일 수도 있다.
115 이하는 여래께서 바로 설하시는 것인데, 그 중에 셋이 있으니, 처음 ①은 글을 표방하고 간략히 설하는 것이고, 다음 ②는 종지에 의거해 해석하는

② 말하자면 모든 보살이 만약 몸과 재물에 대해 돌아보고 아끼는 바가 없다면 곧 능히 청정한 금계를 수지하고, 금계를 수호하기 위하여 곧 인욕을 닦으며, 인욕을 닦고 나면 능히 정진을 일으키고, 정진을 일으키고 나면 능히 선정을 갖추며, 선정을 갖추고 나면 곧 능히 출세간의 지혜를 획득하니,116 ③ 이 때문에 나는 바라밀다를 이와 같은 차례로 말하는 것이다."

謂諸菩薩 若於身財無所顧悋 便能受持 淸淨禁戒, 爲護禁戒 便修忍辱, 修忍辱已 能發精進, 發精進已 能辦靜慮, 具靜慮已 便能獲得 出世閒慧, 是故我說 波羅蜜多 如是次第."

4.2.7117

(1) 관자재보살이 다시 붓다께 말하였다.　　觀自在菩薩 復白佛言.

....

것이며, 셋째 ③은 총결하는 것이다.
　이는 곧 여래께서 글을 표방하고 간략히 답하는 것이다. 나는 인발함에 의하기 때문에 6바라밀을 이와 같은 차례로 말하니, 말하자면 능히 후후에게 의지하는 것이 되는 뜻이기 때문이다.
116 이는 곧 둘째 6바라밀의 앞뒤의 차례를 바로 해석하는 것이다. 이는 《장엄론》의 이끌어 일으키는 차례에 해당하니, 그래서 《장엄론》 제7권에서 이르기를, "앞뒤란 앞에 의지해서 뒤가 일어남을 얻는 것을 말한다. 왜냐하면 살림살이와 재물을 돌아보지 않기 때문에 계행을 수지하고, 계행을 지니고 나면 능히 인욕을 일으키며, 인욕을 일으키고 나면 능히 정진을 일으키고, 정진을 일으키고 나면 능히 선정을 일으키며, 선정을 일으키고 나면 능히 진실한 법을 이해한다."라고 하였다. 또 《섭론》 제7권에서 이르기를, "말하자면 앞의 바라밀다가 수순하여 뒤의 바라밀다를 내기 때문이다."라고 하였다.
117 이하는 제7 6바라밀다의 품류의 차별문[六度品類差別門]인데, 먼저 (1)에서 묻고, 뒤의 (2)에서 답하신다.

"세존이시여, 이와 같은 여섯 가지 바라밀다에는 각각 몇 가지 품류의 차별이 있습니까?"

"世尊, 如是六種 波羅蜜多 各有幾種 品類差別?"

(2) 붓다께서 관자재보살에게 말씀하셨다.

佛告 觀自在菩薩曰.

"① 선남자여, 각각 세 가지가 있다.118

② 보시의 세 가지란, 첫째는 법시이고, 둘째는 재시이며, 셋째는 무외시이다.119

③ 지계의 세 가지란, 첫째는 불선을 전환해서 버리는 계이고, 둘째는 선을 전환해서 내는 계이며, 셋째는 유정 요익함을 전환해서 내는 계이다.120

④ 인욕의 세 가지란, 첫째는 원한과 해침을 참는 인욕이고, 둘째는 괴로움을 편안히 받아들이는 인욕이며, 셋째는 법

"善男子, 各有三種.

施三種者, 一者 法施, 二者 財施, 三者 無畏施.

戒三種者, 一者 轉捨不善戒, 二者 轉生善戒, 三者 轉生饒益有情戒.

忍三種者, 一者 耐怨害忍, 二者 安受苦忍, 三者 諦察法忍.

---

118 이하는 둘째 세존께서 바로 설하시는 것인데, 그 중에 둘이 있다. 처음 ①은 여섯에 셋씩 합쳐서 열여덟이 있음을 총체적으로 표방하는 것이고, 뒤의 ② 이하는 여섯 가지에 각각 셋씩을 차례로 개별적으로 여는 것이다.
119 이하는 둘째 차례로 개별적으로 해석하는 것인데, 여섯 가지의 셋을 해석하므로 곧 여섯으로 나누어진다. 이는 곧 첫째 보시의 3품이다. * 이하 제1 내지 제5바라밀의 셋씩은 졸역 『주석 성유식론』 pp.903~904에서 설명하는 것과 같으므로 따로 소의 내용을 옮기지 않는다.
120 이름은 조금 다르지만, 뜻은 《섭론》·《성유식론》 등에서의 지계 중의 3품과 같으니, 말하자면 율의계·섭선법계·요익유정계이다.

을 잘 관찰하는 인욕이다.

⑤ 정진의 세 가지란, 첫째는 갑옷을 입는 정진이고, 둘째는 선법을 전환해서 내는 가행의 정진이며, 셋째는 유정을 요익하는 가행의 정진이다.

精進三種者, 一者 被甲精進, 二者 轉生善法加行精進, 三者 饒益有情 加行精進.

⑥ 선정의 세 가지란, 첫째는 무분별의 적정과 지극한 적정으로 죄가 없기 때문에 번뇌의 온갖 괴로움을 대치하여 즐거움에 머무는 선정이고, 둘째는 공덕을 이끌어 일으키는 선정이며, 셋째는 유정 요익함을 이끌어 일으키는 선정이다.121

靜慮三種者, 一者 無分別寂靜 極寂靜 無罪故 對治煩惱衆苦 樂住靜慮, 二者 引發功德靜慮, 三者 引發饒益 有情靜慮.

⑦ 반야의 세 가지란, 첫째는 세속제를 반연하는 반야이고, 둘째는 승의제를 반연하는 반야이며, 셋째는 유정 요익함을 반연하는 반야이다."122

慧三種者, 一者 緣世俗諦慧, 二者 緣勝義諦慧, 三者 緣饒益有情慧."

---

121 다섯째 ⑥은 선정의 셋을 밝히는 것이다. 그런데 초품(첫째 품류) 중에는 그 4구가 있어서 그 모습을 알기 어렵다. 첫째 '무분별의 적정'이란 일체 허망한 분별 및 추중을 떠난 것이다. 둘째 '지극한 적정'이란 《유가론》에서 이르기를, "모든 사랑하는 맛을 멀리하고 일체의 모습을 없앤 것이다."라고 하였다. 셋째 '죄기 없기 때문'이라고 함은 무성의 《섭론》에서 이르기를, "아만·아견·아애를 떠나 청정을 얻기 때문이다."라고 하고, 또 《유가론》에서 이르기를, "교만하게 듦[憍擧]을 멀리 떠난 것이다."라고 하였다. 넷째 '번뇌의 온갖 괴로움을 대치하여 즐거움에 머문다'고 함은 이 선정에 의해 능히 번뇌의 괴로움을 다스리고 신통에 자재하여 현재의 법락을 얻는 것이다. 뒤의 2품은 경문과 같아서 알 수 있다. * 초품을 《성유식론》에서는 편안히 머무는 선정[安住靜慮]이라고 이름한다.

4.2.8[123]

(1) 관자재보살이 다시 붓다께 말하였다. 觀自在菩薩 復白佛言.

"세존이시여, 무슨 인연 때문에 바라밀다를 말하여 바라밀다라고 이름하는 것입니까?"[124]

"世尊, 何因緣故 波羅蜜多 說名波羅蜜多?"

(2) 붓다께서 관자재보살에게 말씀하셨다.

佛告 觀自在菩薩曰.

"① 선남자여, 다섯 가지 인연 때문이니,[125] ② 첫째 염착함이 없기 때문이고,

"善男子, 五因緣故, 一者 無染著故,

---

122 이는 여섯째 반야의 3품을 밝히는 것인데, 《유가론》 혜품에는 두 가지의 셋이 있다. 처음의 3혜란, 첫째 능히 알 바의 진실을 따라서 깨닫는 반야, 둘째 5명 및 3취에 대해 결정하는 반야, 셋째 일체 유정을 옳게 이익하는 반야이니, 해석해 말하자면 처음 하나는 진실을 반연하는 것이고, 다음 하나는 세속의 자리를 반연하는 것이며, 뒤의 하나는 세속의 이타를 반연하는 것이다. ('5명'이란 곧 내명 등의 명론이고, '3취'란 곧 능히 의리義利를 이끄는 법의 무더기[法聚], 능히 의리 아님을 이끄는 법의 무더기, 능히 의리도 아니고 의리 아닌 것도 아님을 이끄는 법의 무더기이다.) 뒤의 3혜란, 첫째 매우 깊은 법무아를 능히 아는 지혜, 둘째 유정을 조복하는 방편을 능히 아는 지혜, 셋째 일체 알 바의 경계를 장애 없이 요지하는 지혜이니, 해석해 말하자면 처음 하나는 법공의 지혜이고, 다음 하나는 인공의 지혜이며, 뒤의 하나는 2공을 쌍으로 증득한 지혜이다. 《성유식론》에서는 생공·법공·구공을 셋으로 하고, 《섭론》에서는 가행·정체·후득을 셋으로 한다.
123 이하는 제8 바라밀다의 이름 얻음의 문[波羅蜜多得名門]인데, 먼저 (1)에서 묻고, 뒤의 (2)에서 답하신다.
124 이는 곧 첫째 무슨 인연 때문에 바라밀다라고 이름하는지를 보살이 청문하는 것이다. 총·별의 이름을 해석하는 것은 이미 위에서 말한 것과 같고, 지금은 인연을 묻는 것이니, 무슨 뜻 때문에 바라밀다라는 이름을 얻는가?
125 이하는 둘째 세존께서 바로 설하시는 것인데, 그 중에 넷이 있으니, 처음 ①은 글을 표방하고 수를 드는 것, 둘째 ②는 수에 의해 이름을 열거하는

둘째 돌아보고 그리워함이 없기 때문이며, 셋째 죄과가 없기 때문이고, 넷째 분별함이 없기 때문이며, 다섯째 바로 회향하기 때문이다.

二者 無顧戀故, 三者 無罪過故, 四者 無分別故, 五者 正迴向故.

③ 염착함이 없다는 것은 바라밀다와 상위하는 모든 일에 염착하지 않는 것을 말한다.126

無染著者 謂不染著 波羅蜜多 諸相違事.

돌아보고 그리워함이 없다는 것은 일체 바라밀다의 모든 결과의 이숙 및 보은 중에 마음이 계박됨이 없는 것을 말한다.127

無顧戀者 謂於一切 波羅蜜多 諸果異熟 及報恩中 心無繫縛.

....

것, 셋째 ③은 차례로 개별적으로 해석하는 것, 넷째 (3) 이하는 힐난을 좇아 거듭 해석하는 것이다. * 이하에서 바라밀다의 이름 얻은 인연을 밝히는 경문 4.2.8의 큰 구조를 도표로써 보이면 다음과 같다.

물음			(1)
바로 설함	글을 표방하고 수를 듦		(2)①
	수에 의해 이름을 열거함		②
	차례로 개별적으로 해석함		③
	힐난을 좇아 거듭 해석함	바라밀다와 상위하는 일을 분별함	(3)
		모든 결과의 이숙을 분별함	(4)
		사이하여 섞이는 법을 분별함	(5)
		방편이 아닌 행을 해석함	(6)

126 이하는 셋째 차례로 개별적으로 해석하는 것인데, 5연을 열거하므로 곧 다섯으로 나누어진다. 이는 곧 첫째 염착함(=물들어 집착함) 없는 모습이다. 말하자면 6바라밀과 어긋나는 6상위의 장애를 '상위하다'고 이름하는데, 그 상위하는 것에 염착함이 없는 것이다. 6장애를 자세히 해석하는 것은 아래 경문(=(3))에서 말하는 것과 같다.
127 둘째 돌아보고 그리워함 없는 모습이다. 말하자면 6바라밀다의 모든 결과 및 보은을 바라지 않고 보시 등을 행하는 것을 돌아보고 그리워함이 없

죄과가 없다는 것은 이와 같은 바라밀다에서 사이하여 섞여 물드는 법이 없고 방편이 아닌 행을 떠나는 것을 말한다.128

無罪過者 謂於如是 波羅蜜多 無間雜染法 離非方便行.

분별함이 없다는 것은 이와 같은 바라밀다에서 언사와 같이 자상에 집착하지 않는 것을 말한다.129

無分別者 謂於如是 波羅蜜多 不如言詞 執著自相.

바로 회향한다는 것은 이와 같이 짓고 모은 바라밀다를 돌려서 위없는 대보리의 과보 구하는 것을 말한다.130

正迴向者 謂以如是 所作所集 波羅蜜多 迴求 無上 大菩提果."

(3) "① 세존이시여, 어떤 것을 이름해서

"世尊, 何等名爲

....
다고 이름한다. 6바라밀의 모든 결과는 아래 경문(=(4))에서 해석하는 것과 같다. * '이숙'은 달리 익는다는 뜻인데, 그 뜻은 졸역 『주석 성유식론』 p.153 및 p.741 참조.
128 셋째는 죄과가 없는 모습인데, 죄과에는 둘이 있다. 첫째는 사이하여 섞여 물드는 법이니, 아래(=(5))에서 말하는 것과 같은 연민 없이 가행하는 등의 네 가지 과실이다. 둘째는 방편이 아닌 행이니, 아래(=(6))에서 말하는 것과 같이 단지 재물만을 거두어 유정을 요익하는 등이다. 이 두 가지를 떠나서 보시 등을 행한다면 역시 죄과가 없는 것이다.
129 넷째는 분별함 없는 모습이다. 말하자면 말과 같이 6바라밀다에 집착하는 모습을 떠나는 것을 분별함이 없다고 이름한다. 또 해석하자면 분별함이 없다는 것은 삼륜이 청정한 것을 말하는데, 6바라밀다의 삼륜 청정을 자세히 해석한다면 《양섭론》 제9권과 같다.
130 다섯째 바로 회향하는 모습이다. 말하자면 처음 일으켜서 짓는 것을 '지은 바'라고 이름하고, 증장할 때를 '모은 바'라고 이름하며, 《유가론》에서, 회향이란 보시 등의 모든 행으로써 아뇩다라삼먁삼보리 얻기를 원하는 것이라고 말하였다. 회향을 자세히 해석하는 것은 《발보리심경》 및 《화엄경》 회향품에서와 같다.

바다밀다와 상위하는 모든 일이라고 합니까?"131

"② 선남자여, 이 일에는 대략 여섯 가지가 있다고 알아야 한다.132

③ 첫째는 희락할 욕망, 재부, 자재함에 대한 모든 욕락 중에 깊이 공덕 및 뛰어난 이익을 보는 것이다.133

波羅蜜多 諸相違事?"

"善男子, 當知此事 略有六種.

一者 於喜樂欲 財富自在 諸欲樂中 深見功德 及與勝利.

....
131 이하는 넷째 힐난을 좇아 거듭 해석하는 것이다. 혹은 문답해서 자세히 해석하는 것이라고 말할 수도 있다. 그 중에 넷이 있다. 첫째 (3)은 문답해서 바라밀다와 상위하는 일을 분별하는 것이고, 둘째 (4)는 문답해서 모든 결과의 이숙을 분별하는 것이며, 셋째 (5)는 문답해서 사이하여 섞이는 법을 분별하는 것이고, 넷째 (6)은 위의 방편이 아닌 행을 해석하는 것이다. 분별함이 없기 때문 및 바로 회향함을 생략하고 해석하지 않은 것은 알기 쉽기 때문이다.
   이는 곧 첫째 상위하는 일을 해석하는 것인데, 먼저 ①에서 묻고, 뒤의 ② 이하에서 답하신다.
132 이하 여래께서 바로 설하시는 것 중에는 둘이 있으니, 처음 ②는 글을 표방하고 수를 드는 것이고, 뒤의 ③은 차례로 개별적으로 해석하는 것이다.
133 이하는 둘째 차례로 개별적으로 해석하는 것인데, 여섯 가지 상위하는 일이므로 곧 여섯으로 나누어진다. 그런데 이 상위하는 일에는 두 가지가 있다. 첫째는 개별적으로 다스려지는 장애이니, 무성의 《섭론》 제7권에서, "다스려지는 잡염은 다스려지는 간탐·범계·진에·해태·산동·악혜"라고 말한 것과 같다. 둘째는 통·별의 장애를 합쳐서 말하는 것이다. 말하자면 재물 등을 낙착하는 것은 그 개별적 장애이고, 셋 중에 깊이 공덕 및 뛰어난 이익을 보는 것은 곧 공통적 장애이다. 지금 여기에서는 통·별의 장애를 해석한다.
   이는 첫째 보시바라밀에 상위하는 장애를 해석하는 것이다. '희락' 등이라고 말한 이것에 세 가지 해석이 있다. 제1설은, 「'희락욕'이라 함은 다 즐기고 바람의 다른 이름이고, '재부, 자재, 모든 욕망'이란 즐기는 경계이며, 뒤의 '낙 중'이란 세 가지 경계 위에서 즐기는 것이다.」라고 한다. 제2설은, 「'희락'이란 낙욕樂欲한다는 뜻이다. 체는 곧 욕구인데, 욕구는 5욕을 말하니, 곧 5경五境이다. '재부'라고 말한 것은 재보財寶를 많이 축적한 것이고, '자

둘째는 즐기는 바를 따라서 몸·말·뜻을 놓아 현행시킴 중에 깊이 공덕 및 뛰어난 이익을 보는 것이다.134

셋째는 남의 경멸을 감내하지 않음 중에 깊이 공덕 및 뛰어난 이익을 보는 것이다.

넷째는 부지런히 닦지 않고 욕락에 집착함 중에 깊이 공덕 및 뛰어난 이익을 보는 것이다.

다섯째는 시끄러움에 처한 세간의 잡란된 행에 깊이 공덕 및 뛰어난 이익을 보는 것이다.

여섯째는 견문각지하여 언설로 희론함에 깊이 공덕 및 뛰어난 이익을 보는 것이다.135

二者 於隨所樂 縱身語意 而現行中 深見功德 及與勝利.

三者 於他輕蔑 不堪忍中 深見功德 及與勝利.

四者 於不勤修 著欲樂中 深見功德 及與勝利.

五者 於處憒鬧 世雜亂行 深見功德 及與勝利.

六者 於見聞覺知 言說戲論 深見功德 及與勝利."

재'라고 말한 것은 위의 두 가지를 수용함에 자재한 것이다. '모든 욕락'이란 곧 '욕망'의 경계를 기뻐하고, '재부'를 희락하며, '자재함'을 희락함을 말하니, 세 가지를 희락하는 것을 욕락이라고 이름한 것이다. 이 세 가지 희락하는 일 중에 깊이 공덕 및 뛰어난 이익을 보니, 총체적으로 말하는 뜻이 이르는 것은, 세 가지를 희락하는 욕락 중에 깊이 공덕 및 뛰어난 이익을 보는 것이 보시바라밀의 장애가 된다는 것이다.」라고 한다. 제3설은, 「'희락'은 곧 희락의 감수이고, 나머지는 앞과 같다.」라고 한다. * 본문의 번역은 제2설을 따른 것임.

134 이는 둘째 지계바라밀에 상위하는 일이니, 그 즐기는 바를 따르는 것이다. 말하자면 살생 등의 세 가지 업 중에 공덕과 뛰어난 이익이 있다고 보는 것이니, 마치 양을 죽이면 하늘에 태어날 수 있다는 등으로 말하는 것과 같다.

135 이상 넷은 인욕·정진·선정·반야바라밀에 상위하는 일이니, 경문과 같아

⑷ "① 세존이시여, 이와 같은 일체 바라밀다는 어떤 결과로 이숙합니까?"136

"② 선남자여, 이것에도 역시 대략 여섯 가지가 있다고 알아야 한다.137

③ 첫째는 큰 재부를 얻고, 둘째는 선취에 왕생하며, 셋째는 원한 없고 무너짐 없이 여러 희락이 많고, 넷째는 중생의 주인이 되며, 다섯째 몸에 괴롭힘과 해침이 없고, 여섯째 큰 가문의 후손이 있는 것이다."138

⑸ "① 세존이시여, 어떤 것을 이름해서 바라밀다의 사이하여 섞여 물드는 법이라고 합니까?"139

"世尊, 如是一切 波羅蜜多 何果異熟?"

"善男子, 當知此亦 略有六種.

一者 得大財富, 二者 往生善趣, 三者 無怨無壞 多諸喜樂, 四者 爲衆生主, 五者 身無惱害, 六者 有大宗葉."

"世尊, 何等名爲 波羅蜜多 開雜染法?"

서 알 수 있다.
136 이하는 둘째 문답해서 6바라밀의 모든 결과를 분별하는 것인데, 먼저 ①에서 묻고, 뒤의 ② 이하에서 답하신다. 이는 곧 이와 같은 6바라밀로써 각각 어떤 과보를 얻는 것인지 청문하는 것이다.
137 이하 여래께서 바로 설하시는 것 중에도 둘이 있으니, 처음 ②는 글을 표방하고 수를 드는 것이고, 뒤의 ③은 차례로 개별적으로 해석하는 것이다. 이는 곧 처음이니, 능히 닦는 원인에 이미 여섯 가지 차별이 있었으므로 감득하는 과보에도 역시 여섯 가지가 있다.
138 그 순서대로 보시의 힘 때문에 큰 재부를 얻고, 지계하기 때문에 선취에 왕생하며, 인욕하기 때문에 원한 없고 무너짐 없이 모든 환희가 많으며, 부지런히 정진하기 때문에 큰 존귀함을 얻어 중생의 주인이 되고, 선정 때문에 번뇌를 조복하고 제거하니, 그래서 능히 몸에 원한과 해침 없음을 감득하며, 반야 때문에 널리 5명을 이해하므로 큰 가문의 후손을 얻는다.
139 이하는 셋째 문답해서 바라밀다의 사이하여 섞이는 법을 분별하는 것인

"② 선남자여, 대략 네 가지 가행으로 말미암는다고 알아야 한다.140

③ 첫째는 연민 없는 가행 때문이고, 둘째는 이치와 같지 않은 가행 때문이며, 셋째는 항상하지 않은 가행 때문이고, 넷째는 은중하지 않는 가행 때문이다.141

"善男子, 當知略由 四種加行.

一者 無悲加行故,

二者 不如理加行故,

三者 不常加行故,

四者 不慇重加行故.

....
데, 그 중에도 둘이니, 먼저 ①에서 청하고, 뒤의 ② 이하에서 답하신다. 이는 곧 앞의 죄과 없음 중의 사이하여 섞여 물드는 법을 묻는 것이다.
140 이하 둘째 여래께서 바로 설하시는 것 중에는 셋이 있으니, 처음 ②는 수를 표방하여 간략히 답하는 것이고, 다음 ③은 차례로 개별적으로 해석하는 것이며, 뒤의 ④는 힐난을 좇아 거듭 해석하는 것이다.
141 이는 둘째 차례로 개별적으로 해석하는 것이니, 말하자면 네 가지 닦음을 장애하기 때문에 네 가지를 말한다. '네 가지 닦음[사수四修]'이라고 말한 것은 《구사론》 제27권에서 말하는 것과 같다. 거기에서 이르기를, "네 가지 닦음이 있다. 첫째는 남음 없는 닦음[무여수無餘修]이니, 복덕·지혜의 2자량을 남김 없이 닦기 때문이고, 둘째는 긴 시간의 닦음[장시수長時修]이니, 3대겁의 아승기야 동안 게으름 없이 닦기 때문이며, 셋째는 틈 없이 닦음[무간수無間修]이니, 정진하여 용맹하게 순간순간 폐함 없이 닦기 때문이고, 넷째는 존중하는 닦음[존중수尊重修=은중수慇重修]이니, 배울 바를 공경하고, 돌아보며 아끼는 바 없이 닦고 거만이 없기 때문이다."라고 하였다.
첫째 '연민 없는 가행'이란 긴 시간의 닦음을 장애하는 것이니, 말하자면 보살이 3대겁 동안 능히 수행하는 것은 대비의 힘 때문이므로, 연민의 힘이 없다면 연민이 없기 때문에 긴 시간의 닦음이 아니다. 둘째 '이치와 같지 않은 가행'이란 남음 없는 닦음을 장애하는 것이니, 닦음이 한 때에서는 여러 넓은 행을 통틀어 닦을 수 없기 때문이다. 셋째 '항상하지 않은 가행'이란 틈 없는 닦음을 장애하는 것이니, 해태하기 때문에 틈 없이 항상 모든 행을 닦을 수 없다. 넷째 '은중하지 않는다'는 것은 존중하는 닦음을 장애하는 것이니, 말하자면 모든 보살이 6바라밀법을 행할 때에는 2행에 다 존중을 내어서 보시 등을 행하는 것이다. 이와 같은 네 가지가 바라밀다를 행할 때 사이하여 섞여 일어나므로 '사이하여 섞여 물드는 것'이라고 이름한 것이다.

④ 이치와 같지 않은 가행이란, 다른 바라밀다를 수행할 때 나머지 바라밀다를 멀리 떠나 실괴하는 것을 말한다."142

不如理加行者, 謂修行餘 波羅蜜多時 於餘波羅蜜多 遠離失壞."

⑹ "① 세존이시여, 어떤 것을 이름해서 방편이 아닌 행이라고 합니까?"143

"② 선남자여, 만약 모든 보살이 바라밀다로써 중생을 요익할 때 다만 재물을 거두어 중생 요익하는 것만으로 문득 기쁨·만족[喜足]으로 삼고, 그로 하여금 불선처를 나오게 해서 선처에 안치하지 않는다면, 이와 같은 것을 이름해서 방편이 아닌 행이라고 한다.144

③ 어째서이겠는가?145 ④ 선남자여,

"世尊, 何等名爲 非方便行?"

"善男子, 若諸菩薩 以波羅蜜多 饒益衆生時 但攝財物 饒益衆生 便爲喜足, 而不令其 出不善處 安置善處, 如是名爲 非方便行.

何以故? 善男子,

---

142 이는 셋째 힐난을 좇아 거듭 해석하는 것이다. 말하자면 위에서 말한 바 '이치와 같지 않다'는 말은 모든 허물에 공통되어서 다 바른 이치에 어긋나는 것이지만, 지금 경전의 뜻은, 관행을 닦는 자가 하나의 바라밀다만을 자세히 행한다는 것은 나머지 바라밀다행을 떠난 것이므로, 이치와 같지 않다고 이름한다는 것이다.
143 이하는 넷째 문답해서 방편이 아닌 행을 분별하는 것인데, 그 중에 여섯이 있다. ①의 물음, ②의 답, ③의 물음, ④의 해석, ⑤의 비유, ⑥의 합하는 것이다.
144 말하자면 모든 보살이 4섭법 중에서 단지 재물로 거둠만으로써 문득 만족으로 삼고, 그로 하여금 불선처에서 벗어나게 할 수 없다면 이와 같은 것을 이름해서 방편이 아닌 행이라고 한다는 것이다.
145 이는 방편이 아닌 행의 이유를 청해 묻는 것이니, 중생에게 보시해 기쁘게 하는 것은 다시 요익을 이루거늘, 무슨 뜻으로써 방편이 아닌 행이라고 이름하는가?

중생에게 오직 이 일을 짓는 것만으로는 진실한 요익이라고 이름할 것이 아니기 때문이니,146 ⑤ 비유하면 똥의 더러움은 많든 적든 끝내 향기롭고 청결함을 이루게 할 수 없는 것과 같다.147 ⑥ 이와 같이 중생은 행고 때문에 그 성품이 괴로움이므로, 단지 재물로써 잠시 서로 요익하여 즐거움을 이루게 할 수 있는 방편은 없고, 오직 묘선법 중에 안처함이 있어야만 바야흐로 제일의 요익이라고 이름함을 얻을 수 있다."148

非於眾生 唯作此事
名實饒益,
譬如糞穢
若多若少 終無有能 令成香潔.
如是眾生 由行苦故 其性是苦, 無有方便 但以財物 暫相饒益 可令成樂, 唯有安處 妙善法中 方可得名 第一饒益."

4.2.9149

(1) ① 관자재보살이 다시 붓다께 말하였다.   觀自在菩薩 復白佛言.

....
146 말하자면 모든 보살은 중생에게 오직 재물로 거두어서 세간에서 기쁘게 함을 짓는 것만으로는 요익이라고 이름할 것이 아니고, 반드시 법시로써 모든 중생들로 하여금 불선처에서 벗어나게 해야 마침내 요익하는 것이라고 이름한다.
147 이는 다섯째 비유로써 말하는 것이다. 마치 세간의 똥의 더러움은 많든 적든 끝내 향기롭고 청결한 물건을 이루게 할 수 없는 것과 같다는 것이니, 똥은 행고를 비유하고, 향기로움은 열반을 비유한다.
148 이는 여섯째 비유와 합하는 것이다. 말하자면 모든 중생은 행고 때문에 그 성품이 모두 괴로움이므로, 재물과 음식으로 요익해서 즐거움을 이루게 할 수는 없고, 오직 보살 열반의 묘선법 중에 안처함이 있어야 이와 같은 것을 마침내 제일의 요익이라고 이름한다는 것이다.
149 이하는 제9 모든 바라밀다의 청정의 종류의 수의 문[諸度淸淨種數門]인데, 그 중에 둘이 있으니, 먼저 (1)의 ①에서 묻고, 뒤의 ② 이하에서 답하신다.

"세존이시여, 이와 같은 일체 바라밀다에는 몇 가지 청정이 있습니까?"

② 붓다께서 관자재보살에게 말씀하셨다.

"선남자여, 나는 바라밀다에 위의 다섯 가지 모습을 제외하고는 다른 청정이 있다고 끝내 말하지 않는다.150

③ 그러므로 나는 곧 이와 같은 모든 일에 의해서 총체적·개별적으로 바라밀다의 청정한 모습을 설하겠다.151

⑵ ① 일체 바라밀다의 청정한 모습을 총체적으로 설한다면 일곱 가지가 있다고 알아야 한다.152

"世尊, 如是一切 波羅蜜多 有幾淸淨?"

佛告 觀自在菩薩曰.

"善男子, 我終不說 波羅蜜多 除上五相 有餘淸淨.

然我卽依 如是諸事 總別當說 波羅蜜多 淸淨之相.

總說一切 波羅蜜多 淸淨相者 當知七種.

---

150 이하 여래께서 바로 설하시는 것 중에는 둘이 있으니, 처음 ②는 청정은 앞의 다섯 가지 모습(=4.2.8)을 여의지 않음을 밝히는 것이고, 뒤의 ③ 이하는 다섯에 의해 총·별의 일곱을 설하는 것을 밝히는 것이다.

　이는 곧 처음이다. 말하자면 나는 위에서 말한 바와 같은 염착함이 없기 때문 및 그 제5 바로 회향함의 모습, 이들을 제외한 이외에 별도의 청정한 모습이 있다고 말하지 않는다.

151 이하 둘째 앞의 다섯에 의해 총·별의 일곱을 설하는 것 중에는 둘이 있으니, 처음 ③은 앞의 다섯 가지 모습에 의해 총·별의 일곱을 설하는 것을 총체적으로 답하는 것이고, 뒤의 ⑵ 이하는 차례로 개별적으로 총·별의 일곱 가지 모습을 해석하는 것이다.

152 이하 둘째 차례로 개별적으로 해석하는 것 중에는 둘이 있으니, 처음 ⑵는 총체적인 일곱 가지 모습을 해석하는 것이고, 뒤의 ⑶ 이하는 개별적인 일곱 가지 모습을 해석하는 것이다. 전자 중에도 둘이 있으니, 처음 ①은 글을 표방하고 수를 드는 것이고, 뒤의 ② 이하는 문답해서 개별적으로 해

② 어떤 것이 일곱이겠는가?153

③ 첫째 보살은 이 모든 법에서 남에게 알려지기를 구하지 않고,154 둘째 이 모든 법을 보고 나서 집착을 내지 않으며,155 셋째 곧 이와 같은 모든 법에 의혹을 내어서, 대보리를 얻을 수 있을까 라고 말하지 않고,156 넷째 끝내 자신을 칭찬하고 남을 헐어 경멸하는 바가 있지 않으며,157 다섯째 끝내 교만하며 방일하지 않고,158 여섯째 끝내 조금 얻는 바 있음에 문득 기쁨·만족을 내지 않으며,159 일곱째 끝내 이 모든 법으로 말미암아 남에게 질투와 인색을 일으키지 않는 것이다.160

何等 爲七?

一者 菩薩 於此諸法 不求他知, 二者 於此 諸法見已 不生執著,

三者 卽於 如是諸法 不生疑惑, 謂爲能得 大菩提不, 四者 終不 自讚毀他 有所輕蔑,

五者 終不 憍傲放逸,

六者 終不 少有所得 便生喜足,

七者 終不 由此諸法 於他發起 嫉妬慳悋.

....
석하는 것이다.
153 후자 중 이는 곧 총체적으로 묻는 것이다.
154 이하는 일곱 가지 모습을 개별적으로 해석하는 것인데, 이는 첫 모습을 해석하는 것이다. 보살은 6바라밀다를 은밀하게 행하여 남으로 하여금 알게 하지 않으니, 명성과 이양을 구하지 않기 때문이다.
155 둘째 집착을 내지 않는 모습이다. 삼륜을 떠나기 때문이니, 6바라밀다의 낱낱에서 각각 삼륜을 떠난다.
156 셋째 의혹을 내지 않는 모습이니, 신해함이 견고하기 때문이다.
157 넷째 자신을 칭찬하고 남을 헐지 않는 것이니, 범하면 허물이 무겁기 때문이다.
158 다섯째 방일하지 않는 모습이니, 해태를 떠나기 때문이다.
159 여섯째 기쁨과 만족을 내지 않는 것이니, 널리 모든 행을 닦으면서 족히 여김이 없기 때문이다.
160 일곱째 질투를 내지 않는 것이니, 보살은 스스로 법을 행하기 때문에 남

(3) ① 일체 바라밀다의 청정한 모습을 개별적으로 말한다면 역시 일곱 가지가 있다.161

② 어떤 것이 일곱이겠는가?162

③ 말하자면 모든 보살은 내가 말한 바와 같은 일곱 가지 보시의 청정한 모습을 수순해서 수행하니,163 ④ 첫째 보시하는 물건의 청정함에 의해 청정한 보시를 행하고, 둘째 계율의 청정함에 의해 청정한 보시를 행하며, 셋째 봄[見]의 청정함에 의해 청정한 보시를 행하고, 넷째 마음의 청정함에 의해 청정한 보시를 행하며, 다섯째 말의 청정함에 의해 청정한 보시를 행하고, 여섯째 지혜의 청정함에 의해 청정한 보시를 행

別說一切 波羅蜜多 淸淨相者 亦有七種.

何等爲七?

謂諸菩薩 如我所說 七種布施 淸淨之相 隨順修行, 一者 由施物 淸淨 行淸淨施, 二者 由戒淸淨 行淸淨施, 三者 由見淸淨 行淸淨施, 四者 由心淸淨 行淸淨施, 五者 由語淸淨 行淸淨施, 六者 由智淸淨 行淸淨施,

....

이 인색 행하는 것을 보고 재물과 법에 질투와 인색을 일으키지 않는다.
161 이하는 둘째 일곱 가지 모습을 개별적으로 해석하는 것인데, 그 중에 둘이 있다. 처음 ①은 글을 표방하고 수를 드는 것이고, 뒤의 ② 이하는 문답해서 개별적으로 해석하는 것이다.
162 이하는 문답해서 개별적으로 해석하는 것인데, 이는 곧 총체적으로 묻는 것이다.
163 이하에서 6바라밀다의 일곱 가지 모습을 개별적으로 해석하므로, 곧 6단으로 나누어진다. 이는 곧 첫째 보시의 일곱 가지 모습을 해석하는 것인데, 그 중에 셋이 있다. 처음 ③은 보살이 일곱 가지 청정한 모습 일으키는 것을 총체적으로 표방하는 것이고, 다음 ④는 일곱 가지 모습을 개별적으로 해석하는 것이며, 뒤의 ⑤는 일곱 가지 모습을 총결하는 것이다. * 여기에서 모든 바라밀다의 청정의 종류의 수를 밝히는 경문 4.2.9의 큰 구조를 도표로써 보이면 다음과 같다.

하며, 일곱째 때[垢]의 청정함에 의해 청정한 보시를 행하는 것이다.164 ⑤ 이를 일곱 가지 보시의 청정한 모습이라고 이름한다.

七者 由垢淸淨 行淸淨施. 是名
七種 施淸淨相.

⑷ ① 또 모든 보살은 제정하여 세운 율의의 일체 배울 곳을 능히 잘 요지하고,

又諸菩薩 能善了知 制立律儀 一切學處,

바로 설함	다섯 가지 모습에 의해 총별의 일곱 설함을 밝힘						(1)①
		청정은 앞의 다섯 가지 모습을 여의지 않음을 밝힘					②
		총별의 일곱을 개별 해석함	총체적으로 답함				③
			총체적인 일곱 가지 모습				(2)
			개별적인 일곱 가지 모습	글을 표방하고 수를 듦			(3)①
				문답해 해석함	물음		②
					개별 해석	보시	③~⑤
						지계	(4)
						인욕	(5)
						정진	(6)
						선정	(7)
						지혜	(8)

164 이는 둘째 차례로 개별적으로 해석하는 것이다. 보시 중 일곱 가지 모습은, 청정치 못한 물건 등이 아닌 것으로 보시 행하는 것을 보시하는 물건의 청정이라고 이름하고, 모든 악 등을 그쳐서 쉬고 보시 행하는 것을 계율의 청정이라고 이름하며, 나는 능히 보시를 행하고 내 것이 된다는 등으로 계탁하지 않으면서 보시 행하는 것을 봄의 청정이라고 이름하고, 연민하며 사랑하는 마음 등으로 보시 행하는 것을 마음의 청정이라고 이름하며, 얼굴을 펴고 미소를 머금고서 먼저 문안의 말 등을 하면서 보시 행하는 것을 말의 청정이라고 이름하고, 보시의 이름과 체를 다 여실하게 아는 등으로써 보시 행하는 것을 지혜의 청정이라고 이름하며, 해태와 탐·진·치 등의 때를 멀리 떠나 보시 행하는 것을 때의 청정이라고 이름한다. 보살이 보시를 행함에는 반드시 이와 같은 청정한 모습에 의해야 이에 청정한 보시를 이루니, 갖춘다면 《유가론》에서 말하는 것과 같다.

범한 것에서 출리함을 능히 잘 요지하 　能善了知 出離所犯,
며,165 항상한 계율을 갖추고, 계율을 견 　具常尸羅,　　堅固尸羅,
고하게 하며, 항상 계율을 짓고, 항상 계 　常作尸羅,　　常轉尸羅
율을 굴리며, 일체 있는 바의 배울 곳을 　受學一切 所有學處,
받아서 배우니,166 ② 이를 일곱 가지 　是名 七種
지계의 청정한 모습이라고 이름한다. 　戒淸淨相.

(5) ① 만약 모든 보살이 자신에게 있는 　若諸菩薩 於自所有
업과의 이숙에 깊이 의지함과 믿음을 　業果異熟 深生依信
내어서 일체의 모든 불요익하는 일이 　一切所有 不饒益事
앞에 나타나 있을 때 분노 일으킴을 내 　現在前時 不生憤發,

---

165 이하는 둘째 지계의 일곱 가지 모습을 분별하는 것인데, 먼저 ①에서 해석하고, 뒤의 ②에서 맺는다. 일곱 가지 모습을 해석하는 것을 곧 둘로 나누면, 처음 여기까지는 두 가지 모습을 능히 잘 요지하는 것을 밝히는 것이고, 뒤의 그 아래에 있는 다섯 가지 모습은 바로 받아서 지니는 것을 나타내는 것이다. 이는 곧 처음이다. 첫째는 율의계 중의 일체 배울 곳을 능히 잘 요지하는 것이고, 둘째는 범한 것에서 출리하는 것을 능히 잘 요지하는 것이니, 곧 출죄出罪의 참회법이다.
166 이 뒤의 다섯 가지 모습은 바로 수지하는 것을 나타내는 것인데, 이는 《유가론》 제62권에서 차례로 해석하는 것과 같다. 그 논에서 이르기를, "어떤 것이 항상 계율을 지키는 것인가? 말하자면 모든 배울 곳을 버리지 않기 때문이다. 어떤 것이 견고하게 계율을 지키는 것인가? 말하자면 모든 배울 곳을 훼범하지 않기 때문이다.(《유가론》 제42권에서는 이르기를, 계율을 견고하게 한다고 함은, 일체의 이양·공경·남의 논의·근본번뇌·수번뇌가 누를 수 없기 때문이고, 빼앗을 수 없기 때문이라고 하였다.) 어떤 것이 항상 계율을 짓는 것인가? 말하자면 배울 곳에 뚫린 구멍이 없기 때문이다. 어떤 것이 항상 계율을 굴리는 것인가? 말하자면 구멍이 뚫리고 나면 다시 청정하게 되돌리기 때문이다. 어떤 것이 계율의 처소를 받아서 배우는 것인가? 말하자면 따라서 배울 모든 곳을 갖추기 때문이다."라고 하였다.

지 않고,167 또한 반대해 욕하지 않으며	亦不反罵
성내지 않고 때리지 않으며 두려워하지 않고 조롱하지 않으며 갖가지 불요익하는 일로써 반대로 서로 가해하지 않고,168 원결怨結을 품지 않으며,169 간하여 가르칠 때라면 성내어 괴롭게 하지 않으며,170 또한 다시 남이 와서 간하여 가르치기를 기다리지 않으며,171 공포나 애착에 물든 마음이 있음으로 말미암아 인욕을 행하지 않고,172 은혜 짓는 것을	不嗔不打 不恐不弄 不以種種 不饒益事 反相加害, 不懷怨結, 若諫誨時 不令恚惱, 亦復不待 他來諫誨, 不由恐怖 有染愛心 而行忍辱, 不以作恩

------

167 ⑸는 셋째 인욕의 일곱 가지 모습을 해석하는 것인데, 그 중에는 둘이 있으니, 먼저 ①에서 해석하고, 뒤의 ②에서 맺는다. 해석함 중의 일곱 가지 모습에서 여기까지는 곧 일곱 중의 첫째 모습이다. 말하자면 모든 보살은 깊이 인과를 믿으므로, 자신의 업으로 말미암아 거스르는 경계가 있는 것을 알고 분노 일으킴을 내지 않는다. 그 중 업을 믿는 것은 곧 인욕의 원인이고, 불요익하는 일은 곧 인욕의 경계이며, 분노 일으킴을 내지 않는 것은 곧 인욕의 체이니, 이 3연에 의해 첫째 모습을 나타낸 것이다.
168 이는 둘째 모습을 나타내는 것이다. 말하자면 모든 보살은 2공을 깊이 통달해서 능도能罵(=욕하는 주체)·소도所罵(욕할 대상)가 없으며, 또 인욕으로 하여금 속히 성취됨을 얻게 하고자 능히 인욕을 행하고 보복을 가하지 않으니, 만약 보복한다면 큰 이익을 잃는 것이다.
169 셋째 모습을 밝힌다. 인욕의 뛰어난 이익을 알므로 반드시 원결(=원한을 맺음)이 없다.
170 넷째 모습을 분별하는 것이다. 보살은 원수의 집에서 와서 간하여 가르쳐도 곧 받아들이고 사례하며, 괴로움을 내게 하지 않는다.
171 다섯째 모습을 나타내는 것이다. 보살은 원수의 집에서 보살을 손상시키더라도 보살은 속히 그 원수의 처소에 스스로 가서 참회와 용서를 구하고, 남이 와서 간하여 가르치기를 기다리지 않는다.
172 여섯째 모습을 분별하는 것이다. 말하자면 모든 보살은 남에 대한 두려움 때문에 인욕을 행하지 않으니, 왕의 처소 등과 같고, 또한 물든 마음으

문득 놓거나 버리지 않는다면,173 ② 이를 일곱 가지 인욕의 청정한 모습이라고 이름한다.

而便放捨, 是名七種 忍淸淨相.

(6) ① 만약 모든 보살이 정진의 평등한 성품을 통달하고,174 용맹하고 부지런히 정진함으로 말미암아 자신을 올리고 남을 업신여기지 않으며,175 큰 세력을 갖추고, 큰 정진을 갖추며, 감당할 능력이 있고, 견고하며 용맹하고, 모든 선법에서 끝내 멍에를 버리지 않는다면,176 ②

若諸菩薩 通達精進 平等之性, 不由勇猛 勤精進故 自擧陵他,
具大勢力,
具大精進, 有所堪能, 堅固勇猛, 於諸善法 終不捨軛,

로 구하는 바가 있어서 인욕을 행하지 않으니, 음식 등을 구하는 것과 같으며, 단지 이타만을 위하여 인욕을 행한다.
173 일곱째 모습을 분별하는 것이다. 보살은 항상 중생을 요익하고자 하므로, 한 번 중생을 요익한 것으로 족하다고 생각해 문득 버리고, 다시 다른 일로써 서로 요익하지 않음이 없다.
174 이하는 넷째 정진의 일곱 가지 모습인데, 그 중에 둘이 있으니, 먼저 ①에서 해석하고, 뒤의 ②에서 맺는다.
 해석 중의 일곱 가지 모습에서 이는 첫째 평등한 정진이니, 보살은 정진에서 완緩·급急을 얻을 수 없기 때문에 '평등'이라고 이름한다. 그래서 《유가론》 제42권에서 이르기를, "만약 모든 보살이 부지런한 정진을 일으키되 느리지도 않고 급하지도 않아서 평등하게 쌍으로 움직이며, 널리 일체 지어야 할 일 중에서 역시 능히 평등하게 은중殷重히 닦고 짓는다면 이를 보살의 평등한 정진이라고 이름한다."라고 하였다.
175 이는 둘째 거만을 떠나 정진함을 밝히는 것이다. 보살의 정진은 이타를 우선으로 하는데, 어떻게 남에게 반대로 교만을 일으키겠는가.
176 이는 뒤의 다섯 가지 정진의 모습을 밝히는 것이다. 그런데 이 5구에 대해서는 여러 가르침이 같지 않다. 《성유식론》(=제6권)에서는 이르기를, "무장함[被甲], 가행加行함, 낮춤 없음[無下], 물러남 없음[無退], 만족함 없음[無足]은 곧 경전에서 설하는 바, 세력 있음[有勢], 정진 있음[有勤], 용맹 있음[有

이와 같은 것을 이름해서 일곱 가지 정진의 청정한 모습이라고 이름한다.

如是名爲 七種精進 淸淨之相.

⑺ ① 만약 모든 보살에게 모습을 잘 통달하는 삼매의 선정이 있고, 원만한 삼매의 선정이 있으며, 구분俱分의 삼매의 선정이 있고,177 운전하는 삼매의 선정이 있으며, 의지하는 바 없는 삼매의 선정이 있고, 잘 닦고 다스리는 삼매의 선정이 있으며,178 보살장을 듣고 반연하

若諸菩薩 有善通達相 三摩地靜慮, 有圓滿 三摩地靜慮, 有俱分 三摩地靜慮, 有運轉 三摩地靜慮, 有無所依 三摩地靜慮, 有善修治 三摩地靜慮, 有於菩薩藏 聞緣

勇], 견맹堅猛함, 선의 멍에를 버리지 않음[善軛不捨]이니, 순서와 같이 알아야 한다."라고 하였다. 무성의 《섭론》(=제7권)에서는 이르기를, "갑옷을 입는 정진은 말하자면 최초의 시기에 나는 응당 이와 같은 일을 지어야 한다고 스스로 책려하는 것이니, 곧 이는 경전 처음의 '세력 있음'의 문구를 해석한 것이다. 가행의 정진은 말하자면 가행할 때 의욕한 바와 같이 부지런히 가행을 닦는 것이니, 곧 이는 경전 다음의 '정진 있음'의 문구를 해석한 것이다. 스스로 피곤하고 괴로워도 마음에 퇴굴함이 없는 것은 '겁약함 없다'고 이름하고, 남을 핍뇌하는 것으로 마음이 이동하지 않는 것을 '퇴전함 없다'고 이름하며, 나아가 보리에 이르기까지 그 중간에 나아가 선품을 닦고 일찍이 고달파함이 없는 것을 '희족喜足함 없다'고 이름한다."라고 하였다.

177 이하는 다섯째 선정의 일곱 가지 모습을 해석하는 것인데, 그 중에 먼저 ①은 해석하는 것이고, 뒤의 ②는 맺는 것이다.
　　이는 곧 바로 처음 세 가지 선정을 해석하는 것이다. 말하자면 세속제의 모습을 잘 통달하는 모습의 선정을, '모습을 통달하는' 것이라고 이름하고, 그 원만한 진여의 경계를 반연하는 선정은 경계를 좇아 이름을 얻어서 '원만'이라고 이름하며, 진·속의 2경계를 통틀어 반연하는 선정은 '구분'이라고 이름한다.

178 이는 제4·제5 및 제6의 모습을 해석하는 것이니, 그 순서대로 가행·정체·후득의 3지혜와 상응하는 선정이다. 그 가행지는 오직 유루의 작의로 운전함이 의지하는 선정이므로 '운전'이라고 이름하고, 그 근본지는 의지가 될 수 있는 다른 경계의 모습이 없는 것이 의지하는 선정이므로 '의지하는

여 수습하는 한량없는 삼매의 선정이 있다면,179 ② 이와 같은 것을 이름해서 일곱 가지 선정의 청정한 모습이라고 한다.

修習 無量三摩地靜慮,
如是名爲
七種 靜慮淸淨之相.

(8) ① 만약 모든 보살이 증익하고 손감하는 이변을 멀리 떠나 중도를 행한다면 이를 반야라고 이름한다.180

② 이 반야로 말미암아 해탈문의 뜻을 여실하게 요지하니, 공·무원·무상의 3해탈문을 말하고,181 ③ 자성이 있는

若諸菩薩 遠離增益 損
減二邊 行於中道
是名爲慧.

由此慧故 如實了知 解
脫門義, 謂空無願無相
三解脫門, 如實了知 有

....

바 없다'고 이름하며, 후득지는 갖가지 모든 행을 능히 잘 닦고 다스림이 의지하는 선정이므로 '잘 닦고 다스린다'고 이름한 것이다.
179 이는 제7의 모습을 밝히는 것이다. 곧 각설하고 방편 시기의 지혜이다. '보살장'이란 대승의 가르침을 말한다. 이 가르침 중에서 능히 듣는 선정이란 뜻으로 문혜를 말하니, 선정의 지위 중에서도 역시 가르침 들음을 얻는 것이다. 반연한다는 것은 곧 선정 중의 뜻으로 사혜를 말한다. 닦고 익히는 한량없는 삼매라고 함은 곧 수혜이니, 선정의 지위 중에서 능히 한량없는 갖가지 선정을 닦기 때문이다.
180 이하는 여섯째 반야의 일곱 가지 모습을 해석하는 것인데, 먼저 해석하고, 뒤의 ⑧에서 맺는다. 이는 곧 첫 모습이다. '증익하고 손감하는 이변을 멀리 떠나 중도를 행한다'고 말한 것은 무성의 《섭론》 제1권에서 이르기를, "없음에서 원인 없이 억지로 세워서 있음으로 삼기 때문에 증익한다고 이름하고, 있음에서 원인 없이 억지로 부정해서 없음으로 삼기 때문에 손감한다고 이름하니, 이와 같이 증익하고 손감하는 것을 모두 말하여 극단[邊]이라고 한다. 이는 떨어지고 따른다는 뜻이니, 이 둘이 구를 때에는 중도를 실괴한다."라고 한 것과 같다.
181 제2의 모습을 밝히는 것인데, 3해탈문의 지혜를 말한다. 이 3해탈문은 《현양론》 제2권에서 말하는 것과 같다.

뜻을 여실하게 요지하니, 변계소집과 의타기와 원성실의 세 가지 자성을 말하며,182 ④ 무자성의 뜻을 여실하게 요지하니, 상·생·승의의 세 가지 무자성의 성품을 말하고,183 ⑤ 세속제의 뜻을 여실하게 요지하니, 말하자면 5명처에서이며,184 ⑥ 승의제의 뜻을 여실하게 요지하니, 말하자면 일곱 가지 진여에서인데,185 또 분별이 없고 모든 희론을 떠나서 순수한 하나의 이취에 많이 머무는 바이기 때문이며, 한량없는 총체적인

自性義, 謂遍計所執 若依他起 若圓成實 三種自性, 如實了知 無自性義, 謂相生勝義 三種無自性性, 如實了知 世俗諦義, 謂於五明處, 如實了知 勝義諦義, 謂於七眞如, 又無分別 離諸戲論 純一理趣 多所住故, 無量總法

---

182 제3의 모습을 밝히는 것이다. 말하자면 이변을 멀리 떠난 반야 때문에 3자성의 뜻을 여실하게 요지하는 것이다. 3자성의 뜻은 앞의 3자성 중에서 말한 것과 같다.
183 제4의 모습을 밝히는 것인데, 3무자성의 뜻도 앞에서 이미 말한 것과 같다.
184 제5의 모습을 밝히는 것이니, 오명처를 아는 지혜를 말한다. '오명'이라고 말한 것은 첫째는 내명처內明處(=불교학)이니, 곧 바른 인과 등을 현시하는 것을 말하고, 둘째는 인명처因明處(=논리학)이니, 곧 남을 꺾어 누르는 등을 현시하는 것을 말하며, 셋째는 성명처聲明處(=문법학)이니, 곧 모든 공명工明 등을 현시하는 것을 말하고, 넷째는 의방명처醫方明處(=의약학)이니, 곧 병의 체와 병의 원인 등을 현시하는 것을 말하며, 다섯째는 공업명처工業明處(=기술학)이니, 곧 경영하고 만드는 업 등을 현시하는 것을 말한다.
185 제6의 모습을 밝히는 것인데, 그 중에는 둘이 있으니, 처음 여기까지는 경계를 들어서 지혜를 나타내는 것이고, 뒤의 그 아래는 세 가지 원인으로 이루어 세우는 것이다. 이는 곧 처음이다. '승'은 뛰어난 지혜를 말하고, '의'는 곧 경계의 뜻이니, 일곱 가지 진여가 곧 뛰어난 지혜의 경계의 뜻이기 때문에 승의제라고 이름하니, 말하자면 이는 의주석이다.

법을 소연으로 하기 때문이고, 그리고 비발사나하기 때문이라,186 ⑦ 능히 법과 법 따르는 행을 잘 성취한다.187

⑧ 이를 일곱 가지 반야의 청정한 모습이라고 이름한다."

爲所緣故, 及毘鉢舍那故, 能善成辦 法隨法行.

是名 七種 慧淸淨相."

4.2.10 [188]

(1) 관자재보살이 다시 붓다께 말하였다. "세존이시여, 이와 같은 다섯 가지 모습에는 각각 어떤 업이 있습니까?"189

觀自在菩薩 復白佛言. "世尊, 如是五相 各有何業?"

---

186 이는 둘째 세 가지 원인으로 진여를 반연하는 지혜를 이루어 세우는 것이다. '또 분별이 없다'는 등이라고 한 것은 정체지를 나타내니, 갖가지 분별과 희론이 없고 오직 진여의 하나의 이취 중에 많은 부분 안주하는 것이다. '한량없는 총체적인 법을 소연으로 한다'고 한 것은, 이 정체지는 총체적인 법의 진여를 소연으로 한다는 것이다. 또 해석하자면 한량없는 총체적인 법을 소연으로 한다는 것은 후득지를 나타낸다. 말하자면 이 총체적인 법에는 세 가지(=소총법·대총법·무량총법)가 있는데, 이 지혜는 곧 제3의 법을 반연한다는 것이다. '그리고 비발사나한다'는 것은 말하자면 이 지혜는 수혜임을 나타내기 때문이다.

187 제7 법과 행을 따르는 지혜이다. 그런데 이 법과 행에 대해서는 여러 가르침이 같지 않다. 만약 《대비바사론》 제181권에서 말하는 바에 의한다면, 법은 열반을 말하고, 법을 따른다는 것은 8지성도를 말한다. 만약 무성의 《섭론》 제2권에서 말하는 바에 의한다면, 증득대상을 법이라고 이름하고, 도를 법을 따르는 것이라고 이름하니, 그것을 수순하기 때문이다. 또 출세간의 도는 법이라고 이름하고, 세간의 도는 법을 따르는 것이라고 이름한다. '행'이란 그 자기 마음이 상속하는 것을 행하는 것이다. 그것을 심어서 늘리기 때문이고, 그 현행으로 하여금 자재를 얻게 하기 때문이니, 이는 곧 그 이룰 지혜를 닦는 것을 말하는 것이다.

188 이는 제10 5상의 5업을 분별하는 문[分別五相五業門]인데, 먼저 (1)에서 묻고, 뒤의 (2) 이하에서 답하신다.

189 이는 곧 위의 '염착함 없음' 등 다섯 가지 모습의 업용을 묻는 것이니, 말

(2) 붓다께서 관자재보살에게 말씀하셨다.

"① 선남자여, 그 모습에는 다섯 가지 업이 있다고 알아야 한다.190

② 말하자면 모든 보살은 염착함이 없기 때문에 현재의 법 중에서 닦고 익히는 바라밀다에서 항상 은중하며 부지런히 가행을 닦아서 방일함이 없고,191

③ 돌아보고 그리워함이 없기 때문에 미래의 방일하지 않을 원인을 섭수하며,192 ④ 죄과가 없기 때문에 극히 잘 원만하고 극히 잘 청정하며 극히 잘 선백한 바라밀다를 능히 바르게 수습하고,193 ⑤ 분별함이 없기 때문에 방편이

佛告 觀自在菩薩曰.

"善男子, 當知彼相 有五種業.

謂諸菩薩 無染著故 於現法中 於所修習 波羅蜜多 恒常殷重 勤修加行 無有放逸,

無顧戀故

攝受當來 不放逸因,

無罪過故 能正修習 極善圓滿 極善淸淨 極善鮮白 波羅蜜多,

無分別故 方便善巧

하자면 그 다섯 가지 모습에는 각각 어떤 업이 있는가라는 것이다.
190 여래께서 바로 설하시는 것 중에는 둘이 있으니, 먼저 ①은 총체적인 것이고, 뒤의 ② 이하는 개별적인 것이다. 이는 곧 총체적인 답인데, 각각 하나씩의 업이 있다는 것이다.
191 이하는 둘째 다섯 가지 모습에 각각 하나의 업이 있는 것을 개별적으로 해석하는 것인데, 이는 곧 첫째 염착함 없는 모습에 있는 개별적인 업이다. 곧 부지런히 가행을 닦아서 방일함이 없는 업이니, 염착함이 없기 때문에 현재의 몸 중에서 틈 없이 은중하게 부지런히 6바라밀을 닦고 방일함이 없다.
192 둘째 돌아보고 그리워함이 없는 모습에 있는 업이다. 6바라밀의 모든 이숙과 및 보은 중에 계박됨이 없기 때문에 능히 미래의 방일하지 않을 원인을 거두고, 곧 그 미래의 방일하지 않음 때문에 능히 6바라밀을 닦는 것이 점점 증장한다.
193 셋째 죄과가 없는 모습에 있는 업이다. 말하자면 죄과가 없는 모습에 4

선교해서 바라밀다가 속히 원만함을 얻으며,194 ⑥ 바르게 회향하기 때문에 일체 태어나는 곳마다 바라밀다 및 그 사랑할 만한 모든 결과의 이숙이 모두 다함 없음을 얻어서 나아가 무상정등보리에 이른다."195

波羅蜜多 速得圓滿, 正迴向故 一切生處 波羅蜜多 及彼可愛 諸果異熟 皆得無盡 乃至 無上正等菩提."

4.2.11196

(1) 관자재보살이 다시 붓다께 말하였다.
 "세존이시여, 이와 같이 설하신 바라밀다에서 어느 것이 가장 광대하고, 어느 것이 염오가 없으며, 어느 것이 가장 밝고 성하며, 어느 것이 움직일 수 없고, 어느 것이 가장 청정합니까?"197

觀自在菩薩 復白佛言. "世尊, 如是所說 波羅蜜多 何者 最廣大, 何者 無染污, 何者 最明盛, 何者 不可動, 何者 最清淨?"

　구의 업이 있으니, 첫째 능히 바르게 수습하는 것, 둘째 지극히 잘 원만함, 셋째 지극히 잘 청정함, 넷째 지극히 잘 선백함인데, 앞에서 말한 네 가지 사이하여 섞이는 법(=연민 없는 가행, 이치와 같지 않은 가행, 항상하지 않는 가행, 은중하지 않는 가행)을 떠남에 의하기 때문에 이 4구를 말하는 것이다.
194　넷째 분별함 없는 모습에 있는 개별적인 업이다. 말하자면 언사와 같이 모든 모습을 집착하지 않기 때문에 곧 능히 선교한 방편이 모든 바라밀로 하여금 속히 원만함을 얻게 하는 것이니, 십바라밀다 중의 방편이 아니다.
195　다섯째 바르게 회향함의 업이니, 경문과 같아서 알 수 있다.
196　이하는 제11 가장 광대함 등 5상의 문[最廣大等五相門]인데, 먼저 (1)에서 묻고, 뒤의 (2)에서 답하신다.
197　이는 곧 보살이 다른 경전에서 이 다섯 가지 모습이 있다고 함을 일찍이 들었기 때문에 이 물음을 지은 것이다. 혹은 여래의 가피력 때문에 이 물음을 지은 것일 수도 있다.

(2) 붓다께서 관자재보살에게 말씀하셨다.

"① 선남자여, 염착함이 없는 성품, 돌아보고 그리워함이 없는 성품, 바르게 회향하는 성품은 가장 광대하고,198 ② 죄과가 없는 성품과 분별함 없는 성품은 염오가 없다.199

③ 지을 바를 사유 간택하는 것이 가장 밝고 성하며,200 ④ 이미 퇴전함 없는 법의 지에 들어간 것을 움직일 수 없다고 이름하고,201 ⑤ 만약 제10지가 거두고 불지가 거두는 것이라면 가장 청정하다고 이름한다."202

佛告 觀自在菩薩曰.

"善男子, 無染著性 無顧戀性 正迴向性 最爲廣大,

無罪過性 無分別性 無有染污.

思擇所作 最爲明盛,

已入 無退轉法地者 名不可動,

若十地攝 佛地攝者 名最淸淨."

---

198 이하는 여래께서 바르게 설하시는 것인데, 그 중에 둘이 있다. 처음은 다섯 가지 모습에 의거해 두 가지로 나누는 것이고, 뒤의 ③ 이하는 지위의 지에 의거해 뒤의 세 가지 모습을 해석하는 것이다.
 이는 곧 다섯 중 염착함이 없는 성품, 돌아보고 그리워함이 없는 성품, 바르게 회향하는 성품의 세 가지는 가장 광대하다고 이름한다는 것이니, 행상이 광대해서 모든 지위 중을 거두더라도 상위하지 않기 때문이다.
199 다섯 중 죄과가 없는 성품 및 분별함 없는 지혜를 염오가 없다고 이름하니, 말하자면 행하는 바라밀다의 자성에 잡염이 없고, 분별함 없는 지혜는 능히 잡염을 제거하기 때문이다. 이 잡염 없는 성품도 역시 모든 지위에 공통된다.
200 이하는 둘째 지위에 의거해 뒤의 세 모습을 분별하는 것이다. 이는 밝고 성함을 해석하는 것인데, 밝음은 그 6바라밀다가 지을 일을 뛰어나게 사유 간택하게 때문에 밝고 치성하다고 이름하니, 이는 곧 지위가 앞의 7지에 있는 것이다.
201 제4 움직일 수 없는 모습이니, 제8·제9의 두 가지 지이다. 움직이지 않는다는 뜻은 위에서 이미 말한 것과 같다.

4.2.12[203]

(1) 관자재보살이 다시 붓다께 말하였다.

"세존이시여, 무슨 인연 때문에 보살이 얻는 바라밀다의 모든 사랑할 만한 결과 및 모든 이숙은 늘 다함이 없으며, 바라밀다도 또한 다함이 없습니까?"[204]

觀自在菩薩 復白佛言.
"世尊, 何因緣故 菩薩所得 波羅蜜多 諸可愛果 及諸異熟 常無有盡, 波羅蜜多 亦無有盡?"

(2) 붓다께서 관자재보살에게 말씀하셨다.

"선남자여, 전전하여 서로 의지해서 생기하고 닦아 익힘에 중단이 없기 때문이다."[205]

佛告 觀自在菩薩曰.
"善男子, 展轉相依 生起修習 無間斷故."

4.2.13[206]

---

202 제5 가장 청정한 모습이다. 말하자면 제10지는 인위 중에 가장 뛰어나고, 여래지라면 과위 중에 가장 뛰어나서 구경 청정하기 때문이다.
203 이하 제12 6바라밀다 인과의 다함 없는 문[六度因果無盡門]인데, 그 중 먼저 (1)은 묻는 것이고, 뒤의 (2)는 답하시는 것이다.
204 이는 결과와 원인이 항상 다함 없는 것을 묻는 것이다. 6바라밀다라는 원인과, 그 바라밀다로 얻는 이계과 등의 네 가지 사랑할 만한 모든 결과(=이계과·등류과·사용과·증상과) 및 이숙과인데, 이와 같은 다섯 가지를 총체적으로 결과라고 이름하였다. 다섯 가지 결과를 자세히 해석하자면 《잡집론》 제12권에서와 같다.
205 말하자면 6바라밀다에 의지하면 모든 결과를 얻을 수 있고, 결과에 의지하기 때문에 6바라밀다를 닦을 수 있으니, 이와 같이 전전해서 서로 의지하여 생기함이 중단이 없기 때문에 곧 다함이 없는 뜻이다. 《잡집론》에서 이르기를, "미래세에 후후로 증승함이 전전하여 생기하니, 이는 모든 바라밀다의 등류과이다."라고 하였다.

(1) 관자재보살이 다시 붓다께 말하였다.

 "세존이시여, 무슨 인연 때문에 이 모든 보살들은 바라밀다를 깊이 믿고 애락하면서, 이와 같은 바라밀다로 얻는 사랑할 만한 모든 결과의 이숙에 대해서는 그렇지 않습니까?"207

(2) 붓다께서 관자재보살에게 말씀하셨다.

 "① 선남자여, 다섯 가지 인연 때문이니,208 ② 첫째 바라밀다는 가장 증상한 희락의 원인이기 때문이고, 둘째 바라밀다는 그 일체 자·타를 구경 요익하는 원인이기 때문이며, 셋째 바라밀다는 미래세의 그 사랑할 만한 결과의 이숙인異熟因이기 때문이고, 넷째 바라밀다는 모든 잡염이 의지하는 일이 아니기 때문이며, 다섯째 바라밀다는 필경 변괴하는 법이 아니기 때문이다."209

觀自在菩薩 復白佛言.
"世尊, 何因緣故 是諸菩薩 深信愛樂 波羅蜜多, 非於如是 波羅蜜多 所得 可愛諸果異熟?"

佛告 觀自在菩薩曰.
"善男子, 五因緣故,
一者 波羅蜜多 是最增上 喜樂因故, 二者 波羅蜜多 是其究竟 饒益一切 自他因故, 三者 波羅蜜多 是當來世 彼可愛果 異熟因故, 四者 波羅蜜多 非諸雜染 所依事故, 五者 波羅蜜多 非是畢竟 變壞法故."

---

206 이하는 제13 바라밀다를 사랑하면서 바라밀다의 결과를 애착하지 않는 문[愛度不愛度果門]인데, 먼저 (1)에서 묻고, 뒤의 (2)에서 답하신다.
207 이는 곧 어떻게 보살은 바라밀다를 사랑하면서 바라밀다를 행하여 얻는 결과를 애착하지 않는지를 청문하는 것이다.
208 이하는 세존께서 바로 설하시는 것인데, 그 중에 둘이 있다. 처음 ①은 글을 표방하고 수를 드는 것이고, 뒤의 ②는 차례로 개별적으로 해석하는 것이다.

4.2.14[210]

(1) 관자재보살이 다시 붓다께 말하였다.
"세존이시여, 일체 바라밀다에는 각각 몇 가지 가장 뛰어난 위덕이 있습니까?"

觀自在菩薩 復白佛言.
"世尊, 一切波羅蜜多 各有幾種 最勝威德?"

(2) 붓다께서 관자재보살에게 말씀하셨다.

佛告 觀自在菩薩曰.

"① 선남자여, 일체 바라밀다에는 각각 네 가지의 가장 뛰어난 위덕이 있다고 알아야 한다.[211]

"善男子, 當知 一切波羅蜜多 各有四種 最勝威德.

② 첫째 이 바라밀다를 바르게 수행할 때 능히 인색함, 범계, 마음의 분노, 해태, 산란, 견취見趣의 다스릴 대상들을 버리고,[212] 둘째 이를 바르게 수행할 때 능히 무상정등보리의 진실한 자량이 되

一者 於此波羅蜜多 正修行時 能捨慳悋 犯戒 心憤 懈怠散亂 見趣所治, 二者 於此 正修行時 能爲無上 正等菩提

---

209 이는 둘째 차례로 다섯 가지 원인의 모습을 개별적으로 해석하는 것이다. 그 차례대로 타수용신의 지혜 및 불과가 수용하는 법락이라는 희락의 원인이기 때문이나, 그 이숙은 아니며, 이것은 뛰어난 작용이 있어서 구경의 자리·이타의 원인이기 때문이고, 뛰어난 공능으로 미래의 이숙을 감득하는 원인이기 때문이며, 업과 번뇌가 의지하는 원인이 아니기 때문이고, 이숙의 받고 나서 다함[受已盡]과 같은 것이 아니기 때문이다.
210 이하는 제14 모든 바라밀다 위덕의 종류의 수의 문[諸度威德種數門]인데, 먼저 (1)에서 묻고, 뒤의 (2)에서 답하신다.
211 이하 여래께서 바로 설하시는 것 중에는 둘이 있으니, 처음 ①은 글을 표방하고 수를 드는 것이고, 뒤의 ②는 차례로 개별적으로 해석하는 것이다.
212 말하자면 그 6바라밀다는 그 차례대로 능히 6폐六弊를 제거한다. 《잡집론》에서 이르기를, "말하자면 자기의 끊어야 할 장애를 능히 영원히 끊으니, 이는 모든 바라밀다의 이계과이다."라고 하였다.

며,213 셋째 이를 바르게 수행할 때 현재의 법 중에서 능히 스스로 유정을 섭수하여 요익하고,214 넷째 이를 바르게 수행할 때 미래세에 능히 광대하고 다함 없는 사랑할 만한 모든 결과의 이숙을 얻는다."215

眞實資糧, 三者 於此 正修行時 於現法中 能自攝受 饒益有情, 四者 於此 正修行時 於未來世 能得廣大 無盡可愛 諸果異熟."

4.2.15[216]

(1) 관자재보살이 다시 붓다께 말하였다. "세존이시여, 이와 같은 일체 바라밀다는 무엇이 원인이고, 무엇이 결과이며, 어떤 의리가 있습니까?"217

觀自在菩薩 復白佛言. "世尊, 如是一切 波羅蜜多 何因, 何果, 有何義利?"

(2) 붓다께서 관자재보살에게 말씀하셨 佛告 觀自在菩薩曰.

....

213 둘째 위덕은 능히 보리의 진실한 자량이 되는 것이니, 능히 법신에게 요인了因이 되기 때문이다. 《잡집론》에서 이르기를, "대보리는 모든 바라밀다의 증상과이다."라고 하였다.
214 이는 셋째 위덕을 밝히는 것이니, 현재의 몸 중에서 유정을 요익하기 때문이다. 《잡집론》에서 이르기를, "현재의 법 중에서 이 보시 등으로 말미암아 자·타를 섭수하니, 이는 사용과이다."라고 하였다.
215 이는 넷째 위덕이니, 6바라밀다로써 얻는 모든 결과의 이숙이다. 《잡집론》에서 이르기를, "큰 재부를 감득하고, 선취에 왕생하며, 원한 없고 무너짐 없이 모든 희락이 많고, 유정 중에서 존귀하며, 몸에 손해 받음이 없고, 광대한 종족인 것은 보시 등 바라밀다의 이숙과이다."라고 하였다.
216 이하는 제15 모든 바라밀다의 인과와 의리의 문[諸度因果義利門]인데, 그 중에 둘이 있으니, 먼저 (1)은 묻는 것이고, 뒤의 (2)는 답하시는 것이다.
217 이는 그 세 가지 뜻을 묻는 것이니, 첫째 원인, 둘째 결과, 셋째 의리이다.

다.

"선남자여, 이와 같은 일체의 바라밀다는 대비를 원인으로 하고, 미묘하고 사랑할 만한 모든 결과의 이숙과 일체 유정 요익함을 결과로 하며, 원만하고 위없으며 광대한 보리를 큰 의리로 한다."218

"善男子, 如是一切 波羅蜜多 大悲爲因, 微妙可愛 諸果異熟 饒益一切有情 爲果, 圓滿無上廣大菩提 爲大義利."

4.2.16[219]
(1) 관자재보살이 다시 붓다께 말하였다.

"세존이시여, 만약 모든 보살이 일체 다함 없는 재보를 구족하고 대비를 성취하였다면 무슨 인연으로 세간에는 현재 얻을 수 있는 중생의 빈궁함이 있습니까?"220

觀自在菩薩 白佛言.

"世尊, 若諸菩薩 具足一切 無盡財寶 成就大悲 何緣世間 現有衆生貧窮可得?"

(2) 붓다께서 관자재보살에게 말씀하셨다.

"① 선남자여, 이 모든 중생들의 자기

佛告 觀自在菩薩曰.

"善男子, 是諸衆生 自

---

218 말하자면 모든 보살은 대비의 힘으로 말미암아 6바라밀다를 행하고, 바라밀다를 행하기 때문에 뛰어난 이숙을 감득하고 유정을 요익하며, 이 인연으로 말미암아 능히 무상정등보리를 얻는다는 것이다.
219 이하는 제16 중생의 자기 업의 과실의 문[衆生自業過失門]인데, 그 중에 둘이 있으니, 먼저 (1)은 묻는 것이고, 뒤의 (2)는 답하시는 것이다.
220 말하자면 모든 보살이 재보와 대비의 2연을 구족하였다면, 어떻게 세간에 중생의 빈궁과 고뇌가 현재 있는가라는 것이다.

업의 과실이다.221 ② 만약 그렇지 않다면 보살이 늘 남을 요익하려는 마음을 품고 또 늘 다함 없는 재보를 구족하거늘, 만약 모든 중생들에게 자신의 악업이 능히 장애가 됨이 없다면, 어찌 세간에 얻을 수 있는 빈궁이 있겠는가?222

③ 비유하면 아귀는 큰 열과 갈증이 그 몸을 핍박함이 되더라도 큰 바다의 물이 모두 다 마른 것을 보는 것은, 큰 바다의 허물이 아니라, 모든 아귀들 자신의 업의 허물일 뿐임과 같다.223

④ 이와 같이 보살이 베푸는 재보는 마치 큰 바다와 같아서 과실이 없고, 이 모든 중생들 자신의 업의 허물일 뿐이니, 마치 아귀가 자신의 악업의 힘으로

業過失. 若不爾者
菩薩常懷 饒益他心
又常具足 無盡財寶
若諸衆生 無自惡業
能爲障礙, 何有世閒
貧窮可得?

譬如餓鬼 爲大熱渴
逼迫其身 見大海水
悉皆涸竭, 非大海過,
是諸餓鬼 自業過耳.

如是菩薩 所施財寶
猶如大海 無有過失, 是
諸衆生 自業過耳,
猶如餓鬼 自惡業力

---

221 이하는 둘째 여래께서 바로 설하시는 것인데, 그 중에 셋이 있으니, 처음은 법이고, 다음 ③은 비유이며, 뒤의 ④는 합하는 것이다. 법을 설하는 것 중에는 둘이 있으니, 처음 ①은 수순해 해석하는 것이고, 뒤의 ②는 반대로 해석하는 것이다.
　이는 곧 처음이다. 보살이 비록 재보와 대비를 갖추었더라도 그 중생들의 자신의 악업 때문에 보살의 재보를 능히 수용하지 못하는 것이므로, 보살의 허물이 아니라는 것이다.
222 이는 둘째 반대로 해석하는 것이다. 중생이 만약 자신의 업에 의한 것이 아니라면 세간에는 얻을 수 있는 빈궁이 없을 것이니, 보살이 능히 남을 요익하기 때문이다. 이미 빈궁이 있으므로 자기 업 때문임을 알 것이다.
223 이는 곧 둘째 비유를 들어서 거듭 설하는 것이다. 아귀가 자기 악업의 힘으로 말미암아 바다가 마른 것을 보는 것은 바다의 허물이 아닌 것과 같다.

결과가 없게 하는 것과 같다."²²⁴   令無有果."

4.2.17²²⁵

(1) 관자재보살이 다시 붓다께 말하였다.   觀自在菩薩 復白佛言.

"세존이시여, 보살은 어떤 바라밀다로써 일체법의 자성 없는 성품을 취합니까?"²²⁶   "世尊, 菩薩以何等 波羅蜜多 取一切法 無自性性?"

(2) 붓다께서 관자재보살에게 말씀하셨다.   佛告 觀自在菩薩曰.

"선남자여, 반야般若바라밀다로써 능히 모든 법의 자성 없는 성품을 취한다."²²⁷   "善男子, 以般若波羅蜜多 能取諸法 無自性性."

(3) "① 세존이시여, 만약 반야바라밀다로써 모든 법의 자성 없는 성품을 능히   "世尊, 若般若波羅蜜多 能取諸法 無自性性,

---

224 이는 셋째 법을 들어서 비유와 같게 하는 것인데, 글과 같아서 알 수 있을 것이다.
225 이하는 제17 반야로 법의 성품 없음을 취하는 문[般若取法無性門]인데, 그 중에 다섯이 있다. 첫째 (1)의 물음, 둘째 (2)의 답함, 셋째 (3)의 ①의 힐난함, 넷째 ②의 통하게 함, 다섯째 ③의 맺음이다.
226 이는 곧 첫째 보살이 청문하는 것이다. 6바라밀다 중 어떤 바라밀다로써 능히 모든 법의 성품 없음을 취하는가.
227 이는 둘째 여래께서 바로 답하시는 것이다. 제6과 제10의 반야는 지혜의 성품이기 때문에 능히 모든 법의 자성 없는 성품을 취한다. 그런데 여기에서 말하는 자성 없는 성품은 곧 진여의 자성 없는 성품이다. 혹은 세 가지 무자성의 성품이기도 하다.

취한다면, 무엇 때문에 자성 있는 성품은 취하지 않습니까?"²²⁸

"② 선남자여, 나는 끝내 자성 없는 성품으로써 자성 없는 성품을 취한다고 말하지 않는다.²²⁹ 그런데 자성 없는 성품은 모든 문자를 떠나서 스스로 안으로 증득하는 것이지만,²³⁰ 언설과 문자를 버리고는 능히 펴 설할 수는 없으니,²³¹ ③ 이 때문에 나는 반야바라밀다

"何故不取 有自性性?"

"善男子, 我終不說 以無自性性 取無自性性. 然無自性性
離諸文字 自内所證,
不可捨於 言說文字
而能宣說,
是故我說　般若波羅蜜

---

228 이는 셋째 보살이 힐난을 시설하는 것이다. 이 힐난의 뜻이 말하는 것은, 만약 성품 없음을 취한다면 곧 집착이라, 응당 집착대상[所執]도 취해야 할 것인데, 어떻게 자성 있는 성품은 취하지 않는가라는 것이다. 또 해석하자면 말하자면 반야로써 능히 모든 법의 자성 없는 성품을 취한다면, 또한 응당 자성 있는 성품도 능히 취해야 할 것이니, 하나의 진여에는 성품과 성품 없음의 뜻이 갖추어져 있기 때문이다.
229 이하는 넷째 여래께서 해석해 통하게 하시는 것인데, 그 중에 셋이 있으니, 반대로 해석하는 것, 수순해 해석하는 것, 외인의 숨은 힐난을 통하게 하는 것이다.
　이는 곧 반대로 해석해서 외인의 힐난을 통하게 하는 것인데, 두 가지 해석이 있다. 제1설은, 「나는 끝내 자성 없는 성품에 집착함이 있어서 자성 없는 성품을 취한다고 말하지 않으니, 그래서 나는 자성 있는 성품을 취하는 것도 말한다.」라고 하고, 제2설은, 「나는 끝내 자성 없는 성품으로써 자성 없는 성품을 취한다고 말하지 않으니, 자성 없는 성품은 명언을 떠났기 때문이다. 그러므로 또한 자성 있는 성품을 취하는 것도 말할 수가 없다.」라고 한다.
230 이는 둘째 수순해 해석하는 것이니, 자성 없는 성품은 안으로 증득하는 것이다.
231 이는 셋째 외인의 숨은 힐난을 해석하는 것이다. 말하자면 외인이 숨은 힐난으로 '만약 언설을 떠난 것이라면 어째서 앞에서는 반야로써 능히 자성 없는 성품을 취한다고 말했는가'라고 하기 때문에 이 통하게 함을 짓는 것이니, 언설을 버리고는 능히 펴 설할 수가 없기 때문이라는 것이다.

로써 능히 모든 법의 자성 없는 성품을 취한다고 말하는 것이다."

多 能取諸法 無自性性."

4.2.18[232]

(1) 관자재보살이 다시 붓다께 말하였다.

"세존이시여, 붓다께서 설하신 것과 같은 바라밀다·근近바라밀다·대大바라밀다는, 어떤 것이 바라밀다이고, 어떤 것이 근바라밀다이며, 어떤 것이 대바라밀다입니까?"[233]

觀自在菩薩 復白佛言.

"世尊, 如佛所說 波羅蜜多 近波羅蜜多 大波羅蜜多, 云何 波羅蜜多, 云何 近波羅蜜多, 云何 大波羅蜜多?"

(2) 붓다께서 관자재보살에게 말씀하셨다.

"① 선남자여, 만약 모든 보살들이 한량없는 시간을 지나면서 보시 등을 수행하여 선법을 성취했으나, 여러 번뇌가 여전히 현행하여 아직 능히 제복하지 못하고 오히려 그에 굴복되는, 말하자면 승해행지에서 하·중품의 승해가 구를 때라면 이를 바라밀다라고 이름한다.[234]

佛告 觀自在菩薩曰.

"善男子, 若諸菩薩 經無量時 修行施等 成就善法, 而諸煩惱 猶故現行 未能制伏 然爲彼伏, 謂於勝解行地 軟中勝解轉時 是名 波羅蜜多.

....
232 이하는 제18 세 가지 바라밀다의 문[三種波羅蜜多門]인데, 그 중에 둘이 있으니, 먼저 (1)은 묻는 것이고, 뒤의 (2)는 답하시는 것이다.
233 물음 중에는 둘이 있으니, 먼저 따오고, 뒤에 묻는다.
234 이하는 둘째 여래께서 바로 답하시는 것인데, 그 중에 셋이 있으므로 곧 3단이 된다. 이는 곧 첫째 처음 것을 해석하는 것이다.

② 다시 한량없는 시간 동안 보시 등을 수행하여 점점 다시 증상하게 선법을 성취하면, 여러 번뇌가 여전히 현행하기는 하지만, 그러나 능히 제복해서 그에 굴복되는 바 아니니, 말하자면 초지에서 그 이상은 이를 근바라밀다라고 이름한다.235

③ 다시 한량없는 시간 동안 보시 등을 수행하여 더욱 다시 증상하게 선법을 성취하면 일체 번뇌가 다 현행하지 않으니, 말하자면 제8지에서 그 이상은 이를 대바라밀다라고 이름한다."236

復於無量時　修行施等
漸復增上　成就善法,
而諸煩惱　猶故現行,
然能制伏
非彼所伏, 謂從初地
已上 是名 近波羅蜜多.

復於無量時　修行布施
等　轉復增上　成就善法
一切煩惱　皆不現行,
謂從八地已上
是名 大波羅蜜多."

....
3아승기에 닦는 보시 등으로 세 가지 이름이 차별된다. 말하자면 첫 아승기에 성취하는 보시 등으로는 6폐 등이 증승하기 때문에 현행하고 아직 능히 그것을 조복하지 못하며, 오히려 6폐에 제복된다, '말하자면 승해행지에서'라고 한 것은 그 지위를 낸 것이고, '하·중품의 승해가 구를 때'라고 함은 수행할 때를 낸 것이니, 지전에 닦는 것은 아직 상품을 이루지 못하므로 이는 하품·중품의 승해가 구를 때이다.

235 이는 둘째 물음에 답하는 것인데, 그 중에 세 마디이니, 처음은 해석하는 것이고, 다음은 지위를 내는 것이며, 뒤는 이름을 맺는 것이다. 말하자면 초지에서 그 위로 제2의 아승기에 닦는 보시 등은 점점 증상하기 때문에 탐욕 등의 번뇌가 비록 다시 현행하기는 하지만, 그러나 그것을 능히 조복해서 그에 굴복되는 바가 아니어서, 점차 보리에 근접하므로 근바라밀다가 되는 것이다.

236 이는 셋째 물음에 답하는 것인데, 그 중에 세 마디는 앞에 준해서 알아야 한다. 말하자면 제8지 이상의 제3의 아승기에 닦는 보시 등은 더욱 증상하기 때문이고, 관찰에 든 것[入觀]에 해당하기 때문에 일체 번뇌가 다 현행하지 않으며, 제8지 이상은 공용 없이 닦아서 낱낱의 행 중에서 한량없는 행을 일으키기 때문에 대바라밀다라는 이름을 얻는다.

4.3[237]

⑴ ① 관자재보살이 다시 붓다께 말하였다.

"세존이시여, 이 모든 지 중에서 번뇌의 수면은 몇 가지가 있을 수 있습니까?"[238]

② 붓다께서 관자재보살에게 말씀하셨다.

"선남자여, 대략 세 가지가 있다.[239]

③ 첫째는 짝을 해친 수면[해반害伴수면]이니, 전 5지에서를 말한다. 왜냐하

觀自在菩薩 復白佛言.

"世尊, 此諸地中 煩惱隨眠 可有幾種?"

佛告 觀自在菩薩曰.

"善男子, 略有三種.
一者 害伴隨眠,
謂於前五地. 何以故

---

[237] 이하는 셋째 지 중의 수면 등의 장애를 분별하는 것이다. 그 중에 넷이 있으니, ⑴은 수면의 종류의 수의 다소를 분별하는 것이고, ⑵는 추중을 끊어서 현시하는 바를 분별하는 것이며, ⑶은 추중을 끊는 시간의 분위를 분별하는 것이고, ⑷는 보살의 번뇌의 공덕과 과실을 분별하는 것이다.
[238] 이는 곧 첫째 수면의 종류의 수의 다소를 분별하는 것인데, 그 중 처음 ①은 묻는 것이고, 뒤의 ② 이하는 답하시는 것이다.
　　범어로 아노사ⓢanuśaya는 여기 말로는 수면인데, '수'는 따라서 쫓는 것[隨逐]을 말하고, '면'은 잠들어 잠복한 것[眠伏]을 말하니, 수행자를 따라 쫓으면서 잠들어 잠복해서 일어나지 않는 것을 수면이라고 이름한다. 살바다종에서는 탐욕 등의 번뇌가 경계를 따라서 늘기 때문에 수면이라고 이름하고, 대중부 등에서는 현행을 얽음[纏]이라고 이름하고 불상응행을 수면이라고 이름하는 것은, 《이부종륜론》에서와 같지만, 이와 같은 등의 설은 다 이치에 맞지 않으니, 수면의 이름과 뜻이 상응하지 않기 때문이다. 경량부 및 대승의 종지에서는 곧 종자를 말하여 수면이라고 이름한다.
[239] 이하는 둘째 여래께서 바로 답하시는 것인데, 그 중에 둘이 있으니, 처음 ②는 수를 표방하여 간략히 답하는 것이고, 뒤의 ③ 이하는 차례로 개별적으로 해석하는 것이다. 말하자면 번뇌는 갖가지여서 한량이 없지만, 대략 거두면 셋이 된다는 것이다.

면 선남자여, 구생하지 않는 모든 현행의 번뇌는 구생 번뇌의 현행을 돕는 짝인데, 그것이 그 때에는 영원히 다시 없으니, 이 때문에 말하여 짝을 해친 수면이라고 이름한다.240

④ 둘째는 열약한 수면[이열劣수면]이니, 제6·제7지 중에서 미세하게 현행하는 것을 말한다. 만약 닦아서 조복되면 현행하지 않기 때문이다.241

善男子, 諸不俱生 現行煩惱 是俱生煩惱 現行助伴, 彼於爾時 永無復有, 是故說名 害伴隨眠.

二者 羸劣隨眠, 謂於第六 第七地中 微細現行. 若修所伏 不現行故.

---

240 이하는 둘째 세 가지 수면을 차례로 개별적으로 해석하는 것인데, 이는 첫째 짝을 해친 수면[해반害伴수면]을 해석하는 것이다. 글에는 다섯 마디가 있으니, 첫째는 이름을 표방하는 것이고, 둘째는 지위에 배속하는 것이며, 셋째는 물어서 힐난하는 것이고, 넷째는 바로 해석하는 것이며, 다섯째는 이름을 맺는 것이다. 대승의 종지에 의하면 일체 번뇌에는 대략 두 가지가 있으니, 첫째는 구생이고, 둘째는 분별로 일어나는 것이다. '분별'은 곧 견도 소단의 번뇌이고, '구생'이라고 말한 것은 수도 소단의 번뇌이다. 지금 '구생하지 않는 모든 현행의 번뇌'라고 말한 것은 견도 소단의 분별번뇌이고, '구생'이라고 말한 것은 6식과 상응하는 수도 소단의 번뇌인데, 견도의 지위 전에는 전전하여 서로 짝하면서 현행함을 얻지만, 이제 견도 후에는 이미 견혹을 해쳤으므로 짝과 함께 나지 않기 때문에 짝을 해쳤다고 이름한다. 진실에 의거하면 짝을 해친 것은 현행의 번뇌인데도, 수면을 말하여 짝을 해친 것이라고 이름한 것은, 짝을 해친 것의 수면이기 때문에 짝을 해쳤다고 이름한 것이니, 곧 6석 중의 의주석이다.

241 둘째 열약한 수면[이열劣수면]의 글에는 세 마디가 있으니, 이름을 표방하는 것, 지위에 배속하는 것, 이름을 해석하는 것을 말한다. '열약한 수면'이라고 말한 것은 곧 이름을 표방하는 것인데, 역시 의주석임은 위에 준해서 알아야 한다. '제6·제7 중에서 미세하게 현행하는 것'이라고 말한 것은 지위에 배속하는 것이니, 앞의 거친 것을 상대하기 때문에 '미세하다'고 이름하였다. '만약 닦아서 조복되면 현행하지 않기 때문'이라고 말한 것은 '열약'의 뜻을 해석한 것이니, '만약'이란 일정치 않다는 소리이다. 말하자면 어떤 보살은 제7지까지도 번뇌를 조복하지 못하였기 때문에 현행하게

⑤ 셋째는 미세한 수면[미세微細수면]이니, 제8지 이상에서를 말한다. 이 이후부터는 일체 번뇌가 다시 현행하지 않고, 오직 소지장만 있어서 의지가 되기 때문이다."242

三者 微細隨眠, 謂於第八地已上. 從此已去 一切煩惱 不復現行, 唯有所知障 爲依止故."

(2) ① 관자재보살이 다시 붓다께 말하였다.

"세존이시여, 이 모든 수면은 몇 가지 추중을 끊어서 현시하는 것입니까?"243

觀自在菩薩 復白佛言.

"世尊, 此諸隨眠 幾種麤重 斷所顯示?"

....
하고, 또 어떤 보살은 조복해서 일어나지 않게 하니, 이 일정치 못함이 있기 때문이 '만약'이라는 말을 한 것이다. 여기에서의 뜻이 말하는 것은, 설령 그것이 현행한다고 해도 역시 열약하다도 이름한다는 것이니, 왜냐 하면 만약 닦아서 조복되면 현행하지 않기 때문이다.

242 셋째 미세한 수면[미세微細수면]의 글에는 세 마디가 있으니, 이름을 표방하는 것, 지위에 배속하는 것, 이름을 해석하는 것을 말한다. '이 이후부터는' 등이라고 말한 것은 미세하다는 이름의 뜻을 해석하는 것인데, 그 두 가지 원인이 있다. 첫째는 제8지 이상에서는 일체 번뇌가 다 현행하지 않으니, 일체시에 늘 관찰에 들기 때문이다. 설령 관찰에 들지 않았다고 해도 곧 그것의 등류인 멸진정 등이 현행하기 때문이니, 이 도리로 말미암아 일체 번뇌가 현행할 때가 없다. 둘째는 오직 소지장만 있어 의지가 되기 때문이다. 말하자면 제8지 이상에서는 번뇌가 없기 때문에 오직 말나식과 함께 하는 소지장만 있어서 유루법에게 의지할 바가 되기 때문이다. 또 해석하자면 비록 능의能依인 현행의 번뇌는 없지만, 소의所依인 현행의 소지장이 있기 때문에 이 두 가지 원인으로 말미암아 비록 종자가 있다 해도 그 모습을 알기 어려우니, 그래서 미세하다고 이름한다. 이는 곧 미세한 것이 곧 수면이기 때문에 6석 중에서 지업석이다.

243 이하는 둘째 추중을 끊어서 현시하는 바를 분별하는 것인데, 그 중에 둘이 있으니, 먼저 ①에서 묻고, 뒤의 ② 이하에서 답하신다. 그런데 이 일단은 뜻의 취지가 난해하기 때문에 먼저 수면과 추중이 차별되는 모습을 분별하고, 뒤에 경문을 해석하겠다.

'수면'이라고 말하는 것은 종자의 다른 이름이다. 두 가지 장애의 종자가 수행자를 따라 쫓으면서 잠들어 잠복하여 일어나지 않기 때문에 수면이라고 이름한다. 번뇌의 수면에서 견소단인 것은 초지에 들어서 끊고, 나머지 수소단인 것은 끊지 않고 반드시 금강유정에 이르러 일시에 단박 끊는다. 만약 소지장이라면 견소단의 종자는 초지에 들 때 견도의 지위에서 끊고, 수소단인 것은 지地에서 개별적으로 끊되, 다 무간·해탈도를 써서 끊으며, 해탈도에서 택멸을 증득한다.

'추중'이라고 말하는 것은 두 가지 장애의 종자의 세력 분위의 힘 때문에 유루의 몸으로 하여금 감당할 능력이 없게 하는 것을 추중이라고 이름하고, 또한 습기라고 이름하는데, 유루법과 더불어 하나인 것도 아니고 다른 것도 아니다. 끊은 지위와 아직 끊지 못한 지위가 차별되기 때문에 하나라고 말할 수 없고, 오온을 떠난 밖에 별도의 체가 없기 때문에 다르다고 말할 수도 없다. 이 뜻 때문에 다시 따로 무간·해탈의 두 가지 끊는 도를 일으킬 수도 없고, 또한 따로 택멸의 무위를 얻지도 않는다. 단지 지혜의 힘에 의해 점점 종자에 이끌린 추중을 제거할 뿐이다. 이와 같은 추중 및 그 수면에 넓고 좁음이 있는 것은 《유가론》 제2권에서 이르기를, "모든 자체 중에 있는 종자가 만약 번뇌품에 포함되는 것이면 추중이라고 이름하고, 또한 수면이라도 이름하며, 만약 이숙품에 포함되는 것 및 다른 무기품에 포함되는 것이면 오직 추중이라고 이름할 뿐, 수면이라고는 이름하지 않으며, 만약 믿음 등의 선법의 품류에 포함되는 종자라면 추중이라고 이름하지 않고, 또한 수면도 아니다. 왜냐 하면 이 법이 날 때 의지하는 자체에 오직 감당할 능력이 있고 능히 감당하지 못하는 것이 아니기 때문이다."(=소에는 글의 누락이 있어 직접 논서로부터 인용하였음)라고 한 것과 같다. 해석해 말하자면 여기에서 '있는 종자가 만약 번뇌품에 포함되는 것이면 추중이라고 이름한다'고 말한 것은 곧 번뇌의 종자를 추중이라고 이름한 것이고, 여기에서 말한 무감임성이 아니니, 그 종자에는 체성이 있기 때문이다.

그런데 이 추중은 대략 4문으로써 분별하니, 첫째 이름을 해석하는 것, 둘째 체성을 내는 것, 셋째 종류의 수의 다소, 넷째 끊는 지위이다.

이름을 해석하는 것은 먼저 공통된 것이고, 뒤는 개별적인 것이다. '세 가지 추중'에서 셋은 수를 표방하는 것이니, 가죽 등의 셋을 말하고, 모든 선법을 감당할 능력이 없기 때문에 추중이라고 이름한다. 개별적으로 말하면 '가죽[皮]·살[實]·심장[心]'이라고 이름하지만, 혹은 '가죽·살갗[膚]·살'이라고도 이름하고, 혹은 '가죽·살갗·뼈[骨]'라고도 이름한다. 이와 같은 세 가지는 비유를 좇아 이름을 얻은 것이다.

체성을 낸다고 말한 것은, 진제삼장은 《삼무성론》에 의거해서 곧 탐욕

② 붓다께서 관자재보살에게 말씀하　　佛告 觀自在菩薩曰.
셨다.
"선남자여, 단지 두 가지에 의할 뿐이　　"善男子, 但由二種,
니,244 ③ 말하자면 가죽에 있는 추중을　　謂由在皮 麤重斷故

등 수소단의 번뇌를 가죽이라고 말하고, 견소단의 번뇌를 살이라고 하며, 그리고 마음의 번뇌를 심장의 체로 삼았다. 대당삼장(=현장)은 호법의 주장에 의거해서, 두 가지 장애의 종자를 이름해서 수면이라고 부르고, 그것에 이끌린 무감임성을 추중이라고 이름한다고 말한다. 이 도리에 의하면 여기에서의 추중은 곧 종자가 아니다. 《유가론》 제73권에서는 이르기를, 견소단의 번뇌의 추중을 가죽이라고 이름하고, 수소단의 번뇌의 추중을 살이라고 이름하며, 견·수소단의 소지장품의 추중을 심장이라고 이름한다고 하였다. 《양섭론》에서는 지전과 십지의 낱낱 지 중에서 입·주·출심에 의거해서 가죽·살·심장이라고 이름하니, 추·세의 뜻으로써 세 가지로 나눈 것이다. 《불성론》에서는 지각·견해·마음의 전도를 순서대로 가죽·살·심장이라고 이름하였다. 논하는 자의 뜻이 다르므로 회통해 해석할 수 없다.

　종류의 수의 다소란, 어떤 곳에서는 오직 소지장 중에 의거해서 3추중을 여니, 《보살선계경》·《지지론》·《유가론》 제48권에서와 같고, 혹 어떤 곳에서는 번뇌·소지장을 합쳐서 세 가지를 말하니, 《유가론》 제73권에서 번뇌장 중에서 견·수소단을 둘로 나누어서 가죽과 살로 하고, 만약 소지장이라면 다섯 가지 심장의 추중으로 하는 것과 같다.

　끊는 지위라고 말한 것에는 대략 4문이 있다. 제1은 3주(=극희주·무가행무공용무상주·최상성만보살주)에 머물러서 끊기 때문에 가죽 등을 말하는 것이니, 《유가론》 제48권과 같다. 제2는 3수면을 나타내어서 가죽 등 끊는 것을 말하는 것이니, 곧 이 경전과 같다. 제3은 입·주·출심을 따라서 가죽 등을 끊는 것에 의하니, 《양섭론》과 같다. 제4는 실질에 나아가 분별하는 것이니, 12주에서 다 추중을 끊지만 모습의 드러남을 따르기 때문에 셋에 머물러 끊음을 말하니, 《성유식론》 제10권에서와 같다.

　이와 같이 여러 가르침이 다른 까닭은 가죽 등의 셋을 말함으로써 뜻으로 끊는 것에 거칠고 미세한 뜻이 있음을 나타내는 것이다. 이상에서 수면과 추중이 차별되는 뜻을 이미 분별하였으니, 다음은 경문을 해석해야 한다. 여기에서의 묻는 뜻은, 3추중 중 몇 가지를 끊음에 의해 그 수면을 나타내는가라는 것이다.

244 이하는 둘째 여래께서 바로 설하시는 것인데, 그 중에 둘이 있으니, 처음 ②는 수를 표방하여 간략히 답하는 것이고, 뒤의 ③ 이하는 두 가지를 개별

끊기 때문에 그 처음의 둘을 나타내고, 顯彼初二,
다시 살갗에 있는 추중을 끊기 때문에 復由在膚 麤重斷故
그 셋째 것을 나타낸다.245 顯彼第三.

④ 만약 뼈에 있는 추중을 끊었다면 若在於骨 麤重斷者
나는 영원히 일체 수면을 떠났다고 말 我說永離 一切隨眠,
하니, 지위가 불지에 있는 것이다."246 位在佛地."

(3) ① 관자재보살이 다시 붓다께 말하 觀自在菩薩 復白佛言.
였다.

"세존이시여, 몇 불가수겁을 지나면 "世尊, 經幾不可數劫
이러한 추중을 끊을 수 있습니까?"247 能斷 如是麤重?"

적으로 해석하는 것이다. 말하자면 가죽과 살갗의 두 가지 추중을 끊기 때문에 수면을 모두 나타낸다는 것이다.
245 이하는 단지 두 가지에만 의하는 모습을 개별적으로 해석하는 것인데, 그 중에 둘이 있으니, 처음 ③은 단지 두 가지에 의할 뿐임을 해석하는 것이고, 뒤의 ④는 뼈에 있는 것을 끊는 것을 따로 현시하지 않음을 해석하는 것이다.
이는 곧 처음이다. 말하자면 앞에서 말한 세 가지 수면은 단지 소지장 중의 두 가지 추중을 끊어서 현시하는 것일 뿐이니, 이른바 첫째는 극희지에서 나아가 제7지에 이르기까지 가죽의 추중을 끊는데, 이 한 가지 추중을 끊는 뜻에 의해 짝을 해친 수면과 열약한 수면이 추중을 떠나는 뜻을 능히 나타내고, 또 제2의 추중을 끊음에 의해 곧 제9지와 제10지(=제8 내지 제10의 오기일 듯) 중의 미세한 수면이 추중을 떠나는 뜻을 능히 현시한다.
246 이 뜻이 말하는 것은, 소지장 중 뼈에 있는 추중은 극히 미세하기 때문에 해탈도에 이르러야 비로소 능히 다 끊으므로, 이 지위 중에서는 세 가지 수면이 추중을 떠나는 뜻을 개별적으로 현시하지 않고, 총상으로써 현시하니, 지위가 불과에 있어서 영원히 세 가지 수면의 종자를 떠난다는 것이다.
247 이하는 셋째 추중을 끊는 시절을 분별하는 것인데, 그 중에 둘이 있으니, 먼저 ①에서 묻고, 뒤의 ②에서 답하신다.

② 붓다께서 관자재보살에게 말씀하셨다.

"선남자여, 3대 불가수 겁 혹은 무량 겁을 지나야 하니, 이른바 해, 달, 반 달, 낮, 밤, 한 시간, 반 시간, 수유, 순식, 찰나 분량의 겁으로는 셀 수 없기 때문이다."248

佛告 觀自在菩薩曰.

"善男子, 經於三大 不可數劫 或無量劫, 所謂 年月半月 晝夜一時 半時須臾 瞬息刹那 量劫不可數故."

⑷ ① 관자재보살이 다시 붓다께 말하였다.

"세존이시여, 이 모든 보살들이 모든 지 중에서 내는 번뇌는 어떤 모습, 어떤 과실, 어떤 공덕이라고 알아야 합니까?"249

觀自在菩薩 復白佛言.

"世尊, 是諸菩薩 於諸地中 所生煩惱 當知何相, 何失, 何德?"

② 붓다께서 관자재보살에게 말씀하셨다.

"선남자여, 오염이 없는 모습이다.250

佛告 觀自在菩薩曰.

"善男子, 無染汚相.

---

248 지금 이 경문을 해석하는 것에는 양설이 있다. 제1설은, 「첫 불가수에 가죽을 끊고, 제2에 살갗을 끊으며, 제3에 뼈를 끊는다.」라고 한다. 제2설은, 「앞의 2아승기에 가죽의 추중을 끊고, 제3에 살갗을 끊으며, 여래지에 들 때 뼈의 추중을 끊는다.」고 한다. 비록 양설이 있지만, 뒤의 설이 경전에 수순한다. '무량'이라고 말한 것은 해·달 등에 의해서는 셀 수 없기 때문에 무량 겁이라고 이름한 것이다.
249 이하는 넷째 보살의 번뇌의 공덕과 과실을 분별하는 것인데, 그 중에 둘이 있으니, 먼저 ①에서 묻고, 뒤의 ② 이하에서 답하신다.
250 이하는 둘째 세존께서 위의 세 가지 물음에 바로 답하시는 것이므로, 곧 셋으로 나누어진다. 이는 처음의 물음을 해석하는 것인데, 그 중에 넷이 있

③ 어째서이겠는가? ④ 이 모든 보살들은 초지 중에서 결정적으로 일체 모든 법의 법계를 이미 잘 통달했기 때문이다. 이 인연으로 말미암아 보살은 반드시 알고 바야흐로 번뇌를 일으키는 것이지, 알지 못하는 것이 아니니,251 ⑤ 이 때문에 말하기를 오염이 없는 모습이라고 이름한다.

⑥ 자신의 몸 중에서 능히 괴로움을 내지 않으니, 따라서 과실이 없다.252 ⑦ 보살은 이와 같은 번뇌를 일으켜서 유정계에서 능히 괴로움의 원인을 끊으니, 이 때문에 그에게는 한량없는 공덕이 있는 것이다."253

何以故? 是諸菩薩
於初地中 定於一切 諸
法法界 已善通達.
由此因緣 菩薩要知
方起煩惱,
非爲不知,
是故說名 無染污相.

於自身中 不能生苦,
故無過失.
菩薩生起 如是煩惱 於
有情界 能斷苦因,
是故彼有 無量功德."

....
다. 이는 곧 첫째 이름을 표방하여 간략히 답하는 것이고, 뒤의 ③은 둘째 반대로 힐난하는 것이다.
251 이는 셋째 바로 해석하는 것이다. 말하자면 능히 번뇌의 과실을 요지하면서 바야흐로 번뇌를 일으키기 때문에 잡염 없는 모습이라고 이름한다. 진실에 의거한다면 잡염이지만, 지혜를 좇아 내므로 잡염이 없다고 이름한다. 또 《무상의경》에서 이르기를, "아난이여, 일체의 제불께서는 인지因地 중에 계실 때 여래계에 의지해 선근을 수행하고, 중생을 이롭게 하기 위해 삼계에 와서 드셨으니, 이 모든 보살들은 생·노 등의 괴로움이 진실로 있었던 것이 아니다. 왜냐하면 이미 여래계를 여실하게 보셨기 때문이니, 비록 번뇌가 있더라도 오염시킬 수 없었다."라고 하였으니, 갖추어 말한다면 그와 같다. 뒤의 ⑤는 넷째 맺는 글이니, 알 수 있을 것이다.
252 이는 제2의 물음에 답하는 것이다. 비록 번뇌가 있다 해도 이미 처음에 조복했기 때문에 괴로움을 능히 내지 못하니, 따라서 허물을 이루지 못한다.
253 이하는 제3의 물음에 답하는 것인데, 그 중에 둘이 있으니, 처음 ⑦은 여

⑧ 관자재보살이 다시 붓다께 말하였다.

"매우 기이합니다, 세존이시여, 무상보리에는 이에 이와 같은 큰 공덕의 이로움이 있어서,254 모든 보살들이 일으키는 번뇌로 하여금 오히려 일체 유정·성문·독각의 선근보다 뛰어나게 하거늘, 어찌 하물며 그 나머지 한량없는 공덕이겠습니까?"255

觀自在菩薩 復白佛言.

"甚奇, 世尊, 無上菩提 乃有如是 大功德利, 令諸菩薩 生起煩惱 尚勝一切 有情聲聞 獨覺善根, 何況其餘 無量功德?"

4.4256

....

래의 답이고, 뒤의 ⑧은 보살의 찬탄이다. 이는 곧 처음이다. 말하자면 보살이 의도적으로 번뇌를 일으켜서 중생의 괴로움을 끊으므로 괴로움을 끊는 원인이라고 이름한다.(=이 해석에 의하면 본문은, "보살이 일으키는 이와 같은 번뇌는 유정계에서 능히 괴로움을 끊는 원인이니"라고 번역해야 할 듯) 또 해석하자면 보살 때문에 중생의 번뇌를 끊으므로, 곧 중생의 번뇌를 괴로움의 원인이라고 이름한 것이니, 생사의 괴로움을 감득함은 번뇌에 의하기 때문이다.(=본문의 번역은 이 뒤의 해석과 상응함)

254 이는 보살이 찬탄하는 것인데, 그 중에 둘이 있으니, 처음 여기까지는 붓다의 공덕을 찬탄하는 것이고, 뒤의 그 아래는 보살의 공덕을 찬탄하는 것이다. 말하자면 보살이 구하는 바 미래의 보리에는 이에 이와 같은 큰 공덕의 이로움이 있다는 것이다.

255 이는 둘째 보살의 공덕을 찬탄하는 것이다. 보살이 일으키는 번뇌의 선근은 오히려 일체 범부·이승에 있는 선근보다 뛰어나거늘, 어찌 하물며 그 나머지 모든 선한 공덕이겠는가. 범부의 발심도 곧 이승보다 뛰어나거늘, 어찌 하물며 지상의 보살이 중생을 이롭게 하기 위해 의도적으로 일으킨 번뇌이겠는가.

256 이하는 넷째 일승을 설하신 뜻을 분별하는 것인데, 그 중에 둘이 있으니, 먼저 ①은 묻는 것이고, 뒤의 ② 이하는 설하시는 것이다.

⑴ ① 관자재보살이 다시 붓다께 말하였다.

"세존이시여, 세존께서는 성문승이든 다시 대승이든 오직 일승이라고 설하셨는데, 이는 어떤 비밀한 뜻입니까?"257

② 붓다께서 관자재보살에게 말씀하셨다.

"선남자여, 나는 그 성문승 중에서는 갖가지 모든 법의 자성을 펴 설했으니, 이른바 오온이나 혹은 내육처나 혹은 외육처의 이와 같은 등의 부류이지만, 대승 중에서는 곧 그 법들은 같은 하나의 법계이고, 같은 하나의 이취이기 때문에 나는 승의 차별되는 성품을 설하지 않는다.258

觀自在菩薩 復白佛言.

"世尊, 如世尊說 若聲聞乘 若復大乘 唯是一乘, 此何密意?"

佛告 觀自在菩薩曰.

"善男子, 如我於彼 聲聞乘中 宣說種種 諸法自性, 所謂五蘊 或內六處 或外六處 如是等類, 於大乘中 卽說彼法 同一法界 同一理趣 故我不說 乘差別性.

---

257 이는 곧 청문하는 것이다. 말하자면 붓다 세존께서는 여러 아함 중에서 성문승을 설하시고, 대승경전 중에서 보살승을 설하시며, 곧 그 두 가지를 말하여 일승이라고 설하신 것은 《법화경》 등에서와 같은데, 이것은 어떤 비밀한 뜻인가라는 것이다.

258 이하는 둘째 여래께서 바로 설하시는 것인데, 그 중에 셋이 있다. 처음 ②는 비밀한 뜻을 바로 해석하는 것이고, 다음 ③ 이하는 미혹한 자가 잘못 집착함을 밝히는 것이며, 뒤의 ⑤는 비밀한 뜻을 맺어 이루는 것이다.

　이는 곧 바로 설하시는 것이다. 붓다께서 관자재보살에게 이르시기를, 나는 그 성문승 중에서는 온 등과 이 이취로 말미암는 모든 승의 차별을 설했지만, 나는 이 대승의 가르침 중에서는 같은 하나의 성품을 말하니, 진여가 같기 때문이라고 하신다. 혹은 앞의 제2권(=2.2.5)에서는, 같은 하나의 이취이며 도를 같이 하기 때문에 일승이라고 설하지만, 모든 승에 차별이 없는 것은 아니라고 말하였다.

③ 그 중에서 혹 누군가는 말과 같이 뜻에 망령되이 분별을 일으켜서, 한 부류는 증익하고, 한 부류는 손감하며,259 ④ 또 모든 승의 차별되는 도리에 대해 상호 상위하다고 말하고, 이와 같이 전전해서 번갈아 쟁론을 일으킨다.260

⑤ 이와 같은 것을 이름해서 이 중의 비밀한 뜻이라고 한다."261

於中或有 如言於義 妄起分別, 一類 增益, 一類 損減, 又於諸乘 差別道理 謂互相違, 如是展轉 遞興諍論.

如是名爲 此中密意."

---

259 이하는 둘째 잘못 집착하는 것인데, 그 중에 둘이 있으니, 처음 ③은 증익·손감함을 밝히는 것이고, 뒤의 ④는 쟁론을 일으키는 것이다.

  이는 곧 처음이다. 말하자면 여래께서 삼승의 가르침의 문을 설하심에, 글과 같이 뜻을 집착해서 삼승을 설하는 것을 듣고는 삼승이 한결같이 각각 다르다고 결정해 집착하는 것을 증익한다고 이름하니, 붓다가 이루어지는 뜻이 결정적이지 못하다는 뜻[不定佛成義]을 인정하지 않기 때문이다. 혹은 일승이므로 모두 다 성불한다고 함을 듣고 결정코 오직 일승뿐이라고 하는 것을 손감한다고 이름하니, 적정으로는 붓다를 이루지 못함을 손감하기 때문이다.

260 이는 둘째 함께 쟁론을 일으키는 것이다. 말하자면 일승을 설하면 삼승이란 방편의 설이라고 결정해 알고, 삼승 설하는 것을 들으면 삼승은 일승에 어긋난다고 결정해 집착하지만, 그 진실한 뜻을 논한다면 삼승이 있다고 설하더라도 일승에 어긋나지 않으니, 삼승이 다르다고 해도 같은 하나의 진여이기 때문이다. 삼승 혹은 일승은 상호 서로 어긋나지 않는다. 그래서 앞의 제2권(=2.2.5의 (1)·(2))에서 이르기를, "또 다음 승의생이여, 모든 성문승종성의 유정도 또한 이 도와 이 행적으로 말미암기 때문에 무상의 안온한 열반을 증득하며, 연각과 보살도 모두 이 도를 함께 하고, 다시 제2는 없으므로, 나는 이에 의하기 때문에 밀의로써 오직 일승이 있을 뿐이라고 말하였지만, 일체 유정계 중에 갖가지 유정의 종성이 없는 것이 아니니, 혹은 둔근 성품, 혹은 중근 성품, 혹은 이근 성품의 유정이 차별된다. 선남자여, 만약 한결같이 적멸을 취향하는 성문은 비록 제불께서 시설하신 갖가지 인도함을 입을지라도, 끝내 도량에 앉아서 대보리를 증득케 할 수 없다."라고 하였으니 갖추어 말한다면 그와 같다. 그러므로 일승과 같은 것은 이치와 행에 의거해서 말한 것이다.

(2) 그 때 세존께서는 이 뜻을 거듭 펴시 　爾時 世尊 欲重宣此義
고자 게송으로 말씀하셨다.262　　　　　而說頌曰,

① 모든 지의 거둠·지각 대치할 바와　　諸地攝想所對治
　수승·남·원 및 모든 배울 것들을　　　殊勝生願及諸學
　불설인 이 대승에 의지함 의해　　　　由依佛說是大乘
　여기에서 잘 닦으면 대각 이루리263　　於此善修成大覺

② 모든 법의 갖가지 성품 선설코　　　宣說諸法種種性
　다 동일한 이취라고 다시 설함은　　　復說皆同一理趣
　하승 혹은 상승을 말한 것이니　　　　謂於下乘或上乘
　승에 다른 성품 없다 나는 말하네264　故我說乘無異性

....
261 이는 셋째 맺는 글이니, 알 수 있을 것이다. 이 삼승의 차별은 이치에 의거하면 같은 것이니, 이 때문에 밀의로써 일승이라고 말하지만, 온 등의 법에 의거한다면 하나라고 말할 수 없는 것이다.
262 이하는 둘째 게송을 들어서 바로 설하시는 것이니, 그 3게송이 있어서 위의 장행을 노래한다. 그 중에 둘이 있으니, 처음 ①은 위의 지와 바라밀다를 노래하는 것이고, 뒤의 2게송은 위의 일승을 노래하는 것이다.
263 '모든 지의 거둠'이란 위의 4청정 및 11분위가 능히 모든 지를 거두는 것을 노래한 것이고, '모든 지의 지각'이란 십지의 이름 해석한 것을 노래하는 것이다. 지각이란 이름이니, 이름은 지각에서 일어나므로 원인을 따라 이름을 세운 것이다. '모든 지의 대치할 바'란 22어리석음 및 11추중을 노래한 것이니, 십지의 행으로 대치할 바이기 때문이다. '모든 지의 수승'이란 위의 여덟 가지 수승한 청정을 노래한 것이고, '모든 지의 남'은 위의 보살의 뛰어난 태어남을 노래한 것이며, '모든 지의 원'이란 위의 3원을 노래한 것이고, '모든 지의 모든 배울 것들'은 위의 모든 바라밀다의 갖가지 모든 문을 노래한 것이다. 뒤에 있는 2구는 대승 배우기를 권해서 대각을 취하게 하는 것이다. 혹은 2구가 다음 2송을 일으키는 것일 수도 있다.
264 이하는 둘째 위의 일승을 노래하는 것인데, 이 게송은 4.4(1)②의 글을

|3| 말과 같이 뜻에서 망분별하여 　　如言於義妄分別
　　혹은 증익 혹은 손감함이 있으며 　或有增益或損減
　　이 두 가지 상호 상위하다 말하니 　謂此二種互相違
　　어리석은 의해가 괴쟁 이루네265 　愚癡意解成乖諍

(3) ① 그 때 관자재보살이 다시 붓다께 말하였다.　爾時 觀自在菩薩摩訶薩 復白佛言.

"세존이시여, 이 해심밀법문 중에서 이는 어떤 가르침이라고 이름하며, 저는 어떻게 받들어 지녀야 합니까?"266 　"世尊, 於是解深密法門中 此名何教, 我當 云何奉持?"

② 붓다께서 관자재보살에게 말씀하셨다.　佛告 觀自在菩薩曰.

"선남자여, 이는 모든 지바라밀다의 요의의 가르침이라고 이름하니, 이 모든 지바라밀다의 요의의 가르침으로 그대는 받들어 지녀야 한다."267　"善男子, 此名 諸地波羅蜜多 了義之教, 於此諸地 波羅蜜多 了義之教 汝當奉持."

③ 이 모든 지바라밀다의 요의의 가　說此諸地 波羅蜜多 了

노래한 것이다. 말하자면 아래의 성문 및 위의 여래는 같은 하나의 이취이기 때문에 나는 그 다른 성품이 있다고 설하지 않으니, 진여가 같기 때문이라는 것이다.

265 전반은 위의 4.4(1)③의 글을 노래한 것이고, 후반은 그 ④·⑤의 글을 노래한 것이다. * '괴쟁'은 어긋나는 쟁론이라는 뜻.

266 이하는 큰 단락의 둘째 가르침에 의지해 받들어 지니는 부분이다. 그 중에 둘이 있으니, 먼저 ①은 묻는 것이고, 뒤의 ② 이하는 답하시는 것이다.

267 이하는 둘째 여래께서 바로 답하시는 것인데, 그 중에 둘이 있으니, 처음 ②는 배우고 받들어 지니기를 권하는 것이고, 뒤의 ③은 가르침을 설한 뛰어난 이익을 밝히는 것이다.

르침을 설하셨을 때, 대회 중에 7만5천의 보살이 있다가 모두 보살의 대승광명삼매를 얻었다.268

義教時, 於大會中 有七十五千菩薩 皆得菩薩大乘光明三摩地.

....
268 '대승광명삼매'란 《성유식론》 제9권에서, "말하자면 이것이 능히 대승의 이·교·행·과를 환히 비추는 지혜의 광명을 일으키기 때문이다."라고 한 것과 같다. 또 《양섭론》 제11권에서는, "대승에는 셋이 있으니, 첫째 성품, 둘째 수순, 셋째 얻음이다. '성품'은 곧 3무자성이고, '수순'은 곧 복덕·지혜에 포함되는 십지와 십바라밀다가 무자성을 수순하는 것이며, '얻음'은 곧 얻는 바 4덕의 과보이다. 이것이 이 세 가지를 반연해서 경계로 삼기 때문에 '대승'이라고 이름하고, 무분별지를 얻어서 진여를 비추는 것이 이에 붓다와 다르지 않기 때문에 '광명'이라고 이름한다. 또 이 삼매가 능히 일천제의 무명의 어둠을 깨뜨리니, 이 어둠을 대치하는 것이기 때문에 '광명'이라고 이름한다."라고 하였다.

解深密經
해심밀경

卷第五
제5권

大唐 三藏法師 玄奘 奉詔譯
대당 삼장법사 현장 봉조역

해심밀경					解深密經
제5권					卷第五

제8					如來成所作事品
여래성소작사품[1]				第八

1 이 품을 해석함은 3문으로 분별하니, 첫째 품의 이름과 뜻을 해석하는 것, 둘째 품이 온 뜻을 분별하는 것, 셋째 경문에 의해 바로 해석하는 것이다.
	품의 이름을 해석하는 것은 두 가지 뜻이 있다. 첫째 여래라고 함은 교화하는 주체를 나타내고, 둘째 성소작사품이란 교화할 사업을 분별하는 것이다. '여래'라고 말한 것은 범어로는 다타아가도多陀阿伽度라고 하고, 여기 말로는 여래인데, 대략 세 가지 뜻이 있다. 첫째는 오직 이치에만 의거해서 여래를 해석하는 것이고, 둘째는 단지 행에만 의하는 것이며, 셋째는 이치와 행에 통하는 것이다. 오직 소위 진여의 이치에만 의거하는 것은 《반야경》에서, 가서 이르는 바 없고 좇아서 온 바 없기 때문에 여래라고 이름한다고 하는 등과 같다. 이는 '여'가 곧 '래'이기 때문에 여래라고 이름하는 것이므로, 이는 지업석이다. 오직 행에만 의한다는 것은 《십주비바사론》 제1권에서 '여'는 6바라밀다를 이름한 것이고, 이 6법으로써 와서 불지에 이르기 때문에 여래라고 이름한다고 한 등과 같으니, 만약 이 해석에 의한다면 '여'의 '래'이기 때문에 여래라고 이름하는 것이므로, 이는 의주석이다. 이치와 행에 나아간 것이라고 함은 《열반경》 제1권에서, 6바라밀과 11공을 타고 오기 때문에 여래라고 이름한다고 하고, 《십주비바사론》에서 '여'는 실상을 이름하고, '래'는 지혜를 이름하기 때문에 여래라고 이름한다고 한 것과 같다. 해석하자면 6바라밀은 행이고, 공 및 실상은 소증의 이치이므로, 원인 및 경계에서 와서 정각을 이루기 때문에 여래라고 이름한 것이니, 역시 의주석이다. '성소작사품'이라고 말한 것은 짓는 사업을 분별하는 것이니, '성'은 성취하는 것을 말하고, '사'는 곧 사업이다. 말하자면 경계와 행에 의지해 여래께서 나투시는 몸과 지혜 등 화신의 사업을 성취하는 것이다. 진실에 의거한다면 응당 '성삼신품成三身品'이라고 말해야 하지만, 모든 여래는 중생 이익함을 우선으로 하니, 이 때문에 화신을 좇아서 그 품을 표방하였다. 혹은 삼신이 다 능히 유정 교화하는 사업을 성취하는 것일 수도 있다.
	품이 온 뜻을 분별하자면 위에서 이미 짝 없는 경계와 행을 해석하였으므로, 이제 짝 없는 과보의 뜻을 바로 해석하는 것이니, 이치에 의지해 행을

5.1[2]

(1) 그 때 만수실리보살마하살이 붓다께 爾時 曼殊室利 菩薩摩
청문하여 말하였다. 訶薩 請問佛言.

....
일으키고, 행을 원인으로 하여 과보를 얻는 것이 뜻의 차례이기 때문이다.
2 셋째 경문을 바로 해석한다. 1품 안을 모두 나누면 둘이 되니, 처음은 문답해서 바로 설하는 부분이고, 뒤의 5.4는 가르침에 의해 받들어 지니는 부분을 밝히는 것이다. 바로 설하는 중에 나아가면 12문답이 있으므로 곧 열둘로 나누어지니, 제1은 법신의 모습을 문답해서 분별하는 것이고, 제2는 여래의 화신이 생기하는 모습을 밝히는 것이며, 제3은 여래의 화신의 선교함을 밝히는 것이고, 제4는 여래의 언음의 차별을 밝히는 것이며, 제5는 모든 여래의 마음이 생기하는 모습을 밝히는 것이고, 제6은 화신의 유심과 무심을 밝히는 것이며, 제7은 여래의 소행과 경계의 차별되는 모습을 밝히는 것이고, 제8은 여래께서 모든 성품을 연으로 삼는 차별을 밝히는 것이며, 제9는 여래를 여러 유정의 부류가 반연하는 바의 차별을 밝히는 것이고, 제10은 여래의 법신과 삼승의 해탈신이 차별되는 모습을 밝히는 것이며, 제11은 여래와 보살이 위덕으로 유정을 주지하는 모습을 밝히는 것이고, 제12는 정·예 2토의 차별되는 모습을 밝히는 것이다. 혹은 열둘은 곧 셋으로 나눌 수도 있으니, 처음 5.1은 법신의 모습을 밝히는 것이고, 다음 5.2는 화신의 모습을 밝히는 것이며, 뒤의 5.3은 수용신의 모습을 밝히는 것이다. 양 해석이 있지만 우선 뒤의 해석에 의한다. * 두 가지 해석을 대조하여 이 품 경문의 큰 구조를 도표로써 정리하여 보이면 다음과 같다.(12문답 중 제5와 제6이 5.3.1에서 함께 설명되므로 모두 11단락이 됨)

	법신의 모습		5.1
바로 설함	화신의 모습	생기함	5.2.1
		방편선교를 시현함	5.2.2
		언음의 차별	5.2.3~5.2.4
	수용신의 모습	여래의 수용신의 마음이 생기하는 모습	5.3.1
		여래의 소행과 경계의 차별되는 모습	5.3.2
		등정각 등 셋의 둘이 없는 모습	5.3.3
		여래를 유정의 부류가 연으로 하는 바의 차별	5.3.4
		여래의 법신과 이승의 해탈신과의 차별	5.3.5
		여래·보살이 위덕을 주지해 유정의 몸 집지함	5.3.6
		정·예토 중 얻기 쉽고 얻기 어려운 모습	5.3.7
가르침에 의해 받들어 지님			5.4

"세존이시여, 붓다께서 설하신 여래의 법신 같다면, 여래의 법신에는 어떠한 모습이 있습니까?"3

"世尊, 如佛所說 如來法身, 如來法身 有何等相?"

(2) 붓다께서 만수실리보살에게 말씀하셨다.

"① 선남자여, 만약 모든 지의 바라밀다에서 출리를 잘 닦아서 전의가 성만되었다면 이를 여래의 법신의 모습이라고 이름한다.4

佛告 曼殊室利菩薩曰.

"善男子, 若於諸地 波羅蜜多 善修出離 轉依成滿 是名 如來法身之相.

---

3 (처음 법신의 모습을 밝히는) 경문의 해석 중에 나아가면 먼저 (1)은 묻는 것이고, 뒤의 (2) 이하는 답하시는 것이다.
4 이하는 둘째 세존께서 바로 설하시는 것인데, 그 중에 둘이 있다. 처음 (2)는 법신을 밝히는 것이고, 뒤의 (3)은 해탈신을 밝히는 것이다. 전자 중에도 둘이 있으니, 처음 ①은 법신의 모습을 밝히는 것이고, 뒤의 ② 이하는 불가사의함을 나타낸다.
 이는 곧 처음인데, 글에 네 마디가 있다. 첫째는 말하고 듣는 자를 표방하는 것이고, 둘째 '만약 모든 지의 바라밀다에서 출리를 잘 닦는다'고 한 것은 법신의 원인을 나타낸 것인데, 그 두 가지가 있다. 첫째는 6바라밀다이니, '지'는 원인을 닦음이 의지하는 단계의 지地이고, '바라밀다'는 곧 지에 의지해서 닦는 정인正因이다. 법신에서 바라보면 곧 요인了因이고, 다른 2신에서는 곧 생인生因인데, 지금 여기에서는 바로 요인임을 밝히는 것이니, 법신을 나타내기 때문이다. '출리를 잘 닦는다'는 것은 6바라밀다를 닦음에 의해 번뇌와 업에서 출리하기 때문에 출리라고 이름하였다. 셋째 '전의가 성만되었다'고 한 것은 바로 법신의 모습을 밝히는 것이다. '전의'라고 말한 것은 《섭론》 제7권에서, "말하자면 진실이 아닌 뜻은 다 나타나지 않으니, 소집성이고, 있는 바 진실한 뜻은 모두 나타나기 때문에 전의라고 이름하니, 원성실이다."라고 설한 것과 같다. '성만'되었다고 말한 것은 원만과 다르다고 구별한 것이다. 진여의 법신에는 스스로 두 가지가 있으니, 만약 인위에 있는 것이라면 원만이라고 이름하고, 과위에 이르면 바꾸어 성만(=이루어 만족함)이라고 이름하니, 성만은 곧 성취하고 이루어 갖춘다는 것의

② 이 모습은 두 가지 인연 때문에 불가사의하다고 알아야 하니,5 ③ 희론이 없기 때문이고, 하는 바가 없기 때문인데,6 ④ 그런데도 모든 중생들은 희론을 계착하고 하는 바가 있기 때문이다.7

當知此相 二因緣故 不可思議, 無戲論故 無所爲故,
而諸衆生 計著戲論 有所爲故."

(3) ① "세존이시여, 성문과 독각이 얻는 전의도 법신이라고 이름합니까?"8

"世尊, 聲聞獨覺 所得 轉依 名法身不?"

다른 이름이다. * 넷째 마디에 대해서는 설명이 없는데, 맺는 글이라고 할 수 있을 것이다.

5 이하는 둘째 불가사의함을 나타내는 것인데, 그 중에 셋이 있다. 처음 ②는 원인에 의해 주장을 세우는 것이고, 둘째 ③은 두 가지 원인의 모습을 분별하는 것이며, 뒤의 ④는 잘못 집착해서 허물이 있는 것이다.

6 이는 둘째 두 가지 원인의 모습을 분별하는 것이니, 첫째는 희론이 없는 것이고, 둘째는 하는 바가 없는 것이다. 《상속경》에서는 "허위를 떠나고[離虛僞], 행함이 없다[無行]"라고 말하였고, 《심밀경》에서는 "모든 희론과 일체 유위의 행상을 떠났다[離諸戱論 一切有爲行相]"라고 말하였다. '희론'이라고 말한 것은 유·무 등 네 가지 비방[謗]의 희론 내지 일체 상·무상 등 갖가지 희론을 말하고, '하는 바'라고 말한 것은 일체의 장애이니, 생·멸 등의 함[爲]과 업·번뇌의 함[爲]이다. 그런데 이 법신은 모든 희론이 없고, 생·멸 등의 함이 없기 때문에 불가사의하다고 이름한다. 이 때문에 무성의 《섭론》 제8권에서 이르기를, "법신은 곧 전의를 모습으로 하니, 일체 장애를 떠나서 진여에 상주한다. 변역이 없기 때문이고, 업·번뇌로 할 수 있는 바가 아니기 때문이다."라고 하였다.

7 이는 셋째 잘못 집착해서 허물이 있는 것이다. 말하자면 모든 유정은 무시의 때로부터 앎이 없기 때문에 법신을 헤아려 집착해서 유·무 등 갖가지 희론, 혹은 생·멸 등 함이 있는 모습을 집착하니, 이 인연으로 말미암아 법신을 증득하지 못한다는 것이다.

8 이하는 둘째 해탈신을 밝히는 것인데, 그 중에 넷이 있다. ①의 물음, ②의 답, ③의 물음, ④ 이하의 해석이다. 이는 곧 묻는 것이니, 말하자면 그 이승이 번뇌장을 끊어서 얻는 무위도 법신이라고 이름하는가라는 것이다.

② "선남자여, 법신이라고 이름하지 않는다."9

③ "세존이시여, 어떤 몸이라고 이름해야 합니까?"

④ "선남자여, 해탈신이라고 이름한다.10 ⑤ 해탈신에 의하기 때문에 일체 성문·독각은 모든 여래와 평등하고 평등하다고 말하나,11 ⑥ 법신에 의하기 때문에 차별이 있다고 말하니,12 ⑦ 여래의 법신과 차별이 있기 때문이다. 한량없는 공덕과 가장 뛰어남의 차별은 산수와 비유로 미칠 수 없는 것이다."13

"善男子, 不名法身."

"世尊, 當名何身?"

"善男子, 名解脫身. 由解脫身故 說一切聲聞獨覺 與諸如來 平等平等, 由法身故 說有差別, 如來法身 有差別故. 無量功德 最勝差別 算數譬喩 所不能及."

....
9 비록 열반으로 증득하더라도 법신이라고 이름하지 않으니, 공덕의 법이 의지하는 바가 아니기 때문이다.
10 이하는 넷째 여래께서 바로 해석하시는 것인데, 그 중에 둘이 있으니, 처음 ④는 해탈신의 모습을 표방하는 것이고, 뒤의 ⑤ 이하는 차별되는 모습을 분별하는 것이다. 이는 곧 표방하는 것이니, 말하자면 번뇌의 계박에서 능히 해탈했으므로 해탈신이라고 이름한다.
11 이하는 둘째 2신의 차별되는 모습을 분별하는 것인데, 그 중에 둘이 있다. 처음 ⑤는 해탈신에 의거해 삼승에 차별이 없음을 분별하는 것이고, 뒤의 ⑥ 이하는 법신에 의거해 차별이 있음을 분별하는 것이다.
  이는 곧 처음이다. 말하자면 그 이승과 모든 여래는 끊은 번뇌에는 차별이 없기 때문에 얻은 택멸에도 역시 차별이 없으니, 그래서 이 '모든 여래와 평등하고 평등하다'는 말을 한다는 것이다.
12 이는 둘째 차별이 있음을 해석하는 것인데, 그 중에 둘이 있으니, 먼저 ⑥은 표방하는 것이고, 뒤의 ⑦은 해석하는 것이다. 두 가지 장애를 끊었기 때문에 능히 한량없는 공덕의 의지처인 것에 차별이 있다.
13 말하자면 법신과 차별이 있기 때문에 한량없는 공덕의 의지처임과 수승함은 이승과 더불어 차별되어서 산수와 비유로 미칠 수 없다. 이와 같은 2신

5.2[14]

5.2.1[15]

⑴ 만수실리보살이 다시 붓다께 말하였다.

"세존이시여, 저는 여래께서 생기하는 모습을 어떻게 알아야 합니까?"

曼殊室利菩薩 復白佛言.

"世尊, 我當云何 應知 如來 生起之相?"

⑵ 붓다께서 만수실리보살에게 말씀하셨다.

"① 선남자여, 일체 여래의 화신이 짓는 업은 마치 세계가 일어나는 것처럼 일체 종류의 여래의 공덕들로 장엄된 바로서 주지함을 모습으로 하니,[16] ②

佛告 曼殊室利菩薩曰.

"善男子, 一切如來 化身作業 如世界起 一切種類 如來功德 眾所莊嚴 住持爲相,

의 차별되는 모습에 의해서 《섭론》 제3권에서 말한다. "말하자면 해탈신은 오직 번뇌장의 계박을 멀리 떠난 것만을 이름하는 것이니, 마치 사람이 칼·사슬 등의 모든 금계禁繫를 떠나서 온갖 괴로움을 그쳐 쉬기는 하지만, 수승하고 증상한 자재함·부귀·즐거움과 상응함이 없는 것이다. 그 법신이란 일체 번뇌·소지 두 가지 장애의 계박과 아울러 모든 습기에서 해탈하고, 힘·무소외 등 한량없는 희유하고 기묘한 공덕으로 장엄된 일체 부귀·즐거움의 무리가 있는 의지처로서, 제일이며 가장 뛰어난 자재함을 증득하여 즐거움을 따라 행한다. 비유하면 왕자가 먼저 관정받았으므로 조금 허물 범함이 있어 감옥에 갇혀 있더라도 곧 풀려남을 얻는 것과 같으니, 곧 제일이며 가장 뛰어난 자재함·부귀·즐거움과 상응하는 것이다."

14 이하는 둘째 화신을 모습을 밝히는 것인데, 그 중에 셋이 있다. 처음 5.2.1은 생기함을 밝히는 것이고, 다음 5.2.2는 방편선교를 시현하는 모습을 밝히는 것이며, 뒤의 5.2.3 이하는 언음의 차별되는 모습을 밝히는 것이다.

15 처음 중에는 둘이 있으니, 먼저 ⑴에서 묻고, 뒤의 ⑵에서 답하신다.

16 이하는 둘째 여래께서 바로 답하시는 것인데, 그 중에 둘이 있다. 처음 ①은 후후의 화신이 생기하는 모습을 밝히는 것이고, 뒤의 ②는 2신의 차별

화신의 모습에는 생기함이 있지만, 법신의 모습에는 생기함이 없다고 알아야 한다."17

當知 化身相 有生起, 法身之相 無有生起."

5.2.2[18]
⑴ 만수실리보살이 다시 붓다께 말하였다.

"세존이시여, 화신의 방편선교 시현하심을 어떻게 알아야 합니까?"[19]

曼殊室利菩薩 復白佛言.

"世尊, 云何應知 示現 化身 方便善巧?"

⑵ 붓다께서 만수실리보살에게 말씀하셨다.

"① 선남자여, 일체 삼천대천의 불국

佛告 曼殊室利菩薩曰.

"善男子, 遍於一切 三

되는 모습을 분별하는 것이다.
　이는 곧 처음인데, 글에 세 마디가 있다. 말하자면 일체 여래의 화신은 과거에 닦은 갖가지 인행과 서원으로 말미암아 모든 여래의 갖가지 짓는 업을 일으킨다. 비유하면 세계가 갖가지 업으로 말미암아 갖가지 일을 일으켜서 중생을 거두어 지니듯이, 여래의 화신도 또한 다시 이와 같아서 갖가지 행으로 말미암아 한량없는 종류의 공덕으로 장엄되어 중생을 거두어 지니는 것을 화신의 모습으로 한다.

17 말하자면 2신 중 화신은 원인이 일으키는 것이기 때문에 생기하는 모습이 있지만, 진여법은 체가 항상하기 때문에 생기하는 모습이 없다는 것이다.
18 이는 둘째 선교함을 시현하는 모습인데, 먼저 ⑴에서 묻고, 뒤의 ⑵에서 답하신다.
19 그런데 이 화신의 방편선교는 《불지경론》 제7권에서 설하는 것과 같다. 거기에서 이르기를, "성소작지로써 삼업의 교화를 일으킴이 근기의 마땅함에 칭합하고 수순하기 때문에 '선교'라고 이름하고, 가행이 끊어지지 않기 때문에 '방편'이라고 이름한다."라고 하였다.

토 중에 두루하여 혹은 대중이 추앙하는 증상한 왕가나, 혹은 대중이 추앙하는 큰 복전의 가문에20 ② 동시에 입태하여 탄생하고 성장하며 욕락을 받고 출가하며 고행 행함을 보이고 고행을 버리고 나서 등정각 이룸을 차례로 시현하니,21 ③ 이를 여래께서 화신의 방편선교를 시현하심이라고 이름한다."

千大千 佛國土中 或衆推許 增上王家 或衆推許 大福田家, 同時入胎誕生長大 受欲出家 示行苦行 捨苦行已 成等正覺 次第示現, 是名如來 示現化身 方便善巧."

5.2.3[22]

(1) ① 만수실리보살이 다시 붓다께 말   曼殊室利菩薩 復白佛

---

20 이하는 둘째 여래께서 바로 답하시는 것인데, 그 중에 둘이 있으니, 먼저 해석하고, 뒤의 ③에서 맺는다. 해석 중에도 둘이 있으니, 처음 ①은 교화의 처소를 밝히는 것이고, 뒤의 ②는 교화하는 모습을 밝히는 것이다.
　처소 중에도 둘이 있다. 처음은 총체적으로 행하는 처소를 밝히는 것이니, 말하자면 '일체 삼천대천의 불국토 중에 두루하여'는 곧 일체 화신이 행하는 처소이다. 뒤는 개별적으로 태어나는 곳을 밝히는 것이니, 말하자면 '대중이 추앙하는 증상한 왕가'는 곧 찰제리의 집이고, '혹은 대중이 추앙하는 큰 복전의 가문'은 곧 바라문의 집이다. 그래서 《유가론》 제15권에서 이르기를, "찰제리대중은 인취 중에서 가장 증상하기 때문이고, 바라문대중은 세간이 공히 인정하는 복전이기 때문이다."라고 하였다.

21 이는 둘째 바로 교화하는 모습을 밝히는 것이다. 그런데 이 교화하는 모습이 많고 적음으로 차별되는 것은 여러 가르침에서 같지 않다. 여래께서 교화하시는 모습을 만약 자세히 분별한다면 《불본행집경》·《보요경》·《인과경》·《화엄경》 등과 같다.

22 【이하는 셋째 언음의 차별되는 모습을 밝히는 것인데, 그 중에 넷이 있다. 첫째 (1)의 ①의 물음, 둘째 ②의 답, 셋째 ③의 물음, (2) 이하의 해석이다.】 * 이하는 산일된 소 제10권에 해당하는 부분인데, 앞서 언급했듯이 1972년 경 일본의 도엽정취稻葉正就박사가 이 소의 티베트어번역본으로부터 재한역한 것을 번역한 것이다.

하였다.

"세존이시여, 일체 여래의 몸이 주지하는 언음言音의 차별에는 무릇 몇 가지가 있어서, 이 언음으로 말미암아 교화될 유정으로서 아직 성숙되지 못한 자는 그로 하여금 성숙되게 하고, 이미 성숙된 자는 이를 반연함을 경계로 해서 속히 해탈을 얻습니까?"23

② 붓다께서 만수실리보살에게 말씀하셨다.

"선남자여, 여래의 언음에는 간략히 세 가지가 있으니, 첫째는 계경, 둘째는 조복, 셋째는 본모이다."24

言.

"世尊, 凡有幾種 一切 如來 身所住持 言音差別, 由此言音 所化有情 未成熟者

令其成熟, 已成熟者

緣此爲境

速得解脫?"

佛告 曼殊室利菩薩曰.

"善男子, 如來言音 略有三種, 一者 契經, 二者 調伏, 三者 本母."

---

23 【이는 곧 처음의 물음인데, 글에 세 마디가 있다. 처음 '만수실리' 등이라고 한 것은 청문함을 일으키는 것이고, 다음 '일체 여래' 등이라고 한 것은 종류의 수의 다소를 묻는 것이며, 뒤의 '이 언음으로' 등이라고 한 것은 언음의 작용의 이익을 밝히는 것이다. 청문하는 뜻은, 일체 여래께서 주지하시는 모든 성스러운 언설에는 무릇 몇 가지가 있어서 이 언음으로 말미암아 아직 성숙되지 못한 자는 그로 하여금 성숙케 하고, 이미 성숙된 자는 그로 하여금 해탈케 하는가라는 것이다.】

24 【이는 둘째 여래께서 간략히 답하시는 것인데, 글에 두 마디가 있다. 처음은 수를 표방하는 것이고, 뒤의 '첫째는' 이하는 수에 의해 이름을 열거하는 것이다. '계경'이란 말하자면 도리에 맞게 하여 유정의 근기에 합하기 때문에 계경이라고 이름한다. 그런데 계경의 뜻은 여러 가르침 중에서 설하는 것이 각각 같지 않은데, 《불지경론》 제1권에서는 두 가지 뜻으로써 계경을 해석한다. 그래서 거기에서 이르기를, "능히 꿰고 능히 거두기 때문에 경이라고 이름하니, 말하자면 성스러운 가르침으로써 꿰뚫고, 말해야 할 뜻과 교화해야 할 중생을 거두어 지니기 때문이다."라고 하였다.

둘째 '조복'은 청정한 율의를 말하니, 7악(=몸3·입4)을 조복하고, 6근을

③ "세존이시여, 어떤 것이 계경이고, 어떤 것이 조복이며, 어떤 것이 본모입니까?"

"世尊, 云何 契經, 云何 調伏, 云何 本母?"

⑵ "① 만수실리여, 만약 이 곳에서 내가 거두는 일[攝事]에 의해서 모든 법을 나타내어 보인다면 이를 계경이라고 이름하니,25 ② 네 가지 일에 의하거나, 혹은 아홉 가지 일에 의하거나, 혹은 다시

"曼殊室利, 若於是處 我依攝事 顯示諸法 是名 契經, 謂依四事, 或依九事, 或復依於

조복하기 때문에 조복이라고 이름한다. 그래서 《선견율비바사》 제1권에서는, "신·구·의를 조복하는 것이 비니의 뜻이다."라고 말하고, 또 《구사론》 제15권에서는, "조복이라고 말한 것은 뜻으로 율의를 나타내니, 이에 의해 능히 근을 조복되게 하기 때문이다."라고 말한다.

셋째 '본모'는 일체법의 근본이고, 생기이며, 현현이기 때문에 본모라고 이름한다. 그래서 《아비달마순정리론》 제44권에서 이르기를, "논의를 이름하여 마달리가⑤mātṛkā라고 하니, 다른 경전의 뜻을 해석할 때 이것이 본모이기 때문이다. 비유하면 자모가 모든 문자를 출생하는 것처럼, 일체 지혜를 내기 때문에 본모라고 이름한다."라고 하였다.】

25 【이하는 넷째 세 가지 모습을 자세히 해석하는 것인데, 그 중에 둘이 있으니, 처음은 삼장의 모습을 자세히 해석하는 것이고, 뒤의 5.2.4는 불공다라니를 해석하는 것이다. 처음 중에서는 세 가지를 분별하니, 처음 ⑵에서 계경을 해석하고, 다음 ⑶에서 조복을 해석하며, 뒤의 ⑷ 이하에서 본모를 해석한다. 이하는 곧 처음 계경을 해석하는 것인데, 셋이 있다. 처음 ①은 총체적으로 모습을 표방하는 것이고, 둘째 ②는 3문으로 분별하는 것이며, 뒤의 ③ 이하는 차례로 개별적으로 해석하는 것이다.

이는 곧 처음이다. '이 곳에서'라고 말한 것은 계경의 처소를 밝힌 것이고, '일'이라 함은 체사이니, 4섭법의 일 등이다. 말하자면 경전이 모든 일을 거두고 모든 법을 분별하기 때문에 세존께서 '내가 거두는 일에 의해서 모든 법을 현시한다면 이를 계경이라고 이름한다'고 설하신 것이다.】 * 여기에서 언음의 차별되는 모습을 해석하는 경문의 큰 구조를, 계경을 해석하는 글의 세부 구조와 함께 도표로서 정리해 보이면 다음과 같다.

스물아홉 가지 일에 의하는 것을 말한 二十九事.
다.26

③ 어떤 것이 네 가지 일인가?27 云何 四事?

첫째는 청문하는 일이고, 둘째는 귀의 一者 聽聞事, 二者 歸
[歸趣]하는 일이며, 셋째는 닦고 배우는 趣事, 三者 修學事,
일이고, 넷째는 보리의 일이다.28 四者 菩提事.

물음				5.2.3(1)①
답				②
물음				③
해석	삼장의 모습을 해석함	계경을 해석함	총체적으로 모습을 해석함	(2)①
			3문으로 분별함	②
		개별적으로 해석함	네 가지 일	③
			아홉 가지 일	④
			스물아홉 가지 일	⑤
	조복을 해석함			(3)
	본모를 해석함			(4)~(6)
	불공다라니를 해석함			5.2.4

26 【말하자면 거두는 일에는 셋이 있으니, 네 가지 일, 아홉 가지 일, 스물아홉 가지 일이다.】
27 【이하는 셋째 차례로 개별적으로 해석하는 것이니, 세 가지 일을 해석하는 것을 나누면 셋이 된다. 이는 곧 처음 네 가지 일을 해석하는 것인데, 먼저 이 부분은 묻는 것이고, 뒤의 그 아래는 답하시는 것이다.】
28 【이 네 가지 일을 해석하는 것을 간략하고 자세하게 분별한다면 《현양론》 제6권에서와 같이 알 수 있다. 그 논서에서 게송으로 말하기를, "12분교를 듣고, 3최승에 귀의하며, 3학과 3보리를, 유정의 청정을 위해 설하네"라고 하고, 장행으로 해석해 이르기를, "듣는다는 것을 12분교를 듣는 것이다. '3최승에게 귀의한다'는 것은 불·법·승에게 귀의하는 것을 말한다. '3학'이란 계·정·혜의 3학을 말하고, '3보리'란 삼승의 보리를 말한다. '유정의 청정을 위해 설한다'는 것은 유정으로 하여금 청정을 얻게 하기 위하여 이 세 가지 법을 차례로 설한다는 것이니, 능히 지님·방편·과보이다. '능히 지님'이란 듣는 것 및 귀의함을 말하고, '방편'이란 3학을 말하며, '과보'란 3보리를 말한다."라고 하였으니, 만약 자세히 말한다면 그 논에서 네 가지

④ 어떤 것이 아홉 가지 일인가?29

첫째는 유정을 시설하는 일이고, 둘째는 그들이 수용하는 일이며, 셋째는 그들이 생기하는 일이고, 넷째는 그들이 태어나고 나서 머무는 일이며, 다섯째는 그들의 염·정의 일이고, 여섯째는 그들의 차별의 일이며, 일곱째는 펴 설하는 주체의 일이고, 여덟째는 펴 설해진 대상의 일이며, 아홉째는 여러 대중의 모임의 일이다.30

云何 九事?

一者 施設有情事, 二者 彼所受用事, 三者 彼生起事, 四者 彼生已住事, 五者 彼染淨事, 六者 彼差別事, 七者 能宣說事, 八者 所宣說事, 九者 諸衆會事.

....

일을 자세히 말하는 것과 같다.】
29 【이하는 둘째 아홉 가지 일을 개별적으로 해석하는 것이다.】
30 【이 아홉 가지 일을 해석하는 것은 《유가론》 제3권에서와 같이 알 수 있다. 그래서 그 논서에서 이르기를, "또 다시 제불의 언어는 아홉 가지 일에 포함된다고 알아야 하는데, 어떤 것이 아홉 가지인가? '유정의 일'이란 5취온을 말한다. '수용의 일'이란 12처를 말한다. '생기의 일'이란 12지분의 연기 및 연생을 말한다. '안주의 일'이란 4식食을 말한다. '염·정의 일'이란 4성제를 말한다. '차별의 일'이란 한량없는 계界를 말한다. '설하는 주체의 일'이란 붓다 및 그 제자를 말한다. '설해진 대상의 일'이란 4념주 등의 보리분법을 말한다. '대중의 모임의 일'이란 소위 8대중이니, 첫째 찰제리대중, 둘째 바라문대중, 셋째 장자대중, 넷째 사문대중, 다섯째 4대천왕대중, 여섯째 삼십삼천대중, 일곱째 염마천대중, 여덟째 범천대중이다."라고 하였다. (문) 사람 및 천신에서 각각 4대중을 말했는데, 어떤 까닭이 있는가? (답) 《유가론》 제15권에서 이르기를, "4인연 때문에 인취 중에서 여래의 4대중을 건립하고, 3인연 때문에 천취 중에서 4대중을 건립한다. 가장 증상하기 때문(=찰제리)이고, 세간이 공히 복전이라고 인정하기 때문(=바라문)이며, 살림살이를 수용함에서 남에 의지하지 않기 때문(=장자)이고, 일체세간의 살림살이를 버리기 때문(=사문)에 인취 중에서 4대중을 건립하고, 의지하는 땅의 끝이기 때문(=사천왕천·삼십삼천)이고, 욕계의 끝이기 때문(=염마천)이며, 어행語行의 끝이기 때문(=범천)에 천취 중에서 4대중을 건립하였다."라고 하였다.】

⑤ 어떤 것을 스물아홉 가지 일이라고 이름하는가?[31]

㉠ 말하자면 잡염품에 의지해서 모든 행을 거두는 일,[32] 그것이 차례로 따라서 구르는 일,[33] 곧 이 중에서 보특가라의 지각을 짓고 나서 미래세에 유전하는 원인의 일, 법의 지각을 짓고 나서 미래세에 유전하는 원인의 일이 있고,[34]

㉡ 청정품에 의지해서 소연을 계념繫念하는 일,[35] 곧 이 중에서 부지런히 정

云何名爲 二十九事?

謂依雜染品有 攝諸行事, 彼次第隨轉事, 卽於是中 作補特伽羅想已 於當來世 流轉因事, 作法想已 於當來世 流轉因事,

依淸淨品有 繫念於所緣事, 卽於是中 勤精進

---

31 【이하는 셋째 스물아홉 가지 일을 개별적으로 해석하는 것이다.】
32 【나누면 두 가지가 되니, 처음 ㉠는 잡염품의 일을 밝히는 것이고, 뒤의 ㉡ 이하는 청정품의 스물다섯 가지 일을 분별하는 것이다. 《현양론》 제20권에서 이르기를, "스물아홉 가지 일이란 두루 거두는 아홉 가지 일에서, 경전 중에서 잡염품에 의지해 네 가지 일이 있다고 말하고, 청정품에 의지해 스물다섯 가지 일이 있다고 말한다. 잡염품을 나누면 네 가지가 된다고 말한 것은, 제1 오온을 밝히는 것, 제2 연생을 밝히는 것, 제3 아집을 밝히는 것, 제4 법집을 밝히는 것이다. 까닭에 잡염에 이와 같이 넷이 있는 것이니, 잡염의 체가 오온이기 때문이고, 잡염의 유전이 연으로 나기 때문이며, 유전의 근본은 두 가지 집착이기 때문이다."라고 하였다.
　이는 곧 첫째 오온의 일을 밝히는 것이다. '잡염품'이란 번뇌·업 및 생의 3잡염이다. '모든 행을 거두는 일' 이것은 곧 오온이니, 오온에 의지해 유위의 일을 거두기 때문에 '행을 거두는 일'이라고 말하였다. 혹은 '모든 행'이란 온·처·계를 포함한다고 할 수도 있으나, 앞의 설이 나으니, 계·처의 2문은 행이 아님에 속하기 때문이다.】
33 【이는 제2 12연생을 밝히는 것이니, 말하자면 예컨대 잡염의 12연생이 차례로 따라서 구르는 것이다. 혹은 '그것'이란 곧 그 5온일 수도 있으니, 《현양론》에서는 '곧 이 중에서 차례로 구르는 일'이라고 말한다.】
34 【이는 제3·제4 두 가지 집착의 일을 밝히는 것이다. 여기에서의 뜻이 말하는 것은, 이 집착하는 온에 의지하는 중에 아상과 법상으로 말미암아 미래세에 유전하는 원인이 된다는 것이다.】

진하는 일,36 마음을 안주시키는 일,37	事, 心安住事,
현재의 법에 즐거이 머무는 일,38 ㉰ 일	現法樂住事, 超一切苦
체 괴로움 초월하는 연의 방편의 일,39	緣方便事,

---

35 【이는 둘째 청정품의 스물다섯 가지 일을 밝히는 것인데, 그 중에 둘이 있으니, 처음 ㉯는 세간 청정의 네 가지 일을 밝히는 것이고, 뒤의 ㉰ 이하는 출세간 청정의 스물한 가지 일을 밝히는 것이다. 처음의 일에 넷이 있는데, 제1은 문혜를 밝히는 것, 제2는 사혜를 밝히는 것, 제3은 가행정을 밝히는 것, 제4는 근본정을 밝히는 것이다. 세간의 청정에 네 가지 일이 있는 까닭은 요가행문의 차례에 따라서 반드시 앞의 문혜에 의해 사혜를 이끌어 내고, 사혜에 의해 가행정을 이끌어 내며, 가행정에 의해 근본정을 얻으므로, 그 차례 때문에 네 가지를 말하는 것이다.

이는 곧 첫째 문혜의 일을 밝히는 것이다. '청정품'이란 세·출세 및 유루·무루의 청정한 모든 법을 말하는데, 청정품 중 이는 곧 세간의 청정품을 밝히는 것이다. '소연에 계념(=매어서 새김)하는 일'이란 욕계의 문혜는 교설에 마음을 매고, 혹은 표현대상의 뜻에 마음을 매는 것일 수도 있는데, 그 경계를 새기며 안주하는 것이다.】

36 【이는 제2 사혜의 일을 밝히는 것이다. 말하자면 문혜의 경계에서 한결같이 진리를 보고 나서 부지런한 정진에 의지해 작의하는 것이다.】

37 【이는 제3 가행정을 밝히는 것이다. 말하자면 사혜에 의해 마음을 가행정에 안주시키는 것이다.】

38 【이는 제4 근본정을 밝히는 것이니, 6신통을 얻고 나서 현재의 법에 즐거이 머무는 것이다.】

39 【이하는 둘째 출세간 청정의 스물한 가지 일을 밝히는 것인데, 나누면 여섯 가지가 된다. 첫째 ㉰는 한 가지 일로써 해탈분을 밝히고, 둘째 ㉱는 네 가지 일로써 결택분을 밝히며, 셋째 ㉲는 네 가지 일로써 견도를 밝히고, 넷째 ㉳는 여섯 가지 일로써 수도를 밝히며, 다섯째 ㉴는 네 가지 일로써 무학도를 밝히고, 여섯째 ㉵는 두 가지 일로써 뛰어남과 뛰어나지 못함을 밝힌다.

이는 곧 해탈분을 밝히는 것인데, 글에 대해 양설이 있다. 제1설은, 「'일체 괴로움을 초월함'은 곧 열반이니, 말하자면 모든 유정은 열반에 의지하고 해탈분의 선근을 반연해서 일체 괴로움을 초월하므로, 열반을 이루는 방편의 원인이기 때문에 '방편의 일'이라고 이름하였다.」라고 한다. 제2설은, 「해탈분의 선근에는 두 가지 뜻이 있으니, 첫째는 생사의 일체 괴로움을 초월하는 연이고, 둘째는 열반을 반연하는 방편이다. 그래서 일체 괴로

㉣ 그 두루 아는 일인데, 이는 다시 세 가지이니, 전도됨을 두루 아는 의지처이기 때문이고, 유정의 지각에 의지해 밖의 유정 중에 삿됨 행함을 두루 아는 의지처이기 때문이며, 안으로 증상만을 떠남을 두루 아는 의지처이기 때문이고,40

彼遍知事, 此復三種, 顚倒遍知 所依處故, 依有情想 外有情中 邪行遍知 所依處故, 內離增上慢 遍知所依處故,

움을 초월하는 방편과 연의 일[超一切苦方便緣事]이라고 이름한 것이다.」라고 한다.】

40 【이하는 둘째 네 가지 일로써 결택분을 밝히는 것인데, 그 중에 둘이 있다. 처음 여기까지는 고제를 두루 아는 일을 밝히는 것이고, 뒤의 그 아래는 집을 끊고 멸을 증득하며 도를 닦는 일이니, 말하자면 4성제에 의지해 난·정 등의 4선근을 내기 때문에 네 가지 일을 말한 것이다.
　이는 곧 처음 고제를 두루 아는 일인데, 그 중을 나누면 두 가지가 되니, 처음은 고제를 두루 앎을 간략히 밝힌 것이고, 뒤의 그 아래는 세 가지 두루 앎을 개별적으로 해석하는 것이다. 말하자면 삼계의 고제를 두루 알기 때문에 '두루 아는 일'이라고 이름하였다. '이는 다시 세 가지'라고 말한 것에 대해서는 각 설이 같지 않다. 제1설은, 「'전도됨을 두루 아는 의지처이기 때문'이라고 함은, 삼계의 고제가 모든 전도됨의 의지처임을 두루 알기 때문이다. '유정의 지각에 의지해 밖의 유정 중에 삿됨 행함을 두루 아는 의지처이기 때문'이라 함은, 욕계의 고제를 두루 아는 것이니, 유정의 지각에 의지해 살생 등의 도를 내며, 혹은 앞에 결정코 유정의 지각의 업을 냄이 있었고, '밖의 유정 중'이라 함은 업을 일으키는 것의 의지처임을 나타내며, '삿됨 행함'이라고 말한 것은 그것이 업행을 내게 하는 것이다. 여기에서의 뜻이 말하는 것은, 욕계의 고제를 두루 앎으로써 유정의 지각에 의지해 밖의 유정 중에 삿됨을 행하는 의지처임을 두루 안다는 것이다. '안으로 증상만을 떠남을 두루 아는 의지처이기 때문'이라 함은, 색계 중의 몸으로 고제를 두루 아는 것이니, 말하자면 위의 2계의 일체 번뇌는 안의 몸에 의지해 나기 때문에 '안으로 증상만을 떠난다'고 말한 것이다.」라고 한다. 제2설은, 「처음 두 가지 두루 앎은 오직 욕계만을 말하는 것이고, 제3의 두루 앎은 위의 2계를 말한다. 나머지는 앞에서 말한 것과 같다.」라고 한다. 제3설은, 「세 가지는 그 차례대로 삼계의 고제를 두루 아는 것이다.」라고 한다. 이와 같은 설이 많지만 대당삼장은 《유가론석》에 의거해 제2설이 낫다고 하였다.】

닦음의 의지처의 일, 작증하는 일, 닦고	修依處事, 作證事,
익히는 일,41 ㉤ 그로 하여금 견고하게	修習事, 令彼堅固事,
하는 일, 그 행상의 일, 그 소연의 일,	彼行相事, 彼所緣事,
이미 끊은 것과 아직 끊지 못한 것을 선	已斷未斷 觀察善巧事,
교하게 관찰하는 일,42 ㉥ 그 산란의 일,	彼散亂事,
그 불산란의 일, 불산란의 의지처의 일,	彼不散亂事, 不散亂依
고생스러운 가행[劬勞加行]을 닦고 익히	處事, [不棄修]<修>習
는 일, 뛰어난 이익을 닦고 익히는 일,	劬勞加行事, 修習勝利
그 견고한 일,43 ㉦ 성스러운 행을 거두	事, 彼堅牢事, 攝聖行

---

41 【이상은 둘째 집을 끊고 멸을 증득하며 도를 닦는 일을 밝히는 것이다. 이 중 집제는 다른 품류의 두 가지 번뇌(=견·수소단)를 수습하기 때문에 '닦음의 의지처의 일'이라고 이름하고, 적멸의 무위이기 때문에 '작증하는 일'이라고 이름하며, 성도聖道를 '닦고 익히는 일'이라고 이름하였다.】

42 【이상은 셋째 네 가지 일로써 견도를 밝히는 것이다. '그로 하여금 견고하게 하는 일'이란 진견도이니, 견도의 진실한 성품에 의해 진·상의 두 가지 견도에서 물러나지 않게 하기 때문이다. 달리 해석해 말하자면 견도를 얻음에 의해 범부 속으로 결정코 퇴전하지 않기 때문에 견도를 '견고하게 하는 일'이라고 이름한 것이다. '그 행상의 일'이란 상견도이니, 3심 및 16심의 모습이 각각 다르기 때문이다. '그 소연의 일'이란 상견도의 소연의 경계의 일을 나타내는 것이다. '이미 끊은 것과 아직 끊지 못한 것을 선교하게 관찰하는 일'이란, 상견도에 의지해 이미 끊은 견소단의 번뇌 및 아직 끊지 못한 수소단의 번뇌를 관찰하는 것이다.】

43 【이상은 넷째 여섯 가지 일로써 수도를 밝히는 것이다. 이 경문에 대해서는 각 설이 같지 않다. 제1설은, 「그 산란의 일'이란 이미 견도에서 나오고 나서 아직 수도에 들지 않은 중간에 잠시 산란한 마음을 일으킨 것이니, 잡염이기 때문에 산란이라고 이름하는 것이 아니다. '그 불산란의 일'과 '불산란의 의지처의 일'이란 곧 선정에 머물러서 욕계의 수소단의 번뇌를 끊는 가행도이니, '불산란의 일'은 곧 선정의 모습을 제외한 나머지 때를 같이 하는 법이고, '불산란의 의지처의 일'은 오직 선정 자체만을 취한다. 이는 곧 지혜가 의지로 삼기 때문에 '의지처'라고 이름한 것이다. '고생스러운 가행을 닦고 익히는 일'이란 색·무색계의 수소단의 번뇌를 끊는 무애도(=무간

는 일, 성스러운 행의 권속을 거두는 일, 진실을 통달하는 일, 열반을 증득하는 일,44 ㉮ 잘 설해진 법과 비나야 중의 세간의 정견이 일체 외도가 얻은 정견의 정수리를 초월하는 일 및 곧 여기에서 닦지 않고 물러나는 일이 있는데,45

事, 攝聖行眷屬事, 通達眞實事, 證得涅槃事. 於善說法毘奈耶中 世間正見 超昇一切外道所得 正見頂事 及卽於此 不修退事,

도)이고, '그 견고한 일'이란 금강심과 같은 무애도이다.(=제5의 '뛰어난 이익을 닦고 익히는 일'은 설명이 없으나, '욕계의 수소단의 번뇌를 끊는 무애도'로 보는 취지이거나, 혹은 이것과 제4의 설명이 바뀐 것일 수도 있을 듯)」라고 한다.

　제2설은, 「앞의 세 가지 일은 제1설과 같고, 제4의 일은 삼계의 수소단의 번뇌를 끊는 무간도이고, 제5의 일은 색·무색계의 근본정이며, 제6의 일은 곧 제1설과 같다.」라고 한다.

　제3설은, 「'그 산란의 일'은, 수도가 문·사의 2혜에 의지하지만 아직 삼계의 수소단의 번뇌를 끊지 못해서 오랫동안 가행하는 도를 말한다. '그 불산란의 일'과 '불산란의 의지처의 일'이란 선정에 머물러서 삼계의 수소단의 번뇌를 끊지 못한 가행도에 머무는 것이니, '그 불산란의 일'은 선정에 머물러서 남의 심·심소가 산란케 하지 못하는 것이고, '의지처의 일'은 오직 선정의 모습만을 취한다. 지혜가 머무는 바이기 때문에 '의지처'라고 이름한다. '고생스러운 가행을 닦고 익히는 일'이란 욕계의 수소단의 번뇌를 끊는 무간·해탈도이고, '뛰어난 이익을 닦고 익히는 일'이란 색계의 수소단의 번뇌를 끊는 무간·해탈도이며, '그 견고한 일'이란 무색계의 수소단의 번뇌를 끊는 무간도이니, 금강유정과 같다. (문) 어째서 해탈도는 말하지 않는가? (답) 그 해탈도는 무학에 포함되기 때문이다.」라고 한다.】

44 【이는 다섯째 네 가지 일로써 무학도를 밝히는 것이다. '성스러운 행을 거두는 일'이란 진실한 지혜에 포함되는 진盡·무생지無生智이고, '성스러운 행의 권속을 거두는 일'이란 후득지에 포함되는 진·무생지이며, '진실을 통달하는 일'이란 무여열반에 들고자 진실을 수습하는 것이고, '열반을 증득하는 일'이란 무여열반에 들고자 먼저 멸진정에 들고 멸진정의 아뢰야심 중에서 열반에 드는 것이다.】

45 【이하는 여섯째 두 가지 일로써 뛰어남과 뛰어나지 못함을 밝히는 것인데, 이 중에 둘이 있으니, 처음 여기까지는 두 가지 일을 밝히는 것이고, 뒤의 그 아래는 숨은 힐난을 해석하는 것이다. '잘 설해진 법과 비나야'는 삼

잘 설해진 법과 비나야 중에서 수습하 　 於善說法 毘奈耶中 不
지 않기 때문에 말하여 물러난다고 이 　 修習故 說名爲退,
름한 것이지, 과실을 보기 때문에 물러 　 非見過失 故名爲退.
난다고 이름한 것이 아니다.46

(3) ① 만수실리여, 만약 이 곳에서 내가 　 曼殊室利, 若於是處 我
성문 및 모든 보살에 의거해서 별해탈 　 依聲聞 及諸菩薩 顯示
및 별해탈과 상응하는 법을 나타내어 　 別解脫 及別解脫 相應
보이면, 이것은 조복이라고 이름한다."47 　 之法, 是名 調伏."

장의 교설을 말하니, '잘 설해진 법'이란 계경(=경장) 및 대법장(=논장)이고, '비나야'는 조복장(=율장)이다. 여기에서의 뜻이 말하는 것은, 삼장에서 설한 해탈분에 포함되는 세간의 열등한 정견조차 일체 외도가 얻은 정견의 정수리를 초월한다는 것이다. '곧 여기에서 닦지 않고 물러나는 일'이란 두 번째 일을 밝히는 것이니, 말하자면 잘 설해진 법과 비나야 중에서 선을 닦지만 앞의 일들을 닦지 않기 때문에 '닦지 않고 물러나는 일'이라고 이름한 것이다.】

46 【말하자면 그 외도들이 이와 같이 닦지 않고 물러나는 일을 허물로 삼기 때문에 이 말을 설한 것이다. '물러난다'고 말한 것은, 역시 잘 설해진 법과 비나야 중에서 수습하지 않기 때문에 말하여 물러난다고 이름한 것이지, 두 번째 일에서 과실을 보기 때문에 물러난다고 이름한 것이 아니니, 이는 곧 얻지 못하고 닦지 않는 것을 모두 물러난다고 이름한 것이다. 그러므로 두 번째 일을 해석해서 이르기를, 모든 외도에게는 이와 같은 정견이 없기 때문에 뛰어난 것이라고 이름한다.】

47 【이하는 둘째 조복을 개별적으로 해석하는 것인데, 그 중에 둘이 있다. 처음 ①은 간략히 모습을 설하는 것이고, 뒤의 ② 이하는 문답해서 분별하는 것이다. 이는 곧 처음이다. '만약 이 곳에서'란 만약 조복의 교설에서라는 것이니, 곧 의지처를 나타내는 것이고, '성문 및 모든 보살'은 별해탈과 상응하는 법을 나타내어 보이는 것이다. 7부대중(=사부대중+사미·사미니·식차마나)이 수지하는 율의·계율을 '별해탈'이라고 이름하는데, 이것에는 차별이 있다. 이승이 수지하는 것은 오직 신·어의 7지支 자체(=2업)만을 세우지만, 보살은 신업 등의 3업 자체를 모두 세운다. '별해탈과 상응하는

② "세존이시여, 보살의 별해탈은 몇 가지 모습에 포함됩니까?"48

③ "선남자여, 일곱 가지 모습이라고 알아야 한다.49 ④ 첫째는 받는 궤칙軌則의 일을 펴 설하기 때문이고,50 둘째는 바라이[他勝]에 수순하는 일을 펴 설하기 때문이며,51 셋째는 훼범毀犯에 수순

"世尊, 菩薩別解脫 幾相所攝?"

"善男子, 當知 七相. 一者 宣說 受軌則事故, 二者 宣說 隨順他勝事故, 三者 宣說 隨順毀犯事

....
법을 나타내어 보인다'고 함에 대해서는 양 해석이 있으니, 제1설은 바른 계율에 수순하는 인연을 '상응하는 법'이라 이름한다고 하고, 제2설은 신 등의 3업과 계율의 자성인 마음과 상응하는 심소의 모든 법을 '상응하는 법'이라고 이름한다고 한다.】

48 【이하는 둘째 문답해서 분별하는 것인데, 그 중에 둘이 있으니, 처음 ②는 묻는 것이고, 둘째 ③ 이하는 답하시는 것이다. 우두머리에 의거해 묻기 때문에 오직 보살만을 표방한 것이다.】

49 【이하 둘째 여래께서 바로 답하시는 것 중에는 ③의 간략한 답 및 ④의 개별적으로 해석하는 것이 있다.】

50 【이하는 둘째 일곱 가지 모습을 개별적으로 해석하는 것인데, 나누면 일곱 가지가 된다. 이는 곧 처음 궤칙을 받는 모습을 밝히는 것이다. 이는 곧 수지하는 계율의 궤칙을 펴 설하는 것이니, 그러므로 '받는 궤칙의 일'이라고 이름하였다.】

51 【말하자면 4중죄를 일으킬 때에는 반드시 타승他勝(=중죄를 뜻하는 바라이에 대한 현장의 의역어. 선법을 자自라고 하고, 악법을 타他라고 하여, 선법이 악법을 이기는 것을 자승自勝이라고 하며, 악법이 선법을 이기는 것을 타승이라고 한다 함)의 번뇌의 힘이 보살을 이기기 때문이다. 타승에는 넷이 있으니, 《유가론》제40권에서 이르기를, "첫째 탐욕으로 이익과 공경을 구하기 위해 자신을 칭찬하고 남을 헐뜯는 것, 둘째 성품이 간탐하기 때문에 재물과 법이 있으면서도 유정을 위해 베풀어 줌을 닦지 않는 것, 셋째 분노심 때문에 유정을 때리고 거친 말을 일으키는 것, 넷째 보살장을 비방하고 악법을 펴 설하는 것, 이것이 4타승이다."라고 한 것과 같다. 혹은 타승은 열 가지이니, 앞의 넷에 다시 살생·투도·사음·망어와 술 파는 것, 남의 허물을 말하는 것을 더하는 것은 《범망경》및 《앙굴마라경》제2권에서와 같이 알 수 있다.】

하는 일을 펴 설하기 때문이고,52 넷째는 범함 있음[有犯]의 자성을 펴 설하기 때문이며,53 다섯째는 범함 없음[無犯]의 자성을 펴 설하기 때문이고,54 여섯째는 범한 것에서 나옴을 펴 설하기 때문이며,55 일곱째는 율의 버림을 펴 설하기 때문이다.56

故, 四者 宣說 有犯自性故, 五者 宣說 無犯自性故, 六者 宣說 出所犯故, 七者 宣說 捨律儀故.

---

52 【이는 곧 다른 모든 가벼운 죄이니, 《범망경》에서는 마흔여덟 가지 때[垢]를 말하고, 《유가론》 제41권에서는 여러 가벼운 죄를 말하는 것과 같다.】
53 【또 '범함 있음의 자성'이라고 말한 것은 《유가론》 제41권에서 여러 위범 違犯 있음을 말하니, 그 논서에서 이르기를, "만약 모든 보살이 보살의 청정한 계의 율의에 안주하여 날마다 모든 삼보에 적건 많건 위해 공양하고, 아래로 몸으로 한 번 절하여 예경하기에 이르며, 아래로 마음으로써 한 번 청정한 믿음으로 삼보의 공덕을 따라 새기기에 이르면서, 부질없이 밤낮을 보낸다면, 이를 범함 있고 어기는 바가 있다고 이름한다."라고 한 것과 같다.】
54 【죄가 있는 것이 아닌 것이다. 혹은 《유가론》 제41권에서는 이르기를, "일체처에서 위범이 없다는 것은, 말하자면 만약 그의 마음이 증상하게 광란했거나, 만약 무거운 괴로운 느낌으로 핍박받았거나, 만약 아직 일찍이 청정한 계의 율의를 받지 않았다면 일체가 다 위범이 없는 것이라고 알아야 한다."라고 하였다. 또 《유가론》에서 범함 없음에는 네 가지이니, 셋은 앞과 같고, 다시 초학을 설한다.】
55 【이는 여섯째 범한 것에서 나오는 모습을 밝히는 것이니, 이는 곧 악을 제거하고 법을 범한 것에서 벗어나는 것이다.】
56 【이는 일곱째 율의를 버리는 모습을 밝히는 것이다. 예컨대 《유가론》 보살지에서는 이르기를, "대략 두 가지 인연 때문에 모든 보살의 청정한 계의 율의를 버리니, 첫째는 무상정등보리에 대한 대원을 포기해 버리는 것이고, 둘째는 현행의 상품의 번뇌로 타승처의 법을 범하는 것이다."라고 하였다. 또 《유가론》 제75권에서는 네 가지 인연에 의해 율의를 버린다고 한다. 성문의 계율을 버리는 인연의 다소는 여러 논서 중에서 각각 설하는 것이 같지 않다.】

⑷ ① 만수실리여, 만약 이 곳에서 내가 열한 가지 모습으로써 모든 법을 결단하여 분별해서 나타내어 보인다면, 이는 본모라고 이름한다.57

② 어떤 것을 열한 가지 모습이라고 이름하겠는가?58

③ 제1은 세속의 모습이고, 제2는 승의의 모습이며, 제3은 보리분법의 소연의 모습이고, 제4는 행의 모습이며, 제5는 자성의 모습이고, 제6은 그 결과의 모습이며, 제7은 그것을 받아들여서 열어 보이는 모습이고, 제8은 그것을 장애하는 법의 모습이며, 제9는 그것을 수순하는 법의 모습이고, 제10은 그 과환의 모습이며, 제11은 그 뛰어난 이익의 모습이다.59

④ 세속의 모습이란 세 가지라고 알

曼殊室利, 若於是處 我以十一種相 決了分別顯示諸法, 是名 本母.

何等名爲 十一種相?

一者 世俗相, 二者 勝義相, 三者 菩提分法所緣相, 四者 行相, 五者 自性相, 六者 彼果相, 七者 彼領受開示相, 八者 彼障礙法相, 九者 彼隨順法相, 十者 彼過患相, 十一者 彼勝利相.

世俗相者 當知三種.

---

57 【이하는 셋째 본모의 모습을 개별적으로 해석하는 것인데, 그 중에는 둘이 있다. 처음 ①은 총체적으로 수를 표방하고 간략히 답하는 것이고, 뒤의 ② 이하는 문답해서 개별적으로 해석하는 것이다.】
58 【둘째 문답해서 개별적으로 해석함 중에도 둘이 있으니, 처음 ②는 묻는 것이고, 뒤의 ③ 이하는 답하시는 것이다.】
59 【이하 둘째 세존께서 바로 답하시는 것 중에도 둘이 있으니, 처음 ③은 수를 표방하고 이름을 열거하는 것이고, 뒤의 ④ 이하는 차례로 개별적으로 해석하는 것이다.】 * 여기에서 셋째 본모를 해석하는 경문의 큰 구조를 도표로써 정리해 보이면 다음과 같다.

아야 하니, 첫째는 보특가라를 펴 설하기 때문이고, 둘째는 변계소집자성을 펴 설하기 때문이며, 셋째는 모든 법의 작용과 사업을 펴 설하기 때문이다.60

一者 宣說 補特伽羅故, 二者 宣說 遍計所執自性故, 三者 宣說諸法作用事業故.

총체적으로 수를 표방하고 간략히 답함						(4)①
문답해 해석함	물음					②
	답함	수를 표방하고 이름을 열거함				③
		차례로 해석함	세속의 모습			④
			승의의 모습			⑤
			보리분법의 소연의 모습	수를 표방함		(5)(가)①
				이름을 열거함		②
				행의 모습	진실	(나)
					안주	(다)
					과실	(라)
				차례로 해석함	공덕	(마)
					이취	(바)
					유전	(사)
					도리	(아)
					총별	(자)
			그 자성의 모습			(6)①
			그 결과의 모습			②
			그것을 영수해서 개시하는 모습			③
			그것을 장애하는 법의 모습			④
			그것을 수순하는 법의 모습			⑤
			그 과환의 모습			⑥
			그 뛰어난 이익의 모습			⑦

60 【이하는 둘째 차례로 열한 가지 모습을 개별적으로 해석하는 것인데, 나누면 열하나가 된다. 이는 곧 첫째 세속의 모습을 밝히는 것인데, 그 중에 둘이 있으니, 앞은 수를 표방하는 것이고, 뒤는 해석하는 것이다. 해석하는 것은 곧 세 가지 모습에 의거해 세속을 펴 설하니, 그래서 《현양론》 제5권에서 이르기를, "처음은 나·법·작용을 말하니, 나머지를 따르기 위한 때문에 말하네"라고 하고, 장행의 해석에서 이르기를, "처음 세속제는 나를 말

⑤ 승의의 모습이란 일곱 가지 진여를 펴 설하기 때문이라고 알아야 한다.61

⑥ 보리분법의 소연의 모습이란 일체 종류의 알 일을 펴 설하기 때문이라고 알아야 한다.62

(5) ㈎ ① 행의 모습이란 8행의 관을 펴 설하기 때문이라고 알아야 한다.63

② 어떤 것을 8행의 관이라고 이름하

勝義相者 當知宣說 七種眞如故.

菩提分法 所緣相者 當知宣說 遍一切種 所知事故.

行相者 當知宣說 八行觀故.

云何名爲 八行觀耶?

하고, 법을 말하며, 그리고 작용을 말한다. 나를 말한다는 것은 말하자면 유정·명자·생자生者·보특가라·인천·남녀·불우佛友·법우의 이러한 등을 말하는 것이고, 법을 말한다는 것은 말하자면 물질·감수의 이러한 등을 말하는 것이다. (문) 만약 세속제가 승의가 아니라면 무슨 뜻 때문에 말하는가? (답) 말하자면 승의제를 수순하고자 하기 때문에 세속제를 말한다."라고 하였다.】

61 【이는 제2 승의의 모습을 밝히는 것이다. 《현양론》 제5권에서 이르기를, "(문) 무슨 인연 때문에 일곱 가지 진여를 승의제라고 이름하는가? (답) 두 가지 가장 뛰어난 지혜가 행하는 것이기 때문이니, 출세간의 지혜 및 이의 후득의 세간지를 말한다. 이 승의는 희론이 없기 때문에 나머지 지혜의 경계가 아니다."라고 하였다.】

62 【이는 제3 보리분법의 소연의 모습을 밝히는 것이니, 염주 등 37보리분법의 소연의 경계를 말하는 것임은, 앞에서 이미 말한 것과 같다.】

63 【이하는 제4 여덟 가지 행의 모습을 밝히는 것인데, 그 중에 셋이 있다. 처음 ㈎의 ①은 총체적으로 수를 표방하는 것, 다음 ②는 수를 물어서 이름을 열거하는 것, 뒤의 ㈏ 이하는 차례로 개별적으로 해석하는 것이다.
  이는 곧 처음이다. '행'이란 지각과 형성[想行]이고, '상'이란 체상이니, 도道의 분위에서 소연에 대한 식의 모습을 바로 해석하기 때문이다. (문) 만약 이와 같다면 무엇 때문에 진여 등의 행상도 말하는가? (답) 말하자면 여덟 가지 경계를 표방하여 요가의 관행을 말하기 때문이다.】

는가? 첫째는 진실[諦實]이기 때문이고, 둘째는 안주이기 때문이며, 셋째는 과실이기 때문이고, 넷째는 공덕이기 때문이며, 다섯째는 이취理趣이기 때문이고, 여섯째는 유전이기 때문이며, 일곱째는 도리이기 때문이고, 여덟째는 총·별이기 때문이다.64

一者 諦實故, 二者 安住故, 三者 過失故, 四者 功德故, 五者 理趣故, 六者 流轉故, 七者 道理故, 八者 總別故.

㈏ 진실[諦實]이란 모든 법의 진여를 말한다.65

諦實者 謂諸法眞如.

㈐ 안주란 혹은 보특가라를 안립하거나, 혹은 다시 모든 법의 변계소집자성을 안립하거나,66 혹은 다시 일향·분별·반문·응치의 기별을 안립하거나,67 혹은 다시 은밀하며 현료한 기별의 차별을

安住者 謂或安立 補特伽羅, 或復安立 諸法遍計所執自性, 或復安立 一向分別 反問置記, 或復安立 隱密顯了

---

64 【이는 둘째 수를 물어서 이름을 열거하는 것이다.】
65 【이하는 셋째 차례로 개별적으로 해석하는 것인데, 그 중에서 8행관의 모습을 펴 설하므로 여덟으로 나누어진다. 이는 곧 처음 진실의 모습을 밝히는 것이다. 말하자면 근본지에 의해 진여를 현증해서 자성을 버리지 않으므로 이른 진리[諦]라고 이름하고, 허망하지 않기 때문에 진실[實]이라고 이름하니, 그래서 진실[諦實]이라고 이름한다.】
66 【이는 제2 안주의 모습을 밝히는 것인데, 나누면 세 가지가 된다. 처음은 아·법의 2집 안립함을 밝히는 것이고, 다음은 네 가지 기별 안립함을 밝히는 것이며, 뒤는 은밀과 현료 안립함을 밝히는 것이다. 이는 곧 처음이니, 말하자면 변계소집에 의지해 나와 법을 진실로 삼는 것은 허망한 생각에 의지해 있는 것이지 승의가 아니다. 단지 허망한 생각을 따라 집착해 있음으로 삼는 것이기 때문에 안립이라고 이름하였다.】
67 【힐난을 조복하는 법에 의거해 네 가지 기별(=3.12⑷의 ④)의 이론을 안립하기 때문에 안립이라고 이름하였다.】

안립하는 것을 말한다.68

㈑ 과실이란 내가 모든 잡염법에는 한량없는 문으로 차별되는 과환이 있다고 펴 설한 것을 말한다.69

㈒ 공덕이란 내가 모든 청정법에는 한량없는 문으로 차별되는 뛰어난 이익이 있다고 설한 것을 말한다.70

㈓ 이취란 여섯 가지라고 알아야 하니,71 첫째는 진실한 뜻[眞義]의 이취,72 둘째는 증득의 이취,73 셋째는 가르쳐

記別差別.

過失者 謂我宣說 諸雜染法 有無量門 差別過患.

功德者 謂我宣說 諸淸淨法 有無量門 差別勝利.

理趣者 當知六種,
一者 眞義理趣,
二者 證得理趣, 三者

---

68 【말하자면 모든 여래께서는 근기에 따라 요익하시기 위하여 설법을 안립하시되, 혹자에게는 은밀하게 하고, 혹자에게는 뚜렷이 드러나게 하시니, 《현양론》 제20권에서는 '은밀과 현료의 기론記論'이라고 말하였다.】
69 【이는 제3 과환의 모습을 밝히는 것이니, 3루漏·4계繫·9결結 및 10전纏 등 갖가지 문의 번뇌의 과환을 말한다.】
70 【이는 제4 공덕의 모습을 밝히는 것이니, 신통·해탈·삼매·힘·무외 등 갖가지 공덕의 뛰어남을 펴 설한 것을 말한다.】
71 【이하는 제5 이취의 문을 밝히는 것인데, 그 중에는 둘이 있으니, 처음 이 부분은 총체적으로 수를 표방하는 것이고, 뒤의 그 아래는 수에 의해 이름을 열거하는 것이다. 여섯 가지 이취는 《현양론》 제6권에서 간략하고 자세한 2문을 분별하는데, 간략한 것을 그 논에서 다음과 같이 말한다. "이취에 의한다고 함은 6이취가 있으니, 진실한 뜻의 이취 내지 의요意樂의 이취를 말한다. 이 중에서는 진실한 뜻이 곧 이취이므로 진실한 뜻의 이취라고 이름하고, 나아가 의요가 이취이므로 곧 의요의 이취라고 이름하니, 그러그러한 곳에서 전도됨 없는 성품이 이취의 뜻이다."】
72 【만약 자세히 말하는 것이라면 그 논서에서 다음과 같이 말한다. "진실한 뜻의 이취란 대략 여섯 가지가 있으니, 세간의 진실, 도리의 진실, 번뇌장이 청정해진 지혜로 행하는 진실, 소지장이 청정해진 지혜로 행하는 진실, 안립(=사성제)의 진실, 비안립(=일체법의 진여의 실성)의 진실이다."】
73 【"증득의 이취란 대략 네 가지가 있으니, 첫째 일체 유정의 업보의 증득,

인도함[教導]의 이취,74 넷째는 이변二邊 을 멀리 떠난 이취,75 다섯째는 불가사 의의 이취,76 여섯째는 의요[意趣]의 이 취이다.77

(사) 유전이란 이른바 삼세의 3유위의 모습 및 네 가지 연이다.78

教導理趣, 四者 遠離二 邊理趣, 五者 不可思議 理趣, 六者 意趣理趣.

流轉者 所謂三世 三有 爲相 及四種緣.

둘째 성문승의 증득, 셋째 독각승의 증득, 넷째 대승의 증득이다."】
74【"가르쳐 인도함의 이취란 대략 열둘이 있다. ① 현상의 가르침이니, 각각 다른 형색 등과 눈 등의 일체법을 펴 설한 가르침을 말한다. ② 지각차별의 가르침이니, 온·계·처·연기 등 한량없는 지각의 차별을 펴 설한 가르침을 말한다. ③ 자기 종宗에서 관찰하는 가르침, ④ 남의 종에서 관찰하는 가르침, ⑤ 불요의의 가르침, ⑥ 요의의 가르침, ⑦ 세속제의 가르침, ⑧ 승의제의 가르침, ⑨ 은밀한 가르침, ⑩ 현료의 가르침, ⑪ 기별할 수 있는 현상의 가르침, ⑫ 기별할 수 없는 가르침이다."】
75【"이변을 멀리 떠난 이취란 대략 여섯 가지가 있다. ① 진실치 못한 것에서 증익함이 있는 극단을 멀리 떠난 것, ② 진실한 것에서 손감함이 있는 극단을 멀리 떠난 것, ③ 항상하다고 집착하는 극단을 멀리 떠난 것, ④ 단멸한다고 집착하는 극단을 멀리 떠난 것, ⑤ 욕락을 수용하는 극단을 멀리 떠난 것, ⑥ 스스로 괴로움을 수용하는 극단을 멀리 떠난 것이다."】
76【"불가사의의 이치란 대략 여섯 가지 불가사의한 일이 있다. ① '나'의 불가사의, ② 유정의 불가사의, ③ 세간의 불가사의, ④ 유정의 업보의 불가사의, ⑤ 정려를 증득하는 자 및 정려의 경계의 불가사의, ⑥ 제불 및 제불의 경계의 불가사의이다."】
77【"의요의 이취란 대략 열여섯 가지가 있다. ① 열어 보이려는 의요, ② 욕망을 여의려는 의요, ③ 권하여 인도하려는 의요, ④ 장려하는 의요, ⑤ 찬탄하고 기뻐하는 의요, ⑥ 들어가게 하려는 의요, ⑦ 의심을 제거하는 의요, ⑧ 성숙시키려는 의요, ⑨ 편안한 집중의 의요, ⑩ 해탈의 의요, ⑪ 다른 뜻에 의지하려는 의요, ⑫ 증득을 수행하는 자의 허물 없음에 환희를 일으키는 의요, ⑬ 듣는 수행자로 하여금 설하는 법사에게 존중을 일으키게 하려는 의요, ⑭ 법안法眼을 유포하려는 의요, ⑮ 잘 증광하려는 의요, ⑯ 일체 모습을 무너뜨리려는 의요이다."】
78【이는 제6 유전의 모습이니, 유위의 모든 법이 삼세에 생·주·멸함으로 인한 세 가지 유위의 모습 및 4연 때문에 세간에 유전함을 말한다. '4연'과 '3

㈂ ① 도리란 네 가지라고 알아야 하니,79 ② 첫째는 관대도리이고, 둘째는 작용도리이며, 셋째는 증성도리이고, 넷째는 법이도리이다.

③ 관대도리란 말하자면 인과 연이 능히 모든 행을 내고, 그리고 따라서 말함을 일으키니, 이와 같은 것을 관대도리라고 이름한다.80

④ 작용도리란 말하자면 인과 연으로 능히 모든 법을 얻고, 혹은 능히 성취하며, 혹은 다시 나고 나서 여러 업의 작

道理者 當知四種,
一者 觀待道理, 二者 作用道理, 三者 證成道理, 四者 法爾道理.
觀待道理者 謂若因若緣 能生諸行, 及起隨說, 如是名爲 觀待道理.
作用道理者 謂若因若緣 能得諸法 或能成辦 或復生已 作諸業用,

세'의 뜻은 제3권(=3.12⑷의 ④)에서와 같이 알아야 한다.】
79 【이하는 제7 4도리를 밝히는 것인데, 나누면 셋이 된다. 처음 ①은 총체적으로 수를 표방하는 것, 다음 ②는 수에 의해 이름을 열거하는 것, 뒤의 ③ 이하는 차례로 개별적으로 해석하는 것이다.】
80 【이하는 셋째 차례로 개별적으로 해석하는 것인데, 그 중에서 4도리에 의해 개별적으로 해석하므로 나누면 네 가지가 된다. 이는 곧 처음 관대도리를 해석하는 것이니, 그 중에서 먼저 해석하고 뒤에 맺는데, 뒤의 3도리 역시 그러함을 알 수 있을 것이다.
　말하자면 모든 행의 법은 여러 인연을 관대하고 명·구·문신을 관대해서 바야흐로 뚜렷이 드러나기 때문에 관대라고 이름한다. 이 때문에 《유가론》의 성문지에서 이르기를, "말하자면 간략히 말해서 두 가지 관대가 있으니, 첫째는 생기함의 관대이고, 둘째는 시설함의 관대이다. 생기함의 관대란 말하자면 여러 인과 여러 연의 세력에 의해 모든 온을 생기하므로, 이 온이 생기함에는 응당 여러 인과 여러 연을 관대함을 요하는 것이다. 시설함의 관대란 말하자면 명신·구신·문신에 의해 모든 온을 시설하므로, 이 온을 시설함에는 응당 여러 인과 여러 연을 관대함을 요하는 것이다. 이를 온에 대한 생기함의 관대와 시설함의 관대라고 이름하니, 관대의 법은 곧 온을 시설하는 도리이다."라고 하였다.】

용을 지으니, 이와 같은 것을 작용도리라고 이름한다.81

⑤ ㉮ 증성도리란 말하자면 인과 연이 능히 건립된 것, 설해진 것, 표방된 것의 뜻으로 하여금 성립됨을 얻게 하고, 바르게 깨닫게 하니, 이와 같은 것을 증성도리라고 이름한다.82

㉯ ㉠ 또 이 도리에는 대략 두 가지가 있으니,83 ㉡ 첫째는 청정한 것이고,

如是名爲 作用道理.

證成道理者 謂若因若緣 能令所立 所說所標 義得成立

令正覺悟, 如是名爲 證成道理.

又此道理 略有二種,

一者 淸淨,

---

81 【이는 둘째 작용도리를 해석하는 것인데, 경문에 대해서는 각 설이 같지 않다. 제1설은, 「6근으로 6경을 얻는 이것을 얻는다고 이름하고, 사대종으로 만들어진 물질 이것을 성취한다고 이름하며, 모든 법이 날 때 각각 작용이 있는 것이 비유하면 눈이 능히 형색을 보고, 나아가 의가 능히 법을 잡는 것과 같다.」라고 하고, 제2설은, 「선행으로써 열반을 얻고, 공덕의 원만함을 이루며, 보고 듣는 등을 작용이라고 이름한다.」라고 한다.】
82 【이하는 셋째 증성도리를 해석하는데, 그 중에서는 2문에 의하여 말한다. 이는 곧 제1문이다. 경문에 대해서는 두 가지 해석이 있다. 제1설은, 「'인과 연'이라고 함은 말하자면 건립될 때 관대하는 인·연, 이것을 '인·연'이라고 이름한다. '건립된 것'이라고 말한 것은 안립하여 건립한 바 종지의 뜻이고, '설해진 것'이라고 말한 것은 뜻을 표방하여 성립시킨 것이다. '뜻으로 하여금 성립됨을 얻게 한다'는 것은 위의 건립된 것을 해석하는 것이고, '바르게 깨닫게 한다'는 것은 위의 설해진 것 및 표방된 것의 뜻을 해석해서 깨닫게 한다는 것이다.」라고 한다. 제2설은, 「'인과 연'이란 3량(=현량·비량·성언량)이고, '건립된 것'·'설해진 것'·'표시된 것'은 하나의 뜻이다. 차별이 있는 관대로써 능히 3량을 세우므로 이를 '건립된 것'이라고 이름하고, 설하는 주체인 가르침을 대하므로 이를 '설해진 것'이라고 이름하며, 자세하게 해석한 것을 대하므로 이를 '표방된 것'이라고 이름하니, 그 인·연이 건립된 뜻을 성립되게 하고, 건립된 다른 무상한 성품 등을 바르게 깨닫게 한다는 것이다.」라고 한다.】
83 【이하는 제2문으로 증성도리를 밝히는 것인데, 그 중에 넷이 있다. 첫째 ㉠은 총체적으로 수를 표방하는 것, 둘째 ㉡은 수에 의해 이름을 열거하는

둘째는 청정하지 못한 것인데,[84] ㉢ 다섯 가지 모습으로 말미암아 청정하다고 이름하고, 일곱 가지 모습으로 말미암아 청정하지 못하다고 이름한다.[85]

㉣ ㉠ 어떤 것이 다섯 가지 모습으로 말미암아 청정하다고 이름하는 것인가?[86]

㉡ 첫째는 현견해서 얻어진 모습이고, 둘째는 현견함에 의지해서 얻어진 모습이며, 셋째는 자기 부류의 비유로써 이끌린 모습이고, 넷째는 원성실의 모습이며, 다섯째는 선청정한 언교言敎의 모습이다.[87]

二者 不淸淨. 由五種相
名爲淸淨,
由七種相
名不淸淨.
云何 由五種相
名爲淸淨?
一者 現見所得相,
二者 依止現見所得相,
三者 自類譬喩
所引相, 四者 圓成實
相, 五者 善淸淨言敎
相.

것, 셋째 ㉢은 간략히 모습을 설하는 것, 넷째 ㉣ 이하는 문답해서 자세히 설하는 것이다.】

84 【말하자면 이유[因]가 뜻을 이루는 것에 과실이 없기 때문에 청정하다고 이름하고, 과실이 있기 때문에 청정하지 못하다고 이름하는데, 이하에서 자세히 말한다.】

85 【이는 셋째 간략히 모습을 설하는 것이니, 다섯 가지 및 일곱 가지 모습으로 말미암아 청정하다고 하고 그리고 청정하지 못하다고 이름한다.】

86 【이하는 넷째 문답해서 자세히 설하는 것인데, 그 중에 둘이 있으니, 처음 청정한 것을 해석하고, 뒤의 ㊓에서 청정하지 못한 것을 해석한다. 전자 중에서 첫째 ㉠은 묻는 것이고, 뒤의 ㉡ 이하는 답하시는 것이다.】

87 【이하는 둘째 여래께서 바로 답하시는 것인데, 그 중에 둘이 있으니, 처음은 다섯 가지 모습을 해석하는 것이고, 뒤의 ㉥은 다섯 가지 모습을 맺는 것이다. 처음 중에도 둘이 있으니, 첫째는 다섯 가지 모습을 바로 해석하는 것이고, 둘째 ㉺ 이하는 숨은 힐난을 거듭 해석하는 것이다. 전자 중에는 셋이 있으니, 처음 ㉡은 다섯 가지 모습을 모두 열거하는 것이고, 다음 ㉢ 이하는 차례로 개별적으로 해석하는 것이며, 뒤의 ◎은 총결하는 것이다.】

ⓒ 현견해서 얻어진 모습이라 함은, 말하자면 일체의 행이 다 무상의 성품이고, 일체의 행이 다 괴로움의 성품이며, 일체의 법이 다 무아의 성품인 이것들은 세간의 현량으로 얻어진 것이니, 이와 같은 등의 부류, 이것을 현견해서 얻어진 모습이라고 이름한다.88

現見所得相者, 謂一切行 皆無常性, 一切行 皆是苦性, 一切法 皆無我性 此爲世間 現量所得, 如是等類 是名 現見所得相.

* 여기에서 증성도리를 밝히는 경문 ⑤의 큰 구조를 도표로써 보이면 다음과 같다.

제1문					㉮
제2문	총체적으로 수를 표방함				㉯-㉠
	수에 의해 이름을 열거함				㉡
	간략히 모습을 설함				㉢
	자세히 설함	청정한 것	물음		㉱-㉠
			답함	5모습을 해석함	5모습을 바로 해석함	㉤~㉧
					숨은 힐난을 해석함	㉨~㉩
				5모습을 맺음	㉪
		청정치 못한 것	물음		㉲-㉠
			답함	총체적으로 표방함	㉡
				밝혀서 해석함	㉢~㉫

88 【이하는 둘째 차례로 개별적으로 해석하는 것인데, 그 중에서 다섯 가지 모습에 의해서 설하므로 나누면 다섯 가지가 된다. 이는 곧 처음 현견해서 얻어진 모습을 밝히는 것인데, 그 중에 셋이 있으니, 처음은 간략히 말하는 것이고, 다음은 해석하는 것이며, 뒤는 맺는 것이다.
　해석하는 글을 나누면 둘이 된다. 처음 '말하자면 일체의 행이 다 무상의 성품'인 등이라고 함은 현상을 바로 해석하는 것을 밝힌 것이고, '이것들은 세간의 현량으로 얻어진 것'이라고 함은 인식[量]을 갖추어서 분별한 것이다. 여기에서의 뜻이 말하는 것은, 오직 세간에서 현견하는 인식만을 임시로 시설해서 현견의 인식[現見量]으로 삼는 것이 아니라, 현견하는 인식이기 때문에도 현량으로 삼는다는 것이니, 말하자면 이 두드러진 무상에 의지해 미세한 무상을 견주어 헤아리는 등이기 때문에 현량에 의지해서 얻어진 모습(을 '현견해서 얻어진 모습')이라고 이름한다는 것이다. 그 체는 어떠한

㉣ 현견함에 의지해서 얻어진 모습이란,[89] 말하자면 일체의 행이 다 찰나의 성품이고, 다른 세[他世]에 있을 성품이며, 청정·부정한 업의 실괴됨이 없는 성품이니,[90] 그것을 능히 두드러진 무상의 성품에 의지해서 현재 얻을 수 있기 때문이고, 모든 유정의 갖가지 차별은 갖가지 업에 의지함을 현재 얻을 수 있기 때문이며, 모든 유정의 즐거움과 괴로움은 청정·부정한 업이 의지가 됨으

依止現見 所得相者,
謂一切行 皆刹那性,
他世有性,
淨不淨業 無失壞性,
由彼能依 麤無常性
現可得故,
由諸有情 種種差別
依種種業 現可得故,
由諸有情 若樂若苦
淨不淨業 以爲依止

가? 우선 한 때의 두드러진 무상의 뜻에 의지해서 무상의 성품을 현견해서 보고, 자기 몸의 갖가지 손뇌하는 느낌을 보기 때문에 괴로움의 현량이 되며, 비방함에 대하여 찾아도 자재함이 없기 때문에 무아를 아는 이것은 곧 무아의 현량이라고 이름한다. 이런 등에 대한 문·사의 지혜는 산란한 마음으로 분별하는 것이기 때문에 현량이 아니다. 이를 세간의 현량이라고 말한 것이다.

그 나머지를 해석해 이르자면, '일체의 행이 다 무상의 성품'이라 한 것은 유위의 일체 행을 총체적으로 거두는 것이고, '일체의 행이 다 괴로움의 성품'이라 한 것은 유루의 모든 행이며, '일체의 법이 다 무아의 성품'이라 한 것은 일체의 법을 거두는 것이다.】

89 【이하는 둘째 현견함에 의지해서 얻어진 모습을 해석하는 것인데, 그 중에 셋이 있으니, 처음은 간략히 말하는 것이고, 다음은 해석하는 것이며, 뒤는 맺는 것이다. 이는 곧 처음이니, 말하자면 두드러진 무상의 성품에 의지해 매우 미세한 찰나 무상 등을 나타낼 수 있다는 것이다.】

90 【둘째 해석하는 글 중에는 셋이 있으니, 처음 여기까지는 현견함에 의지해서 얻어지는 세 가지 성품을 밝히는 것이고, 다음은 얻을 수 있음이 원인이 있음을 밝히는 것이며, 뒤의 '이 인연' 이하는 결정코 능히 이룸을 밝히는 것이다. 이는 곧 처음이다. 말하자면 현견함에 의지해서 얻어지는 것에는 세 가지가 있다. 여기에서의 뜻이 말하는 것은, 두드러진 무상 등에 의지해서 이 세 가지 성품이 있는 것을 견주어 헤아릴 수 있다는 것이다.】

로써 현재 얻을 수 있기 때문이다.91 이 인연으로 말미암아 현견하지 못한 것에 대해서도 견주어 헤아릴 수 있으니,92 이와 같은 등의 부류, 이것을 현견함에 의지해서 얻어진 모습이라고 이름한다.93

現可得故, 由此因緣 於不現見 可爲比度, 如是等類 是名 依止現見所得相.

ⓜ 자기 부류의 비유로써 이끌린 모습이란,94 말하자면 안팎의 모든 행의 무더기 중에서 모든 세간이 공히 요지하는 바이고 얻는 바인 생사를 이끌어서 비유로 삼고,95 모든 세간이 공히 요

自類譬喩 所引相者, 謂於內外 諸行聚中 引諸世間 共所了知 所得生死 以爲譬喩, 引諸世間 共

---

91 【이상은 둘째 얻을 수 있음에 원인이 있음을 밝히는 것이다. 처음은 말하자면 '그것을 능히 두드러진 무상의 성품에 의지해서 현재 얻을 수 있기 때문'에 그것이 찰나 생멸의 미세한 무상의 뜻을 갖추고 있다는 것을 결정적으로 견주어 헤아릴 수 있다는 것이다. 둘째는 두드러진 괴로움에 의지해 얻을 수 있는 모습을 밝히는 것이다. 말하자면 현재세에 갖가지 괴로움이 있는 이것은 곧 전세의 갖가지 업에 의해 현재 얻을 수 있는 것이기 때문에, 결정코 미래세(='다른 세')에도 역시 괴로움의 과보가 있을 것임으로 결정적으로 견주어 헤아릴 수 있다는 것이다. 셋째는 두드러진 무아에 의지해서 미세한 무아를 나타내는 것이다. 말하자면 모든 유정이 현재 즐거움과 괴로움을 향수함을 보는 것은 선·불선한 업이 의지가 됨으로써이니, 청정·부정한 업은 결과를 이끌어 내고 실괴됨이 없음을 결정적으로 견주어서 알고, 나 없이 즐거움과 괴로움을 향수함을 안다는 것이다.】
92 【이는 셋째 도리에 의해서 미세한 성품을 견주어 헤아린다는 것을 밝히는 것이다.】
93 【이는 셋째 총결하는 것이니, 알 수 있을 것이다.】
94 【이하는 셋째 자기 부류의 비유로써 이끌린 모습을 밝히는 것인데, 그 중을 나누면 세 가지가 된다. 처음 이 부분은 간략히 말하는 것이고, 다음은 해석하는 것이며, 뒤는 맺는 것이다.】
95 【이하는 둘째 바로 해석함을 밝히는 것인데, 그 중을 나누면 네 가지가 된

지하는 바이고 얻는 바인 태어남 등의 갖가지 괴로움의 모습을 이끌어서 비유로 삼으며,96 모든 세간이 공히 요지하는 바이고 얻는 바인 자재하지 못한 모습을 이끌어서 비유로 삼고,97 또 다시 밖으로 모든 세간이 공히 요지하는 바이고 얻는 바인 쇠하고 성함을 이끌어서 비유로 삼으니,98 이와 같은 등의 부류, 이것을 자기 부류의 비유로써 이끌린 모습이라 이름한다고 알아야 한다.

ⓗ 원성실의 모습이란, 말하자면 곧 이와 같이 현견해서 얻어진 모습과 현견함에 의지해서 얻어진 모습과 자기 부류의 비유로써 이끌린 모습으로써 성립대상을 결정적으로 능히 이루는 것,

所了知 所得生等
種種苦相 以爲譬喩,
引諸世間 共所了知
所得 不自在相
以爲譬喩, 又復於外
引諸世間 共所了知
所得衰盛
以爲譬喩, 如是等類
當知是名 自類譬喩所
引相.

圓成實相者 謂卽如是
現見所得相 若依止現
見所得相 若自類譬喩
所得相 於所成立
決定能成,

다. 첫째는 무상의 비유를 밝히는 것이고, 둘째는 괴로움의 비유이며, 셋째는 무아의 비유이고, 넷째는 쇠하고 성함의 비유이다.
　이는 곧 처음 무상의 비유를 밝히는 것이다. '안팎'이란 유정과 비유정에 의거해서 무상을 밝힌 비유이니, '안팎'의 두 가지 '무더기 중에서' '모든 세간이 공히 요지하는 바이고 얻는 바인 생사' 등의 일을 아는 것으로써 미세한 무상 등의 비유를 말하기 때문이다. 혹은 추·세를 나누지 않고 총체적인 비유를 말한 것일 수도 있다. 《현양론》 제20권에서는 생멸을 말하고, 생사를 말하지 않았다.】
96 【이는 둘째 괴로움의 비유를 밝힌 것이니, 말하자면 세간의 태어남 등의 8고의 자성을 이끌어서 괴로움의 비유로써 삼았다.】
97 【이는 셋째 무아의 비유를 밝힌 것이다.】
98 【이는 넷째 쇠하고 성함의 비유를 밝힌 것이다.】

이것을 원성실의 모습이라 이름한다고 알아야 한다.99

ⓐ 선청정한 언교의 모습이란, 말하자면 일체지자께서 펴 설하신 열반·구경·적정이라고 말씀하신 것과 같은 것, 이와 같은 등의 부류는 이를 선청정한 언교의 모습이라 이름한다고 알아야 한다.100

ⓒ 선남자여, 그러므로 이 다섯 가지 모습에 의하기 때문에 청정한 도리를 잘 관찰한다고 이름하니, 청정하기 때문에 응당 닦아 익힐 것이다."101

ⓩ 만수실리보살이 다시 붓다께 말하였다.

"세존이시여, 일체지의 모습에는 몇 가지가 있다고 알아야 합니까?"102

ⓒ 붓다께서 만수실리보살에게 말

當知是名 圓成實相.

善淸淨言敎相者 謂一切智者 之所宣說 如言涅槃 究竟寂靜,
如是等類 當知是名 善淸淨言敎相.

善男子, 是故由此 五種相故 名善觀察 淸淨道理, 由淸淨故
應可修習."

曼殊室利菩薩 復白佛言.

"世尊, 一切智相者 當知 有幾種?"

佛告 曼殊室利菩薩曰.

---

99 【이는 넷째 원성실의 모습을 밝히는 것이다. 말하자면 현견해서 얻어진 것 및 그 비유에 의해서 결정코 능히 주장의 뜻을 성립시키기 때문에 원성실이라고 이름한다.《현양론》제20권에서는 성취된 모습이라고 말한다.】
100 【이는 다섯째 선청정한 언교의 모습을 밝힌 것이다.】
101 【이는 셋째 총결하는 것이다.】
102 【이하는 둘째 숨은 힐난을 거듭 해석하는 것이다. 말하자면 위의 다섯째 선청정한 언교의 모습을 밝힐 때 말한 '일체지자께서 펴 설하신' 것에서, 일체지의 모습에 몇 가지가 있는지 아직 알지 못하므로 이제 다시 거듭 말하는 것이다. 그 중에 둘이 있으니, 처음 ⓩ은 묻는 것이고, 뒤의 ⓒ은 답하시는 것이다.】

씀하셨다.

"선남자여, 대략 다섯 가지가 있다.103

첫째는 만약 세간에 출현함이 있으면 일체지의 소리가 널리 들리지 않음이 없는 것이다.104

둘째는 서른두 가지 대장부의 모습을 성취하는 것이다.105

셋째는 십력을 구족해서 능히 일체 중생의 일체 의혹을 끊는 것이다.106

넷째는 사무소외를 구족해서 바른 법을 펴 설하므로 일체 다른 이론에 굴복되지 않으면서 능히 일체 삿된 이론을 최복하는 것이다.107

다섯째는 잘 설해진 법과 비나야 중에서 8지성도와 4사문의 과보 등을 다 현재 얻을 수 있는 것이다.108

이와 같은 남이기 때문이고, 모습이기

"善男子, 略有 五種.
一者 若有出現世間
一切智聲 無不普聞.

二者　成就　三十二種
大丈夫相.

三者　具足十力　能斷
一切衆生　一切疑惑.

四者　具足　四無所畏
宣說正法　不爲一切　他
論所伏　而能摧伏　一切
邪論.

五者 於善說法 毘奈耶
中 八支聖道 四沙門等
皆現可得.

如是生故　相故

....
103 【이하는 둘째 여래께서 바로 답하시는 것인데, 처음은 간략히 설하는 것, 다음은 해석하는 것, 뒤는 맺는 것이다.】
104 【이하는 둘째 차례로 해석하는 것인데, 그 중에서 다섯 가지 모습으로 분별한다. 이는 곧 처음 널리 들리는 모습을 밝히는 것이다.】
105 【이는 둘째 묘호한 대장부의 모습을 밝히는 것이다.】
106 【이는 셋째 십력을 구족한 모습을 밝히는 것이다.】
107 【이는 넷째 4무외를 구족한 모습을 밝히는 것이다.】 * '최복'은 꺾어 누른다는 뜻.
108 【이는 다섯째 도와 과를 얻을 수 있는 모습을 밝히는 것이다.】

때문이며, 의심의 그물을 끊기 때문이 고, 남에게 굴복되는 바 아니면서 능히 남을 굴복시키기 때문이며, 성도와 사문 과를 현재 얻을 수 있기 때문에 이러한 다섯 가지를 일체지의 모습이라 이름한 다고 알아야 한다.109

斷疑網故
非他所伏 能伏他故
聖道沙門
現可得故 如是五種
當知名爲 一切智相.

㉠ 선남자여, 이와 같이 증성도리는 현량에 의하기 때문이고 비량에 의하기 때문이며 성교량에 의거하기 때문에 다섯 가지 모습으로 말미암아 청정하다고 이름한다.110

善男子, 如是證成道理
由現量故 由比量故
由聖教量故 由五種相
名爲淸淨.

㉣ ㉠ 어떤 것이 일곱 가지 모습으로 말미암아 청정하지 못하다고 이름하는 것인가?111

云何 由七種相
名不淸淨?

㉡ 첫째는 이의 나머지를 같은 부류 에서 얻을 수 있는 모습이고, 둘째는 이 의 나머지를 다른 부류에서 얻을 수 있 는 모습이며, 셋째는 일체를 같은 부류

一者 此餘同類
可得相, 二者 此餘
異類 可得相,
三者 一切同類

---

109 【이는 셋째 다섯 가지 모습을 맺는 것이다.】
110 【이는 둘째 3량에 의거해서 앞의 다섯 가지 모습이 청정한 모습이 되는 것을 밝히는 것(=앞에서는 '다섯 가지 모습을 맺는 것'이라고 과목하였음) 이다. 말하자면 증성도리를 말하는 것에서 모습을 다섯으로 해서 말한 것이 3량에 포섭된다는 것이니, 처음 하나는 현량에 포함되고, 다음 세 가지 모습은 비량에 포함되며, 뒤의 한 모습은 성교량에 포함된다.】
111 【이하는 둘째 일곱 가지 청정하지 못한 모습을 개별적으로 해석하는 것 인데, 그 중에 처음 ㉠은 묻는 것이고, 뒤의 ㉡ 이하는 답하시는 것이다.】

에서 얻을 수 있는 모습이고, 넷째는 일체를 다른 부류에서 얻을 수 있는 모습이며, 다섯째는 다른 부류의 비유로 얻어지는 모습이고, 여섯째는 원성실이 아닌 모습이며, 일곱째는 선청정한 언교가 아닌 모습이다.112

可得相, 四者 一切
異類 可得相,
五者 異類譬喩 所得相,
六者 非圓成實相,
七者 非善淸淨言敎相.

---

112 【이하는 둘째 여래께서 바로 답하시는 것을 밝히는 것인데, 그 중 처음 ㄴ은 총체적으로 표방하는 것이고, 뒤의 ㄷ 이하는 밝혀 해석하는 것이다.
  이런 등의 일곱 가지 모습에는 과실이 있기 때문에 청정하지 못하다고 이름한다. 《인명입정리론》(=이하 《입정리론》이라 약칭함)에서 이르기를, "과실이 있는 이유[因]에 모두 열넷이 있어서, 비슷한 이유[似因]라고 말한다. 곧 불성인[不成](=성립되지 않는 이유)에 넷이 있으니, 곧 어느 하나가 성립되지 않는 이유 등이고, 부정인[不定](=일정하지 않은 이유)에 여섯이 있으니, 곧 공통되는 부정인과 공통되지 않는 부정인 등이며, 상위인[相違](=서로 어긋나는 이유)에 넷이 있으니, 곧 법의 자상과 상위하는 이유 등이다." 지금 말하는 일곱 가지 모습 중 앞의 네 가지 모습은 《입정리론》에서의 6부정인 중 앞의 다섯이다. 이제 먼저 《입정리론》에서 말한 부정인의 여섯 가지 모습을 표시하면, 뒤에 그 논서와 이 경문을 서로 대응시킬 수 있을 것이다.
  《입정리론》에서 이르기를, "부정인에 여섯이 있으니, 첫째는 공통되는 부정인[共], 둘째는 공통되지 않는 부정인[不共], 셋째는 동품(=같은 품류)은 일부에서 구르고 이품(=다른 품류)에서는 두루 구르는 부정인[同品一分轉 異品遍轉], 넷째는 이품은 일부에서 구르고 동품에서는 두루 구르는 부정인[異品一分轉 同品遍轉], 다섯째는 모든 품류에서 일부 구르는 부정인[俱品一分轉], 여섯째는 상위한 것도 결정하는 부정인[相違決定]이다.
  이 중 공통되는 부정인이라고 함은 '소리는 항상하다. 인식되는 성품[所量性]이기 때문이다.'라고 말하는 것과 같다. 항상하고 무상한 품류가 다 이 이유(=인식되는 성품)를 공통으로 하니, 그러므로 일정하지 않다. 단지[甁] 등과 같이 인식되는 성품이기 때문에 소리가 무상한 것이 되고, 허공 등과 같이 인식되는 성품이기 때문에 소리가 그 항상한 것이 된다.
  공통되지 않는 부정인이라고 말한 것은 '소리는 항상하다. 들리는 성품[所聞性]이기 때문이다.'라고 말하는 것과 같다. (소리 외의) 항상하고 무상한 품류가 다 이 이유를 떠나고, 항상하고 무상한 외의 나머지는 있는 것이 아니기 때문이다. 이것은 결정적이지 못한 원인이니, 이 들리는 성품은 (항상·무상의) 그 어떤 것도 결단치 못한다.

동품은 일부에서 구르고 이품에서는 두루 구르는 부정인이란, '소리는 부지런한 용맹과 무간에 일으켜지는 것이 아니다. 무상한 성품이기 때문이다.'라고 말하는 것과 같다. 이 중 부지런한 용맹과 무간에 일으켜지는 것이 아니라는 주장은 번개와 허공 등을 그 동품으로 하는데, 그 무상한 성품 등은 번개 등에는 있지만, 허공 등에는 없고, 부지런한 용맹과 무간에 일으켜지는 것이 아니라는 주장은 단지[甁] 등을 이품으로 하는데, 그것에는 두루 있으니, 이 이유는 번개와 단지를 같은 법으로 삼기 때문에 역시 일정하지 않은 이유이다. 단지 등과 같이 무상한 성품이기 때문에 부지런한 용맹과 무간에 일으켜지는 것이 되고, 번개 등과 같이 무상한 성품이기 때문에 부지런한 용맹과 무간에 일으켜지는 것이 아닌 것이 된다.

이품은 일부에서 구르고 동품에서는 두루 구르는 부정인이란, 주장을 세워서 말하기를, '소리는 부지런한 용맹과 무간에 일으켜지는 것이다. 무상한 성품이기 때문이다.'라고 하는 것과 같다. 부지런한 용맹과 무간에 일으켜지는 것이라는 주장은 단지[甁] 등을 동품으로 하는데, 그 무상한 성품이 여기에는 두루 있고, 번개와 허공 등을 이품으로 하는데, 그 일부인 번개 등에는 이것이 있지만, 허공 등에는 이것이 없다. 그러므로 앞에서와 같이 역시 일정하지 않은 이유이다.

모든 품류에서 일부 구르는 부정인이란, '소리는 항상하다. 질애質礙가 없기 때문이다.'라고 말하는 것과 같다. 이 중 항상하다는 주장은 허공과 극미 등을 동품으로 하는데, 질애 없는 성품은 허공 등에는 있지만, 극미 등에는 없고, 단지[甁]와 즐거움[樂] 등을 이품으로 하는데, 즐거움 등에는 있지만, 단지 등에는 없다. 그러므로 이 이유는 즐거움과 허공을 같은 법으로 하기 때문에 역시 일정하지 않은 이유라고 이름한다.

상위한 것도 결정하는 부정인이란, 주장을 세워서 말하기를, '소리는 무상하다. 지어진 성품[所作性]이기 때문이니, 비유하면 단지의 성품과 같다'라고 하고, 누군가서 세워서 '소리는 항상하다. 들리는 성품이기 때문이니, 비유하면 소리의 성품과 같다'라고 하는 것과 같다. 이 둘은 모두 결정적이지 못한 이유[猶豫因]이니, 그래서 모두 일정하지 못한 이유라고 이름한다."라고 한다.

그 논서와 이 경문을 대응시키면 곧 여기에 양 해석이 있다. 제1설은, 「여기에서 말한 네 가지가 논에서 말한 다섯을 거두니, 말하자면 '이의 나머지를 같은 부류에서 얻을 수 있는 모습'은 논에서 말한 제3 및 제5 중의 동품에서 일부 구르는 부정인을 거두고, '이의 나머지를 다른 부류에서 얻을 수

ⓒ 만약 일체의 법이 의식으로 인식　若一切法　意識所識性
되는 성품이라면 이를 일체를 같은 부　是名　一切同類

....
있는 모습'은 논에서 말한 제4 및 제5 중의 이품에서 일부 구르는 부정인을 거두며, '일체를 같은 부류에서 얻을 수 있는 모습'은 논에서 말한 제1을 거두고,(='일체'는 '항상+무상'을 뜻하고, '같은 부류'는 인식되는 성품과 '같은 부류'를 뜻함) '일체를 다른 부류에서 얻을 수 있는 모습'은 논에서 말한 제2를 거둔다.(='일체'는 '항상+무상'을 뜻하고, '다른 부류'는 들리는 성품과 '다른 부류'를 뜻함)」라고 한다. 이 해석에 의하면 (다섯째의) '다른 부류의 비유로 얻어지는 모습'에 대해서는 양 해석이 있다. 1설은 단지 다른 실례[喩]만 있고 같은 실례는 없는 것이니, 마치 '소리는 항상하다. 지어진 성품이기 때문이다.'라고 말하는 것과 같다고 하고, 다른 1설은 이는 곧 실례에 열 가지 과실이 있는 것이라고 한다. 「원성실이 아닌 모습'이란 앞의 과실로써 건립된 주장의 뜻은 원성실이 아니고, '선청정한 언교가 아닌 모습'이란 성자의 언교가 아닌 것으로써 이룸을 나타내는 것이다.」라고 한다.
제2설은, 「경전에서 말한 다섯 가지 모습 중 제1은 논에서 말한 제3을 거두고, 경전에서 말한 제2의 모습은 논에서 말한 제4를 거두며, 경전에서 말한 제3의 모습은 논에서 말한 제1을 거두고, 경전에서 말한 제4의 모습은 논에서 말한 제2를 거두고, 경전에서 말한 제5의 모습은 논에서 말한 제5를 거둔다.」라고 한다. 이 논사의 해석은 말하자면 다른 부류의 비유의 법에서 이유의 법이 일부만 얻어지므로, 전체 글에 응하여 말한다면 같고 다른 비유의 법의 낱낱 법에서 이유의 법이 일부분씩 얻어지는 것인데, 이 경전에 생략된 비밀한 뜻이 있기 때문에 단지 '다른 부류의 비유로 얻어지는 모습'만을 말했다는 것이다. 그 나머지 두 가지 모습은 앞에서와 같다.
'이의 나머지를 같은 부류에서 얻을 수 있는 모습'이라 함에서 '이'는 이 주장이고, '나머지'란 같은 부류이다. 말하자면 이 주장과 같은 부류의 법에서 이유의 법을 일부만 얻을 수 있으므로, 전체 글에 응하여 말한다면 '동품은 일부에서 구르고 이품에서는 두루 구르는 것'인데, 이 경전에 생략된 비밀한 뜻이 있기 때문에 단지 동품에서 일부 구르는 것만을 말한 것이다. '이의 나머지를 다른 부류에서 얻을 수 있는 모습'에서 '이'는 이 주장이고, '나머지'란 같은 부류이다. 말하자면 이 주장과 같은 부류의 법에서 이유의 법을 일부만 얻을 수 있으므로, 전체 글에 응하여 말한다면 '이품은 일부에서 구르고 동품에서는 두루 구르는 것'인데, 이 경전에 생략된 비밀한 뜻이 있기 때문에 단지 이품에서 일부 구르는 것만을 말한 것임은, 앞과 같아서 알 수 있을 것이다.】

류에서 얻을 수 있는 모습이라고 이름	可得相,
하고,113 ㉣ 만약 일체의 법이 모습·성	若一切法 相性業法
품·업·법·인과에서 다른 모습이어서,	因果異相,
이와 같은 낱낱의 다른 모습을 따라서	由隨如是 一一異相
각각의 다른 모습을 결정해서 전전한다	決定展轉 各各異相,
면, 이를 일체를 다른 부류에서 얻을 수	是名 一切異類 可得相.
있는 모습이라고 이름한다.114	

113 【이하는 둘째 앞의 일곱 가지 모습을 해석하는 것인데, 그 중에서 각 설이 같지 않다. 제1설(=제2설 이하는 ㉥에 대한 주석의 뒤에 나옴)은 이르기를, 「그 중에 넷이 있으니, 첫째 ㉢은 제3의 일체를 같은 부류에서 얻을 수 있는 모습을 밝히는 것이고, 둘째 ㉣은 제4의 일체를 다른 부류에서 얻을 수 있는 모습을 밝히는 것이며, 셋째 ㉤은 제1과 제2 및 제6의 원성실이 아닌 모습을 총체적으로 밝히는 것이고, 넷째 ㉥은 제5 및 제7의 모습을 밝히는 것이다.

이는 곧 처음 일체를 같은 부류에서 얻을 수 있는 모습을 밝히는 것이다. '일체의 법'이란 주장으로 세운 법과 다르거나 비슷한 일체의 법이다. 인식의 뜻이란 우선 주장을 세워서 말하기를, '소리는 항상하다. 의식으로 인식되는 성품이기 때문이니, 비유하면 허공 등과 같다.'라고 하는 것과 같은데, 항상하고 무상한 품류가 다 이 이유를 공통으로 하므로, 공통되기 때문에 일정하지 못한 이유가 된다. 허공 등과 같이 인식되는 성품이기 때문에 소리가 무상한 것도 되고, 허공 등과 같이 인식되는 성품이기 때문에 소리가 그 항상한 것도 된다. 주장으로 세운 법에 대해서 모든 나머지의 이유가 같은 품류이기 때문에 '일체를 같은 부류에서 얻을 수 있는 성품'이라고 이름하였다. 이는 곧 《입정리론》에서 말한 '공통되는 부정인'이다.】

114 【이는 둘째 제4의 일체를 다른 부류에서 얻을 수 있는 모습을 개별적으로 해석하는 것이다. 경전의 글이 이해하기 어렵기 때문에 먼저 '모습·성품' 등을 분별하고 다음에 뜻을 말하겠다.

《유가론》 제15권에서 다섯 가지 모습을 거두는 것을 말하니, 그러므로 거기에서 이르기를, "비량比量이란 사택思擇(=사유해 간택함)과 함께 하는 이미 사유한 것[已思]과 사유해야 할 것[應思]에 있는 경계를 말한다. 여기에 다시 다섯 가지가 있으니, 첫째 모습의 비량, 둘째 체體의 비량, 셋째 업의 비량, 넷째는 법의 비량, 다섯째 인과의 비량이다. ⑴ 모습의 비량이란 있는 바 모습이 서로 소속함을 따라서, 혹은 현재이거나 혹은 먼저 보았던 것에 의해서 경계를 미루어 헤아리는 것을 말하니, 마치 당기[幢]를 봄에 의해 수레가 있다고 견주어 알며[比知], 연기를 봄에 의해 불이 있다고 견주어 아는 것과 같다. 이와 같이 왕으로써 나라를 견주고, 남편으로써 처를 견주며, 소의 뿔로써 소가 있다고 견주어 아는 것과 같다. (2) 체의 비량이란 말하자면 현재 그 자체의 성품을 보기 때문에 그 물건의 현재 보이지 않는 체를 견주어 유추하고, 혹은 현재 그 일부분의 자체를 보고 나머지 부분을 견주어 유추하는 것이다. 마치 현재로써 과거를 견주어 유추하고, 혹은 과거로써 미래를 견주어 유추하며, 혹은 현재에 가까운 일로써 먼 것을 견주어 유추하고, 혹은 현재로써 미래를 견주어 아는 것과 같다. (3) 업의 비량이란 작용으로써 업이 의지하는 것[所依]을 견주는 것을 말한다. 마치 멀리 있는 물건이 흔들림이 없고 새가 그 위에 있음을 보면 이러한 등의 일에 의해서 이것이 그루터기임을 견주어 알고, 만약 움직임 등의 일이 있으면 이를 사람이라고 견주어 아는 것과 같다. 넓은 발자국이 머무는 곳이면 코끼리임을 견주어 알고, 몸을 끌고 다닌 곳이면 뱀임을 견주어 알며, 말 우는 소리가 들리면 말임을 견주어 알고, 포효하는 소리가 들리면 사자임을 견주어 알며, 소가 성내어 우는 소리가 들리면 우왕牛王임을 견주어 아는 것과 같다. (4) 법의 비량이란 서로 이웃하고 서로 속하는 법으로써 나머지 서로 이웃하고 서로 속하는 법을 견주는 것을 말한다. 무상無常에 속하는 것으로써 괴로움이 있음을 견주어 알고, 괴로움에 속하는 것으로써 공·무아를 견주며, 태어남에 속하는 것으로써 늙음의 법이 있을 것임을 견주는 것과 같다. (5) 인과의 비량이란 인·과가 전전하는 모습으로써 견주는 것을 말한다. 마치 가는 것이 있음을 보고 다른 곳에 이를 것을 견주며, 다른 곳에 이르는 것을 보고 먼저 가는 것이 있었다는 것을 견주는 것과 같다. 만약 어떤 사람이 여법하게 왕을 섬기는 것을 보면 장차 광대한 녹祿과 지위를 획득하리라고 견주어 알고, 큰 녹과 지위를 보면 먼저 이미 여법하게 왕을 섬겼음을 견주어 알며, 만약 도를 닦는 것을 보면 장차 사문과의 증득을 얻으리라고 견주어 알고, 만약 사문과의 증득 얻음이 있음을 보면 도를 닦았음을 견주어 아는 것과 같다."라고 하고, 나아가 자세히 말하고, 《현양론》 제11권에서도 역시 이와 같이 것을 말한다.

다음 뜻을 말하자면 만약 일체의 법이 '모습·성품·업' 등에서 낱낱을 관대할 때 전전하여 같지 않다면 '일체 다른 부류'라고 이름한다. 소리에 있는 것과 같은 들리는 성품 등은, 단지 소리에만 있는 것이지 법에 있는 것이 아니기 때문에 이는 이유라고 이름할 수 없고, 들리는 성품의 소리는 단지 건립된 주장의 법에만 있는 것이지 같은 실례에 있는 것이 아니므로, 이유

㉤ 선남자여, 만약 이의 나머지를 같은 부류에서 얻을 수 있는 모습 및 비유 중에 일체 다른 부류의 모습이 있는 것이라면,115 이 인연으로 말미암아 성립대상에 대해 결정적인 것이 아니기 때문에 이를 원성실이 아닌 모습이라고 이름한다.116 또 이의 나머지를 다른 부

善男子, 若於此餘 同類可得相 及譬喻中 有一切 異類相者, 由此因緣 於所成立 非決定故 是名 非圓成實相. 又於 此餘異類

에 다른 모습이 있어서 들리는 모습을 따르는 것이 아니기 때문에 일체를 다른 부류에서 얻을 수 있는 모습이라고 이름한다. 이는 곧 《입정리론》에서 말한 '공통되지 않는 부정인'이니, 그래서 거기에서 이르기를, "공통되지 않는 부정인이라고 말한 것은 '소리는 항상하다. 들리는 성품[所聞性]이기 때문이다.'라고 말하는 것과 같다. 항상하고 무상한 품류가 다 이 이유를 떠나고, 항상하고 무상한 외의 나머지는 있는 것이 아니기 때문이다."라고 하였다.

115 【이하는 셋째 제1과 제2의 모습 및 제6의 원성실이 아닌 모습을 거두어서 해석하는 것인데, 그 중에 둘이 있으니, 처음은 세 가지 모습이 하나가 됨을 거두어서 해석하는 것이고, 뒤의 '원성실이 아니기 때문' 이하는 수습하지 말라고 경계시키는 것이다. 처음 중에도 둘이 있으니, 첫째는 제1의 모습 및 원성실이 아닌 모습을 해석하는 것이고, 둘째는 제2의 모습 및 원성실이 아닌 모습을 해석하는 것이다. 첫째 중에도 둘이 있으니, 처음에는 제1의 모습을 해석하고, 뒤는 원성실이 아닌 모습을 해석한다.

이는 제1의 모습인 '이의 나머지를 같은 부류에서 얻을 수 있는 모습'을 해석하는 것이니, 이의 나머지를 같은 부류에서 얻을 수 있는 모습을 역시 전체 글에 응하여 말한다면, 동품은 일부에서 구르고 이품에서는 두루 구르는 것이기 때문에, 지금 '이의 나머지를 같은 부류에서 얻을 수 있는 모습'이란 동품은 일부에서 구르는 뜻이고, '및 비유 중에 일체 다른 부류의 모습이 있다'고 함은 이품에서 두루 구르는 뜻이다. 이 뜻 때문에 이 경문은 《입정리론》에서 말한 '동품은 일부에서 구르고 이품에서는 두루 구르는 것' 및 '모든 품류에서 일부 구르는 것' 중 동품에서 일부 구르는 뜻을 거두는 것이다. 이와 같이 아래에서 '이의 나머지를 다른 부류에서 얻을 수 있는 모습'을 해석하는 것은 위와 역逆이므로 알 수 있을 것이다.】

116 【이는 둘째 원성실이 아닌 모습을 해석하는 것이다. 말하자면 이의 나머

류에서 얻을 수 있는 모습 및 비유 중에 일체 같은 부류의 모습이 있는 것이라면,117 이 인연으로 말미암아 성립대상에 대해서 결정적이지 못하기 때문에 역시 원성실이 아닌 모습이라고 이름한다.118

可得相 及譬喩中 有一切 同類相者, 由此因緣 於所成立 不決定故, 亦名 非圓成實相.

원성실이 아니기 때문에 청정한 도리를 잘 관찰한 것이 아니고, 청정하지 못하기 때문에 수습하지 않아야 한다.119

非圓成實故 非善觀察 淸淨道理, 不淸淨故 不應修習.

㉥ 만약 다른 부류의 비유로 이끌린 모습이거나 만약 선청정한 언교가 아닌 모습이라면 응당 체성이 모두 청정하지 못하다고 알아야 한다.120

若異類譬喩 所引相 若非善淸淨 言敎相 當知體性 皆不淸淨.

지를 같은 부류에서 얻을 수 있는 모습, 이것은 곧 원성실이 아닌 모습이니, 세운 주장의 뜻을 결정코 성립시키지 못하기 때문이다.】
117 【이하는 둘째 제2의 모습이 이의 나머지를 다른 부류에서 얻을 수 있는 모습 및 원성실이 아닌 모습을 해석하는 것인데, 이는 곧 이의 나머지를 다른 부류에서 얻을 수 있는 모습을 해석하는 것이다. 이것도 역시 전체 글에 응하여 말한다면, 이품은 일부에서 구르고 동품에서는 두루 구르는 것 및 모든 품류에서 일부 구르는 것 중 이품에서 일부 구르는 뜻을 거두는 것은, 앞에 준해서 알 수 있다.】
118 【이는 둘째 원성실이 아닌 모습을 해석하는 것이니, 앞에 준해서 알 수 있을 것이다.】
119 【이는 둘째 수습하지 말라고 경계시키는 것이다.】
120 【이는 넷째 제5와 제7의 모습을 거두어서 해석하는 것이다. '다른 부류의 비유로 이끌린 모습'이란 이유를 달리 하는 것이니, 주장을 세워서 말하기를, '소리는 항상하다. 지어진 성품이기 때문이다.'라고 하는 것과 같다. 이 중에서는 허공이 같은 부분(=항상)이 되고, 단지 등이 다른 부분(=무상)이 되기 때문에 이 이유는 단지 다른 부분에만 있으니, 이 때문에 다른

⑥ 법이도리란 여래가 출세하든 출세하지 않든 법성이 법주·법계에 안주하는 것을 말하니, 이를 법이도리라고 이름한다.121

㉔ 총·별이란 먼저 한 문구의 법을 총체적으로 말하고 나서, 후후에 여러 문구로써 차별하고 분별하여 구경에 뚜렷이 드러나게 하는 것을 말한다.122

法爾道理者 謂如來出世 若不出世 法性安住 法住法界, 是名 法爾道理.

總別者 謂先總說 一句法已, 後後諸句 差別分別 究竟顯了.

부류의 비유로 이끌린 모습이라고 이름한다. 혹은 실례에 열 가지 과실이 있는 것일 수도 있다. '선청정한 언교가 아닌 모습'이란 외도의 모든 삿된 설이며, 혹은 주장·이유·실례에 여러 과실이 있는 것일 수도 있다.
　제2설은 이르기를, 「이와 같은 네 가지는 제1설과 대체로 같지만 차별이 있는 까닭은, ㉤이 모든 품류에서 일부 구르는 것을 거두지 않고, ㉥ 중 다른 부류로 이끌린 모습이 곧 모든 품류에서 일부 구르는 것이다. 나머지는 제1설과 같다.」라고 한다.
　제3설은 이르기를, 「이와 같은 네 가지 등은 앞의 설과 같고, 차별이 있는 것은 다른 부류로 이끌린 모습은 ㉤과 ㉥에서 능히 해석된다. 나머지는 앞과 같다.」라고 한다.】

121 【이는 넷째 법이도리를 개별적으로 해석하는 것이다. 《유가론》 제10권에서 연기의 뜻에 의거해 경문의 셋을 말하니, 그래서 그 논서에서 이르기를, "(문) 세존께서 말씀하신 것처럼 '이 모든 연기는 내가 만든 것도 아니고 또한 다른 사람이 만든 것도 아니니, 까닭이 무엇인가 하면 붓다가 출세하든 출세하지 않든 법성·법주·법계에 안주하기 때문이다'라고 한다면, 무엇을 법성이라고 하고, 무엇을 법주라고 하며, 무엇을 법계라고 하는가? (답) 이 모든 연기는 무시의 때 이래로 이치로서 성취된 성품이니, 이를 법성이라고 이름하고, 성취된 성품과 같이 전도됨 없는 문구로써 안립되니, 이를 법주라고 이름하며, 이 법주는 그 법성을 원인으로 하니, 이 때문에 그것을 말하여 법계라고 한다."라고 하였다.】

122 【이는 여덟째 총·별의 모습을 밝히는 것이다. 《현양론》 제20권에서는 간략하고 자세함이라고 말한다. 그래서 그 논서에서 이르기를, "간략하고 자세함이란 먼저 한 문구의 법을 말하고, 후후에 한량없는 문구로써 전전하여 분별해서 구경을 현료하게 하는 것을 말한다."라고 하였다.】

⑹ ① 자성의 모습이란, 내가 말한 바 행이 있고 연이 있는 것에 있는 능취의 보리분법을 말하니, 말하자면 염주 등의 이와 같은 것을 그 자성의 모습이라고 이름한다.123

② 그 결과의 모습이란, 세간과 출세간의 모든 번뇌의 단멸 및 인발된 세간·출세간의 모든 과보의 공덕을 말하니, 이와 같은 것을 그 결과의 모습이라고 이름한다.124

③ 그것을 받아들여서 열어 보이는 모습이란, 곧 그것을 해탈의 지혜로써 받아들이고, 그리고 널리 남을 위해 펴 설하여 열어 보이는 것을 말하니, 이와 같은 것을 그것을 받아들여서 열어 보이는 모습이라고 이름한다.125

自性相者, 謂我所說 有行有緣 所有能取 菩提分法, 謂念住等 如是名爲 彼自性相.

彼果相者, 謂若世間 若出世間 諸煩惱斷 及所引發 世出世間 諸果功德, 如是名爲 得彼果相.

彼領受開示相者, 謂卽於彼 以解脫智 而領受之, 及廣爲他 宣說開示, 如是名爲 彼領受開示相.

---

123 【말한 본모의 열한 가지 모습 중 네 번째 모습의 문은 이미 해석해 마쳤고, 이는 다섯째 모습인 자성의 모습을 밝히는 것이니, 앞에서 말한 보리분법인 염주 등의 체는 능취임을 말한다. 경계가 있는 행과 소연이 있는 체를 반연하는 염주 등 37보리분법은 능히 취하는 것[能取]이 자성이다.】
124 【이는 여섯째 그 결과의 모습을 해석하는 것이다. 말하자면 세간의 도로써 모든 번뇌를 항복받고 출세간의 도로써 영원히 모든 번뇌를 끊어서 얻는 열반 및 그에 의해 평등하게 인발된 유위의 공덕, 이것을 그 결과의 모습이라고 이름한다.】
125 【이는 일곱째 그것을 받아들여서 열어 보이는 모습을 해석하는 것이니, 보리분법으로 번뇌를 끊은 지혜로써 유위·무위의 공덕을 받아들이고 남을 위해 열어 보이는 것을 말한다.】

④ 그것을 장애하는 법의 모습이란, 곧 보리분법을 닦는 것을 능히 따라서 장애하는 모든 염오의 법을 말하니, 이를 그것을 장애하는 법의 모습이라고 이름한다.126

彼障礙法相者, 謂卽於修 菩提分法 能隨障礙 諸染汚法, 是名 彼障礙法相.

⑤ 그것을 수순하는 법의 모습이란, 곧 거기에서 많이 지은 법을 말하니, 이를 그것을 수순하는 법의 모습이라고 이름한다.127

彼隨順法相者, 謂卽於彼 多所作法, 是名 彼隨順法相.

⑥ 그 과환의 모습이란, 곧 그 모든 장애하는 법에 있는 과실이라고 알아야 하니, 이를 그 과환의 모습이라고 이름한다.128

彼過患相者, 當知卽彼 諸障礙法 所有過失, 是名 彼過患相.

⑦ 그 뛰어난 이익의 모습이란, 곧 그 모든 수순하는 법에 있는 공덕이라고 알아야 하니, 이를 그 뛰어난 이익의 모습이라고 이름한다."129

彼勝利相者, 當知卽彼 諸隨順法 所有功德, 是名 彼勝利相."

5.2.4130

---

126 【이는 여덟째 그것을 장애하는 법의 모습을 해석하는 것이니, 나와 법에 대한 집착 및 두 가지 장애이다.】
127 【이는 아홉째 그것을 수순하는 법의 모습을 해석하는 것이니, 해탈분의 선근 등으로써 37보리분의 지을 법을 이루는 것, 이것을 그것을 수순하는 법의 모습이라고 이름한다.】
128 【이는 열째 장애하는 법의 과환의 모습을 해석하는 것이다.】
129 【이는 제11 뛰어난 이익의 모습을 해석하는 것이다.】

⑴ 만수실리보살이 다시 붓다께 말하였다.

"① 오직 원컨대 세존이시여, 모든 보살들을 위해 계경·조복·본모의, 외도와 함께 하지 않는 다라니의 뜻을 간략히 설하시어,131 ② 이 불공不共다라니의 뜻으로 말미암아 모든 보살들로 하여금 여래께서 설하신 모든 법의 매우 깊은 비밀한 뜻에 들어감을 얻게 하소서."132

曼殊室利菩薩 復白佛言.

"唯願 世尊, 爲諸菩薩 略說契經 調伏本母 不共外道 陁羅尼義,
由此不共 陁羅尼義
令諸菩薩
得入如來 所說諸法 甚深密意."

⑵ 붓다께서 만수실리보살에게 말씀하셨다.

"① 선남자여, 그대는 이제 잘 들으라,

佛告 曼殊室利菩薩曰.

"善男子, 汝今諦聽,

....
130 【이상에서 삼장을 자세히 해석하여 마쳤고, 이하는 둘째 불공다라니의 뜻을 해석한다. 그 중에서 처음 ⑴은 법을 청하는 것이고, 뒤의 ⑵ 이하는 바로 해석하는 것이다.】
131 【법을 청하는 것에 둘이 있으니, 처음 ①은 바로 해석해 주시기를 청하는 것이고, 뒤의 ②는 법을 청하는 뜻을 밝히는 것이다.
　'다라니'란 새김[念]과 지혜[慧]를 체로 한다. 청법 전에 붓다께서 삼장을 자세히 해석하셨으므로, 이제 여래께서 삼장을 간략히 설하시어, 이로 말미암아 모든 보살들이 매우 깊은 비밀한 뜻으로써 설하신 바를 잊지 않고 새겨서 추중의 몸을 끊고 무위를 획득하도록 청하는 것이다. 외도가 삿되이 설한 법의 다라니와 함께 하지 않기 때문에 '불공다라니의 뜻'이라고 이름한다. 어떤 다른 논사는,「인·법 2공의 이치에 의해 인·법의 2공의 앎[知]을 내는 것이 곧 불공다라니의 뜻이니, 깨달으면 이 때문에 여래께서 설하신 법의 매우 깊은 비밀한 뜻에 들어감을 얻는다.」라고 해석하기도 한다.】
132 【이제 간략히 설함으로 말미암아 여래께서 설하신 법의 매우 깊은 무작無作 등의 비밀한 뜻에 들어감을 얻게 하시라는 것이다.】

내가 그대를 위해 불공다라니의 뜻을 간략히 설해서, 모든 보살들로 하여금 내가 말한 비밀한 뜻의 언사에 능히 잘 깨달아 들어가게 하겠다.133

② 선남자여, 잡염법이든 청정법이든 내가 말한 일체는 다 작용이 없고, 또한 보특가라도 전혀 없으며, 일체 종류가 하는 바[所爲]를 떠났기 때문에 잡염법도 먼저 오염되었다가 뒤에 청정해지는 것이 아니고, 청정법도 뒤에 청정해지고 먼저 오염되었던 것이 아니다.134

吾當爲汝 略說不共 陁
羅尼義, 令諸菩薩
於我所說 密意言詞 能
善悟入.

善男子, 若雜染法 若淸
淨法 我說一切 皆無作
用, 亦都無有 補特伽
羅, 以一切種 離所爲故
非雜染法 先染後淨,
非淸淨法 後淨先染.

---

133 【이하는 둘째 여래께서 바로 답하시는 것인데, 그 중에 둘이 있으니, 처음 ①은 들을 것을 명하고 설할 것을 허락하는 것이고, 뒤의 ② 이하는 물음에 의해 바로 해석하는 것이다.】

134 【이하는 둘째 물음에 의해 바로 해석하는 것인데, 그 중에 둘이 있으니, 처음은 장행으로 설하는 것이고, 뒤의 ⑶은 게송으로 거듭 설하는 것이다. 전자 중에도 둘이 있으니, 처음은 해석하는 것이고, 뒤의 ⑤는 맺는 것이다. 처음 해석하는 중에는 셋이 있으니, 첫째 ②는 진실한 뜻을 밝히는 것, 둘째 ③은 잡염에 집착하는 과실이 연이 되는 것을 밝히는 것, 셋째 ④는 밝게 이해함의 이익을 밝히는 것이다.

이는 곧 처음 진실한 뜻을 밝히는 것인데, 글에 대해 양설이 있다. 제1설은, 「잡염법이든'에서 '보특가라도 전혀 없다'까지는 유정이 공한 뜻을 밝히는 것이고, '일체 종류가 하는 바를 떠났기 때문'이란 법공의 뜻을 밝히는 것이니, 말하자면 일체법이 갖가지 소취·능취의 희론으로 하는 바를 떠났기 때문에 '잡염법도 먼저 오염되었다가 뒤에 청정해지는 것이 아니고, 청정법도 뒤에 청정해지고 먼저 오염되었던 것이 아니다'. 까닭이 무엇인가 하면 변계의 잡염·청정의 모든 법은 비록 마음을 따라서 있다 해도 승의로는 있는 것이 아니기 때문이다.」라고 한다.

제2설은, 「잡염법이든 청정법이든'은 잡염되고 청정한 모든 법을 총체적으로 표방하는 것이고, '내가 말한 일체는 다 작용이 없다'는 것은 법무아를

③ 범부 이생은 추중의 몸에서 모든 법과 보특가라의 자성과 차별에 집착하여, 수면과 허망한 견해가 연이 되기 때문에 나와 내 것을 헤아리고, 이 허망한 견해로 말미암아 '내가 본다', '내가 듣는다', '내가 맡는다', '내가 맛본다', '내가 감촉한다', '내가 안다', '나는 먹는다', '나는 짓는다', '나는 물들었다', '나는 청정하다'라고 말하니, 이와 같은 등의 부류가 삿된 가행을 굴리지만,135 ④

凡夫異生 於麤重身 執著諸法 補特伽羅 自性差別, 隨眠妄見 以爲緣故 計我我所, 由此妄見 謂我見我聞
我嗅我嘗 我觸我知
我食我作
我染我淨,
如是等類
邪加行轉,

나타내어 보이는 것이며, '또한 보특가라도 전혀 없다'는 것은 인무아를 밝히는 것이고, '일체 종류가 하는 바를 떠났기 때문'이란 2무아를 합쳐서 말하는 것이니, 말하자면 잡염되고 청정한 모든 법은 소취와 능취로써 하는 바를 떠났기 때문에 '먼저 오염되었다가 뒤에 청정해지는 것이 아니다'. 이 때문에 《중변론》 제3권에서 이르기를, "유정 및 법은 모두 있는 것이 아니기 때문에 그 염·정의 성품도 역시 모두 있는 것이 아니니, 염·정의 뜻을 모두 얻을 수 없기 때문이다."라고 하였다.」라고 한다.

'잡염'이라고 말한 것은 고 및 집을 말하고, '청정'이라고 말한 것은 멸 및 도를 말한다. 혹은 '잡염'은 변계소집 및 잡염품의 의타기이고, '청정'은 청정품의 의타기 및 원성실일 수도 있다. 혹은 '잡염'은 번뇌·업·생의 세 가지 잡염이고, '청정'은 세간·출세간의 두 가지 청정일 수도 있다.】

135 【이는 둘째 잡염에 집착하는 과실이 연이 되는 것을 밝히는 것이다. '범부 이생'은 미혹하여 집착하는 사람을 밝히는 것이니, '이생'이란 별다른 견해[別異見]에 집착해서 태어나기 때문에 이생이라고 이름한다. '추중의 몸'이란 미혹하는 경계를 밝히는 것이니, 유루의 오온이 두 가지 장애에 의해 인발되어서 추중을 따라서 좇기 때문에 추중의 몸이라고 이름한다. '모든 법과 보특가라의 자성과 차별에 집착한다'는 것은 두 가지 집착을 밝히는 것이니, 말하자면 추중의 몸에 대해 법의 자성·차별의 집착을 내고, 사람의 자성·차별의 집착을 내니, 이를 곧 나와 법의 두 가지 집착이라고 이름한다. '수면과 허망한 견해가 연이 되기 때문'이라 함에서 '수면'은 종자의 다른 이름이니, 2취의 종자를 수면이라고 이름한다. 그래서 《성유식론》 제9

만약 이와 같은 것을 여실하게 아는 자가 있다면 곧 능히 추중의 몸을 영원히 끊고, 일체 번뇌가 머물지 않는 가장 극히 청정하며 모든 희론을 여읜 무위의 의지처를 획득하여 가행함이 없다.136	若有如實 知如是者 便能永斷 麤重之身, 獲得一切 煩惱不住 最極淸淨 離諸戲論 無爲依止 無有加行.
⑤ 선남자여, 이것을 불공다라니의 뜻을 간략히 말하는 것이라 이름한다고 알아야 한다.137	善男子, 當知是名 略說不共陁羅尼義."
(3) 그 때 세존께서는 이 뜻을 거듭 펴시고자 게송으로 말씀하셨다.	爾時 世尊 欲重宣此義而說頌曰.

권에서 이르기를 "2취의 습기를 그것의 수면이라고 이름한다. 유정을 따라 쫓아서 장식에 잠복[眠伏]하고, 혹은 따라서 허물을 더하기[隨增過] 때문에 수면이라고 이름하니, 곧 소지장과 번뇌장의 종자이다."라고 하였으니, 이와 같은 것의 모임[集]을 기다려서 나와 법의 두 가지 집착을 논한다. '나와 내 것을 헤아린다'는 것은 전세에 모은 종자의 힘에 의해 현세의 나와 내 것을 헤아리고, 나와 내 것을 헤아리기 때문에 '내가 본다'고 이름하며 나아가 '나는 청정하다'고 이름하니, 이와 같은 등의 부류가 삿된 분별을 낸다.】

136 【이는 셋째 밝게 이해함의 이익을 밝히는 것이다. '여실하게 안다'고 함은 위에서 이미 말한 것과 같이 유정 및 법의 2공을 아는 것이니, 2공의 뜻을 여실히 알기 때문에 이익을 얻는다. '능히 추중의 몸을 영원히 끊고, 일체 번뇌가 머물지 않는다'는 것은 그 차례대로 괴로움의 적정과 번뇌의 적정에 상응한다. '가장 극히 청정하며 모든 희론을 여읜다'는 것은 열반과 전의의 모습이다. '무위의 의지처를 획득하여 가행함이 없다'는 것은 무위의 법신을 얻는 것이니, 그래서 《현양론》 제20권에서 이르기를, "무위의 법신에 의지하므로 비록 가행의 공용이 없더라도 본원의 힘에 이끌리는 바이기 때문에 일체 여래께서 짓는 불사를 임운하여 일으키니, 비유하면 수행자가 멸진정에서 일어나는 것과 같다."라고 하였다.】

137 【이는 둘째 총결하는 것이다.】

① 일체의 잡염되고 청정한 법엔　　　　一切雜染淸淨法
　　작용과 삭취취가 모두 없으니　　　　皆無作用數取趣
　　하는 바를 떠나서 염오·청정은　　　由我宣說離所爲
　　앞뒤가 아니라고 내 펴 설하네138　　染污淸淨非先後

② 추중의 몸에서 수면·견해가　　　　　於麤重身隨眠見
　　연 되어서 나 및 내 것 헤아리고　　　爲緣計我及我所
　　이에 의해 망령되이 내 본다 등과　　由此妄謂我見等
　　내 먹는다 한다 잡염 청정타 하네139　我食我爲我染淨

③ 이와 같음 여실히 아는 자라면　　　　若如實知如是者
　　이에 능히 추중의 몸 영원히 끊고　　乃能永斷麤重身
　　잡염·청정 없으며 희론이 없는　　　得無染淨無戲論
　　무위의 의지 얻어 가행 없으리140　　無爲依止無加行

---

138 【이는 둘째 게송으로 거듭 해석하는 것인데, 그 중에 3게송이 있으므로 나누면 셋이 된다. 처음 ①은 모든 진실한 이치를 거듭 말하는 것이고, 다음 ②는 미혹한 집착의 과실을 반연하는 것을 거듭 말하는 것이며, 뒤의 ③은 밝게 이해함의 이익을 거듭 말하는 것이다.
　이는 곧 처음인데 글 중에 둘이 있다. 전반은 인공의 이치를 밝히는 것이고, 후반은 법공의 이치를 밝히는 것이다. 어떤 다른 논사는, 「게송을 나누면 셋이 되니, 처음 1구는 잡염·청정의 법을 총체적으로 말하는 것이고, 다음 1구는 2공을 개별적으로 해석하는 것이며, 뒤의 2구는 2공을 함께 말한 것이다.」라고 해석하기도 한다. 장행에서 위와 같이 이미 말한 것과 같으니, 이치와 같이 알아야 한다.】
139 【이는 둘째 미혹한 집착의 과실을 반연하는 것을 밝히는 것이다.】
140 【이는 셋째 밝게 이해함의 이익을 밝히는 것이다.】

5.3[141]

5.3.1[142]

⑴ ① 그 때 만수실리보살이 다시 붓다께 말하였다.

"세존이시여, 모든 여래의 마음이 생기하는 모습을 어떻게 알아야 합니까?"[143]

② 붓다께서 만수실리보살에게 말씀하셨다.

"선남자여, 대저 여래란 심·의·식의 생기로써 나타나는 것이 아니다. 그렇지만 모든 여래는 가행 없이 심법이 생기함이 있으니, 이 일은 마치 변화와 같은

爾時 曼殊室利菩薩摩訶薩 復白佛言.

"世尊, 云何應知 諸如來心 生起之相?"

佛告 曼殊室利菩薩曰.

"善男子, 夫如來者 非心意識 生起所顯. 然諸如來 有無加行 心法生起, 當知此事 猶如變

---

141 【이하는 셋째 여래의 수용신의 모습을 밝히는 것인데, 그 중에 일곱이 있다.】 * 이 일곱 가지 모습을 도표로써 정리해 보이면 다음과 같다.

제1 여래의 수용신의 마음이 생기하는 모습	5.3.1
제2 여래의 소행과 경계의 차별되는 모습	5.3.2
제3 등정각 등 셋의 둘이 없는 모습	5.3.3
제4 여래를 모든 유정의 부류가 연으로 하는 바의 차별	5.3.4
제5 여래의 법신과 이승의 해탈신과의 차별	5.3.5
제6 여래와 보살이 위덕을 주지해서 유정의 몸을 집지함	5.3.6
제7 여러 정·예토 중 얻기 쉽고 얻기 어려운 모습	5.3.7

142 【처음 중에는 둘이 있으니, 처음은 여래의 수용신의 마음이 생기하는 모습을 바로 해석하는 것이고, 뒤의 ⑶은 화신에게 마음이 있는지 마음이 없는지를 밝히는 것이다. 처음을 나누면 넷이 되니, 첫째 ⑴의 ①의 물음, 둘째 ②의 답, 셋째 ⑵의 ①의 힐난, 넷째 ② 이하의 해석이다.】

143 【(문) 이것이 수용신을 밝히는 것임을 어떻게 아는가? (답) 다음에 화신에게 마음이 있는지 마음이 없는지를 말하기 때문에 지금 마음을 말하는 것은 곧 수용신을 설하는 것이라고 알아야 한다.】

것이라고 알아야 한다."144 化."

⑵ ① 만수실리보살이 다시 붓다께 말하였다.

"세존이시여, 만약 모든 여래의 법신이 일체의 가행을 멀리 떠나서 이미 가행이 없다면, 어떻게 심법의 생기함이 있습니까?"145

曼殊室利菩薩 復白佛言.

"世尊, 若諸如來 法身 遠離 一切加行 既無加行 云何而有 心法生起?"

....

144 【이는 둘째 여래께서 바로 답하시는 것인데, 글 중에 둘이 있으니, 처음은 여래는 심·의·식으로 분별하는 가행이 없음을 밝히는 것이고, 뒤는 여래에게는 가행 없이 심법이 생기함이 있음을 밝히는 것이다.

심·의·식의 뜻에는 그 두 가지가 있으니, 유루와 무루이다. 유루심에도 역시 두 가지가 있다. 처음은 개별적인 명칭으로써 심·의·식이라고 이름하는 것이니, 제8식을 '심'이라 이름하고, 제7을 '의'라 이름하여, 6식을 '식'이라 이름하는 것이고, 뒤는 공통된 명칭으로써 일체 8식을 심·의·식이라 이름하는 것이다. 이 경전의 뜻은 유루의 분별심에 의거해서 심·의·식을 말하기 때문에 여래는 심·의·식으로 분별하는 것이 아니라고 말한 것이니, 경전에서 말하는 심·의·식이란 분별심이다.

'그렇지만 모든 여래는 가행 없이 심법이 생기함이 있다'는 것은, 여래에게 분별의 작의가 없다 해도 앞의 인위에서의 지혜의 힘으로 말미암아 가행 없이 심법이 생기함이 있다. 마치 변화를 선정의 힘 때문에 마음에서 뜻대로 현전시키는 것이, 작의의 분별에 의한 것이 아닌 것과 같다. 또 《양섭론》에서 해석해 이르기를, "비록 세존께서 남을 위해 이익하시는 일을 장차 지으시거나 이미 지으셨거나 현재 지으시거나, 삼세 중에 가행하는 뜻은 없지만, 또한 가행함도 없이도 이익하는 일을 이루니, 비유하면 마니나 천고가 작의 없이 지을 일을 이루는 것과 같다."라고 하였다.】

145 【이는 셋째 힐난하는 것이다. '법신'이란 그 중에 두 가지 해석이 있지만, 1설은 수용신을 곧 법신이라고 이름한 것이라고 한다. 이 수용하는 법신이 가행하는 뜻 없이 마음이 생기한다고 하므로, 어떻게 여래에게 변이하는 뜻 없이 수용신에 포함되는 마음이 생기하는가, 이 때문에 이를 청해 물은 것이니, 어떻게 뜻이 작용함 없이 마음이 생기하는지를 물은 것이다.】

② 붓다께서 만수실리보살에게 말씀하셨다.

"선남자여, 먼저 닦고 익힌 방편반야의 가행의 힘 때문에 마음의 생기함이 있는 것이다.146

③ 선남자여, 비유하면 바로 무심의 수면에 들면 깨어날 때 가행을 지음이 아니더라도 먼저 지었던 가행의 세력으로 말미암아 다시 깨어나는 것과 같고,147 ④ 또 바로 멸진정 중에 있으면 선정에서 일어날 때 가행을 지음이 아니더라도 먼저 지었던 가행의 세력으로 말미암아 다시 선정에서 일어나는 것과 같다.148

佛告 曼殊室利菩薩曰.

"善男子, 先所修習 方便般若 加行力故 有心生起.

善男子, 譬如正入 無心睡眠 非於覺悟 而作加行 由先所作 加行勢力 而復覺悟,

又如正在 滅盡定中 非於起定 而作加行 由先所作 加行勢力 還從定起.

---

146 【이하는 넷째 해석함을 밝히는 것인데, 그 중에 셋이 있다. 처음 ②는 바로 뜻을 설하시는 것이고, 다음 ③ 이하는 비유를 표방하여 설하시는 것이며, 뒤의 ⑤는 비유와 뜻을 합하는 것이다.
이는 곧 처음이다. 말하자면 십지에서의 반야의 가행력 때문에 뜻 없이도 마음의 생기함이 있다. '가행'이라고 말한 것은 인위에서의 가행지·정체지·후득지의 셋을 모두 가행이라고 이름하니, 애써 수고함이 있기 때문이다.】

147 【이하는 둘째 비유를 표방하여 말하는 것이다. 그 중에서 두 가지 비유로써 설하는데, 이는 곧 첫 비유이다. 말하자면 무심의 수면의 지위 중에서 뒤에 깨어날 때를 당하여 가행을 지음이 아니더라도, 먼저 지었던 마음의 세력 때문에, 아직 수면하기 전 내가 뒤에 장차 일어나겠다고 한 가행의 세력으로 말미암아 깨우는 마음이 생겨난다.】

148 【둘째 비유를 밝히는 것이니, 비유하면 멸진정 중에 있을 때 선정에서 일어나려고 생각하여 가행을 지음이 아니더라도 먼저 지었던 마음의 세력 때문에, 말하자면 아직 멸진정에 들기 전 내가 뒤에 장차 일어나겠다고 한

⑤ 마치 수면 및 멸진정에서 마음이 다시 생기는 것처럼, 이와 같이 여래께서도 먼저 닦고 익힌 방편 반야의 가행의 힘 때문에 다시 심법의 생기함이 있다고 알아야 한다."149

如從睡眠 及滅盡定 心更生起, 如是如來
由先修習 方便般若 加行力故 當知復有 心法生起."

(3) ① 만수실리보살이 다시 붓다께 말하였다.

"세존이시여, 여래의 화신은 마음이 있다고 말해야 합니까, 없다고 해야 합니까?"150

② 붓다께서 만수실리보살에게 말씀하셨다.

"선남자여, 마음이 있는 것도 아니고 또한 마음이 없는 것도 아니다. ③ 어째서이겠는가? ④ 스스로 의지하는 마음은 없기 때문이고, 남에 의지하는 마음

曼殊室利菩薩　復白佛言.

"世尊, 如來化身 當言有心, 爲無心耶?"

佛告 曼殊室利菩薩曰.

"善男子, 非是有心亦非無心. 何以故?
無自依心故,
有依他心故."

가행의 세력으로 말미암아 선정에서 일어난다.】
149 【이는 셋째 비유와 뜻을 합하는 것이니, 무심의 두 가지에서 먼저 가행한 힘으로 말미암아 뒤에 마음이 생기하는 것처럼, 여래께서도 역시 가행을 지음이 아니더라도 먼저 인위에서의 가행의 힘으로 말미암아 마음의 생기함이 있다는 것이다.】
150 【이하는 둘째 여래의 화신에게 마음이 있는지 마음이 없는지를 밝히는 것이다. 그 중에 넷이 있으니, ①의 물음, ②의 답, ③의 힐난, ④의 해석이다. '화신'이라고 말한 것은 타수용신 및 변화신에 포함되는 것이니, 같은 변화이기 때문이다. 이와 같은 2신에는 마음이 있다고 말해야 하는가, 없다고 해야 하는가?】

은 있기 때문이다."151

5.3.2152

(1) 만수실리보살이 다시 붓다께 말하였다.

"세존이시여, 여래의 소행과 여래의 경계, 이 두 가지에는 어떤 차별이 있습니까?"

曼殊室利菩薩 復白佛言.

"世尊, 如來所行 如來境界, 此之二種 有何差別?"

---

151 【이는 여래께서 바로 해석하시는 것이다. '스스로 의지하는 마음'이란 견분의 마음이니, 자증분에 의지해서 종자가 나기 때문이고, '남에 의지하는 마음'이란 상분의 마음이니, 견분의 마음에 의지해서 소연이 아닌 것을 내기 때문이다. 지금 답하는 뜻이 말하는 것은, 말하자면 견분이 없는 진실한 마음이기 때문에 스스로 의지하는 마음은 없고, 남에 의지하는 상분의 마음은 있기 때문에 없다고 말할 수 없다는 것이다. 그래서《성유식론》제10권(=졸역 pp.1000~1001)에서 이르기를, "그렇지만 변화신 및 타수용신은 비록 진실한 심왕 및 심소는 없지만, 변화로써 나타난 심왕과 심소법은 있다. 무상각자無上覺者의 신력神力은 사의하기 어렵기 때문에, 능히 형질이 없는 법[無形質法]도 변화로써 나타낸다. 만약 그렇지 않다면, 어떻게 여래께서 탐욕과 성냄 등을 나타내겠는가, 오래 전에 이미 끊었기 때문이다. 어떻게 성문 및 축생 등이 여래의 마음을 알겠는가, 여래의 진실한 마음은 등각보살조차 오히려 알지 못하기 때문이다. 이 때문에 경전에서, 한량없는 부류들을 변화시켜서 모두 마음이 있게 한다고 설하고, 또 여래의 성소작지는 3업을 변화해서 짓는다고 설하며, 또 변화신에는 남에 의지하는 마음[依他心]이 있으니, 남의 실제의 마음에 의지하여 상분으로 나타나기 때문이라고 설한다. 비록 변화신에는 근과 심법 등이 없다고 말하지만, 그것은 다른 이[餘]에 의거해서 말한 것이지, 여래에 의거한 것이 아니다. 또 변화신의 색근과 심·심소법은, 근 등의 작용이 없기 때문에, 있다고 말하지 않는 것이다."라고 하고,《불지경론》제7권에서도 대체로 이와 같이 말한다.】

152 【이하는 제2 여래의 소행과 경계의 차별되는 모습을 밝히는 것인데, 그 중에 둘이 있으니, 처음 (1)은 묻는 것, 뒤의 (2)는 답하시는 것이다.】

(2) 붓다께서 만수실리보살에게 말씀하셨다.

"① 선남자여, 여래의 소행은 일체 종류의 여래께서 함께 갖는, 불가사의한 한량없는 공덕들로 장엄된 청정한 불국토를 말한다.153

② 여래의 경계는 일체 종류의 다섯 가지 계의 차별을 말한다.154 ③ 어떤 것이 다섯 가지인가 하면, 첫째는 유정계, 둘째는 세계, 셋째는 법계, 넷째는 조복계, 다섯째는 조복방편계이다.155

"善男子, 如來所行 謂一切種 如來共有 不可思議 無量功德 衆所莊嚴 淸淨佛土.

如來境界 謂一切種 五界差別. 何等爲五, 一者 有情界, 二者 世界, 三者 法界, 四者 調伏界, 五者 調伏方便界.

---

153 【이하는 둘째 여래께서 바로 답하시는 것인데, 그 중에 둘이 있으니, 처음은 해석하는 것이고, 뒤의 ④는 맺는 것이다. 전자를 나누면 둘이니, 처음 ①에서 소행을 해석하고, 뒤의 ② 이하에서 경계를 해석한다.
  이는 곧 처음 소행을 해석하는 것이다. 말하자면 모든 여래께서 함께 갖는 불가사의한 힘 및 무외 등의 한량없는 공덕들로 장엄된 청정한 불국토, 이를 곧 여래의 소행이라고 이름한다. 이는 곧 《불지경》에서 열여덟 가지 원만한 장엄을 갖추고 있다고 말하는 것이다.】

154 【이하는 둘째 여래의 경계를 해석하는 것인데, 그 중에 둘이 있으니, 처음 ②는 총체적으로 수를 표방하는 것이고, 뒤의 ③은 수에 의해 개별적으로 해석하는 것이다.】

155 【이와 같은 다섯 가지의 한량없음은 《유가론》 제46권에서 설하는 것과 같다고 알아야 한다. 그래서 그 논서에서 이르기를, "유정계의 한량없음은 예순넷의 여러 유정의 무리를 말하니, 앞의 의지意地에서(설한 바)와 같다. 세계의 한량없음은 시방의 한량없는 세계의 한량없는 명호를 말하니, 마치 이 세계는 사바[素訶]라고 이름하고, 이 세계의 범왕을 사바의 왕이라고 이름하는 것과 같다. 법계의 한량없음은 선·불선·무기의 모든 법을 말하니, 그 차별되는 도리는 한량없다고 알아야 한다. 조복대상계[所調伏界]의 한량없음은 일체 유정이 가히 조복할 자임을 말하니, 같은 하나의 부류이기 때문이다. 혹은 두 가지 조복대상계가 있으니, 첫째는 구박具縛(=어떤 특정한

④ 이와 같은 것을 두 가지의 차별이 라고 이름한다."

如是名爲 二種差別."

5.3.3[156]

⑴ 만수실리보살이 다시 붓다께 말하였다.

曼殊室利菩薩 復白佛言.

"세존이시여, 여래께서 등정각을 이루시고 바른 법륜을 굴리시며 대열반에 드심의 이와 같은 세 가지는 어떤 모습이라고 알아야 합니까?"[157]

"世尊, 如來 成等正覺 轉正法輪 入大涅槃 如是三種 當知 何相?"

⑵ 붓다께서 만수실리보살에게 말씀하셨다.

佛告 曼殊室利菩薩曰.

"① 선남자여, 이 셋은 다 둘이 없는 모습이라고 알아야 한다. 말하자면 등정

"善男子, 當知此三 皆無二相. 謂非成等正覺

지의 번뇌를 갖춘 자)이고, 둘째는 불구박不具縛이며, 이와 같이 일곱 가지가 있고, 나아가 품류의 차별에 이르면 쉰다섯이 있으니, 만약 상속이 차별되는 도리에 의한다면 한량없다고 알아야 한다. (문) 유정계의 한량없음과 조복대상계의 한량없음은 어떤 차별이 있는가? (답) 일체 유정은 종성에 머물거나 종성에 머물지 않거나 차별이 없으므로 총체적으로 유정계의 한량없음이라 이름하고, 오직 종성에 머물러서 그러그러하게 지위가 바뀌다면 이에 조복대상계의 한량없음이라 이름함을 얻는다. 조복방편계의 한량없음은 위에서 말한 것(=3.12(6)의 ⑤ 참조)과 같아서, 이 중에서 역시 한량없는 품류의 차별이 있다고 알아야 한다.】

156 【이하는 제3 등정각을 이룸 등 셋은 둘이 없는 모습임을 밝히는 것인데, 이 중에는 넷이 있으니, 첫째 ⑴의 물음, 둘째 ⑵의 ①의 답, 셋째 ②의 힐난, 넷째 ③의 해석이다.】

157 【이와 같은 세 가지에는 각각 어떤 모습이 있는가?】

각을 이룸도 아니고, 등정각을 이루지 않음도 아니며, 바른 법륜을 굴림도 아니고, 바른 법륜을 굴리지 않음도 아니며, 대열반에 듦도 아니고, 대열반에 들지 않음도 아니다.158

② 어째서이겠는가? ③ 여래의 법신은 구경 청정하기 때문이고, 여래의 화신은 항상 시현하기 때문이다."159

非不成等正覺,
非轉正法輪
非不轉正法輪,
非入大涅槃 非不入大涅槃."

何以故? 如來法身究竟淨故, 如來化身常示現故."

5.3.4160

(1) 만수실리보살이 다시 붓다께 말하였다.

"세존이시여, 모든 유정의 부류는 다만 화신만을 보고 들으며 받들어 섬겨도 여러 공덕을 내니, 여래는 그들에게 어떤 인연이 있습니까?"161

曼殊室利菩薩 復白佛言.

"世尊, 諸有情類 但於化身 見聞奉事
生諸功德. 如來於彼有何因緣?"

---

158 【세 가지는 둘이 없는 모습이기 때문에 등정각을 이룸도 아니고, 바른 법륜을 굴림도 아니고, 대열반에 듦도 아니며, 세 가지가 아닌 것도 아니니, 글은 달라도 뜻은 하나이기 때문이다.】
159 【이는 넷째 해석하는 것이다. 말하자면 진여의 법신은 능히 청정하기 때문에 이 세 가지 모습이 없고, 화신은 근기를 따라 시현하기 때문에 세 가지 모습이 없는 것이 아니다.】
160 【이하는 제4 여래를 모든 유정의 부류가 연으로 하는 바의 차별을 밝히는 것인데, 그 중 처음 (1)에서는 묻고, 뒤의 (2)에서는 답하신다.】
161 【청문한 일에 대해서는 각 설이 같지 않다. 제1설은, 「지금 화신여래가 교화대상인 유정에게 4연 중 어떤 인연이 있어서 여러 공덕을 내는가를 물은 것이다.」라고 하고, 제2설은 「이는 법신 및 수용신의 두 가지 여래는 이

(2) 붓다께서 만수실리보살에게 말씀하셨다.

"선남자여, 여래는 그들의 증상增上·소연所緣인 인연이기 때문이고, 또 그 화신은 여래의 힘이 주지하는 바이기 때문이다."162

佛告 曼殊室利菩薩曰.

"善男子, 如來是彼 增上所緣 之因緣故, 又彼化身 是如來力 所住持故."

5.3.5163

(1) 만수실리보살이 다시 붓다께 말하였다.

"세존이시여, 똑같이 가행함이 없는데 무슨 인연 때문에 여래의 법신은 모든 유정을 위해 큰 지혜의 광명을 놓고 그

曼殊室利菩薩 復白佛言.

"世尊, 等無加行 何因緣故 如來法身 爲諸有情 放大智光 及出

와 같은 화신에게 어떤 인연이 있는지를 물은 것이다.」라고 하며, 제3설은 「이는 법신 및 수용신의 두 가지 여래가 교화대상인 유정에게 어떤 인연이 있어서 여러 공덕을 내는가를 물은 것이다.」라고 한다. 비록 3설이 있지만 제3을 정설로 삼는다.】

162 【이는 둘째 여래께서 바로 답하시는 것이다. 이 답의 해석도 3설이 있지만 위의 물음에 관한 제3설의 해석에 의거해서, 「법신 및 수용신의 두 가지 여래는 이와 같은 교화대상인 유정에게 증상연·소연연의 두 가지 연이 있기 때문에 공덕을 내니,(=인연·등무간연은 아니니, 다른 몸이 서로 상대하는 것은 인연이 아니기 때문이고, 같은 겁의 심왕 등은 동시에 생기하므로 등무간연이 아니기 때문이라는 취지) 이 길고 먼 연의 힘으로 말미암아 두 가지 여래가 모든 유정의 공덕을 낸다는 것을 밝힌 것이다. 또 이와 같은 화신은 두 여래(=법신·수용신)의 힘이 주지하는 바이기 때문이라는 것이다.」라고 해석하는 것을 정설로 삼는다. 경문과 상응하기 때문이다.】

163 【이는 제5 여래의 법신과 이승의 해탈신의 차별을 밝히는 것인데, 그 중 처음 (1)은 묻는 것이고, 뒤의 (2)는 답하시는 것이다.】

리고 한량없는 화신의 영상을 내며, 성문·독각의 해탈신에는 이와 같은 일이 없습니까?"164

無量 化身影像, 聲聞獨覺 解脫之身 無如是事?"

⑵ 붓다께서 만수실리보살에게 말씀하셨다.

"① 선남자여, 비유하면 똑같이 가행함이 없더라도 해와 달의 물·불 두 가지 수정[頗胝迦寶]에서는 큰 광명을 놓지만, 나머지 물·불의 수정에서는 아닌 것과 같으니,165 말하자면 큰 위덕의 유정이

佛告 曼殊室利菩薩曰.

"善男子, 譬如 等無加行 從日月輪 水火二種 頗胝迦寶 放大光明, 非餘水火 頗胝迦寶, 謂大威德有情

....
164 【말하자면 붓다의 법신과 이승의 해탈신은 똑같이 가행함 및 해탈의 작의가 없는데, 무엇 때문에 여래의 법신은 네 가지 지혜의 광명을 놓고, 그리고 화신의 영상을 내며, 이승의 해탈신에는 이와 같은 일이 없는가라는 것이다.】
165 【이하는 둘째 여래께서 바로 답하시는 것인데, 그 중에 둘이 있으니, 처음은 비유를 말하는 것이고, 뒤의 ③은 비유와 뜻을 합하는 것이다. 비유를 말하는 것 중에서는 두 가지 비유를 말하여 두 가지 뜻을 분별하는데, 이는 곧 처음의 비유이다. 처음 중에도 둘이 있으니, 처음 여기까지는 해와 달이 큰 광명을 놓는 것을 밝히는 것이고, 뒤의 그 아래는 두 가지 원인을 밝히는 것이다.
 해와 달의 모습을 말하는 것은 《구사론》 제11권에서 이르기를, "해와 달의 지름은 몇 유선나인가? 해는 51이고, 달은 오직 50이다. 해의 아랫면은 수정의 불구슬[火珠]로 이루어져서 능히 익히고 능히 비추며, 달의 아랫면은 수정의 물구슬[水珠]로 이루어져서 능히 식히고 능히 비춘다. 해 등의 궁전에는 어떤 유정이 사는가? 사대천왕이 거느리는 대중들이 머문다."라고 한 것과 같다. 여기에서의 뜻이 말하는 것은, 물 등의 수정은 비록 분별이 없어도 해와 달로부터 큰 광명을 놓지만, 나머지 수정으로부터는 그렇지 않다는 것이다.】

주지하는 바이기 때문이고, 여러 유정의 업의 증상한 힘 때문이다.166

② 또 마치 그 훌륭한 장인[善工業者]이 조각해 장식한 마니보배구슬에서는 찍힌 무늬[印文]의 모습을 내지만, 그 나머지 조각해 장식치 않은 것에서는 내지 않는 것과 같다.167

③ 이와 같이 한량없는 법계를 반연하는 방편반야로 극히 잘 닦아 익히고 맑게 갈아서 모아 이룬 여래의 법신은, 여기에서 능히 큰 지혜의 광명을 내며 그리고 갖가지 화신을 영상을 내지만, 오직 그들의 해탈신에서는 이와 같이 일이 있는 것이 아니다."168

所住持故, 諸有情業 增上力故.

又如從彼 善工業者 之所雕飾 末尼寶珠 出印文像, 不從所餘 不雕飾者.

如是緣於 無量法界 方便般若 極善修習 磨瑩集成 如來法身, 從是能放 大智光明 及出種種 化身影像, 非唯從彼 解脫之身 有 如斯事."

....
166【말하자면 해와 달의 보배에서 큰 광명을 놓는 것은 두 가지 원인으로 말미암는 것이니, 큰 위덕을 갖춘 해와 달의 천자가 머물러 유지하는 바이기 때문이고, 일체 유정의 공통된 업력으로 이루어진 것이기 때문이다. 이와 같이 법신도 역시 여래의 큰 위덕이 주지하는 바이기 때문이고, 또 유정이 붓다를 보는 공통된 업으로 이루어진 것이기 때문에 큰 지혜의 광명을 내고 화신의 영상을 낸다. 그 나머진 보배는 큰 위덕을 갖추어 주지하는 것이 아니기 때문이고, 유정의 공통된 업으로 이루어진 것이 아니기 때문에 큰 광명을 낼 수 없다. 이와 같이 이승의 해탈신도 역시 여래의 큰 힘으로 주지하는 것이 아니기 때문이고, 유정의 공통된 업으로 이루어진 것이 아니기 때문에, 큰 광명을 놓고 화신의 영상을 낼 수 없다.】
167【이는 두 번째 비유를 밝히는 것이다.】
168【이는 둘째 비유와 뜻을 합하는 것이다. '한량없는 법계를 반연한다'는 것은 진여의 법신은 한량없는 법의 원인이기 때문에 '법계'라고 이름하고, '방편반야'란 법계를 반연하는 지혜로써 선을 닦고 익혀서 능히 번뇌를 없

5.3.6[169]

(1) 만수실리보살이 다시 붓다께 말하였다.

"세존이시여, 세존께서 설하신 것처럼 여래와 보살이 위덕을 주지해서 모든 중생들로 하여금 욕계 중에서 찰제리·바라문 등과 큰 부호의 집에 태어나게 하고, 사람의 몸과 재보가 원만치 않음이 없게 하며, 혹은 욕계의 하늘과 색·무색계의 일체 몸과 재물이 원만함을 얻을 수 있게 한다면, 세존이시여, 이 중에는 어떤 비밀한 뜻이 있습니까?"[170]

曼殊室利菩薩　復白佛言.
"世尊, 如世尊說
如來菩薩 威德住持 令諸衆生 於欲界中 生刹帝利 婆羅門等 大富貴家, 人身財寶 無不圓滿, 或欲界天 色無色界 一切身財 圓滿可得,
世尊, 此中
有何密意?"

....
애고 법신을 환히 비추기 때문에 '방편'이라고 이름한다. 여기에서의 뜻이 말하는 것은, 진여를 반연하는 방편반야로써 번뇌를 극히 잘 제거하고 6바라밀로써 법신 이룸을 나타내면, 그 법신에서 지혜의 광명을 내고 화신의 영상을 낸다는 것이다.】

169 【이는 제6 여래와 보살이 위덕을 주지해서 유정의 몸 집지하는 것을 밝히는 것인데, 그 중에서도 처음 (1)에서는 묻고, 뒤의 (2)에서는 답하신다.】

170 【청문하는 뜻은, 이 물음은 응당 여래께서 설하신 것처럼 십선업도와 삼승의 행 등을 닦고 행한 자는 몸과 재물의 원만함을 얻지만, 설하신 바를 위역한 자라면 몸을 손감함이 있으므로, 비록 얻는 바도 있고 손감함도 있음에도, 몸의 원만함을 얻는 것은 오직 일부만을 말한 것이니, 손감함을 설하시지 않음에는 어떤 비밀한 뜻이 있는가라고 말했어야 한다는 것이다. 다른 논사는 해석해서 이르기를, 「마음이 있는 자는 어디까지 자신의 업력으로 말미암아 몸의 원만을 얻는가? 경전에서 여래와 보살이 위덕을 주지해서 중생 몸의 원만함을 얻게 한다고 말하니, 어떤 밀의가 있는가? 잘 알지 못하기 때문에 청문하는 것이다.」라고 하기도 한다.】

(2) 붓다께서 만수실리보살에게 말씀하셨다.

"① 선남자여, 여래와 보살이 위덕을 주지해서 도와 행의 일체처에서 능히 중생으로 하여금 몸과 재물이 다 원만함을 획득하게 한다는 것은, 곧 응하는 바를 따라서 그들을 위해 이 도와 이 행을 펴 말한 것이니,171 ② 만약 누군가가 능히 이 도와 이 행을 바르게 수행하는 자라면 일체처에서 얻는 몸과 재물이 원만치 않음이 없지만,172 만약 어떤 중생이 이 도와 행을 어기고 등지며 경시하고 헐며, 또 나에 대해 손뇌하는 마음 및 성내는 마음을 일으킨다면 목숨이 끝나고 난 뒤에 일체처에서 얻는 몸

佛告 曼殊室利菩薩曰.

"善男子, 如來菩薩 威德住持 若道若行 於一切處 能令衆生 獲得身財 皆圓滿者, 卽隨所應 爲彼宣說 此道此行, 若有能於
此道此行 正修行者 於一切處 所獲身財 無不圓滿, 若有衆生 於此道行 違背輕毀, 又於我所 起損惱心 及瞋恚心 命終已後 於一切處 所得身財

171【이하는 둘째 여래께서 바로 답하시는 것인데, 그 중에 처음에는 해석하고, 뒤의 ③에서는 맺는다. 해석함 중에도 둘이 있으니, 처음 ①은 밀의로 말하는 바를 표방하는 것이고, 뒤의 ②는 말한 바를 따라 행함과 위역함을 표방해서 밀의를 바로 말하는 것이다.
  이는 곧 처음이다. 말하자면 제불 보살은 대자비의 위덕을 주지해서 십선업도 및 삼승의 소행으로 삼계의 유정이 몸의 원만함을 얻게 하는 것을 말했으니, 이 도와 이 행을 말한 것은 말한 바를 위역하는 것이 아니기 때문에 밀의로써 말한 바를 이룬다.】
172【이는 둘째 말한 바를 따라 행함과 위역함을 표방해서 밀의를 바로 말하는 것인데, 그 중에 둘이 있으니, 처음 여기까지는 말한 바를 따라서 행함의 이익을 밝히는 것이고, 뒤의 그 아래는 말한 바를 위역함의 손실을 밝히는 것이다. 이는 곧 처음인데 글은 이미 해석해 마쳤다.】

과 재물이 하열치 않음이 없으리라.173

　③ 만수실리여, 이 인연으로 말미암아 여래 및 모든 보살은 위덕을 주지해서 단지 능히 몸과 재물을 원만케 할 뿐만 아니라, 여래와 보살이 주지하는 위덕은 또한 중생으로 하여금 몸과 재물을 하열케도 한다고 알아야 한다."174

無不下劣.
曼殊室利, 由是因緣 當知如來 及諸菩薩 威德住持 非但能令 身財圓滿, 如來菩薩 住持威德 亦令衆生 身財下劣."

5.3.7175

⑴ 만수실리보살이 다시 붓다께 말하였다.

"세존이시여, 모든 예토穢土 중에서는 어떤 일이 얻기 쉽고, 어떤 일이 얻기 어려우며, 모든 정토淨土 중에서는 어떤 일이 얻기 쉽고, 어떤 일이 얻기 어렵습니까?"

曼殊室利菩薩　復白佛言.

"世尊, 諸穢土中 何事易得, 何事難得, 諸淨土中 何事易得, 何事難得?"

---

173 【이는 둘째 말한 바를 위역함의 손실을 밝히는 것이다. 만약 어떤 중생이 십선업도에서 퇴전하거나 삼승의 행을 경시하고 훼방하거나 제바달다처럼 붓다에 손뇌하는 마음을 일으키거나 앙굴마라처럼 붓다에 성내는 마음을 일으킨다면 일체 생에서 얻는 몸과 재물이 원만하지 못하다.】
174 【이는 곧 둘째 맺는 것이니, 이는 곧 따라서 행함의 이익과 위역함의 손실을 맺어 말하는 것이다.】
175 【이하는 제7 모든 정·예의 국토 중에서 어떤 일이 얻기 쉽고 어떤 일이 얻기 어려운지 모습을 밝히는 것인데, 그 중에서도 처음 ⑴에서는 묻고, 뒤의 ⑵에서는 답하신다.】

(2) 붓다께서 만수실리보살에게 말씀하셨다.

"① 선남자여, 모든 예토 중에서는 여덟 가지 일이 얻기 쉽고, 두 가지 일이 얻기 어렵다.176

② 어떤 것을 이름해서 여덟 가지 일이 얻기 쉽다고 하는가?177 ③ 첫째는 외도, 둘째는 괴로움이 있는 중생, 셋째는 종성과 가세家世의 흥성하고 쇠퇴함의 차별, 넷째는 여러 악행을 행함, 다섯째는 계를 훼범함, 여섯째는 악취, 일곱째는 하열한 승[下乘], 여덟째는 하열한 의요로 가행하는 보살이다.178

④ 어떤 것을 이름해서 두 가지 일이 얻기 어렵다고 하는가?179 ⑤ 첫째는 증

佛告 曼殊室利菩薩曰.

"善男子, 諸穢土中 八事易得, 二事難得.

何等名爲 八事易得? 一者 外道, 二者 有苦衆生, 三者 種姓家世 興衰差別, 四者 行諸惡行, 五者 毀犯尸羅, 六者 惡趣, 七者 下乘, 八者 下劣意樂 加行菩薩.

何等名爲 二事難得? 一者 增上意樂

---

176 【이하는 둘째 여래께서 바로 답하시는 것인데, 그 중에 둘이 있으니, 처음은 예토의 일을 밝히는 것이고, 뒤의 ⑥은 정토의 일을 밝히는 것이다. 전자 중에도 두 가지가 있으니, 처음 ①은 수를 들어서 간략히 답하는 것이고, 뒤의 ② 이하는 개별적으로 해석하는 것이다.】

177 【이하는 둘째 개별적으로 해석하는 것인데, 그 중에 둘이 있으니, 처음은 여덟 가지 일이 얻기 쉬움을 밝히는 것이고, 뒤의 ④ 이하는 두 가지 일이 얻기 어려움을 밝히는 것이다. 전자 중에서 처음 ②는 묻는 것이고, 뒤의 ③은 답하는 것이다.】

178 【말하자면 바르게 계를 받지 않은 사람이 과실을 지으면 이는 악행이라 이름하고, 계를 받아서 지니는 자가 서로 이어짐에서 벗어나면 이는 계를 훼범한다고 이름한다. 지전에서 처음 발심하면 이는 하열한 의요라고 이름한다. 나머지 글은 이미 해석해 마친 것들이다.】

179 【이하는 둘째 두 가지 일이 얻기 어려움을 밝히는 것인데, 그 중 처음 ④

상한 의요로 가행하는 보살이 노닐며 모이는 것, 둘째는 여래께서 세상에 출현하심이다.180

⑥ 만수실리여, 모든 정토 중에서는 위와 상위하니, 여덟 가지 일은 매우 얻기 어렵고, 두 가지 일은 얻기 쉽다고 알아야 한다."181

加行菩薩 之所遊集, 二者 如來 出現于世.

曼殊室利, 諸淨土中 與上相違, 當知 八事 甚爲難得, 二事 易得."

5.4182

⑴ ① 만수실리보살이 다시 붓다께 말하였다.

"세존이시여, 이 해심밀법문 중에서 이는 어떤 가르침이라고 이름하며, 저는 어떻게 받들어 지녀야 합니까?"183

爾時 曼殊室利菩薩 白佛言.

"世尊, 於此解深密法門中 此名何敎, 我當云何奉持?"

는 묻는 것이고, 뒤의 ⑤는 답하시는 것이다.】
180 【말하자면 초지 이상의 보살이 노닐며 모이는 것 및 여래께서 항상 세상에 출현하시는 것은 매우 얻기 어려움이 된다.】
181 【이는 둘째 정토 중에서 여덟 가지 일이 얻기 어렵고, 두 가지 일이 얻기 쉬움은 위와 상위한 것임을 밝히는 것인데, 글은 이미 해석해 마쳤다.】
182 【이는 이 품의 둘째 가르침에 의해 받들어 지니는 부분이다. 이 경전에는 세 부분이 있었다. 처음 제1품은 가르침이 일어난 인연의 부분[敎起因緣分]이고, 다음 나머지 7품은 성스러운 가르침을 바로 설하는 부분[聖敎正說分]이며, 셋째 가르침에 의해 받들어 지니는 부분[依敎奉持分]은 4품의 끝에서 설하니, 무자성상품(=2.2.9의 ⑹)·분별유가품(=3.19의 ⑶))·지바라밀다품(=4.4.의 ⑶)) 및 여래성소작사품(=5.4)이다. 이상 앞의 3품에서 가르침에 의해 받들어 지니는 부분은 이미 해석해 마쳤고, 이는 넷째 여래 성소작사의 가르침에 의해 받들어 지니는 부분이다.】
183 【이 부분을 나누면 둘인데, 처음 ⑴의 ①은 묻는 것이고, 뒤의 ② 이하는

② 붓다께서 만수실리보살에게 말씀하셨다.

"선남자여, 이는 여래 성소작사의 요의의 가르침이라고 이름하니, 이 여래 성소작사의 요의의 가르침으로 그대는 받들어 지녀야 한다."184

⑵ 이 여래 성소작사의 요의의 가르침을 설하셨을 때 대회 중에 칠만오천의 보살마하살들이 있다가 다 원만한 법신 증각證覺함을 얻었다.185

佛告 曼殊室利菩薩曰.

"善男子, 此名如來 成所作事 了義之教, 於此 如來 成所作事 了義之教 汝當奉持."

說是如來 成所作事 了義教時 於大會中 有七十五千 菩薩摩訶薩 皆得圓滿 法身證覺.

답하시는 것이다. 이는 곧 처음 성교의 이름 및 가르침에 의해 받들어 지니는 법을 묻는 것이다.】
184 【이는 둘째 여래께서 바로 답하시는 것인데, 그 중에 둘이 있으니, 처음 ②는 가르침의 이름을 표방하고 대중에게 받들어 지닐 것을 권하는 것이고, 뒤의 ⑵는 법을 들은 이익을 밝히는 것이다.】
185 【말하자면 대회 중의 7만5천의 보살들이 법을 듣고 제10지의 원인 원만한 법신을 얻었지만, 아직 등각의 과보 원만한 법신 얻음은 잘 나타내지 못했으니, 타수용토는 평등한 보리를 나타내는 의지처가 아니기 때문이다.】

찾아보기

ㄱ

가죽에 있는 추중 364
가행 430
가행위 111
가행정 390
갖가지 의해[種種意解] 33
개별적인 법을 반연하는 사마타·비발사나 189
건립 209
건도 259
견취 125
견현관見現觀 56
결과가 아직 성만되지 못한 감수 273
결과가 이미 성만된 감수 273
결택분 391
경계(여래의) 433
경안 169
계경 385, 386
계념 390
계의 뜻[界義] 220
공공 237
공덕 401
공상 46
공업명工業明 345
공통되는 부정인 413

공통되지 않는 부정인 413
과실 401
과전변[果變] 74
관대도리 403
관찰주체의 마음[能觀察心](세 가지) 229
괴쟁 372
구경위 111
구박具縛 433
9심주心住 169
9정행正行 169
구하고 잘한다 167
그 결과의 모습 421
그 결과인 경계의 감수 272
그 과환의 모습 422
그 뛰어난 이익의 모습 422
그것을 받아들여서 열어 보이는 모습 421
그것을 수순하는 법의 모습 422
그것을 장애하는 법의 모습 422
그치는 모습[止相] 201
극난승지 298
극희지 297
근바라밀다 359
근본정 390
글의 뜻 219
기별記別 54

기식器識 264

ㄴ

내공 233
내명內明 345
내심의 산동 249
내외공 234
네 가지 닦음[四修] 333
네 가지 청정 285
능장能藏 71
능취 209

ㄷ

다라니 290, 423
다른 부류의 비유로 이끌린 모습 419
다섯 가지 두려움[五怖畏] 20
다섯 가지 매임[繫] 244
다섯 가지 즐거움 36
닦아서 이루는 지혜 223
대공 234
대바라밀다 359
대승광명삼매 373
도리 403
돌아보고 그리워하는 감수 274
돕는 반려[助伴] 319
동법動法 93
동분同分 72

동품은 일부에서 구르고 이품에서는 두루 구르는 부정인 414
두루 가득한 소연[遍滿所緣] 166
두루 알 뜻 214
두루 알 일 214
두루 앎을 얻은 결과 217
두루 앎의 원인 217
둘의 현행 17
드는 모습[擧相] 201
들어서 이루는 지혜 222
등지等持 290
등지等至 249, 290
뜻을 앎 205
뜻의 뜻 219

ㅁ

마음의 나옴[心出] 269
마음의 남[心生] 263
마음의 늚[心增] 269
마음의 머뭄[心住] 268
마음의 모습[心相] 170, 181
마음의 줆[心減] 270
마음의 집수 218
명촉 274
모든 품류에서 일부 구르는 부정인 414
모습의 비량 416
모습의 산동 250
모습의 진여 207

모습이 있는 비발사나 183
무간수無間修 333
무간의 마음 182
무감임성無堪任性 251
무변이공 236
무선후공 232
무성공 235
섭론 11
무성자성공 235
무소득공 233
무심무사 199
무심유사 199
무애도 392
무여수無餘修 333
무위공 236
무자성 94
미박微薄 321
미세수면 362
미세한 모습 257

ㅂ

바다밀다와 상위하는 일 330
바라니사 151
바라밀다 358
바라밀다의 다섯 가지 인연 327
바라밀다의 위덕 352
바라밀다의 차례 323
바라밀다의 청정한 모습(일곱 가지) 336

바라밀다의 품류차별 325
발광지 297
방편반야 430, 438
방편선교바라밀다 320
방편이 아닌 행 334
배울 일[學事](여섯 가지) 312
범부 성품의 장애 251
범우凡愚 78
범함 없음[無犯] 396
범함 있음[有犯] 396
법계 420
법성 420
법신 382, 429, 437
법에 의지하는 사마타·비발사나 186
법에 의지하지 않는 사마타·비발사나 188
법요 122
법운지 299
법을 앎 203
법의 비량 417
법이도리 420
법주 420
법주지法住智 75
변계소집상 83
변이하는 의해[變異意解] 33
변제 266
별상 95
별이한 의해[別異意解] 33
별해탈 394

보리분법 292
복덕의 자량 315
본모 386, 397
본사本師 24
본성공 234
부동지 298
부정인 413
분별 없는 영상 166
분별 있는 영상 166
불가사의 402
불공다라니 423
불성인 413
불지 299
비량 416
비발사나 170
비습박약 148
뼈에 있는 추중 365

ㅅ

4기별 216
4대주 210
사마타 169
4무애해 253, 304
사변제의 소연 166
4섭 308
사욕捨欲 278
사용과 353
사유해서 이루는 지혜 223
사이하여 섞여 물드는 법[間雜染法] 332
사찰하는 비발사나 184
사행의 진여 208
산동散動(다섯 가지) 247
살가야 37
살갗에 있는 추중 365
살림도구 212
살림살이의 감수 273
삼량 404, 412
삼마발저 249
삼명三明 18
3법륜 151
3시법륜 97
3원願 311
3취聚 327
3훈습 109
상견도 259
상공 232
상무자성성 100
상박 43
상상시常常時 65
상위인 413
상위한 것도 결정하는 부정인 414
상의 속박[相縛] 43
생무자성성 101
서원바라밀다 321
선인들이 떨어진 곳 151
선청정한 마음 243
선청정한 언교가 아닌 모습 419
선청정한 언교의 모습 410

선청정한 지혜　243
선혜지　299
성만　379
성명聲明　345
성소작사품　377
세속　397
세속유世俗有　215
소연경의 일　166
소작성판 소연　166
소장所藏　71
소취　209
소행(여래의)　433
손감　370
쇠손　133
수면　360, 363, 425
수법행　188
수습위　111
수신행　188
수용　211
수용하는 감수　274
습기(세 가지)　69
승의　21, 399
승의공　235
승의무자성성　102
승의유勝義有　215
승의제　21
승해勝解　36
승해행지　40, 288
시록림　151
시설　67

식이 없는 눈[無識眼]　72
식이 있는 눈[有識眼]　72
실상의 진여　207
심心　71
심구하는 비발사나　184
심의식　67, 429
심일경성　181, 182
심사　198
10법행　288, 316
13주　288
10신자구身資具　212
16행의 마음　264
12분교　168
11분위　288
10정행正行　288
17공　232

ㅇ

아뢰야　71
아타나식　70
안립의 진여　208
안주　400
양섭론　11
어리석음(스물두 가지)　300
얻는 바 있는 현관　56
얽음[纏]　360
업의 비량　417
업취業趣　301
여덟 가지 분별　31

여덟 가지 수승 307
여덟 가지 희론 31
여래 377
여섯 가지 처소[六處] 263
여소유성 206
여여 109
열악한 수면 361
염혜지 297
영해領解 139
5개五蓋 245
5계五繫 244
5명 327, 345
5사五事 123
5종산동五種散動 247
오파니살담분 156
5포외五怖畏 20
외공 233
외심의 산동 248
요별의 진여 207
원결 341
원성실상 84
원성실의 모습 409
원성실이 아닌 모습 418, 419
원인願忍 288
원행지遠行地 298
원행지願行地 288
유가 163
유분별영상 166
유식 176
유식의 진여 208

유심유사 198
유위공 235
유전 402
유전의 진여 207
6계界 143
은중수慇重修 333
의리義利 16
의방명醫方明 345
의요意樂 286
의요[意趣] 402
의지처의 감수 273
의지처의 추중의 감수 272
의타기상 84
이계과 352
이구지 297
이변二邊 402
이생異生 425
이숙 329, 332
이숙과 353
이열羸劣수면 361
이의 나머지를 같은 부류에서 얻을 수 있는 모습 418
이의 나머지를 다른 부류에서 얻을 수 있는 모습 418
이취理趣 401
이품은 일부에서 구르고 동품에서는 두루 구르는 부정인 414
인과의 비량 417
인명因明 345
인전변[因變] 74

일승 369
일의 궁극[事邊際]의 소연 166
일체를 같은 부류에서 얻을 수 있는 모습 415
일체를 다른 부류에서 얻을 수 있는 모습 416
일체법공 231
일체종자식 69
일체지의 모습(다섯 가지) 410
임입 191

ㅈ

자기 부류의 비유로써 이끌린 모습 408
자량위 111
자상 46
자성의 모습 421
자승自勝 395
작용도리 403
작은 총체적인 법 193
작의의 산동 248
작증 42
잡염 213, 425
잡염(세 가지) 109
장시수長時修 333
장은藏隱 71
전도 212
전변 74
정성이생 260

정행의 진여 208
제3시 154
조복 385, 394
조복대상계 221, 433
조복방편계 221, 433
존중수尊重修 333
종자식 69
주법住法 93
증득 401
증상계학 314
증상과 353
증상만 54
증상심학 314
증상한 계의 청정 286
증상한 마음의 청정 286
증상한 의요의 청정 286
증상한 지혜의 청정 287
증상혜학 314
증성도리 404
증익 370
지地 283
지관 165
지을 바를 성취한 소연 166
지혜바라밀다 323
지혜와 봄 224
지혜의 자량 315
진견도 259
진소유성 206
진실[諦實] 400
진여의 작의 226

질직　125
집수執受　70
집장執藏　71
짝을 해친 수면　360

ㅊ

청정　213, 425
청정의 진여　208
청정한 소연　62
체의 비량　417
총별　420
총체적인 공성　240
총체적인 법을 반연하는 사마타·비발사나　191, 195
최승자　23
추중　43, 301, 363
추중(열한 가지)　300
추중박　43
추중의 몸　425
추중의 산동　250
추중의 속박　43
추중의 의지처　195
출죄出罪　340
취적성문　119
7진여　207

ㅋ

큰 총체적인 법　193

ㅌ

타승他勝　395
태어남의 청정(다섯 가지)　308
통달　42
통달위　111
통상　95

ㅍ

8행관八行觀　399
평등의 모습[捨相]　202
피동분彼同分　72
필경공　235

ㅎ

한량없는 총체적인 법　194
항항시恒恒時　65
해반害伴수면　360
해탈분　390
해탈신　381, 382, 437
행계行界　53
행상行相　30, 399
행의 모습[行相]　399
행적　117
현견함에 의지해서 얻어진 모습　407
현견해서 얻어진 모습　406
현관　56

현등정각 25
현량 406
현법락주 18
현전지 298
현정등각 25
화신 431

환취욕還取欲 278
회향성문 120
훼범毁犯 395
희론 380
힘바라밀다 322

역자의 다른 책들

불교는 무엇을 말하는가 (개정판)

불교를 알고 싶어 하는 분들을 위한 불교 입문서. 불교의 근본이치와 수행의 원리를 고집멸도라는 사성제의 가르침에 의해 소상히 설명하고, 불교에 관한 갖가지 의문에 대해서도 설명을 함께 곁들여서, 누구나 불교가 무엇을 말하는지를 완전히 이해할 수 있도록 하였다.

김윤수 지음 / 반양장본 / 417쪽 / 값 20,000원 / 한산암

참 불교를 알고 싶어 하는 이들을 위한
육조단경 읽기 (개정판)

선불교가 의지하는 근본 성전의 하나로 평가되는 육조 혜능의 ≪단경≫에 대한 주해서. 돈황본 육조단경을 한문대역으로 옮기고, 불교의 근본원리와 대승불교의 이치에 기한 주해를 붙여서, 우리나라의 선불교가 의지하는 불교의 이치를 이해하도록 하였다.

김윤수 역주 / 양장본 / 380쪽 / 값 15,000원 / 한산암

불교의 근본원리로 보는
반야심경·금강경 (개정판)

대승불교의 기본경전인 반야심경과 금강경을 초기불교의 가르침에 기초하여 해석한 역주서. 서부에서 불교의 전개과정을 개관하면서 초기불교와 대승불교의 상호관계를 알아 본 다음, 제1부와 제2부에서 두 경전을 초기불교의 가르침에 의지하여 한 점의 모호함이 없이 이해할 수 있도록 하였다.

김윤수 역주 / 양장본 / 536쪽 / 값 20,000원 / 한산암

자은규기의 술기에 의한
주석 성유식론
유식의 뼈대를 이루는 〈유식삼십송〉의 주석서 〈성유식론〉에 대한 우리말 번역주해서. 본문에서 현장 역 〈성유식론〉을 우리말로 번역하고, 그에 대해 현장의 문인 지은규기 스님이 주석한 〈성유식론술기〉를 우리말 최초로 번역하여 각주로서 대비하여 수록함으로써 유식 전반에 대한 체계적인 이해를 가능하도록 하였다.
김윤수 편역 / 양장본 / 1,022쪽 / 값 40,000원 / 한산암

한문대역
여래장 경전 모음
우리 불교에 큰 영향을 미친 여래장사상의 중요 경전과 논서를 한문대역으로 번역하고, 주석과 함께 소개하여 여래장사상의 개요를 이해하게 하였다. 수록 경론은 대방등여래장경, 부증불감경, 승만경, 보성론, 불성론, 열반종요, 대승기신론 일곱 가지이다.
김윤수 역주 / 양장본 / 848쪽 / 값 30,000원 / 한산암

규기의 소에 의해 대역한
설무구칭경·유마경
대승불교의 선언문과도 같은 유마경을 자은규기의 소에 의거해 번역하고 주석하면서, 구라마집 역의 유마힐소설경과 현장 역의 설무구칭경을 한역문과 함께 대조 번역하였다.
김윤수 역주 / 양장본 / 746쪽 / 값 30,000원 / 한산암

지의의 법화문구에 의한
묘법연화경
최고의 불교경전이라는 찬사와 함께, 불교의 근본에서 벗어난 경전이라는 비판을 동시에 받는 법화경을 한문대역으로 번역하고, 각주에서 찬사를 대표하는 천태지의의 주석을 비판적 시각에서 소개함으로써 경전의 전반적인 의미를 이해하도록 하였다.
김윤수 역주 / 양장본 / 676쪽 / 값 25,000원 / 한산암

청량의 소에 의한
대방광불화엄경
대승불교 경전의 궁극이라고 하는 80권본 화엄경을, 이 경전 주석의 백미로 평가되고 있는 청량징관의 「소초」에 의거하여 우리말로 번역하고 해설한 책. 결코 읽기 쉽지는 않지만 어려움을 극복하고 다 읽고 나면, 난해하다는 화엄경도 이해하지 못할 부분이 없을 것이다.
김윤수 역주 / 양장본 / 6,020쪽(전7권) / 값 300,000원 / 한산암

보신의 주에 의한
대승입능가경
보리달마가 2조 혜가에게 여래 심지의 요문으로 전했다고 해서 중국 선종의 소의경전으로서 한 시대를 풍미한 능가경. 그중 가장 번역이 잘된 7권본 대승입능가경을, 보신의 「주」에 의거해 우리말로 번역하고 해설하여 완전한 이해가 가능하도록 하였다.
김윤수 역주 / 양장본 / 752쪽 / 값 30,000원 / 한산암

원측의 소에 의한
해밀심경
유식사상의 가장 근본이 되는 해밀심경을, 이 경전 주석의 백미로 평가되고 있는 원측 스님의 「소」에 의거하여 우리말로 번역하고 해설한 책. 신라의 왕손으로서 중국에서 불교학에 일가를 이룬 스님의 소를 통해 당대 우리나라 불교의 수준을 알 수 있다.
김윤수 역주 / 양장본 / 456쪽 / 값 20,000원 / 한산암

한문대역
잡아함경
붓다의 가르침의 핵심을 담고 있으면서, 그 가르침의 원형에 가장 가까운 잡아함경을 한문대역으로 번역하면서, 기존의 연구성과를 반영하여 경의 체제와 오류를 바로잡고, 상응하는 니까야의 내용을 소개하며, 이해에 필요한 설명을 덧붙여서, 가르침의 뜻을 이해할 수 있도록 하였다.
김윤수 역주 / 양장본 / 3,840쪽(전5권) / 값 160,000원 / 한산암

인류의 스승, 붓다께서는
이렇게 말씀하셨다
붓다의 가르침의 핵심을 담고 있으면서, 그 가르침의 원형에 가장 가까운 잡아함경을 쉬운 우리말로 번역함으로써, 독자들이 가까이에 두고 언제든지 펼쳐 볼 수 있도록 한 1권본 잡아함경 완역본.
김윤수 역주 / 양장본 / 1,612쪽 / 값 50,000원 / 한산암